U0449708

向光而行
老俞对谈录

Vol. 1

俞敏洪 著

北京联合出版公司
Beijing United Publishing Co.,Ltd.

前 言

我为什么做直播对谈？

2020年到2022年这3年，也许会永远铭刻在中国人民心里。一场疫情，改变了很多人的生活，甚至改变了不少人的命运。就像我们无意中走进了一场沙尘暴，等到从里面走出来，已经满身烟尘。

这3年，我也经历了从事业到生活的剧烈改变，现在回顾起来，有恍如隔世之感，一切都如一场电影一样，只不过我不是旁观者，而是成了电影的主角。回头看，在种种千变万化的情景下，我还算是一个合格的演员，尽自己的努力，扮演一个正面形象的角色。

自2020年开始，由于疫情的影响，地面教学全面停止，在线教育轰轰烈烈地发展起来了。各种培训机构如八仙过海，各显神通，最终演变成了一场为了争夺学生，各种招生手段无所不用其极的武林争霸。紧接着，2021年国家实施"双减"政策，让培训领域的硝烟戛然而止，几乎所有培训机构都只剩下了一地鸡毛。不少家长当初预交的不菲学费，如打了水漂一样，有去无回，他们哭天喊地，只能自认倒霉。

新东方算是做到了体面退场，把该退给家长的学费都退了，给该辞退的老师、员工结算了"N+1"的薪酬，把全国各地上千个教学区清退了，把不会再用的课桌、椅子全部捐献给了农村中小学。我和战友们一边在办公室里喝着酒，一边唉声叹气，不知道余生还能做些什么。回到家，整夜整夜睡不着，在星空下散步，一圈又一圈的，如丧家之犬一般。几十年一直和学生打交道，突然间人去楼空，好像自己的身体和灵魂都被抽空了。好在新东方人有一种无所谓、不放弃的精神，都能够背诵弗罗斯特的"我的前面有两条路，我选择了人迹更少的道路，因此生命迥然不同"的诗句。几十天的酒喝下来，大家灵光一现，决定用直播的方式做农产品带货。选择农产品，是因为觉得国家政策会一直支持；选择直播，不仅因为有很多先行者在前面做了示范，更因为我在新东方已经成为一个直播专家。后面的故事，大家都知道了，东方甄选在 2022 年突然爆火，成为中国一个现象级的事情。

我参与直播这件事情，部分意义上也是被疫情逼出来的。我的重要工作之一，就是对员工和学生演讲。原来是地面演讲，面对面，可以互动、热闹、开心。疫情的来临，让绝大部分人只能居家，公开的、聚集性的活动几乎完全不可能。坐以待毙不是我的个性，于是通过在线直播的方式和大家进行交流就成了我工作的一部分。最初，我同时用三个平台进行直播——抖音、快手、微博的一直播。和面对面讲座相比，我发现直播也有很多好处：随时都可以开讲，没有什么成本，观众进出不影响情绪（地面讲座要是总有人进出，我就会很不爽），观众可以随时提问，和我交流，表达心情，而且每次直播还能够拿到赏钱。

本来以为疫情能够很快结束，新东方的教学和我的工作都会很快重新回到地面。结果，1 年过去了没有结束，2 年过去了没有结束，第三年，防控措施反而变得更加严格了。于是，直播就变成了我的常态，玩得越来越熟练。直播平台也从几家变成了抖音一家，没有别的原因，只是因为抖音上粉丝更多，而且给我打赏的人更多，看来我也是一个"见钱眼开"的人。其实，背后的原因很简单，就是抖音直播带货的系统更加完善。随着直播的深入，我开始推荐各种我喜欢的书籍，而大部分书籍在抖音上都有售卖链接。

最初的直播，我就是自说自话，自己定一个主题，自己打开设备就讲，但讲多了，思路就枯竭了。人的知识就像一口井，不断汲水而没有别的水源补充进来，最终就没有水了。这让我想起了刘润的故事。在上海封控期间，刘润也被封在了上海，于是，他和我一样开启了直播。他准备了 30 讲内容，觉得最多 30 天，上海就解封了，所以他还把自己的直播叫作"开封菜"。结果，30 天后，上海完全没有解封的迹象，他抓耳挠腮，才思枯竭，因为已经给听众许了愿，不解封不停播。情急之下，他突然想起来有那么多朋友可以利用，于是就到处发求救信，拉着朋友一起进行连麦直播，终于熬过了封控期，并且还有了很多意外的收获。我就是被他抓差的人之一，也成了他的一根救命稻草。

我的直播不是 3 个月，而是 3 年。我比刘润聪明一点，从来不承诺网友我会直播多长时间，会直播多少次。我这个人的本性充满了随意，说得好听点是喜欢自由，说得难听点是做事懒散，没有规划。我把自己的内容讲完了，半年过去了，疫情还没有结束，于是只能继续往下直播，开始介绍我读过的一些书籍，结果有些书籍就开始大卖，这让我喜出望外，因为卖书有佣金，算是物质刺激。更加有意思的是，有些出版社就找上门来，问我想不想和作者对谈。我想，和作者聊天是求之不得的事情，一是可以增加直播的吸引力，二是可以交到新朋友，何乐而不为呢。

这样，我的直播对谈就开始了。一开始，我几乎不做任何准备，聊到哪里算哪里。聊天也不是为了卖书，书挂在小黄车里，有粉丝想买就买，不买拉倒。再后来，我开始用了一点心，既然是对谈，为什么直播完了什么都没留下呢？如果我认真准备一下，对谈的内容可以更加精彩，对谈完可以整理成文字，在我的公众号上再次传播。再继续想下去，文字多了还能够出版成书籍，这是一件多好的事情啊。许知远就把他《十三邀》的内容出版成了好几本书，充满成就感地送给了我；董卿也把《朗读者》的内容出版成了书，也郑重其事地送给了我。我也可以把"老俞闲话"的内容整理成书啊，也可以趾高气扬地送给他们，然后哼着鼻子说："看，你们做的，我也能做。"

有了这样的想法，我开始认真做起直播对谈的策划来。每次对谈嘉宾，都认真地准备案头工作——阅读作者的所有书籍，寻找有关作者的所有文字和视频资料，提前约作者一起共进午餐或者晚餐，一丝不苟地准备对谈提纲。于是，在短短的 1 年半时间里，我对谈了 60 多位知名人士和作者，和他们进行了愉快而有一定深度的交流，每期对谈都有几百万粉丝参与互动，前前后后参与的粉丝总数超过1亿。

在对谈的过程中，我自己也有巨大的收获。不仅是因为卖了作者的书，有佣金上的回报，更多的是一种思想上和发展上的收获。因为对谈，我翻阅了几百本书，也因此结交了很多珍贵的朋友，打开了自己的眼界，提升了自己的认知，真心理解了新时代新的传播方式，并且因为这一理解，带动了东方甄选的发展。

人很容易成为习惯性动物，以至于到去年12月底，封控解除后，疫情戛然而止，我居然有一丝惆怅，觉得回到地面，一旦忙碌起来，我肯定再也没有时间做这样深度的直播对谈了。事实也果真如此。进入2023年，所有被延误的工作如巨浪一般扑面而至，把我淹没其中，几乎喘不过气来，到现在我还没有做过一场认真准备的直播。好在现在至少有了阶段性的成果，这就是放在大家面前的四大本的"老俞对谈录"。

3年疫情已经过去，现在又到了春天，我在小区散步的时候，看着碧桃花、丁香花、迎春花、海棠花等争相斗艳，回想着过去3年既恍恍惚惚又清晰可见的时光，内心充满了一种说不出的感觉：低沉、迷离、叹息、悲壮、激昂、悲喜交集。我还记得有一个春天，只能在屋子周围徘徊，我看到一株野雏菊，哆哆嗦嗦地从屋角的水泥缝里钻出来，慢慢长大，最后终于在初夏的风里，开出了一簇美丽的黄色小花，如星星般照亮了周围的一切，也照亮了我的心灵，抚慰了我已然黯淡的心魂。

我们该如何对待自己的事业和生命？面对大环境，我们大部分情况下是没有能力去改变的。面对今天的国际局势，我们又能做些什么呢？很多人觉得自己好像只有随波逐流的宿命，于是心安理得地做一天和尚撞一天钟，过到哪儿算哪儿。似乎我们是一棵小草，只能随风飘荡。

我当然也明白，对于很多事情我们确实是无能为力的。但我始终认为，人是具备自由意志的，我们在很大程度上还是能够掌控自己的命运和生命轨迹的。我说过一句话："我听从命运的安排，但不服从命运的霸道！"我的人生态度是："在力所能及的范围内，宁战而死，不躺而生。"战，就是主动寻找出路，主动让自己的生命用更有尊严、更自主的方式努力绽放；躺，就是逆来顺受，习惯被笼子围困，放弃自己本来还有的希望。我坚信，即使身处无边的沙漠中，寻找方向，也比坐而等死让生命更有尊严和希望。因为在黑暗的夜空中，也会有北斗星闪耀，也许，那就是我们人生的方向。

　　回想起来，疫情这3年里，尽管我也有气馁的时候、有灰心丧气的时候、有绝望恸哭的时候，但更多的时候，我更像一个勇者，挥舞着双臂，迈开脚步，或者独自一人，或者带领新东方的伙伴，一起为了未来披荆斩棘，勇往直前，逢山开道，遇河架桥，即使遍体鳞伤，也没有想过自暴自弃。"自助者，天助之。"3年时光，不少人白白度过，新东方却在低谷奋起，有了东方甄选，更有了走向未来的信心；我个人阅读了几百本书，留下了百万字的各种笔记，出版了3本新书，直播了百场讲座，对谈了近百位各界优秀人士，留下了120多万条对谈实录。在这3年中，我度过了60岁的生日，和过去60年进行了一场充满仪式感的告别。但告别是为了更好地出发，不管我能够活多久，我相信，只要我的精气神还在，未来的岁月一定会更加精彩。

　　"宁移白首之心，不坠青云之志！"这就是我对自己的期许！在平凡的日子里，我不想让自己过得太平凡！

俞敏洪
2023年4月6日　星期四

目 录

Contents

第一部分 · 精神偶像

对话 **刘子超**   在旅行中寻找千万种生活 - 003

对话 **刘大铭**   让精神超越生命 - 018

对话 **陈年喜**   那些静悄悄的生命也有光 - 044

对话 **陶　勇**   内心有光，眼里才会有光 - 062

对话 **桑兰夫妇**   不要放弃！不要放弃！不要放弃！- 095

对话 **陈行甲**   热爱可抵岁月漫长 - 115

对话 **余秀华**   在平淡的生命中激出一朵浪花 - 141

第二部分 · 心灵导师

对话 **李玫瑾**　　父母是最重要的老师 - 161

对话 **周国平、郭红夫妇**　　孤独是一种强劲的动力 - 187

对话 **彭凯平**　　如何才能过得更幸福 - 209

对话 **刘　嘉**　　成为更好的自己 - 236

对话 **陈海贤**　　给自己的人生写个好故事 - 268

第三部分 · 预言家

对话 郝景芳　　个人的成长来自内心强烈的意愿 - 311

对话 尹　烨　　不要在死的时候，才发现自己没活过 - 333

对话 李开复　　人工智能，才刚刚开始 - 363

对话 施　展　　换个视角看中国 - 395

后记　- 429

直播幕后

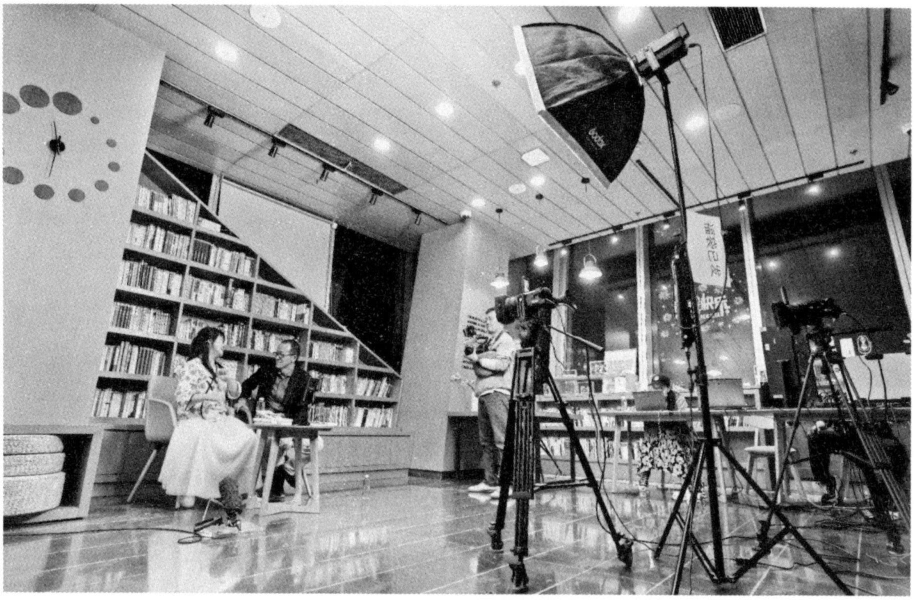

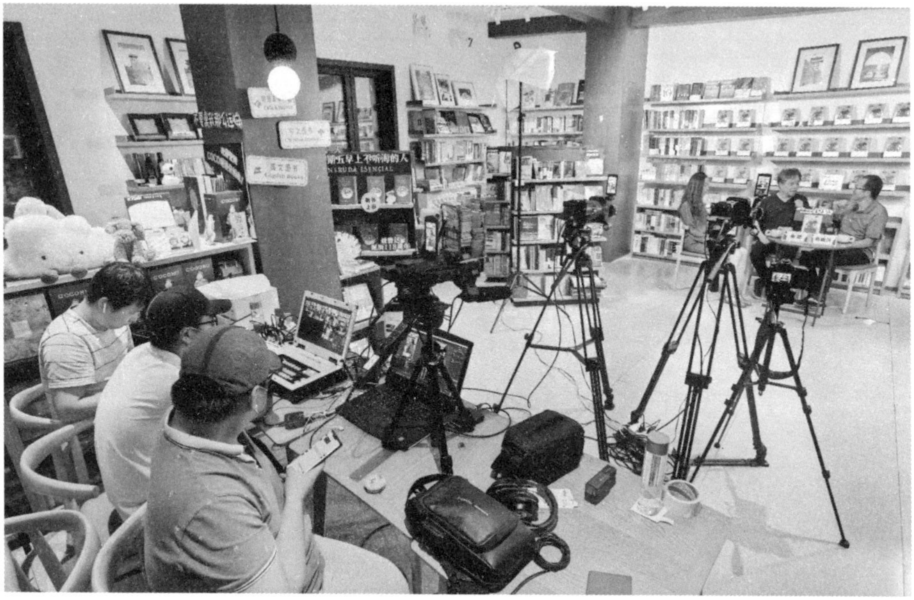

第一部分

精神偶像

老俞 对谈录

对话 刘子超
在旅行中寻找千万种生活

胆子大一点，
去相信陌生人的善意。

陌生人的善意
往往最令人感动。

刘子超 /
1984 年生于北京，毕业于北京大学中文系。作品包括《午夜降临前抵达》《沿着季风的方向》《失落的卫星》，另译有《惊异之城》《流动的盛宴》《漫长的告别》等。2021 年，被评为"单向街书店文学奖·年度青年作家"。

俞敏洪：大家好，今天我邀请了我的北大小师弟——著名旅行作家刘子超老师一起对谈，他写过《失落的卫星》《沿着季风的方向》等知名作品。既然是对谈旅行作家，我们今天的话题肯定就离不开旅行。

"旅行"这个话题，相信大家都比较感兴趣。因为疫情，从 2020 年年初到现在，国际性的旅行都被暂停了，但疫情早晚会结束，我们依然可以走向全世界，这就意味着我们谈世界旅行是有意义的，而且我们不仅要谈世界旅行，还要谈中国的旅行。2020 年我去了一趟甘肃，游历了 11 天，后来写了 8 万字左右的旅行日记，未来我还会继续旅行，继续写旅行日记。

其实我不喜欢用"旅游"这个词，我更喜欢称其为"游历"，旅游和经历，或者叫"旅行"，旅行和行走。那么旅行到底给我们带来了什么？其实旅行可以大致分为四种，每一种对应着不一样的收获。

第一种是简单的旅行。大部分人会去各个国家逛一逛，看一看，买点东西，吃点当地的小吃、食物，这就是简单的旅行。简单的旅行也没什么不好，就是放松一下，但不会有太多收获。约翰逊曾说过一句话，大意是：当你不带着知识去旅行的时候，你也不可能把知识带回来，相当于白走了一趟。

第二种是文化旅行。你去那儿是为了看文化，为了学东西，比如你到了希腊就会对古希腊的文化有更多了解，到了罗马会对罗马帝国有更多了解，到了埃及会对古埃及文明有更多了解，这就是文化旅行。你是抱着了解文化的目的去的，而不仅仅是去吃吃饭，看看风景，买买东西。

第三种是负笈远行。背上书到那个地方去学习，就叫负笈远行，包括去留学，或者去一个地方当访问学者。这也是我特别喜欢的方式。王石就是这么做的，他到哈佛大学待了两年，又到剑桥大学待了两年，现在在以色列希伯来大学研究希伯来文化，尽管他这个年龄要做真正深入的研究难度会很大，但依然值得钦佩，因为活到老学到老的精神非常可贵。

第四种是半定居考察。比如你到了雅典，给自己更多的时间，租个房子住下来，住两个月或者三个月。住的过程中彻底融入当地生活，了解当地社会风俗民情，优哉游哉地对那个地方的历史文化进行考察和记录。

我们也可以把这四种方式结合起来。**如果想轻松一点，可以选择简单的旅行，但最好能做到有文化的旅行，或者是能负笈远行，最后再到半定居考察，如果能够结合起来去做，人生的旅行道路就会更加丰富。**那么，在旅行前我们应该做些什么准备，才能不虚此行呢？

第一，在旅行之前一定要阅读相关书籍，当地的历史、风俗文化、原来去过的人写的游记等，阅读的时候还要做笔记。这样做好了前期准备，带着知识去旅行，就不会两眼一抹黑，而且还能结合路程中的体验，带着更新、更好的知识回来。

第二，要对地图路线进行比较深刻的研究。我是一个特别喜欢研究地图和路线的人，不管是在国内，还是在国外。千万不要按照导游或者旅行社安排的行程走，因为旅行社安排的行程都是热闹的，或者都是最著名的景点，人山人海的，所以你要自己去设计旅行的路线。我也会有导游，但我会告诉导游我要去什么地方，而不是让导游来告诉我应该去什么地方。

第三，选择导游的时候要特别小心。有的导游是半吊子，文化历史、地理知识都不太具备，只是能帮忙安排吃住，这样的导游其实就没啥用。我们应当选择有文化功底，能把当地风俗民情、文化历史讲得透透的导游。这样的导游很少，我旅行这么多次，也就遇到了两三个这样的导游，确实可遇不可求。

第四，要准备好相关的能力和知识。如果你是独自旅行，**英语能力是一个必备能力**，因为到全世界任何地方，你讲中文大家可能听不懂，讲法文、德文大家也听不懂，但任何一个国家都会有懂英语的人。当然你还可以带一个翻译机，能翻译各种语言。总之，要把这些相关设施带齐，带好足够的衣服，而且独自旅行还要考虑安全问题，对于一些高风险地区，比如有恐怖活动的地区，就等以后安全了再去，我比较反对冒着生命危险去旅行。

好了，子超上线了，我们来和他聊聊吧。

——对谈环节——

1. 用中国视角书写世界

俞敏洪：师弟好！你现在暂时定居拉萨吗？我已经两年没去拉萨了，疫情以后就没去过。

刘子超：对，我在拉萨的一个客栈，现在是半定居的状态，这个客栈里有一万多本书，感觉住这里挺好的。我目前计划在这里待一年，寻找一些题材。

俞敏洪：你是哪年从北大毕业的？

刘子超：我 2007 年本科毕业，毕业后就出来工作了。

俞敏洪：你一个人背着背包去中亚地区旅行，一个人去印度坐人压人的火车，一个人去菲律宾、印度尼西亚……你从做媒体开始，把旅行变成深刻镶嵌在你内心深处对于文化或者对于世界了解的渴望，最后带来了这些美好的文字。我读了以后感觉特别好，比如，你写印度尼西亚爪哇岛的时候，总结了"一种可以称其为'爪哇性'的东西：它是自发的、旺盛的、原始的、热带的、暧昧的、植物性的、永不疲倦的、混乱与秩序纠缠不清的"。读了这段，我发现你的总结真的特别符合我去这些地方的感觉。你能不能分享一下，你对旅行的热情、渴望，或者思考是怎么来的？

刘子超：大概是 2010 年。我们这代人去旅行前有过一个断层，比如我们的父辈或者再年长一些的人，在他们那个时代国门没有打开，没有什么机会去旅行，只有到 80 年代、90 年代初才有中国留学史上最大的一次留学浪潮，但那时候对于更普遍的大众来说，即便能去旅行，也没有闲钱出国旅行。到了 2000 年或者 2010 年以后，旅行逐渐变成了普罗大众都可以做的事。我个人的经历也是跟随国家、时代的变化来发展的，所以我也是在那个时候开始有了这样的契机，有了一定的积蓄开始慢慢去旅行。

我出去以后有一个很大的感受，**我们对这个世界的认识，很多是要诉诸外语，诉诸国外作家写的那些东西，但很少有中文对世界经验进行呈现**。不管你去哪儿，比如中东、中亚、非洲，你想了解那些地方的时候，你找不到任何中文版的对那个地区的描述，你往往必须诉诸外语书籍。我自己是个作家，我就觉得我们这代作家应该开始做这件事，用中文呈现这些世界经验。而且国外作家的视角和我们是不一样的，比如我们看中东、看中亚，我们对那些地方的理解肯定和美国作家、英国作家是不一样的，**所以我就慢慢形成了这么一个想法，一边旅行，一边严肃地用中文去呈现这些地方的经验。**

俞敏洪：你的第一本书是《午夜降临前抵达》，那是你在 2015 年之前的旅行经历，也主要以欧洲为主，但后来为什么把关注点放在了东南亚和中亚地区？

刘子超：其实旅行文学不一定是写大家非常熟悉的地方，有些地方很多读者可能不会去，但他们会对那个地方有了解的渴望，比如中亚、印度。这时候就需要一个他们信赖的作家，用他的方式去呈现那个地方的样子和经验。所以不一定要选择去写大家都会去旅行的地方，往往是陌生的地方更好。

俞敏洪：书里提到你去了吉尔吉斯斯坦、塔吉克斯坦、乌兹别克斯坦、土库曼斯坦、哈萨克斯坦，这几个地方我都没有去过，但你的文笔和写作会引导一批人到这几个地方去，至少我读完这本书以后，希望沿着你的路线走一趟。同时我希望我也能写出这么一本书，当然我的视角可能跟你不一样，也许是不同的情趣、不同的感悟、不同的经历。

我之所以很喜欢读你和另一位作家郭建龙的书，是因为我觉得**你们的书帮**

助中国人民揭开了世界神秘的面纱，让我们对一些地方不再产生恐惧。比如读你的书之前，我对中亚一直心有余悸，因为我不确定去了以后会发生什么事，但我看你一个人走到中亚，尽管也遇到了很多困难，但整个行走的过程中，其实也遇到了很多好人，得到了很多人的帮助，让我感觉这个世界天涯何处无朋友。

同时，我觉得**你们的书**，也加快了我们了解世界的步伐。自 1840 年以后，中国从拒绝了解世界到不得不了解世界，从比较褊狭地了解世界到不全面地了解世界，再到现在我们终于开始更加全面地了解世界，不仅是了解世界的地理，也开始了解世界的历史、思想、态度、文明，这是一个引导人去了解世界的过程，而你们的书籍在这个过程中，我认为是功不可没的。

2. 当中国文化走进世界

俞敏洪：你去这些地方的时候，如果遇到某些不可预料的事情，你是怎么做的？

刘子超：很多时候我也很鲁莽，比如去吉尔吉斯斯坦的天山，我没料到会有那么多困难。去之前，我向当地人打听要走多远，他们说 5 个小时，我心想很轻松，应该没有太大问题，就去了。没想到走的时候下雨，山路立马变得特别泥泞，在雨中走路的速度就大打折扣，最后走了大概 8 个小时。当时没有预料到那些困难，因为也没有资料可以查询，只是凭借着自己之前打听的那些消息，评估一下觉得可以去就去了。很多时候在过程中遇到许多困难，但你已经走到那一步，退也退不回来，只能继续往前走。

俞敏洪：你有害怕的时候吗？觉得别旅行着再把命给丢了。

刘子超：我在天山里有这种感受。吉尔吉斯斯坦的天山和新疆的天山不太一样，虽然都是天山，但吉尔吉斯斯坦的天山完全没有任何开发，走到里面没有手机信号，环顾四周，你会发现你眼前所见的东西，没有一样是现代文明的产物。比如你在中国，哪怕去到再偏僻的地方，环视一圈多少能看到一些现代文明的痕迹，可能是远处的一根电线杆，可能是一片开垦过的农田，可能是车轧过的车辙，但在吉尔吉斯斯坦的天山里环视一圈，你见不到任何现代文明的痕迹。那种感觉带来的恐惧比人带来的恐惧更大，自然还处于桀骜不驯的状态，没有被任何现代文明入侵，这时候作为一个个体，你身处那样的环境，恐惧感是巨大的。那次之后，我还是比较慎重的，以后再去这种地方，还是会多考虑一下。

俞敏洪：你为什么不带一个游伴？比如约一个有同样志趣的人，或者请一个导游？

刘子超：去中亚的时候我还没什么钱，我也打听了，在当地雇导游大概一天合人民币一千元钱。对我来说，虽然当时我已经在写作了，但能赚的钱都很微不足道。在行走的过程中，我会尽量控制自己的开销，所以当时一听要这么多钱，我说算了，我自己走吧。

俞敏洪：你自己走，尤其是如果走到当地的小村、小镇，语言不通，你怎么办？

刘子超：我其实为写中亚的书还是做了一些准备的，在北京的时候，我在俄语联盟学过两个学期的俄语。在这些地区，俄语比英语更通用，因为这些地区的人之前在苏联体制下待了几十年，所以基本都会说俄语，尤其像吉尔吉斯斯坦和哈萨克斯坦是非常俄化的，反而当地本族的哈萨克语、吉尔吉斯语说得不好。受过教育的人可能也会说英语，往往也说得比较好，因为他们经历了苏联解体的巨大落差后，他们认识到西方国家对他们来说影响会更大，所以反而年轻人英语会说得更好。

俞敏洪：你在书里写，你请了一个司机开着吉普车一直往咸海走，走到了那么遥远的地方，到了无人区的时候，突然碰上了中国人在那儿挖卤虫子，你对这个经历有什么感觉？你在东南亚的时候，随处都能看到华人，但我一直认为在这些中亚国家，中国人应该很少，但你还是在那么遥远、偏僻的地方遇到了中国人。

刘子超：其实中亚地区有挺多中国人。一方面，因为"一带一路"的建设，很多中亚的道路、基础设施是中国工程队在修筑的，但他们一般在比较偏远的地方，所以在大城市反而见不到；**另一方面，还有一些做生意的中国人，他们凭借自己对财富的渴望，对商机的敏感，已经走到了世界各个角落。**我以前在很多完全想象不到的地方都会碰到中国人，哪怕他完全不会说当地的语言，不会说英语，他们在非洲很小的国家的金矿淘金。这也给我一个很大的冲击，**这些商人其实比中国的作家走得更早、更远。**

俞敏洪：谋生存的中国人和商人，不管是大商人还是小商人，他们走向世界的步伐，恰恰是中国跟世界交流的步伐，也是把中国文化、文明带到全世界的过程。

刘子超：对，我觉得他们是一个先行者。

俞敏洪：过去很多华人去到美国、南洋等地，一方面在那边努力赚钱谋生；另一方面也确实会被这些国家的老百姓或者官方有意无意地排斥，比如当时美国有《排华法案》，印尼也出现过排华事件。**你觉得这是因为国际环境影响，还是因为这些国家本身确实对华人有偏见？**

刘子超：我觉得两方面都有。**一方面，谋生存的中国人想法比较单纯，就是去挣钱，**如果你只带着这样的心态去一个陌生国家，其实当地人对你会有一定的偏见和成见。这也很容易理解，比如一个外国人来中国，他只想在这儿挣钱，没有任何其他的想法，我们对这个外国人也可能会有一些偏见或者看法。**另一方面，中国和世界的接触刚刚开始，彼此并不了解。**西方的话语体系非常强大，中国在当地没有自己的声音，多方面因素导致中国人在当地还有很多的困难。所以我觉得，应该由那些更有文化诉求的或者更会表达的媒体也好、作家也好，去到这些地方，书写这些地方。

俞敏洪：所以我们还是要更熟悉这些地方，这样未来不管是为了生存、做生意，还是旅行，都会更加顺利、方便。而且我一直相信，不管这个世界上有多少民族主义、民粹主义，我们和外面的关系只会越来越密切，因为全球化是不可逆转的，一旦逆转，世界将会处于分崩离析的状态。那从你的角度来说，中国人到世界上去工作也好、寻找做生意的机会也好，我们应该注意哪几点，才能让世界人民更容易接纳我们？

刘子超： 第一，要对当地文化有所了解，而不仅仅是看中商机。中国人特别勤奋、特别聪明，我们到世界上其他国家往往能看到很多商机，这时候就要多一点对当地文化的了解和尊重，把握一些比较微妙的感觉，让人觉得你不只是到那儿挣了钱就走。**第二，在挣钱、经商的同时，要回馈当地一些东西。** 这和在中国做生意也是同样的道理，你生意做大了，也要回馈一些农村或者贫穷地区，做一些慈善的事。**第三，尊重当地人、尊重当地的文化。** 将心比心，如果别人来你的家乡做这些事情，你会怎么看待他们？你会希望他们表现出怎样的态度。我觉得就是这样的过程。

俞敏洪： 在旅行过程中，你有没有碰上对你很有敌意的人？你走了那么多国家，这些国家对中国人也不是特别了解，或者有些地方对中国人本身就有偏见，你遇到过这样的情况吗？

刘子超： 遇到过一些抢劫、偷盗，这是比较常遇到的。我觉得还好，基本上是在我可以预料的范围内，顶多是一些财产上的损失。

俞敏洪： 我到南印度的时候，旅行社安排我们一家人到一个印度老太太家中参观、吃饭，老太太很热情地出来接待我们，结束之后她突然发现我们是中国人，她就变得特别不热情，我就问她是什么原因。她说她不太喜欢中国来的游客，因为中国游客来了以后大声喧哗很不礼貌，到了她家里会乱翻东西，而且走的时候从来不给小费，她就有了这样的不舒服感。后来我走的时候，我就和她聊了很多开心的事情，还给了她一些小费，老太太就说，你介绍来的朋友我都会非常欢迎。我觉得这是互相之间行为理解的问题。

刘子超： 还有一个可能，那些去做生意的，往往可能是国内文化素质不是很好的群体。

俞敏洪： 本身在国内找不到特别好的机会，才会想办法出国寻找机会，从语言上、文化上、知识结构上，都不会达到那么全面的将心比心，或者没太能关注到当地人的感受，也是其中一个原因。

3. 在旅行中寻找千万种生活

俞敏洪：你在菲律宾的跳岛旅行，相当于一路沿着自己设计的路线往前走，菲律宾又是相对不那么安全的国家，那时候你内心是怎么样的？

刘子超：我当时觉得菲律宾是一个岛国，所以探索这个国家最好的方式就是跳岛，从一个岛跳到另一个岛。因为每一个岛的东西、景观都不一样，而且这样探索完以后，对写作来说也会有很自然的结构，我就这么去了。其实在旅行中，我觉得我对危险没有特别大的敏感度，在去之前，我会系统了解，会评估这个地方的安全系数，一旦去了以后，我还是比较能随机应变，根据当时的状况做决策，不会有特别慌乱的感觉，我是有计划的。

俞敏洪：我也有这样的感觉。**当你到一个地方旅行之前，你会设想 N 种危险的场景，但真到了那个地方以后，你设想的场景大都不太会出现。**比如，我到了孟买的达拉维贫民窟以后，导游死活不让我进去，说进去会有很多危险，我说我一定要进去，我到了这里，我一定要去看看普通老百姓生存的地方。他就让我换了身破烂一点的衣服，就进去了。我当时在里面走了一个小时，走得很纵深，但我发现那些老百姓其实特别友好，印度人自己觉得到那个地方去有点危险。后来我到了巴西，又去了里约热内卢半山腰的贫民窟，那是个在警匪片中一天到晚打打杀杀的地方，他们也坚决不让我去，我还是坚持要去。后来他们安排了一点保护措施就一起进去了。进去以后，不论是在小饭店，还是在路上走的时候，尽管有老百姓好奇地看着我，但他们没有任何敌意和恶意。

我是想用这些例子来说明，我们去一个地方旅行之前，很容易想象那个地方的恐怖或者可能会发生的意外。其实到任何一个地方，只要不是战争进行时，你会发现那个地方大部分的老百姓跟中国普通老百姓一样，他们生活在正常的社会状态中。比如到了印度以后，你会发现各个小镇、大城都挺乱的，小偷也挺多的，但其实对你的人身不会有什么大的伤害。

刘子超：对，不管是什么样的地方，哪怕你在想象中或者新闻媒体中呈现的是一个非常混乱、非常落后的地方，真的到了那里之后，你会发现老百姓还是在正常地生活，还是在努力寻找生活中的乐趣。我有一次去缅甸的金三角，在媒体中，那里似乎就是一个毒品走私很厉害、有很多艾滋病人的地方。但当我去到这个地方以后，我发现这里确实很特别。进了县城以后，晚上完全没有电，有那种非常破的卡车，放着"小心火烛"的广播。吃完饭后，我就想这个地方的年轻人晚上没有灯能干什么？我就在街上走，走到县城的一个湖边，那里有很多小的街边酒吧，我就看到街边酒吧在用发电机发电，播着80年代成龙的武打片，当地年轻人就坐在小桌子旁、小板凳上喝着啤酒，吹着湖上的风，看着80年代成龙的武打片。我也在那儿坐下来，买了一杯啤酒，我就在想，大家也在正常地寻找这个地方可以提供的幸福生活，在追求那种可能追求的快乐，这在世界任何地方都是一样的，哪怕是在一个我们想象中很贫穷、没有机会的地方。

俞敏洪：这是基本的人性。对于普通老百姓来说，不管帮派之间如何打打杀杀，不管国家、政府、政权如何变迁，老百姓所希望的就是和平、安宁的生活状态。就像你写金三角，在中国人看来，金三角是多么危险的地方，但当你深入那个地方的时候，你会发现老百姓依然是一种和平的、安宁的、普通的、有点生活乐趣的状态。

刘子超：对。

俞敏洪：最近以色列和巴勒斯坦正在开战，你去过这些地方吗？

刘子超：没去过，但我在国外做访问学者的时候，遇到了叙利亚和阿富汗的同学。那时候阿富汗正在内战，我就问他们当地生活如何？他们就说，即便是在大马士革，郊区反政府的武装在炮击，但老城里的水烟馆照样开张，人们还是在水烟馆里抽水烟，这就挺有意思的。我相信现在以色列和巴勒斯坦也一样，我那天问了在特拉维夫的同学，他们还是在尽量享受着生活，虽然外面一边是火箭弹，一边是防御系统，但他们还是在追逐生活。

俞敏洪：我去过以色列，也去过巴勒斯坦，跟你刚才说的一模一样。首先这两边确实都有紧张状态，尤其哈马斯（伊斯兰抵抗运动）以后，动不动就发火箭弹，以色列的"铁穹"系统确实基本上能拦截老百姓感觉不到的太多威胁，你发你的火箭弹，我正常做我的事情。但对于巴勒斯坦的普通老百姓来说，他们的确希望一个安宁的生活状态，好像只要火箭弹不落在我头顶上，给我一个不危险的生活状态就行。

让我挺意外的是，在以色列发射导弹前，他们还能给巴勒斯坦老百姓打电话，让他们先离开自己的房子。当然了，他们实际上是为了房子下面的地道。但不管怎样，现代战争有一个好处，平民老百姓受的伤害变得越来越小了，更多的对抗其实只是两边军事力量或者政治力量的对抗，从这一点来说，也算是人类的一个进步。

刘子超：《今日简史》里写的，现代战争形态更多的是机器人打机器人，这样不会出现人性的问题，比如越战的时候，美国士兵屠杀过一个越南的村子，因为那时候人性的恶被激发出来了。但如果是现代战争，这种不受控制的恶，或许就转换为程序去杀对方的机器人，或者摧毁对方的武器。

俞敏洪：但我觉得人类解决问题的方法不能只靠战争，我特别希望双方能用更宽阔的眼界坐下来谈一谈如何解决问题。这和两个人之间的关系是一样的，两个人之间光用刀砍是砍不出结果的，但两个人之间通常能谈出结果。总而言之，**人类社会进步到今天，即使没有那么明显的人性方面的进步，我觉得也是可以用更好的方法来解决人类之间的问题的。**

我希望未来我们走到任何一个地方旅行都是安全的，让我们感觉到人类在一起生活是很好的状态，而不会出现各种极端行为、排斥行为甚至战争行为，也希望你背着背包走到世界的任何一个角落都不再有危险，尤其像你这样的白面书生。我一开始觉得到这些地方旅行的人，应该是黝黑的脸庞配上络腮胡，让对方看到先害怕了，他就不敢来惹你，没想到你是这种白面书生。

刘子超：物极必反，我这种人到了当地，他们反而觉得这人摸不透，就像空城计一样，反而起到了络腮胡子起不到的作用（笑）。

4. 尾声

俞敏洪： 如果大家要去世界各国旅行，你有什么样的建议吗？

刘子超： **第一是学好一门外语。** 即使翻译软件再发达，还是会缺乏及时性的沟通，所以还是要学会一门外语，至少会一门英语。**第二是尽量理解当地文化。** 在旅行之前尽量多读一点书，带着一些对这个地方历史文化的了解去旅行，这样你看到的东西就会有不同的意义，哪怕你看到的是同样一个建筑，如果你了解它的历史文化，你能看到更多、更深。**第三，大家可以胆子大一点。** 我发现中国人到国外以后，可能是出于安全的考虑，晚上吃完饭就很习惯直接回酒店睡觉，而当地晚上 8 点以后的生活，大家都不了解，但我觉得可以更大胆一点，去相信陌生人的善意。陌生人给你的善意往往是最让你感动的，而且是最重要的，真的能帮助你度过那些困难。

俞敏洪： 这点上我们俩很相似，我也喜欢晚上去逛那些地方，这样才能看到那个地方真实的样子。

刘子超： 跟白天截然不同。

俞敏洪： 从你的书中能看出来，你对当地的人文、历史、文化了解得非常多，你是一边行走一边了解，还是预先做好功课？抑或是旅行结束回来查阅资料？

刘子超： 都有。**首先，我本身会在日常生活中对那些地方保持持续的关注，在去之前我也会提前了解。** 比如我现在会对我之后想去的地方有连续几年的关注，然后在走之前会去做应该住哪儿、怎么走、路线怎么设计等更现实的功课，但大量功课是在日常生活中完成的。我在去一个地方之前，心里要有一个感觉，知道要把这个国家放在怎样的位置去观察，心里有了这个感觉之后，我可能才会上路，如果没有这个感觉，我可能就会暂时放在那里，去关注它，花时间读这方面的书，直到我心里有了感觉为止。**其次，到了当地之后，看到很多东西就会随手查。** 比如你在当地看到一个东西，你去了博物馆看到一个画家的名字，你不知道他的生平，你马上就可以站在画跟前查。现在网络很发达，只要你有智能手机，能连互联网，就能在当地不断丰富对这个地方的认知。**最后，当你坐下来开始写作的时候，还是会有一些没那么大把握的事情，那时候会再进行补充。**所以这三个阶段我都会做。

俞敏洪： 疫情结束以后，你有什么旅行计划？

刘子超： 之前克里米亚"表决加入"俄罗斯以后，我去了克里米亚，写了大概几万字，后来就想把那个东西拓展成一本关于黑海的书，黑海沿岸从克里米亚开始，俄罗斯、格鲁吉亚、土耳其、保加利亚、罗马尼亚、乌克兰，这些国家是围着黑海一圈的，算是一个环黑海旅行。

俞敏洪： 下次你去的时候，我们俩约一下，如果我也有时间，我可以陪你走几个国家，这样你晚上喝酒的时候有个人陪着。

刘子超： 没问题！

俞敏洪： 时间关系，我们今天就这样，谢谢子超。

刘子超： 好的，师兄再见。

（对谈于 2021 年 5 月 26 日）

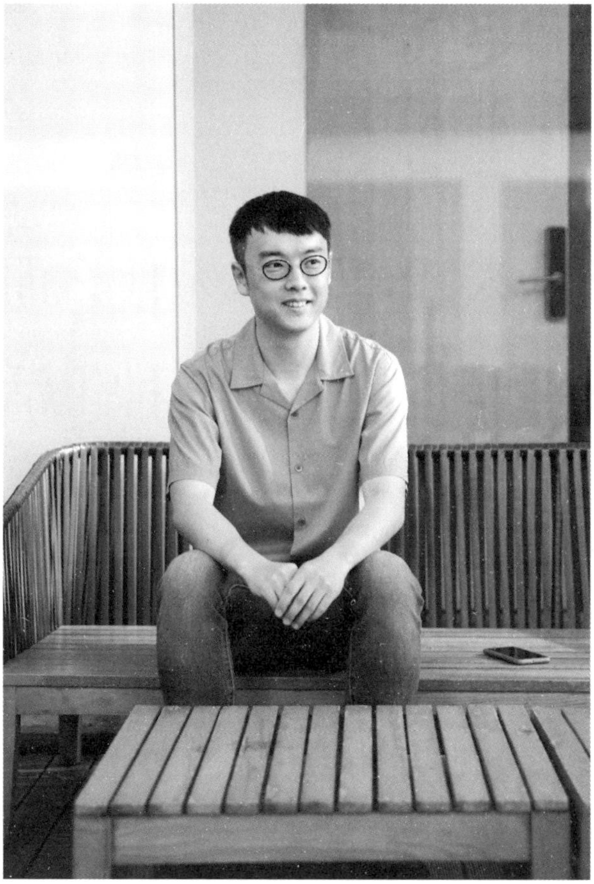

对话 刘大铭

让精神超越生命

一个人知道自己为什么而活，就可以忍受任何一种生活。

如果把世间所有的道理都拆散，只留下一条，我认为是要学会阅读。

刘大铭 /

1994 年生于甘肃兰州，毕业于英国曼彻斯特大学心理学专业。因基因突变先后经历 9 次骨折，11 次手术。出版长篇个人自传《命运之上》。2014 年被评为"全国自强模范"。

俞敏洪：朋友们好，今天分享的主题是"身体与精神"，这是一个蛮有意思，又有点意义的主题。之所以会以此为主题做分享，有两个原因，一是前几天12月3日是世界残疾人日，我向全中国乃至全世界所有残疾人表示问候，感谢其中一些残疾英雄给我们带来非常励志的故事。有一次我去滑雪，发现有一个失去双腿的滑雪家好像也要参加残奥会，他在没有腿的情况下，把滑雪器绑在自己身上，以无比熟练的动作快速滑到了山下。当时我有点目瞪口呆，当下就感动得眼眶湿润，那一刻感觉原来他们可以让自己如此精彩。

二是前几天刚好认识了刘大铭。刘大铭是一位虽然身体有缺陷，但精神十分坚韧的人。读完他的《命运之上》后，我真的非常感动，不仅仅因为他的文笔非常优秀、优美，更重要的是文字之间所传递的那种对于生命的渴望，和疾病斗争时的坚强不屈也让我非常感动。所以一会儿我会邀请他一起聊聊这个话题，讲讲他从出生一个月就骨折开始，一直到现在26年的生活和生命中，他到底经历了什么，思考了什么。在他上线之前，我先分享一些自己对于"身体与精神"的想法。

1. 常怀感恩之心

我们祝福一个人的时候，最常用的就是"祝你身心健康"。"身心健康"包含两个要素：第一是身体好；第二是精神好。一个人只有身体好、精神好才是真的好，身体好了精神不好或者精神好了身体不好，会觉得有所遗憾。所以当我们发现自己是一个很正常健全的人，身体上健全、心智上正常，就应该感谢老天给了我们一个重大的恩惠。

在中国，身体有着各种各样问题、残缺或者残疾的人，有八九千万，因此，我一直很感谢老天，也很感谢我的父母，不是因为他们让我多聪明，也不是他们给我留下了什么财富，而是因为他们给我留下了一个健康的身体，也给了我心智正常的精神状态。当然我也要感谢这个时代，这个时代让我，我们不再处于战争中，大部分人不再处于饥荒中，也不再处于强烈的冲突中，让我们有了一个安定、幸福，甚至是富有的社会环境，对于大部分人来说，这真是一个不可多得的时代。

我们常常要怀着感恩之心，尽管人生中每个人都会遇到各种各样的困难。有的人没钱，有的人没房，有的人谈恋爱谈不成，有的人工作不顺心，有的人有疾病，比如我得过肺结核，现在有严重的腰椎间盘突出，但不管怎样，对于平静的、健康的生活，我们要有感恩的心态。如果没有感恩的心态，内心充满抱怨、愤恨、不满，对自己来说也不是一件好事。在这样的情绪中，你的愤怒也好，不满也好，抱怨也好，其实伤不到别人，能伤害到的只有你自己。周围亲近的人，天天听到你的抱怨和不满，可能会受到伤害，但对其他人来说，没有人会在乎你的抱怨，大家都活在自己的世界里。**所以我们一定要怀有一颗感恩的心生活在这个世界上，再赋予自己努力，这会让自己的世界变得美好起来。**

2. 控制自身欲望

我相信大家或多或少都会思考，身体、精神对于生命到底起到了什么样的作用，毕竟只要是人，就会有思考问题的能力。人和动物不一样，动物吃了睡、睡了吃，吃饱了躺着就行，饿了再去寻找食物。我们不太知道动物的精神状态，也不太知道动物的心智状态。我家里养过宠物，比如养狗养猫，我能看出来猫和狗的开心和不开心，但我不太会去关心猫和狗的精神状态到底如何。对于人来说，精神和身体相互作用是非常明显的，**生命要过得好，我们就既得管理好身体，也得管理好精神，只有管好这两者以后，我们才能真正走向健康充实的生活状态。**

人的行为、发展和未来也是同时被身体和心智指挥的，身体对我们的作用并不见得会小于精神层面，大部分人更多被身体牵着走，而不是被精神引领着往前走。从人的本性来说，人带有欲望和贪婪，而这些欲望和贪婪在大部分情况下不是来自精神的追求，而是来自肉体的追求。佛教中所讲的七情六欲，喜、怒、忧、思、悲、恐、惊，还有眼、耳、鼻、舌、身、意，常常是来自一种生理上的反应或者需求，而这些需求都来自身体的需求，一个人如果欲望过度，无节制消耗身体，就会出问题。

所以，人一生最重要的一件事，就是控制身体的欲望。佛教中所说的贪、嗔、痴是欲望，我们平时对于饮食、爱情、财富、地位、权力、名声、美酒的追求，都来自肉体自动产生出来的欲望，有的人欲望过分强烈，有的人欲望在正常状态，有的人欲望上稍低一点。欲望对我们的人生发展起到了比较大的牵引作用。为了遏制欲望，佛教讲究人要四大皆空，就是你什么都不要有，甚至要放弃家庭，放弃后代，这样才会没有任何牵挂，但对于大部分人来说，如果真能做到这样，人生也没什么意义了。红尘不是一个需要抛弃的世界，而是一个需要自我管理的世界。**对于欲望或者愿望，只要控制在适度范围内就行。**

我们希望有人文之乐、天伦之乐、家庭团聚、亲人温馨，希望自己能够吃饱饭、穿好衣服、有房子住，我觉得只要不是过分的、过度的要求，都是正常的。但一个人如果被过分的欲望牵着走，可能肉体所产生的欲望就会变成人生追求精神的负担。因为有欲望，要面子，有虚荣心，所以要有更好的汽车，要有大房子，要穿名牌衣服，背名牌包包，有社会地位……但这些东西是无止境的，而且越追求越难控制，最后甚至会把自己带到沟里去，比如变成了贪腐。所以我们可以满足欲望的正常追求，但不能过分，而什么是正常，什么是过分，只能每个人自己体会。

3. 追求精神世界

人生正常追求已经基本满足的前提之下，克制自己进一步的欲望，让自己的精神和灵魂不断上升，是一个人走上充实而丰盈的生活的正确途径。高僧大德们做到了极致，比如弘一法师，摆脱了尘世中所有的花花世界，遁入空门，让自己彻底在精神上超越肉体，达到无上崇高追求的境界。这样的人，我们只能仰望，也可以部分学习，但不一定非要达到那样的境界。凡间尘世依然是一个让人幸福和快乐的地方，我们也没有必要把自己变成苦行僧一样去生活。

每个人追求的精神和灵魂的升华可能都不太一样，但如果只追求欲望的满足，不追求精神的充实，我们会感觉到空虚。人天生或多或少是有点精神性的动物，一个人的精神世界对于身体是非常重要的，就像油盐酱醋对于菜肴一样，不管多么好的菜，炒菜的时候不放油盐酱醋，就不会太好吃。精神世界对人来说也像绘画时的颜料，只有颜料丰富了，画出来的画才会丰富多彩。

一个人生命的丰富性，一定或多或少来自精神世界的丰富性，来自对精神世界的追求，而**精神世界最重要的其中一个追求，是拥有知识**。知识是习得的，知识的追求会使我们的精神在某种意义上得到发展的基础。当然只追求知识是远远不够的，对于知识的思考，转化为人生智慧，才会真正对精神的丰富性起到作用。

此外，积极心理学的研究表明，人作为社群性动物，如果所有东西都是为了自己的满足，不关注别人的感受，就很难达到精神充裕的境界，所以**一个人觉得自己幸福并且生命最有意义的时候，恰恰是在帮助别人的时候，而且是在具体帮助到什么人的时候**。比如捐款，如果捐了一百元钱，你不知道这一百元钱花到哪里，你心里就会觉得有点失落，但如果通过现代化技术数据追踪，能够追踪到你的捐款为农村孩子买了三本书或者买了一个铅笔盒，你就会觉得这一百元钱特别有意义，你也会觉得自己的人生很有意义，因为自己能实实在在地帮到别人。

一个人精神世界的追求，在某种意义上既是自足的，又是利他的。我们这样的普通人，其实不需要刻意去追求利他，做对自己有利对他人也有利的事情就好。所以，苦行者太刻意，但放纵者又太随意，只有润物细无声对自己生命精神的滋养才是比较重要的。

4. 身体与精神的关系

一个人身体好、精神健全是再幸福不过的事情。**但身体的健全与否和精神是否充实其实并没有那么大的关联，人是可以让精神力量超越身体的一种动物。**有一个成语叫"身残志坚"，就是身体有点缺陷或者身体不好，却有着坚强的意志，有着强大的精神力量。比如大家非常熟悉的海伦·凯勒，美国著名女作家、教育家、社会活动家，也是一位盲人，她的《假如给我三天光明》让很多人读后非常感动。

大家更加熟悉的斯蒂芬·霍金，2018年刚刚去世。他是剑桥大学著名物理学家，也是现代最伟大的物理学家之一。他21岁的时候患上了肌萎缩侧索硬化症（卢伽雷氏病），全身瘫痪，不能言语，手部只有三根手指可以活动，到最后好像只有一个手指头能动，但他的大脑思维能力是如此强大，写下了无数著作，包括大家都熟知的《时间简史》。

澳大利亚的尼克·胡哲，1982年出生在澳大利亚墨尔本，他出生的时候没有脚，也没有手，但相信大家都看过他的演讲，也看过他无脚无手游泳的状态、打球的状态。他从一个对自己失望，甚至想在游泳的时候把自己淹死的状态，最后奋发成为一个演讲家，成为一个对生命歌唱的歌唱家，成为一个大学毕业生。到现在为止，他已经出了五六本书。你看，他肉体有残缺，但精神无比强大，给了我们很多感动。

中国也有很多例子，我们从小学习的张海迪，高位截瘫后自学外语。当时她的故事鼓励了中国无数年轻人，后来她不光出了诗集、英语作品，还出了长篇小说。现在张海迪应该是世界残奥会的主要负责人之一，是连续两届中国残联主席。到现在为止，依然在鼓舞着大量人奋发、努力、向上。

除了张海迪以外，另一位在文学、散文、精神上做出重大贡献的人，叫史铁生，于2010年去世，他是中国著名的作家、散文家。他1951年出生于北京，

1967年在清华大学附属中学读书，1969年去延安插队，后来双腿瘫痪回到北京，再后来他患了尿毒症，靠透析维持生命。他有一句话，说自己"职业是生病，业余在写作"。他留下了非常珍贵的文学遗产，《务虚笔记》和《我与地坛》都是非常优秀的文学作品，没有读过的人一定要读一下。

这样的人可以列出很长的名单，我只是简单列了一下，就有这么多人，这说明，一个人的精神健康或者精神强大跟他的身体是否强大没有必然联系，当然我也祝愿每一个人精神强大的同时身体也健康，这是最好的状态。

马上大铭要上线了，在他上线前，我想把他写给我的信读一下，也希望通过这封信，让大家提前了解他。

5. 刘大铭的来信

尊敬的俞老师：

我是《命运之上》的作者刘大铭，很荣幸，也很开心以这样的方式与您建立联系。

首先，请允许我简要向您介绍一下自己。

相对于大多数人，我的情况很特殊，也很罕见。我用两个标签描述自己：病人、务实的理想主义者。

作为病人，我于1994年出生在甘肃省兰州市，一个月大时，因左肩骨裂，被确诊为成骨不全症。这是一种由基因突变导致的、发病率在1/80000～1/120000的骨骼系统罕见病。患者骨质相较于常人会异常脆弱，世界范围内无根治办法。

因此，我在18岁前经历了9次骨折，11次手术。在我肌肤上留下的手术刀痕，见证了中国医学的进步，装在我体内的各式螺钉和钢板，也让我成为了现实中的"钢铁侠"。

我常对身边的人说，我会成为遗产最丰富的人，因为除了骨灰，我还能留下许多金属。

作为务实的理想主义者，我在过去十年，主要完成了四件重要的事情。

第一，2011年，我被国内最权威的外科专家判定生命不会超过三年。事后，我瞒着父母，独自翻译了从小到大的所有病例，撰写了求救信及手术可行性方案，发给全世界最知名的医院和医生。2012年，我在意大利接受了十个半小时的脊椎重建手术，手术的难度、风险、效果，均创下欧洲纪录，我也战胜权威，重获新生。

第二，2013年，我出版了自传体小说《命运之上》，成为人民出版社建社以来最年轻的签约作者。2014年，我作为全国自强模范，受到习近平主席等党和国家领导人的接见。截至今年，该书全国发行67000册，两次获得当当传记榜头名。

创作这本书时，我刚刚接受完脊椎手术，高二在读。为缓解腰部压力，兼顾学业，我利用每天的课余时间，戴着保护腰椎的护具，用双臂支撑身体，枕头放在胸口处当作靠垫，用八个月的时间，趴着写完了17.5万字。

稿费让我成为高中时代最富有的人。但最让我感到幸福的，是我陆续在微博收到私信，有不少人说因为读到这本书，放弃了自杀的念头。说他从来不知道，世界上还有比他不幸得多的人，还在勇敢地活着。

通过比较谁更不幸、谁更惨获得信心，这听起来很奇怪，却让我第一次感到生命存在的意义不仅只是挑战和奋斗，也是成全。

第三，2016年，我被英国曼彻斯特大学心理学专业录取，成为中国首位坐在轮椅上，在世界五十强大学取得学士学位的留学生。毕业时大家问我有什么感想，我回答道："I am the first, but I won't be the last."（我是第一个，但不会是最后一个。）

第四，2019年，我回到北京创业，致力于"用内容创造价值"，同时成为中关村首位坐在轮椅上的留学生创业者。2021年，我受聘为宁夏理工学院终身教授。

在抗争和奋斗的过程中，我形成了"做好自己，成全他人"的价值观。我认为做好自己，是一个人应尽的责任与义务，因此，无论吃了多少苦，任何一种与他人无关的苦，都应当不以为意地接受并克服；成全他人，是一个人应该做，但很难做到的事，因此，无论享了多少福，与他人幸福无关的幸福，都应当默不作声地感恩和祝福。

其次，向俞老师简要汇报我目前在做的事情。

根据中国残联统计，目前我国已完成注册的残障人士，超 8500 万，而英国的总人口，不过 6600 万。

作为一名残障人士，我认为我国残疾人事业发展的主要决定因素，在于是否能够有效提升残障同胞们的教育和收入水平。

我的创业和我目前的全部精力，都用在这两个方向上。

收入方面，我希望通过创业，以短视频、直播访谈等内容形式，讲述生命故事，售卖能给人启迪、能解决问题的图书。

我的《命运之上》只是万千优秀残障人士作品中的一个。比如南京作家王忆，作为一名从未谈过恋爱的脑瘫患者，凭借一根手指，创作完成了长篇爱情小说《冬日焰火》，感动了许多相爱多年的夫妇；我的师兄张云成，作为肌无力患者，完成了长篇小说《假如我能行走三天》，填补了中国肌无力文学领域的空白，靠创作养活一家人的同时，也为数十万人带来了精神力量。

这些书都是能救命的书，这些本该受助的人却用自己的思想和劳动，让千万人受助。

我希望俞老师能够关注并支持残疾人事业，以《命运之上》为切口，让这个特殊群体为社会创造更大的商业价值和精神力量。

教育方面，我基于宁夏理工学院，正在筹建一所融合教育学院，这是西北地区首个以残障人士高等教育、高质量就业为核心目标的学院。我已向中国残联吕世明副主席、自治区残联马军生书记汇报过方案，我很激动，大家都一致看好，支持这所学院的建成。

令我意想不到的是，在今年"十四五"规划中，习近平主席也多次提到了残疾人朋友高等教育、高质量教育的问题。

我希望这所学院能够成为中国特殊教育的排头兵，让每个适龄的残障人士都有机会接受高等教育、从事一流工作。

我也希望这所学院不仅解决中国残疾人的问题，也能为世界残疾人提供支持，带来助力。

您是教育界的专家，是拿到结果、做出成绩的前辈，希望俞老师能给予我支持和建议。

最后，我想对您说一些心里话。

俞老师，从某种意义上来说，我们各自都已完成了"做好自己"的部分。人民出版社原副总编于青在批准《命运之上》出版时曾告诉我，人世间最大的痛苦有两种：疾病与贫穷。

我们都通过各自的奋斗，战胜了疾病，摆脱了贫穷。

您比我年长一些，与我父母年纪相仿，但通过过往关于您的视频、新闻和相关作品，我能与您产生深深的共鸣。

当下，我希望和您一起做好人生的下半部分，也是我认为最重要的部分——成全他人。

法国作家罗曼·罗兰在青年时代曾给当时举世瞩目、受人尊敬的思想家托尔斯泰写过一封信。托尔斯泰的回信让两人产生了超越年龄、国界、政治的友情，促使罗曼·罗兰写下了"世界上只有一种英雄主义，就是看清生活的真相之后依然热爱生活"这样穿透人心的文字。

这封信中，有一些也是我想向您表达的，我在此引用一下：

"假如只是为了向您表达我对您热情的赞赏，我是不敢写信给您的；所以我不能向您说一些俗气的恭维话，这些恭维话是您的伟大思想所藐视的，对于像我这样一个还是孩子的人来说也几乎是失礼的。但是我被一个强烈的愿望所驱使，我想知道怎么生活，而这只有从您那里能得到答复。

"我相信，世俗生活，实际生活，并不是真正的生活，因为它以死亡而告终。只有当我们消灭死亡时，生活才能美好。生活的实际意义，是要彻底放弃活着的人的利己主义的干扰，使我们懂得生活的有机内容。在唯一的统一体中，我们过着唯一的生活。把我们的生活融合在共同生活之中,来战胜死亡吧。"

这便是我想对您表达的全部内容,俞老师,这样宝贵的通信机会,我不想只是说,我希望您能帮我卖一本书。

我想表达,一个特殊的年轻人对前辈的仰慕、尊重和共鸣;更希望做好自己,成全他人的理想信念,能得到前辈的指导与回应。

我常驻北京,我想过亲自去给您送信,但又担心时间冲突,会打搅您。

期盼您的回复。

刘大铭

2021 年 11 月 22 日

这就是刘大铭给我写来的信,我也读了他给我寄来的书《命运之上》。信和书都让我深受感动,下面我把刘大铭请上来,让大家一起来感受他的精神风采。

——对谈环节——

俞敏洪: 大铭过来了,非常高兴在镜头里看到你。

刘大铭: 俞老师好,我也非常荣幸能在视频里见到我的偶像。

俞敏洪: 我刚刚把你写给我的信给大家读了一遍。读完你的信我非常感动,其实之前我对你并没有太多了解,从 12 月初开始,我认真读了《命运之上》,被你深深折服。你算是我的晚辈,你 1994 年出生,我孩子 1995 年出生,尽管从年龄上来说,你和我的孩子算是同龄人,但相比之下,我两个孩子可真是太幸福了,他们身体比较健康,也都上了大学,所以我在这儿向你表达深深的敬意。坦率地说,我被你的文笔所折服,我没想到你的文笔是如此之好,一般的散文作者或者一般的作家文笔没法跟你比,我是自愧不如的。

刘大铭: 感谢俞老师,我写这本书的时候其实年龄还很小,只有 17 岁。

俞敏洪: 这就是我深受感动的地方。我想你现在再写一本书,应该不管从文笔还是思想，都会更加成熟和深刻。《命运之上》是你 17 岁时写的，但我从文字中读出的远远不是一个 17 岁的孩子所拥有的思想和对人生的思考。一方面可能是因为你读书比较多，另一方面可能跟你所遭受的苦难有着密切的关系。尽管没有一个人希望人生有苦难，但当苦难落到身上，能把苦难转化为精神力量，这个苦难的价值就会非常大。

刘大铭：非常感谢俞老师，我很感动，很少有人能在非常短的时间内了解一个人的成长和精力。我觉得苦难确实可能是成长的一个非常好的加速剂。

1. 修炼自己，造福他人

俞敏洪：你一次又一次渡过生命的难关，甚至中间三番五次几乎濒临绝境，差点与人生告别，你这种克服痛苦和苦难的精神力量来自什么地方？我个人的感受是，如果你没有这种精神力量，你可能真的活不到今天，或许会像医生所说的，活不过 12 岁。你真的创造了奇迹，我认为这个奇迹不是因为你的身体出现了什么突然的转机，而是因为你的精神力量是如此强大，**你从小到大的这种精神力量是怎么出现的？**

刘大铭：谢谢老师，这是一个我听过的所有提问中，最打动我的一个问题。精神力量是支撑我去克服困难的一个内核，这个内核主要来自我的生活。我的生活基本分为两个阶段，第一阶段是在我 14 岁前，也就是距离我写出《命运之上》大概三年前。14 岁前我拼命想做好一件事，就是做好自己，就是非常想证明自己。第二阶段是在我上大学以后，22 岁以后我非常想去成全他人。

先说第一部分的动机，就是做好自己。我很小的时候就意识到我的身体和别人有差异，这种差异非常明显，比如我没有读过幼儿园，比如我要在别人的帮助下才可以去卫生间，比如别的小朋友可能打个针就会感到非常痛苦和惧怕，我需要考虑的则是，这次在我身体里打两颗螺丝还是三颗螺丝。这种巨大的差异感带给我的就是，我非常想通过学习上带来的优越感去调和身体上所带来的自卑感，所以就非常想做好自己。

在初中的时候，我遭遇了一个非常大的困难，当时出于成长的原因，我右腿上的一个钢针穿透了我的右腿。一个小孩看到自己身体里的针尖暴露在膝盖右侧两毫米处是一个非常让人难以置信的事情，但当时最让我害怕的不是钢针穿出了我的腿，而是我离开教室会不会被看成异类，如果被看成异类，就没办法做好自己了。后来我去天津做了非常大的手术，从胸口到脚踝都打满了石膏，躺了大概180天。在那些日子里，我产生了三个愿望：我希望通过一个手术，让我能活得和大家一样长；我希望能写出一本好书，记录自己、激励他人；我希望能在世界一流的大学接受教育。其实这三个愿望的根本动机只有一个方向：我希望能够证明我自己，做好自己，用生活中的奋斗来调和身体上的缺陷。所以**如果究其本质，这好像没有那么励志和自强不息，它本身是一个自我认知的过程，向内认知自己是不完美的，通过这些事情来接受自己。**

到了大学阶段，我一下子就转变了思维，我希望能成全他人。不瞒您说，我在大一的时候就一直在想一个问题，**人生的幸福感源于什么？**我在大学里觉得，人的一生可能分为战术目标和战略目的，战术目标就是你在活着的时候所创造的这些东西都随着你生命的逝去而被带走，比如财富、学历，包括一切想给这个世界证明你行的东西，都会随着生命的结束而结束。**那什么东西是带不走的？我就觉得可能是一种思想或者文化，这样的东西可以不随生命的消失而消失。**

俞敏洪：这思想成熟得太早了。你是在22岁的时候就已经有了这样的思想吗？

刘大铭：对，我当时的这种愿望非常强烈，我意识到人生有实现不完的目标，我今天想上世界排名前五十的学校，明天就想上世界排名前十的学校，我今天想读一个硕士，明天就还想读一个博士，而人生的高度并不是在竞争中获取意义，所以我觉得我应该去做一些更超越竞争的事情。

俞敏洪：新东方有一句口号，是我在三年前提出来的，叫**"修炼自己，造福他人"**。

刘大铭：那确实跟我的人生价值观有异曲同工之处。

俞敏洪：对，但可见我比较愚钝，我到了五十多岁才悟出了"修炼自己、造福他人"，其实就是一个人的两大生命目标。你在 22 岁的时候就如此勇敢地给自己提出了这么优秀的生命目标。

刘大铭：不不不，俞老师您实际做出了成果并证明了这两个目标，而我要走的路还很长。

俞敏洪：我可能是边做边想，也是我在人生中体会到的，一个人想要追求物质和自身的东西是没有止境的，这个无止境反而常把人带到更痛苦的深渊中。我经常分享，我们可以追求物质，但一定要适度，到恰到好处的时候，人就会转向对他人的服务和对精神的追求，这才会让自己的生命更加充实。

刘大铭：没错。

2. 刘大铭的精神力量

俞敏洪：你生命的延续来自你强大的内生精神力量和生命动力，但在现实中，你遭遇了一次又一次毁灭性的打击，甚至有时候你的父母和周围的人都在让你放弃，反复跟你说，你身体都这样了，不如吃吃喝喝，能开心一天就开心一天，不要再去追求其他。但你从小学到中学，一直坚持要跟正常人一样去学习，还养成了很好的阅读习惯。你对学习的热爱，一方面可能是因为你希望向正常学生证明你学习不一定比他们差，但更重要的是，在这个过程中，你内生出一种强大的精神力量，这种精神力量一次又一次帮助你渡过难关，你好多次在昏迷中靠着这股力量让自己清醒过来。包括你说你大概 180 天被石膏捆着，我在想，我有时候后背要有一个痒痒我挠不到，那一夜我是没法睡了，但你却绑着石膏大概 180 天，可想而知那是怎样的一种痛苦啊。而且，当所有人都觉得已经没法治疗的时候，你通过翻阅案例资料，自己联系世界上最好的医院和医生，感动了意大利的医生，把你接过去，你也勇敢地迎接了十个半小时的手术。你现在回头再思考一下，**你有没有扛不过去的时候？**

刘大铭：不瞒您说，我觉得从来没有。其实我之所以有那三个愿望，首先，是因为我在重症监护室时，身上还插着氧气，当时我非常希望做一个动作——翻身。我非常希望能够自主翻身，不希望自己一直这样躺着。其次，我觉得我不能一直被这个疾病折磨，进而我想到，生病是一个很短时间的事情，大部分时间我还是可以正常生活的，所以这种巨大的苦难其实只占了我整个生命的10%都不到，那剩下的90%要用来干啥就必须非常清楚。所以我一开始就有强烈的目标感，一定要追求到让自己生命延续下去的机会。

所以，在我给意大利医生写信的时候，我表达了两个观点：第一，其实我是不怕死的人，你可以在我身上做尝试。第二，我想活下去并不是因为我有多么留恋和不舍，而是因为，如果我的生命能再长一点，我可以让别人感受到生命的价值。可能这两点打动了他，他最后给我的反馈是，他从医二十多年，在面对生命将要结束的病人时，病人通常会有三种情绪：留恋、不舍和恐惧，但他在17岁的我身上没有看到。而支撑我最强大的动力就是目标感和使命感，**如果你认为你的目标是你内心中极致的渴望，那在追求这个目标的过程中，任何痛苦都能够被克服。**用一句英文来说，也是我微信的个性签名，就是 One has a why to live for, can bear almost any how（一个人知道自己为什么而活，就可以忍受任何一种生活）。

俞敏洪：我和你有同样的观点，一个人建立了足够的对未来的愿望和使命感后，对生命一定会更加坚韧地往下走。你对现在年轻人如何建立个人愿望以及对未来的使命感有什么样的建议？像你这样时时处于艰苦、困难中的生命，能建立这么好的使命感，一定值得很多年轻人借鉴。

刘大铭：谢谢俞老师，我主要有两个建议：**第一，要努力做好自己。**做到很多更长远的目标的前提，是能解决好自身一些比较简单的问题，而简单的问题通常都是一些常识，所以对于年轻人来说，要先尊重常识，**尊重常识就是首先能孝敬父母、锻炼身体、好好学习，**没啥复杂的。孝敬父母，就是尊重原生家庭，理解自己在家庭中的角色、困难，并且努力通过个人的成长带动家庭的成长。好好学习，我觉得这是人最重要的一点。人的成长无非就是苦难、学习、思考还有和人交流这几种方式，学习是一个非常重要的途径，所以当你有机会学习，并且能有更大的平台去学习时，一定不要错过学习的最佳时间。锻炼身体，健康是非常重要的，即便我因为基因突变没办法成为一个十分健康的人，但我平常还是会努力让自己保持非常好的身体状态，努力锻炼身体。所以我倒没有什么特别高大上的建议，就是四个字——"尊重常识"，常识就是当孩子的时候应该努力照顾自己的家庭和亲人，当学生的时候应该努力学习，然后努力照顾好自己的身体和情绪。

第二，如果大家能够尊重常识，我希望大家能够去成全他人。 成全他人是一个非常重要的点，甚至有时候需要坚持一些非共识，因为有一些能够成全他人的事情，一开始是不太被大众认可的，所以你需要去坚持，才会对整个你所在的群体或者社会有意义。你希望把它从0到1建立起来，并且相信它能够在建立起来后，给很多人带来希望和价值，这是一个以终为始的思维，在我还没有开始做这件事情的时候，我就明白如果这件事情能做好，能为别人带来什么样的希望和意义。

总的来说，我觉得如果**能尊重常识、坚持非共识，也就是能够做好自己并且成全他人**，这一生一定会很精彩，至少不会遗憾。

俞敏洪： 我觉得特别好。我再补充一下，现在很多人，不仅仅是年轻人，所有年龄段的人，想要去确认自己从内心喜欢的愿望和使命感时，有两个步骤可以参考：

第一，寻找愿望。你个人的视野具体在哪里？这个愿望不是纯粹物质上的愿望，比如要赚十万元钱，要买一辆汽车，这种物质愿望在适度的范围内是没问题的，但愿望更应该是能影响生命丰富性的愿望。比如与买一辆汽车相比，用同样的钱去全中国或者全世界旅行，可能给人生带来的收获会更大。有一本书专门讲过，一个人的预期能够得到更丰富的满足，通常不是因为达成了某个具体固定的东西。比如买了一部很好的手机，你可能刚开始会高兴两天，两天以后，你基本上就没有感觉了，最多是在朋友面前炫耀一下，稍微满足一下虚荣心。但如果你用同样的钱去进行一场旅行，甚至一场艰苦的旅行，这给你的生命带来的回味和充实性，可能会延续一年、两年甚至一辈子，有可能在未来遥远的某个时刻，你再回忆这场旅行时，依然可以在思想上感到某种充实和身心愉悦。

第二，寻找到愿望后，再去为愿望做努力。如果你的愿望在成全自己的同时还能帮助他人，实际上就已经变成了人生使命。人一旦找到了自己的人生使命，做任何事情，想不精彩都不行。

刘大铭：是，至少不会太遗憾。

3. 精神力量背后的成因

俞敏洪：你在曼彻斯特大学学习了几年？

刘大铭：三年，本科是三年时间。

俞敏洪：为什么会选择心理学？

刘大铭：我在高中的时候从事文学创作，我写作还不错，所以我出版了《命运之上》这本书，但我本人非常讨厌文艺青年。我觉得在和文艺青年沟通的时候，他们过于描述自己的感受，而感受型的东西往往会让人听不懂。我还是比较喜欢用数字和简单的语言去描述我对事情的真正看法。比如，与其说我对食物的渴望，不如说我饿或者穷，所以我很担心，如果我一直从事文学创作，我就会忽略掉生活中理性和有意义的一面，所以我非常希望能够找到一个理性和感性的交集。后来我发现心理学就是这么一个东西，既可以用定性分析的方法去研究感性的人与人之间的对话或者报告，又有定量统计的手段去研究这个事情的相关性和差异，这对我来说是非常好的一个学科选择。

第二个原因就是，我非常想知道在我身上发生的事情有没有什么科学道理。我在高中的时候就读过一个文献，身体上有缺陷的人基本心理上的发病率可能是健全人的五六倍，但我从小不但没有心理上的障碍，还非常积极地想帮助别人解决心理障碍。这就是不科学的，是反文献、反常识的，所以我很想知道这么一个反常识的行为是否能够被规律化，让我们能通过心理学的学习，把这种力量更准确地传达给别人，甚至能形成一种方法论。

俞敏洪： 在过去一段时间之内，确实有些年轻人是在写自己的感受，在写自己的身体，而且某种意义上是在用一种感官娱乐主义的方式去写作，其实你也是用身体在写作，但你把自己身体的痛苦升华成了精神力量去写作。用身体写作其实没有问题，重要的是如何升华，你写的东西整体上把人的生命进行了非常重大的升华，而这种升华反过来又反哺了你的身体。你从小出于身体原因，担心被周围的人嘲笑或者感到自卑，但你却一直处于一种正向状态，不但克服了自己身体带来的可能出现的心理上的问题，而且你的心智甚至比正常的身体健康的人的心智还要健全。其实你也不是个例，比如张海迪、史铁生、尼克·胡哲等，都和你一样。所以你学习心理学之后，有找到这背后的一些逻辑吗？

刘大铭： 找到了，俞老师。其实就是两句话：**第一，改变对已经发生的事情的态度。** 这个事情本身已经发生了，但对事情不同的认知决定了你对待这个事情的态度和行为。同样都是患了八万分之一的罕见疾病，但不同的态度会看到完全不一样的东西。这两天我还听一位朋友说，如果你拿一支笔给一只猫和一个人看，这时候它是不是笔并不重要，重要的是看这个物体的对象发生了变化，所以这个物体到底是什么不取决于物体本身，而取决于看待它的对象。所以，我们是否能从不同的角度去接纳自己，接纳已经发生的事，这是一个很重要的能力和成长的标志。

第二，需要提升自己的预期。 人真正感觉到特别幸福和特别有激情的时刻，是他找到人生那些能为之奋斗下去的目标。他有一个非常强烈的动力，这个动力不管是一些非常俗的东西，赚钱也好，升职也好，还是一个非常高远的理想，只要能找到一个自己特别想做的事情，他就愿意为生活努力，就愿意去付出。所以，我认为发生在我身上神奇的事情，重点在于我一直都特别理解我自己的身体情况，我从来没有以我的视角看待我自己，更多的时候我可以达到一种很奇怪的现象，当我坐在这里，我会看到椅子对面有一个人，他看着我，说"嗨，大铭，这就是你"。然后我会用这样的态度来审视自己，会发现好像似乎除了身体上有些差异以外，在任何方面我和大家没什么不同，甚至大家能做的我也可以做。

而且，我们要对未来信心十足。 我一开始就是做好自己，包括写书，想活着，想去上大学的愿望是极其强烈的。到了现在这个阶段，我又有了新的愿望，我对于帮助残障人士实现高等教育、帮他们进行高质量就业这件事情充满动力，想起来就会觉得，这个事情太好了、太有激情了，如果这个事情使命不达，生命就终止了，这该是多么让人遗憾的事情。为此我愿意早起，我愿意锻炼好自己的身体，我愿意为了这一切无条件付出。所以就是那种，当你醒来，就会听到一个声音在你内心不断回响，这种回响会给予你全身的力量，它无条件地加速你的心跳、血液流动，让你克服一切困难，去达到这件事情，实现目标。我觉得这种状态在我身上出现了好几次，就是这么神奇的东西在支撑我做这些事。

俞敏洪： 真的了不起。我作为一个健康的人，有时候也会产生像你这样的感觉，清晨醒过来的时候，想到自己人生还能做的事情，就会莫名地激动起来。我觉得这样一种情绪或者感觉，是督促你不断自我发展的一种巨大动力。

刚才你说的几点我都特别认可。**第一点，一个人首先要接纳自己。** 很多人产生自卑或者产生对于困难或者困境、挫折的畏惧，本质上是他不愿意承认，也不愿意接纳自己。我也常常对学生说，你是什么状态，你就必须完全先承认自己这个状态，不管是长得美、长得丑、家庭背景好、家庭背景差、身体有点问题、身体没有问题，只有接纳自己之后，你才能心平气和地看待自己，才会不带有怨恨、不带有愤怒、不带有情绪地看待自己。

第二点，不去管别人的眼光和评价，在现有基础上，你应该往什么方向走，也就是你的奋斗目标是什么。一个人往前走的力量来自他的内心，而不是来自某种外在力量。不论如何勉强，外在力量都不一定能让你往前走，但如果能设定一个奋斗目标或者愿望，最好是能让你热血沸腾的目标和愿望，如果能做到这一点，再回过头看自己生命中遇到的考验，反而就变成了一种动力，而不是一种障碍。你今天再来看待你的身体，在某种意义上是老天的一种恩惠，当然这种说法有点残酷，但有的时候确实是这样。

刘大铭： 对，我确实是这么想的。

4. 相信心中那束光

俞敏洪：有一句话你肯定比较熟悉，当上帝关上一扇门，他一定会给你打开一扇窗。

刘大铭：对，是。但其实我对这句话有另一个解。我觉得关门的同时，它也会关窗，但关门、关窗的时候，只有自己心中相信那一束光存在，你才能找到通往房子之外的路，它可能不是通过门，也不是通过窗，它就是恰好通过你内心的激情和对房子之外的东西无条件的向往和信念，让你到达一个点。

我特别想借这个机会跟大家说，人的一生一定要有一个激动和兴奋的时刻，这个时刻对我来说可能是实现那些事，对俞老师来说可能是实现另外一些事。大家都应该有过喜欢的人，你可能在学生时代喜欢上一个非常帅的男生或者一个很漂亮的女生，你会无条件地早起，你晚上睡着以后会想着对方，你也会主动到图书馆坐着等他或她，哪怕冬天特别冷，你在那儿等半天，为了看他或她一眼都愿意，只不过我们现在要把这个人想象成生命中各个阶段的理想，**要有那么一个动机支撑着自己，让自己去相信这些事情会存在。**

到了现在这个阶段，我觉得一个更大的激情点在于，这个事情足够大，它能帮助、影响到足够多的人。我小时候特别讨厌美国宇航员阿姆斯特朗，他当时说"我的一小步是整个人类的一大步"，我觉得这简直是胡扯，你怎么能代表人类的一大步？但当我毕业的时候，我把轮椅滑到升降台，从一层缓缓升上去，然后收到副校长递给我毕业证的那一刻，总领馆的人问我有啥感受，我说"**我是第一个，但不会是最后一个**"，我想都没想说出了这句话。

下台的时候，我拿着毕业证，想了好长时间，我觉得我去英国求学，这一路走来，种种坎坷和辛酸，最终拿到毕业证的时候，我突然意识到，如果有一天有个孩子和我一样生病，他也靠自己的努力考上了学校，他将有法可依，有例可循，他可以合法地没有任何阻碍地来到这个地方实现他读书的愿望。这可能是我拿到毕业证最重要的意义，学习的过程甚至结果已经对我不重要了，所有的意义就藏在我能为后来的人带来的可能性和希望中。那一刻，我觉得这就是我生命的意义，**为什么要做这么多手术，为什么要经历这么多挫折，这些挫折在别人那里，不要说一生中，就是几辈子、几代人都不会经历，为什么这么集中在我身上体现出如此密集的痛苦？我觉得可能是老天想让我做一些比较密集的、能够帮助别人看到希望的事情，所以我会不断努力。**

俞敏洪：人只要活着，你就得活着，不一样的活着的方式导致不一样的人生。不管你现在处于什么状态，更精彩地活着一定是人生最重要的选择。新东方这些年也帮助了几位脑瘫的学生到国外求学，我们还通过"自强之星"帮助一些身体上有障碍的大学生，还帮助他们创业，我觉得这样做最重要的是因为从他们身上我能得到超级力量。比如你，这样在生命中艰苦奋斗，现在还在创业，还立志发愿帮助成千上万残障人士能得到更好的高等教育、找到更好的工作，那我作为一个健全的人，我没有理由不去努力做自己觉得有价值的事情，这也是我读到你的书的时候，心生感动的特别重要的一个原因。

5. 阅读的重要性

俞敏洪：你当初学英语，是什么激发你学习英语的热情？

刘大铭：说来惭愧，我小时候的娱乐活动非常少，户外运动是不可能的，电子游戏也没有，互联网也不发达，交朋友也很难，因为上下楼很不方便，我都没有读过幼儿园，我第一次知道朋友和朋友之间会有相互的反馈，是我在书上看到的。我从书上了解到，原来一个人对另一个人说了一件事情之后，另一个人会给他反馈，我以前从来不知道，我以为这个世界就是我和父母之间的交流，我从来不知道人还能有朋友可以交流。

最初学习英语的动机就是在无趣的生活中找到一点有趣的色彩，所以买了剑桥少儿英语卡通版，后面有粘贴纸，背会一个单词就可以往手上贴一个，为了贴满，就背得很快，再加上很无聊，一直在家里待着，就希望早一点把贴纸贴完，再买新的贴纸。后来学着学着感觉这个事情很有意思，你可以看懂更多的东西，这对我来说诱惑力非常强，当一个英文的东西拿过来之后，只有我能看懂，其他人却看不懂，这优越感就会很大。尤其我小时候发现阅读非常关键，如果把人比作一个机器，阅读相当于数据，而阅读习惯相当于他自己学会了吸收数据，并且能优化自己的算法，不管读啥都在自我优化，如果能给自己输入数据的过程中再加一条英语，那就不得了了。别人只能输入中文，你还能输入英文，相当于你是双通道同时运作，我当时就感觉这是个秘密武器。

后来也是因为这种无聊拯救了我的生命，因为我要给国外的医生写求救信，要翻译病例，甚至包括我后来去办签证，要去看懂英国的《移民法》，我上诉内政部很困难，所以要读很多东西，但我学习的英语就在这时候极大地帮助了我。我觉得在生命中这些不经意的时刻，最后你付出的点点努力，就像遗失在生命中各个角落的弹珠，有一天突然来了一根线，这些弹珠都被连了起来，你突然发现原来它们不是散落的，它们是一条真正的银河。

俞敏洪：太了不起了，你刚才有一个观点特别重要。人的大脑本身是空的，你阅读的过程是输入数据的过程，并且对大脑进行了优化，而大脑绝对有自动优化功能，因为阅读的过程中，哪个是好的哪个是不好的，孩子其实有强大的分辨能力。如果孩子从小阅读，读得越多，对于大脑优化的过程就越强，同时他未来对于自己寻找什么样的人生目标的自动自发分辨能力可能也越强，这点上我觉得你从小的阅读对你起到了重大的帮助。而且，你在书中反复提到，你的父母并不干涉你阅读的过程，不管你在书店或者图书馆找到什么样的书，你想读就读了。所以建议父母们，对于孩子来说，只要是适合的主题，就让孩子多读书，不用太过干涉。

刘大铭：是的。我强烈建议大家去阅读或者教会孩子阅读，这个事情太重要了。如果把世界所有的道理都拆散，只留下一条，我认为应该是要学会阅读。

6. 尾声

俞敏洪：你现在开始创业，肯定会遇到各种各样的问题，包括团队合作、事业发展方向的设定、资金问题等，其中也涉及人性的问题，因为创业必然涉及互相之间的利益。在这个过程中你有什么感悟吗？

刘大铭： 有非常多的感悟，我就说最重要的一条。我觉得创业过程中，你可能需要不断根据事情的进展调整你一开始以为正确的做法。很多人说这是一个认识市场的过程，但我觉得它是一个认识自己的过程，你必须去面对那些你最不愿意接纳的事情，说你自己从来都没有想过的话，做你从来没想过会做的决策，你会承认自己从来都不会承认的错误，你也会接受自己从来不愿意接受的事实……就是这些从来都没有想过的事情，会在推进创业的过程中集中发生在一个人身上，从我从来不愿意到我愿意去接纳，这是一个非常有趣的过程。

我从英国毕业后，2020年1月一直到现在，我也从一个比较理想的创业者变成了一个我认为对创业有一些认知和感觉的创业者，我觉得应当首先去认识集体、认识市场，最重要的是要认识到自己的缺陷，自己可能是创业的一面镜子。

俞敏洪： 特别棒。今天因时间的关系，我就问最后一个问题了，你现在个人生活如何？自理方面还有生活方面。

刘大铭： 平常我爱人陪伴我，照顾我。我们俩从初中到现在，在一起十一年了，我请她来和大家打个招呼。

刘大铭太太： 俞老师好，大家好。

俞敏洪： 太棒了，你跟大铭在一起感觉如何？

刘大铭太太： 谢谢老师，挺好的，我们在一起有十一年了。

俞敏洪： 你太了不起了，当初你看上大铭什么？

刘大铭太太： 当时就是觉得他很善良，而且他对我很好，真的很好。

俞敏洪： 了不起，谢谢你给他带来那么多的爱，给他带来那么多的希望，我相信大铭对于人生追求的热情很大一部分是来自你对他的关心。

刘大铭太太： 谢谢老师。

刘大铭： 谢谢。

俞敏洪： 我这里还有网友留言说相信爱情了，并且有很多网友向你表达了祝愿和祝福，感谢你给他们带来的力量，真的非常非常感谢。

你父母现在还在兰州吗？我觉得你父母真的也特别了不起，你能够有今天的成就，你的父母也功不可没，请你把我对他们的问候带到。另外，兰州也是我很喜欢的地方，如果你父母在兰州，下次我去兰州，我会去拜访，让他们请我吃兰州牛肉面。

刘大铭： 那肯定没问题，俞老师，我爸爸妈妈也向您表达问候，非常感谢您，我妹妹还在兰州新东方上过课。

俞敏洪： 太好了，需要我们做什么，包括你妹妹的学习上，需要我们做什么你就告诉我，我一定尽力。

刘大铭： 太感谢了，俞老师，我更希望我们能在一起做成全他人人生的下半场。

俞敏洪： 新东方现在的口号就是"修炼自己，造福他人"，我们以后可以在这方面多多探讨，多多交流。

刘大铭： 太感谢了，俞老师。我对您的尊敬和赞美都不需要说得太多，我对您的了解可能比其他人要多，因为我看过以您为原型拍的电影，我也上过新东方的课。您是一个非常了不起的教育家，并且非常有情怀。我在信中曾经表达过一个观点，我在18岁要出《命运之上》的时候，原人民出版社的副总编于青曾经对我说过一句话，他说人生中所要面对的最大的痛苦有两种：一种是疾病，另一种是贫穷。你从家乡一直考入北大，创办新东方这个过程，我小时候就非常了解，也非常激励我，到了新的阶段，您又愿意做更多成全他人的事情，我觉得我们的生命轨迹，有很多产生共鸣的地方，包括您今天问我的很多问题，即便是跟我相处了多年的人，也没有抓住核心，因为可能没有这种来自内心深处的共鸣，所以我在这里也向您表达我崇高的敬意和感谢。当然我更希望我们能共同努力去做好人生的下半场，成全更多人，为他们带来幸福和可能性。

俞敏洪： 好的，今天时间差不多了，你也早点休息。

刘大铭： 谢谢俞老师，大家再见。

——对谈结束——

俞敏洪：与大铭的对谈结束了，我的内心仍然很激荡，我希望大家记住今天的一些要点：第一，我们要接纳自己，自己是什么样就是什么样，心平气和地对待自己，去除抱怨，去除愤怒，去除不满。第二，从内心寻找自己的愿望，最好能让自己激动起来的，能让内心产生光的愿望。这种愿望实际上就是奋斗目标，最重要的不仅仅是物质上的，当然物质上的愿望没有问题，在适度范围之内即可，更重要的是，能够让自己产生兴奋的，并且在精神上能够更加满足的愿望。第三，克服自己身体和人生中的各种困难，往愿望、人生目标迈进，当你坚持不下去的时候，内心一定要告诉自己，只有迈开步伐去追求美好，人生才会美好，等待是不可能有美好的。

既然来到这个世界，我们自然希望自己活得精彩，活得精彩的人都有一个共同的特点，就是他们愿意追求更加美好的生活。我们一起共同努力，各位朋友，谢谢大家！

（对谈于 2021 年 12 月 5 日）

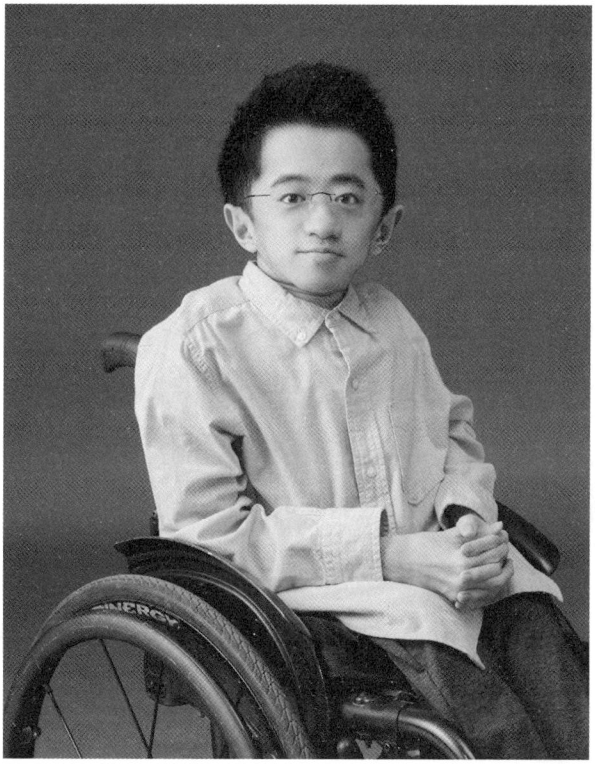
ENERGY

对话 **陈年喜**
那些静悄悄的生命也有光

人生的每一步路都是有用的，都不会白走。

每个人的生命都息息相关，任何一个角落里生命的坍塌都意味着整个社会的坍塌。

陈年喜 /
1970年生于陕西丹凤。曾从事矿山爆破工作十六年。发表数百首诗歌及散文、评论文章，散见《诗刊》《天涯》《散文》等刊，出版作品有《炸裂志》《陈年喜的诗》《微尘》等。2016年，获首届桂冠工人诗人奖。

俞敏洪： 今年，一位名叫陈年喜的"矿工诗人""矿工散文家"引起了很多朋友的关注。最近我读了他的书《微尘》，也做了推荐，今天我邀请他一起来对谈。

我不知道有多少人知道陈年喜。上个星期天我和刘大铭对谈，很多朋友都深受感动，一个从小就得了软骨症、一个月大的时候就骨折的朋友，到现在 26 岁了，做过 11 次手术，却让生命散发着自己的光辉。对我来说，陈年喜也是这样散发光辉的人，陈年喜没有上过大学，是一个矿工，而且做的是矿工工作中最危险的爆破工。16 年的爆破工生涯中，他在地下 5000 米暗无天日的地方，每天都面对着生死考验，却依然坚持阅读，坚持写作。当然，这 16 年的爆破生涯也对他的身体造成了不可恢复的伤害，右耳朵聋了，颈椎坏了，现在还得了尘肺病。但是他却在 16 年的矿工生涯中，面对昏暗的灯光、爆破的烟尘，坚持写诗，坚持写散文。一个人只有内心有光，才能写出有光的文字，活出有光的人生。

所以今天我特意邀请他，一起和我们谈谈他的生活，谈谈他是如何在 16 年深入地下 5000 米的爆破生活中，还依然保持写诗的习惯和对美好生活的向往。

——对谈环节——

俞敏洪： 年喜好，你现在在北京还是在家乡？

陈年喜： 俞老师好，久仰，我现在在陕西老家县城。

俞敏洪： 我看你最近气色比原来好一点了。

陈年喜： 还好，今年冬天身体还可以，没有咳嗽。尘肺没有什么好的治疗方式，主要就是做一些预防，补充营养，防止感冒。今年冬天一直还好，没有感冒。

俞敏洪： 尘肺是不可逆的，可预期的未来是会变得更严重，还是说能控制住？我在大学的时候得过肺结核，我感觉比你幸运多了。

陈年喜： 目前以全世界的医疗水平是没办法控制的，所以主要还是要注意锻炼，注意身体的保养，做一些营养补充。我上高中的时候也得过黄疸肝炎，我知道您得过肺结核，那个可以治好。

俞敏洪： 我是3岁的时候得的黄疸肝炎，5岁的时候痊愈。

1.结缘阅读，擦肩高考

俞敏洪： 因为我们都是农民出身，而且你父亲是木工，我父亲也是木工，所以我对你特别感兴趣。我去查了一下你的资料，你上中小学的时候就喜欢阅读了，你当时怎么会喜欢阅读？一般在农村的孩子不太容易喜欢上阅读。

陈年喜： 在80年代，中国有一个很好的阅读氛围。80年代改革开放，国门初开，所有思想、信息都进来了，整个乡村的阅读氛围和现在也不同。我们很小的时候，差不多家家户户都订报纸或者杂志，那时候没有网络，没有手机，没有这样的IT条件，但那个时期纸质阅读的氛围确实比现在好得多。反倒是现在，农村经济条件也有了变化，但家里订杂志、订文学刊物的很少很少，但我们那时候是很多的。

俞敏洪： 农村的活力群体是孩子的父母或青壮年，现在他们都离开农村了，留下的是老人和孩子。我去过农村很多次，都有点落寞，我甚至去过乡镇图书馆，里面的书都落了灰,有书,但没人读,现在农村孩子每人一部手机,玩手机是比较常见的现象。当时有人在读书这方面对你产生影响吗?

陈年喜: 对我影响特别大的是我大伯,也就是我爸爸他哥。他一生未娶,是一个羊倌,给生产队放羊的,后来变成集体放羊了也是他在放羊。他的一生没有别的兴趣爱好,就是在不断地读书,我觉得我受他的影响很大。他有一个桐木箱子,里面装着非常复杂的书,有很多是关于戏曲的,包括四大名著,还有一些绘画的、象棋的,反正特别杂。我记得还有一本书叫《芥子园》,是线装竖着的,书里有很多繁体字,但我还是认得下来,有些字不认识,我可以连着认,那时候没有系统的读书条件,也没有方向,觉得读什么都很新鲜,读什么都好,所以我差不多把他那一箱书都读了,觉得学到了很多东西。

俞敏洪: 跟我小时候差不多,但我小时候没有你读书丰富。80年代能读的书比较多,有些书国家也不禁止了。我小时候也比较喜欢读书,主要是受我妈影响,我妈其实不认字,只是希望把儿子培养成一个认字的人。小时候她不给我买玩具,就只允许我买书,这样我就自然而然地慢慢开始喜欢读书了。但我从小到大读的书都是一些描写农村生活的,还有战争的,像《金光大道》《铁道游击队》《平原游击队》,等等。你高中的时候已经到80年代末了,你应该参加了高考,你当时那么喜欢读书,为什么没考上?

陈年喜: 那时候我们从大集体过来,觉得吃饭是最重要的,"上大学"的意识还挺淡的。我们学校是全县分名额,我们县只有50个可以考大学的名额,也就是说,要在全县学生中选拔,你是前50名就可以参加高考,如果你没办法进前50名,就没办法参加高考。我那时候就差一点,没进前50名,那时候也没有扩招。我记得我们那一届,全县只考上了8个专科,也没人考上本科。

俞敏洪: 那时候录取的人数比较少,如果当年和现在一样扩招,你的命运肯定就不一样了,因为进了大学还是会有不同的命运。

陈年喜: 对,如果是像现在这样扩招,我应该可以考上,我记得那时候专科都考到500多分。

俞敏洪: 那你后来为什么没有复读?为什么没有跟父亲学做木工?我当时

没考上大学的第一年就跟着我父亲做了一年木工。

陈年喜：那时候家里条件差，我们兄弟特别多，他们都需要娶妻生子，家里生活压力特别大，我就没选择去复读。回家后我就跟着父母去参加劳动，当时就是种地，满山遍野都是需要劳作的土地。吃饭最重要，因为都是从饥饿的状态过来的，都饿怕了，种了非常多的地，一年到头都在种地。家里还养着五头牛，牛要不停地耕地，牛粪要送到山上，非常忙碌，我差不多有四五年是在家里跟着父母放牛和种地。我父亲是木匠，但他也不是专职木匠，他大部分时间也要参加家庭劳动。如果谁家要盖房子，谁家要嫁女儿，谁家需要一些家具，他再去打家具，我的兄弟们都学了一点，我一点没学，感觉木工好繁复。其实木匠也挺伟大的，不容易学成的。

俞敏洪：是挺难的，我也没学会，学会了我就上不了北大了。

2. 人生的每一步都不会白走

俞敏洪：一般人高中毕业没有上大学，肯定不会再读书了，你为什么还坚持读书？

陈年喜：其实我心里一直有一个梦想。我结婚很晚，29 岁才结婚，就是因为一个目标——走出农村。我真的特别渴望走出农村，不再过父辈那样"面朝黄土背朝天"的生活。我们家乡有很多写作的人，在丹凤县，贾平凹 80 年代写出了《浮躁》，其实起到了标杆作用。那时候我就想着我也有可能通过写作走出农村，改变自己的命运。

俞敏洪：所以，贾平凹给你起到了榜样的作用。你后来见过贾平凹吗？他的书我大都读过。

陈年喜：我见过，他人也挺好的，挺平实、挺低调的一个人。那时候我主要还是想走出去，之所以 29 岁才结婚就是因为有这样一个梦想，不能在家乡娶妻生子，完全被套在农村。

俞敏洪：你是从什么时候开始写诗的？为什么一直坚持写诗到现在？

陈年喜： 我最早从高中就开始写诗，那时候觉得诗歌写起来比较容易，只需要回车键，很短的几句话，就可以称为诗。那时候对诗歌的理解还是比较肤浅的，当然，写到现在，我觉得诗歌确实是文学的王冠，确实非常非常难。

俞敏洪： 真正的好诗不容易写。

陈年喜： 如果我们做两三年的努力，背一些平平仄仄的韵脚，可能两三年后就可以写出很像唐诗的古体诗。但两三年的时间没办法把现代诗写得很像现代诗，我觉得差距就在这里。

俞敏洪： 我在北大的时候写了好几百首诗，最后一首都没发表。

陈年喜： 那也不简单。当然我那时主要的目的还是想走出去，希望通过文学的形式走出去。如果我那时候选择了小说，可能现状真的会不一样，特别不一样。

俞敏洪： 但我觉得你不用后悔，因为好的诗歌更加打动人心。

陈年喜： 对，我没有后悔。**人生的每一步路都是有用的，都不会白走。** 诗歌对语言的锻炼，对视野、思想的锤炼和开阔其实非常重要。

俞敏洪： 2019年，你的第一本诗集才出版，这意味着在这之前许多年，你的诗集从来没出版过，那你是怎么坚持下来的？

陈年喜： 我写诗应该有两个阶段，在我打工之前有一个时期，诗歌量还挺大，但那时候主要写一些风花雪月，更多的是抒情类的诗歌，可能比较唯美，但它和真正的生活、命运，和整个时代的中国可能有一些距离，或者说它仅仅是那种飘飘而过的写作。后来我到了矿山生活，经历了沉重的人生，看到了不同的世道人心，见过不同的、无限的、自然的环境，还有不同的人群、不同的民族，当所有信息汇总过来的时候，**我发现诗歌的写作确实还是要真正和生命相关才会有效。**

俞敏洪： 这个感悟真的特别深刻。诗歌是真情实感的表达，如果它不能跟真正的生活和生命连在一起，就变成了一种空虚或是一种空洞。历史上任何一个伟大的诗人，只有当他们遇到了生命中某些特别重要的事情时，才能写出来千古传诵的诗歌。

陈年喜： 对，诗歌短短的形式里包含了无限的信息，有时代的、生活的、命运的，甚至有自己的、灵魂的、世界的。其实人对于很多历史的了解，包括对中国几千年文化的了解，都是从诗歌开始的。

3. 用诗歌打开生命

俞敏洪： 阅读和诗歌既是你生命所溢出的琼浆玉液，也是阅读和诗歌本身对你生命的哺育。在矿山的成长，帮助你穿越了16年弥漫在矿山中的烟尘和艰难，在这个过程中，你穿越现实看到了什么？在16年艰难困苦的烟尘中，你保留了一份怎样的期待和思考？如果我去做16年的爆破工，可能基本上就沉沦了，我可能坚持不下去。但你在每天十几个小时的电钻声和爆破声中，没有中断阅读和写作，我觉得这里面有一种精神力量，你如何产生这种力量的？

陈年喜： 其实一个人的生活也决定了他的视野，可能也会决定他的思想和很多东西，甚至决定了他的精神价值体系。在这16年的爆破工生活中，我到过中国非常遥远的地方，比如新疆，我去过六次，还有东北长白山、内蒙古这样的边缘之地。我到过特别特别多的地方，看到过那样复杂的山川地貌，也看到过特别不一样的人烟。比如我到了新疆很多边远地方，那边人烟特别稀少，但他们依然生活得很快乐，甚至很坚强。在物资特别匮乏的地方，他们依然唱歌跳舞，甚至创造了很多自己的文化、文明，他们有这样的韧性。

人是非常复杂的物种，在不同的环境中会诞生不同的韧性，诞生对世界、对生活不同的认识，这些东西对我特别重要。我觉得我最早的写作可能就是纯然地想用诗歌这种形式去改变自己的命运，而后来的写作，后来的生活，对自己的生命有特别大的提炼，让自己的生命变得更加厚重。

当然，特别艰苦的生活会让你走两条路：一条路就是彻底沉沦，觉得生活毫无希望；另一条路会让你变得开阔一些，让你去思考更遥远的东西，而不仅仅是眼前的生活。我觉得这种生活和我的诗歌恰恰是相辅相成的，我有这样的生活，有这样的思考，诗歌是一个很好的表达形式，也是一个特别好的自我放飞的渠道。它就像一扇门，我通过这扇门打开了我的生命。

其实矿山生活确实特别危险，也特别辛苦，但另一方面，它也会让你变得很坚韧，会让你觉得自己变得挺厚重的。

俞敏洪：你说得特别好，年喜，真的特别好，完全是从心底里说出来的话。你后来能坚持 16 年，是不是因为矿山爆破这份工作能够带着你走遍祖国大地，让你看到不同的风土人情，以及让你的思考和思维变得更加广阔，有没有这个意义在？

陈年喜：有两个层面：一方面确实是我的家庭需要我去打工，需要去做爆破工这样的工作来支撑；另一个方面，比如老板让我去新疆阿勒泰打工，除了对工资有一份期待之外，真的还有一份特别的期待，就是我想去看看阿勒泰是什么样子，我要去看看昆仑山是什么样子，真的有这样双重的期待在。

生活确实挺苦，但那样一个特别异域的山川地貌，那样特别异域的生活民情，其实也非常非常有意思，它会点燃很多东西。你完全待在一个固定的地方的时候是没办法被点燃的，会变得很疲惫、很疲劳，但当你到了一个新的地点，看到了不同的地方、不同的地貌、不同的自然环境，还有人文，你就会觉得你整个人都不再像从前那样狭窄了，真的。我发现很多人非常矫情，但当你真正到那样一个特别巨大的自然环境中时，走进那些特别不一样的人群，你所谓的矫情一文不值，真的。

4. 工作没有贵贱，要给人以尊严

俞敏洪：当你每天都面临爆破工作的不确定性，看到战友们常常今天还活蹦乱跳、一起喝酒、撸串，第二天却因为一场爆破就丢失生命，你想过你生命的意义吗？可能有一天，你也会在爆破中突然就没了，你对生命的追求在这一刻也会消失，你觉得到底是什么在支撑着你多年来面对这样一份危险的工作？

陈年喜：确实是这样，在我心里一直有这样一个痛苦或者恐惧。我看到过很多同行、朋友不断地受伤或者死亡，也想着自己今天下去可能就上不来了，所有的理想和想法都会戛然而止，真的会有这样的担心。我做爆破工的时候，家乡所有的养殖业、种植业都丢掉了，我一直没有挣到那一桶金。当你回头的时候，当你去面对不同的生活、不同的地域和人群，想要开始一种新生活，你是需要资本的，可是一直都没有这样的资本去回头，所以这是我不得不面对的一条路。这条路一直要走到黑，包括我的同行，他们现在已经到了西亚、非洲、印度尼西亚，依然还在做爆破工。

俞敏洪： 这些工友跟你一起生死相依，但你跟他们又不太一样，你跟他们到底是怎样相处的？

陈年喜： 现在都有特别深的隔阂，我的那些工友到了全国各地依然还在做爆破工，生活依然艰辛而危险，他们觉得我改变了命运，开始了另一种人生、另一种生活。我特别理解他们，甚至特别关注他们。当然，这样的隔阂是没办法的。

俞敏洪： 平时你拿本书在看，还在写诗，他们会不会看不起你，或者觉得你很另类？你平时会和他们一起喝大酒，吃饭吗？

陈年喜： 有的。我自己在矿山写作或者读书，他们觉得这和我本身的工作毫不相干，说你读一些专业的书还好，却读的完全是无关专业、没有效果的书。而且我在做矿工的16年中，没有看到文学的曙光，大家都觉得我真的挺异类的，所以我一般也不在他们面前读书或者写作，特别想写的时候，我都会藏起来写。我觉得大家保持工作的融洽、感情的融洽，是特别重要的。

俞敏洪： 对。但我觉得你做得很好，你能通过自己的观察，把这么多工友、朋友生命中的尊严和挣扎都努力地记录下来，并且用流畅的文字展现在世人面前。我原来从不知道中国有这样一批爆破工，在所有的矿山中，每天要深入到几千米的山体中进行爆破，一旦有个失误就再也回不来，最后或是以自己的身体为代价来宣示自己生命的存在，或是像你一样浑身伤病地回归到自己的生命。其实我们生活中所用的每一件东西，比如我用的不锈钢水壶，我家里的瓶瓶罐罐，只要是跟金属相关的，极有可能都和你们有着密切的关系。

你说的一句话让我很感动，你说你做的金锥，原材料极有可能就是你某次爆破过程中所采取的某些稀有金属，这真的让我感觉人类的生活、命运是连在一起的。现在生活在城市的人，可能从来没有想过，哪怕是一张纸，背后都是千千万万人共同努力和付出的结果，当然这也是经济学上社会合作的一个概念。从这个意义上来说，人的工作其实只有分工，没有贵贱，但很多人会觉得自己上了大学，或者进入了一个所谓的上层阶级，就对老百姓颐指气使，这是特别不应该出现的现象。比如马路上的环卫工人，像你们一样的矿山工人，还有在各个城市打工的农民工，事实上更值得我们展现出更多的尊敬，不一定要给他们钱，也不一定要给他们物质，诚然，我觉得这些人工资越高越好，但更重要的是要给他们以尊严。

我觉得你的写作是给了这些劳动者在人前展示尊严的机会，让人们深刻地知道人类的生存、普通人的生存有多不容易，以及我们**每个人的生命其实都息息相关，任何一个角落里生命的坍塌都意味着整个社会的坍塌**。我读你的书的时候明显读出了《平凡的世界》那种感觉，特别好。

陈年喜：俞老师说得特别好，让我特别感动，确实，所有人在这个世界上没有贵贱，生命是平等的。

5. 走出矿山之后

俞敏洪：因为这 16 年的工作，你现在一身伤病，包括不可逆转的尘肺病。尽管我相信现代医疗，觉得你能活很久很久，但我觉得你的生命中几乎每时每刻都伴随着自己的苦难或者别人的苦难。现在你放弃了矿山的爆破生活，你的身体也不允许你再进入矿山，面向未来几十年，你对自己的生命有什么打算？如果要继续写作，后续你准备采用怎样的写作角度？有没有考虑过创作小说？

陈年喜：在我的两本书中，我把人写得很卑微，但其实生命从来不卑微，它一直在自己生命的轨道上往前推，往前走，我是这样来呈现人的生命的。我现在确实没办法再回到矿山，去年之前我还准备去塔吉克斯坦继续做爆破工，但后来查出尘肺病,也没办法再去做了。

现在我还是需要以写作来面对生活,有两方面:一方面用写作的收获来支撑生命;另一方面,用一个文学的眼光去回看自己的生活,甚至一个时代,就会看见一个特别驳杂的时代。

我现在和出版社又签了三本书,两本散文集,当然也不一定是散文集,反正是文学,还有一本诗集,毕竟我2019年出过诗集,到现在差不多三年了,我力争用一两年的时间完成这三本书。

俞敏洪:年喜,我觉得还有一件事情是你可以做的。你是从底层出来的知识分子,也最能用文笔和语言表达出底层人民的心声,你可以专门成立或者依附于这样一个组织,来为普通老百姓多做一些呼吁。中国的普通老百姓真的很需要心理上的关注和关爱,包括整个社会对他们尊严上的认可,也包括像你这样的作家,我们团结起来,能够产生更大的影响力。

陈年喜:我现在也加入了北京大爱清尘基金会,他们一直在做中国尘肺病救治的公益,在里面做驻会作家,去走访、采访一些不同的尘肺病群体。中国尘肺病人这个群体特别庞大,我本身也是尘肺病人,我觉得我真的有责任去做一些这样的事情。

俞敏洪:其实可以做前置防护。尘肺病主要是由开矿时矿山中的烟尘和灰尘引起的,如果能够为矿山工人提供更好的防护设备,一定能防范更多尘肺病人的出现。我觉得国家包括民间力量应该在这方面多一些关注。

陈年喜:这个病预防的有效程度远远大于救治,比如已经得了这个病的人是没办法救治的,但其实可以提前预防,这是一个漫长的得病过程,需要大家提高自我保护意识,还需要在各个方面给他们一些保护,甚至需要一些制度性的东西。

6.用诗篇将孤岛连成大陆

俞敏洪:因为你的诗歌和散文引起了比较大的轰动,也引起了各方面的关注,后来你又拍过纪录片《我的诗篇》,上过中央台演过节目,比如《朗读者》,也去过哈佛大学、耶鲁大学做过演讲。我也经历过很多这样的浮华,都过去了,你现在的日常生活是怎样度过的?

陈年喜： 我觉得还是踏踏实实地生活,我所经历的那些浮华就是一个过程,或者说是昙花一现的过程。这些经历其实不是资本,跟资本没有关系,还是要踏踏实实,一点一点去生活,为家人尽到责任,把自己喜爱的事情,比如写作,更往前推一推。确实现在就是很平实地去生活,这个特别重要。

俞敏洪： 你说人跟人之间还是不相通的,观众们只是喜欢苦难中开出的文学之花,并不是真正想了解苦难本身。你觉得你的观众或者读者现在了解你吗?是被你感动了,还是你觉得大部分人其实仍然并不了解?我个人认为,人与人之间的了解不可能达到100%,但通过文字、视频、交流沟通的方式,至少互相之间能达到一定程度的了解,通过这样的了解能达到人与人之间的部分相通,这是我的观点。通过你的文字、散文和诗歌,你觉得现在的大众是不是对你们这个行业和你们的命运有了更多的了解?

陈年喜： 我们现在处在一个信息爆炸的时代,每天大量的资讯、信息在我们面前,我们不得不接受。对于大部分人来说,其实也还是信息孤岛的状态,这个跟命运、生活其实还不是一个互通的状况。但我觉得我的作品确实让更多人,包括对自己的父母、祖辈生活不是很了解的人,让他们对这种生活有了更多了解。比如我也会经常收到很多信息,他们谈到自己的父亲,自己在外面读大学,父亲一直做矿工,他们也不知道自己父亲过的是什么样的生活,是什么样的工作状态。为什么父亲每一次回来都很沉默,只是抽烟,和家人也缺乏交流,他们和父亲关系都不太好。我收到很多这样年轻人的信息,他们说通过我的作品,真正地了解了他们的父亲,觉得我写出了他们父亲的生活,他们那一代的生活。

从这个层面来说,文学的意义特别重要,它起到了打通我们彼此的作用。现在,我每天也还是会收到大量的信息,大家对我的了解,甚至对我这个群体的了解还是特别真实的,大家通过这样的作品、通过这样的写作更加了解了这样一个他们原来并不了解的世界。

俞敏洪： 年喜，你有几个孩子？你和孩子关系怎么样？

陈年喜： 就一个孩子，他在西安上大学，现在大三了，也快毕业了。我们还真的不是那么融洽，也真不是很了解，我甚至不了解他的想法。我觉得他有时候也很不靠谱，比如他去年去了郑州富士康做了10天流水线工人，今年又到了比亚迪厂去做流水线工人。他愿意自己挣点学费，我倒不反对，这样体验生活的经历对他来说特别重要，对他的成长也特别重要。现在我觉得他对整个生活都是很疲惫的状态，甚至都没有太大的信心，他和我经常沟通，我觉得他真的对生活没有太多规划。

俞敏洪： 你对新一代年轻人的了解可能不够。我相信你出版了这些书以后，你的孩子会对你的人生和不易有更多了解。尽管父亲和儿子之间的沟通大都不那么顺畅，但这种心灵的沟通有时候是不需要语言的。另外，你孩子现在的生存和生活状态，我们这一代人可能不太容易理解，但你不能对他提出你心中对于生命的想法的模板，并要求他这样去做。

我觉得最重要的几个点：第一，孩子愿意去了解这个世界。第二，孩子依然保持着学习的心态，这很重要，至于说他是去富士康还是去比亚迪，是去打工还是去更大的公司，倒不是很重要，人生反正是会发展的，但他有学习能力，愿意去了解世界、了解工作，这个很重要。第三，他们这样的孩子不一定非要向我们父辈学习，他们其实要向同龄人中更优秀的人学习，因为同龄人互相之间对世界更了解，比如说到元宇宙，你我不一定能清楚地知道到底是什么，但他们应该很清楚。

所以不要觉得孩子不靠谱之类的，其实不一定。你通过自己的努力为他创造了一个比你青年时代更美好的时代，因为他读了大学，而你当年没读到大学，但他也会以他的生活方式来勾画自己的未来。有一点是可以肯定的，孩子只要保留了对生命和学习的热情，就不会有问题。当然这种保留要自己去悟，他不一定马上就有，或者不一定像你那样强烈，毕竟从小你就没在他身边，所以给孩子足够的时间，让孩子自己去探索世界，这个特别重要。

陈年喜： 是的，我一定要给他空间，我能做的就是给他一些物质上的支持，也希望他有自己的世界，有自己的想法。

7. 文学作品中的思想力量

俞敏洪： 你比较喜欢莫言和余华，我也很喜欢他俩的小说，基本都读过。莫言和余华这两位也都没上大学，你是不是出于这个原因喜欢他们，还是出于他们的文笔？

陈年喜： 我知道莫言和余华都没上过大学，但文学和上没上过大学没太大关系。这两位作家的作品我觉得特别重要，比如莫言，除开他的文学才华，他的作品真的呈现了家乡一群人几十年的生活，人的命运，人对历史、对时代的理解。他的文学中有思想，他对一个地方的近代史有理想在里面，有认识在里面。

余华也是，他的《活着》和其他的作品，确实写透了人。人是没有逻辑的物种，它的生和死不是逻辑性的，确实是有非常多的因素在里面。人的生命确实也是这样的，当然，正因为这些不同的命运，凑成了这样一个不同的时代，也形成了不同的历史，推动了不同的发展。

我觉得他们无意成为思想家，但他们的作品确实形成了很庞大的思想体系。

俞敏洪： 你有一点说得非常对，这两位把人性写透了，把人性的展示方式和人性的冲突也写透了，而且他们的作品中尽管有文学修饰，但没有太多的做作，语言上也没有故弄玄虚，这也是这两位作家能够在中国如此受欢迎的重要原因。

之前我问你最喜欢哪首诗，你选了三首，《炸裂志》《有谁读过我的诗歌》和《芦花白了》，你挑一首朗诵一下怎么样？

陈年喜： 好的。这三首诗都是出自《炸裂志》。《炸裂志》是 2019 年出的诗集，现在完成了第 13 次加印。我读一首《芦花白了》——

白茫茫的芦花 比丹江

还要盛大

这是另一条河流

江河万里 甘苦自知

都有 清清浊浊的沉浮

在秦岭南坡 芦花白了

雁南飞 枫点火

南山顶上霜露闪烁

秋阳的暖意薄如蝉衣

土丘的陶罐 被山风打翻

羊群下山 它们是民间更白的芦花

小小的羊羔含苞待放

它们欢乐 奔跑

像谁铁环滚动的童年

一群远行的人 心上的尘埃

被秋风吹起吹落

那是 白茫茫的芦花啊

头上的天 蓝得

远离人间

俞敏洪：我特别喜欢最后一句，"头上的天 蓝得／远离人间"。我来读一读《炸裂志》，以读这首诗来结束今天我和陈年喜老师的对谈。

早晨起来 头像炸裂一样疼

这是大机器的额外馈赠

不是钢铁的错

是神经老了 脆弱不堪

我不大敢看自己的生活

它坚硬 铉黑

有风镐的锐角

石头碰一碰 就会流血

我在五千米深处打发中年

我把岩层一次次炸裂

借此 把一生重新组合

我微小的亲人 远在商山脚下

他们有病 身体落满灰尘

我的中年裁下多少

他们的晚年就能延长多少

我身体里有炸药三吨

他们是引信部分

就在昨夜 在他们床前

我岩石一样 轰地炸裂一地

陈年喜： 俞老师读得非常好。

俞敏洪： 好了，年喜老师，由于时间关系，我们今天的对谈就只能到此结束了，感谢你的参与。

陈年喜： 谢谢，也谢谢大家。

——对谈结束——

俞敏洪： 刚才和我对谈的陈年喜，是中国最优秀的矿工诗人、优秀的散文家。陈年喜当了16年的矿山爆破工，每天都冒着生命危险在5000米之下的矿山矿洞中工作。由于他是一个喜欢阅读、写作的人，所以即使在这样的生活中，他也坚持写作，写了诗歌、散文，《微尘》是陈年喜老师最近出的一本代表作，把普通老百姓生活的不易，以及在生活中面对艰难困苦的那种坚强不屈和坚韧无奈都写得非常好。我一篇不落地全都阅读了，中间还做了很多的笔记，我觉得这是一本值得大家阅读的书，而且陈年喜的文笔也非常流畅、优美。

今天时间不早了，就先到这里了，谢谢大家！

（对谈于 2021 年 12 月 12 日）

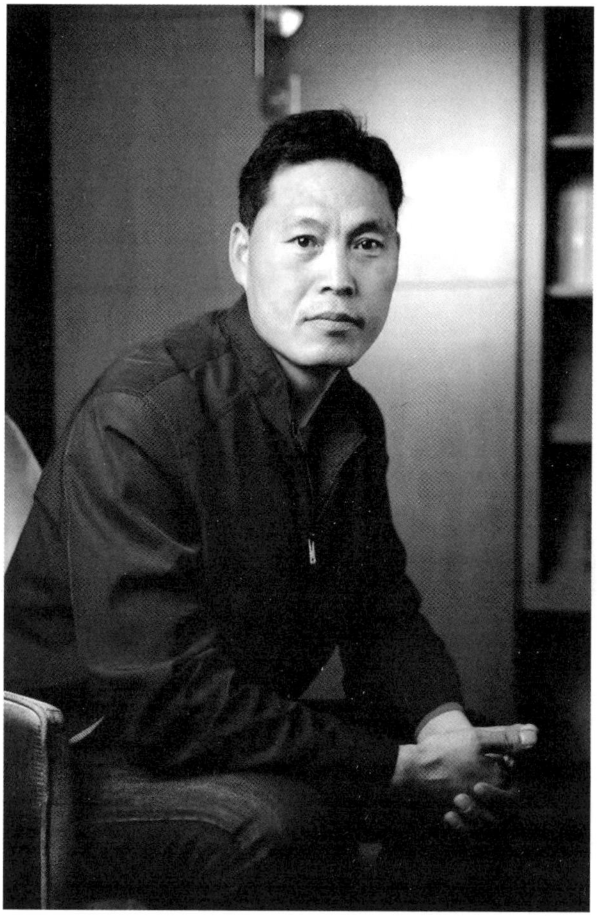

对话 **陶勇**

内心有光，眼里才会有光

退休不是一种时间概念，
而是一种心态概念。

走出去，世界就在眼前；
走不出去，眼前就是世界。

陶勇 /
1980年生于江西抚州，毕业于北京大学医学部。现为首都医科大学附属北京朝阳医院眼科主任医师、教授、博士生导师。已出版文学作品《目光》《自造》。2020年，获第十二届"中国医师奖"。

俞敏洪：大家好，今天我会和我的北大师弟、朝阳医院著名眼科医生陶勇对谈，他也是比较有名的人物，他在朝阳医院暴力袭医事件中差点被歹徒砍死，但在康复后，却继续做着各种各样善意的事情。

每个人都会遇到困难和挫折，**人生的困难和挫折多于一帆风顺**。所谓"人生不如意事十有八九"，所以不要太期待生命会一帆风顺，不要以为只有你会遇到挫折、遇到困难，其实百分之八九十的人每天都是这样的状态。而人与人之间的不同就在于面对同样的困境，你有什么办法去改变，而不是纯粹地被动接受或者唉声叹气。**困难和挫折对于大部分人来说，实际上是"让勇者愈勇，让弱者愈弱"**。勇者对抗困难和挫折，想办法解决困难和挫折；弱者接受困难和挫折，不断抱怨，被动处于一种接受状态，怨天尤人。

我们可以随便举出一些勇者的例子。比如褚时健，他 70 多岁从监狱里出来，种橙树，终于实验成功。现在褚橙的价格大概是别的冰糖橙的两三倍，而且供不应求。老人家现在已经去世了，我人生中最大的遗憾之一，就是在他去世之前没有去拜访他。他留下了一种精神遗产，就是不管年纪多大，都不轻易向命运买账。

现在大家都在说我 60 岁再出发，罗振宇在《时间的朋友》里也提到了我 60 岁再出发。人生就是一个不断再出发的过程，不管年龄多大，如果你待在原地就什么都没有。前几天我提到刘大铭，他从小得了软骨症，17岁以前做了11次手术，差点命归黄泉，但他抱着对生活的希望，不断努力，不断阅读，不断学习，最后不仅中文学得很好，英文也学得很好，后来到英国留学，赢得了自己人生至少到现在为止的成功。我上次对话的陈年喜，作为一个在地下5000米爆破了16年的爆破工人，写出了优美的散文和诗歌，现在他的散文和诗歌也在四处流传。还有大家比较熟悉的贝多芬、司马迁等，都是逆生长的典型代表。

面对困难和挫折，一定是勇者愈勇，弱者愈弱。你是勇者还是弱者，就看你面对生命是一种什么样的态度。这种精神力量其实来自一个人内心的自信、信念、理想、胸怀、目标，如果你对自己的生命没什么期待，你的生命也就不可能有更高的境界和动力。

有朋友问我为啥不退休？**我觉得退不退休不是一种时间概念，而是一种心态概念。**比如公务员，还有很多公司职员，确实会有比较明确的退休时间，但这其实是一个人为的时间线。我们个人在年龄上、心态上，并没有退休的概念，真正的退休是指你把你的时间用在了不同的地方。比如你没退休的时候，你要把时间用在工作上，但退休了就意味着时间都是你的，如果在这时候你还有退休金，家里还有余钱，你就要考虑在余下的时间内，到底要用你的退休金、你的资源、你仍有活力的生命做些什么事情。

像我这样28岁就出来创业，到现在还算是一个企业创始人的人来说，我没有明确的退休概念。但随着年龄的增加，我也会思考应该把时间分配在什么地方。我身边有好朋友，一辈子想练书法没时间练，现在终于可以开始练了；有朋友一辈子想环游中国，没时间旅游，现在终于可以环游中国了；我有个最夸张的朋友，开了一个小面包车就去了青藏高原；还有朋友开始认认真真读书了，有朋友开始学做饭了……如果我现在有时间了，到底要用在什么地方？去追名逐利，还是应该把时间用在最想做的事情上？

1月1日，我录了一个短视频。我在视频里说，我往后的日子要这样过：**一是要过一个尽可能自主的生活；二是要过一个尽可能充实的生活。**关于自主的生活我立了三个"不"，不被世俗名利所牵制，不被自己的欲望所牵制，也不被别人的意志所牵制。

第一，不被世俗名利所牵制。 世俗名利包含很多东西，比如名声、地位、金钱、财富、别人眼中的虚荣，还有为了讨好别人去做一些无聊的事情。跟周围的朋友保持一定的良好关系是没问题的，因为人本身就是社会动物，社会动物就应该跟别人保持良好关系，但如果为了世俗名利故意去追寻，甚至委屈自己去追寻，也许在那么一小段时间内是可以的，但肯定不能长久如此。

第二，不被自己的欲望所牵制。 这个欲望就多了，各种各样的欲望，前面提到的世俗名利也是一种欲望，但有时候，过度的吃喝玩乐可能也是一种欲望。其实七情六欲、悲欢离合、伤心快乐，都是某种程度上的欲望。像《心经》所说，"无眼耳鼻舌身意，无色声香味触法"，你不一定要做到"四大皆空"，也不一定要做到"色即是空，空即是色，受想行识，亦复如是"，但可以做到在一定程度上不被愤怒的情绪控制、不被贪婪的情绪控制、不被沮丧的情绪控制、不被放纵的情绪控制。

第三，不被别人的意志所牵制。 所谓别人的意志，就是别人想让你做什么。小到本来你今天晚上想看书，但朋友突然给你打电话叫你打麻将，你就去了。大到明明一件事情你不想做，但周围的人强制让你做，最后你考虑到互相之间的关系就屈服了。不被别人的意志所控制，也就意味着你要尽可能有一个更自我的个性，要敢于对别人提出来的一些要求，在没有重大后果的前提之下，说"不"。

今年我还下了一个决心，争取把我的日常生活和工作记录，每过一周就发布在"老俞闲话"上。让大家知道像我这样到了60岁的人每天还在干什么，哪些东西是我喜欢干的，哪些东西是我不想干的，在干的过程中受到哪些挫折。

好的，现在陶勇老师来了，我们开始对话陶勇。

——对谈环节——

1. 高度和角度决定人的心态

俞敏洪： 师弟好。

陶勇： 俞老师，您好。

俞敏洪： 我特别开心，感觉你比两年前显得更年轻了，笑容也更灿烂了，在受到那么大的打击之后，你是怎么调整自己的？

陶勇： 一个人的精神状态是能够反映出来的。我自己当眼科医生这么多年，有的患者其实岁数不大，但总会觉得他好像愁眉苦脸，而有的患者年龄可能比较大，但还会觉得他红光满面。

俞敏洪： 你觉得人的精神状态是怎么形成的？面对同样的生活状态，有的人愁眉苦脸，有的人红光满面，这种差别主要的原因是什么？

陶勇： 我觉得一个是高度。同一件事，如果我们站在一个很低的视角，甚至是平视的视角，它就是天大的事，但**如果高度比较高，能站在一个更大的层面去看，就会觉得这就是一个局部的事**。我去年确实经历了"伤医事件"，也确实不能像以前一样做手术了，但我同时会提出"光盲计划"，我会觉得我后面的人生除了能治眼盲，还可以治心盲，这样就会发现，"伤医事件"可能只是我人生中的一个节点而已，过去就过去了，而未来还有很多事情要做，我还有我的价值和意义。

还有一个就是角度。曾经有人问我，说你伤后很快就恢复出诊，但好像还是原来那个诊室，你害不害怕？我说为什么要害怕？那个地方是我的福地，因为我在那个地方大难不死，为什么我要害怕呢？所以同样一件事情，角度发生变化，心态也会发生变化。我觉得高度和角度是导致心态不同的原因。

俞敏洪： 一个人的高度、广度和宽度决定了看待一件事情的态度。很多人很容易在一件事上钻牛角尖，看不到头顶上广阔的天空，但他们又能看到，比如陶勇医生，他面对人生中这样苦难的事情，能迅速调整心态，看到这个世界之上更高层次的事情，甚至在某种意义上，他把这件事化成了自己的人生动力，让自己跨到了一个更高的平台上。这件事说起来容易，做起来其实不那么容易。你是如何调整高度，迅速从这个事件中走出来，并且走上一个更高觉悟的台阶？

陶勇： 我觉得主要感谢我的原生家庭。我受伤后有很长时间都住在医院，后来回到家之后，我爸妈见到我的第一句话不是哭天喊地，不是泪流满面，而是给我讲了一个故事。我爸说，你知道吗？我在年轻的时候上山砍柴，那时候我爬在树上，一不小心右小腿几乎被镰刀砍断了，鲜血直流。当时他穿的是家里唯一一件衣服，所以他和他姐姐两个人每次只能有一个人可以出门，他就把这件衣服撕下来，捆着小腿，一瘸一拐地走了十几里地才走回家。

我爸给我说这件事情是什么意思呢？就是你是遇到了挫折，但谁没遇到过呢？所以**家庭看待挫折和打击的态度，会影响到我们自己的态度**。我原来在德国待过一年，德国人带孩子特别简单，他们没有老人帮带，就自己带。小孩在草地里摔倒了，没人扶，也没人管，小孩自己就爬起来了，这样小孩长大以后的抗打击能力相对来说肯定比较强，所以原生家庭很重要。

俞敏洪： 你父母是什么样的个性？在培养你的时候，他们给你带来了什么样的个性？你认为现在中国家庭如果想培养孩子的抗打击能力和未来面对艰难困苦、勇往直前的能力，父母应该做什么？

陶勇： 在《自造》里我分享了一个故事。我妈有姐妹五个，但二姐有脊髓灰质炎，有条腿一瘸一拐的。小时候我父母经常让我给她送饭，帮她买点东西，她自己摆了个小摊，我会去帮她照顾生意。从那时候开始，我就不知不觉地认为，如果一个人的腿能够正常行走是一种极大的幸福。后来我在医院上班也好，去其他地方办事也好，遇到人多挤不上电梯，或者因为停电无法乘电梯的情况，身边常常有人会抱怨，觉得又是磨了膝关节，又是半月板会受伤，总之，充满了怨气。但我就会觉得，走楼梯就是一种幸福，都能走楼梯了，还想怎么着？

所以对于这些家庭的孩子来说，首先家长没必要刻意让孩子去吃苦受累，谁都知道刻意的苦并不是真正有营养的，更应该让他们去接触一些真实的、哪怕不是自己亲身经历的苦难，才可以形成"精神疫苗"。我在书里也专门写了一节"精神疫苗"，讲你可以通过观察别人的挫折、不便，以及苦难，给自己形成抗体。就像英国挤牛奶的女工，她们会产生对天花的抗体一样。

我也很建议父母如果能经常带孩子去敬老院、孤儿院之类的一些公益场所，让他们体验一下别人的不容易，让自己能沉浸到他人的经历中，和他人形成命运共同体，一起共同抵御打击，他们也能形成"精神疫苗"，这对他们未来的成长可能会有一定潜在的帮助。

2. 如果能重来，选择不会变

俞敏洪： 在你遇到了这么大的挫折以后，如果再选一份职业，你还会不会当医生？还会不会当眼科医生？

陶勇： 我觉得我更应该选眼科，因为至少我也是大难不死，要是选了别的行业，万一挂了呢？死里逃生和大难不死毕竟是一个好结局。我既然愿意回到原来那个诊室，重新再来一遍的话，我还会选择这个职业。

最近我在看一个美剧《纸牌屋》。《纸牌屋》的开篇，主人公的第一句话是：**世界上有两种苦难，一种苦难是可以让你变得更强大的苦难，还有一种就是那种毫无意义，让你白受罪的苦难。** 我也觉得，如果不是为了领悟和升华，苦行和受罪其实没有什么区别。对我来说，我去年是受了难，也发生了一些我人生中预料不到的事情，但我觉得我已经消化掉了，也不会再认为它是我的绊脚石，我如果还在行进的路上，继续对这块石头拳打脚踢，我觉得我失去的就是我前进的方向。所以再来一次，我肯定更得选这个职业，更得选这个方向。

俞敏洪： 我也有大难不死的经历，我20多年前死里逃生，最后也活过来了。我当时就想我要倒了也就倒了，但这件事在我心理上没有留下太多阴影，反而觉得既然活过来了，就应该此生美好，应该多做点更有意义的事情，这一点咱俩很像。

3. 如何维护良好的医患关系

俞敏洪：这次事件以后，你还能做手术吗？

陶勇：没有以前那么自如。眼睛的手术比较高精尖，现在尽量还是让团队来完成，我更多是在指导。

俞敏洪：这倒是一件好事，就像你书中写的，如果你自己做手术，哪怕一天做 80 场，一辈子也就做那么多手术。但如果你带领一群年轻医生，让更多人能学到你的医术、你的内心，反而会是未来中国病人的一份福气。

我觉得你在医学方面不仅仅是医人的病，很多时候你在医人的心。作为一个优秀的医生，医人的病不如医人的心，当然医人心的同时要解决人的病痛，这两方面你都做得非常不错。现在大部分医生就是匆匆忙忙看病，不管是专家号还是普通号，常常就是问问你有什么问题，然后开点药，如果你看上去有钱就开点贵的药，你看上去没钱就开点便宜的药。但你不一样，你不仅会医人的病，很多时候也在医人的心。你觉得未来医生们如何能做到医心和医病并举，你对现在的医生有什么建议？

陶勇：医患关系也是人和人之间关系的一种，只不过医患关系更特殊一些。患者是带着病痛来的，是天然的弱势群体，这对医生的职业道德水平和道德表现要求就会很高。其他行业也有类似的，教师、医生和律师都会对道德状态的要求更高。到了今天又是一个新阶段，因为今天的科技发展已经到了新高度，跟过去又不太一样了。

如果科技本身是一服药，我们也该意识到，没有什么药是没有副作用的，科技发展的同时带来了人和人之间的冷漠、麻木和不信任。所以今天的医生想和面前的患者产生信任和情感连接，要比过去更难。过去，在治疗过程中，患者没有权利参与意见，都是医生定，但现在的医疗已经明确要求，在治疗方案的选择和治疗过程中，患者有权利参与决策。所以今天的医生在患者赋权运动中，面对患者的医疗方案，医生只有建议权、告知权和知情同意权，这对医生来说，需要更多技巧性的沟通，我有两点建议：

第一，要学会主动先放下自己。我身边有一个朋友特别喜欢网购，他常常跟我抱怨，说现在的快递员可真不怎么样，东西塞给你，一句话都没有，扭身就走。我就给了他一个建议，我说你要不下次尝试一下，不管谁给你送快递，你就说三个字——"辛苦了"。后来他跟我说，他说了之后，快递员也会有变化，他们常常会觉得不好意思，就会点个头微笑一下，再把门轻轻关上。**现在人和人之间有个很大的问题在于，大家都希望对方先付出、多付出，导致人和人之间会出现信任危机，所以不妨我们尝试自己先付出。**

第二，推进医务社工的发展。去国外会发现他们的医院里有很多志愿者，朝阳医院和北京市红十字会也一起合作了"彩虹志愿之光明天使"的志愿者服务分队。这些志愿者来自社会，他们本身就是来自患者公众的一方，有大学生，有医疗战线退休员工，有患者和家属，他们有大量时间去和等候就诊的患者进行沟通，可以起到黏合剂的作用。医生治疗疾病其实已经忙得不可开交了，患者来到医院，他会希望有人关心，医务社工就可以很好地起到黏合剂的作用。如果把医生和患者比作两口子，医务社工可能就像那个孩子，很多家庭就是因为有孩子，两口子吵架才会有所收敛。

所以未来的医疗环境，可能一方面大家都要学会主动一些，学会先做那个说"你辛苦了"的人；另一方面，要学会用一些办法，例如推进医务社工的发展，让医疗关系能变得更健康、更和谐。

俞敏洪： 在未来的医患关系上，医生是不是可以在态度上更主动一点，比如对病人说"你不容易""你放心"，多说一点这样的话或许能使病人的焦虑情绪缓解一点。我特别感动的一点是，到了下午的时候，病人还在排队，你就会在走廊上放面包，让病人吃面包，因为你觉得这时候他们血糖低了，容易引起焦虑和愤怒。我觉得这不仅仅是一个解决血糖低的问题，更重要的是，这些病人吃完面包后，会觉得医院或者医生对我很好，后面问诊的时候，他和你之间的情绪对抗立刻就缓解了。

在缓解医患关系上，除了医生本身在行为、态度上把病人当作弱势群体看待，病人也要倒过来理解医生的辛苦。**你觉得从国家制度、医院体系上还应该**

做什么，能比较好地缓解医患矛盾？

陶勇：第一，需要推进分级诊疗。 我有过两次挂职经历，一次是 2016 年在北京市医管局的医疗护理处，还有一次是去年上半年在北京市医管中心组织人力处。这两次挂职过程中我了解到国家卫健委有一个很重要的举措——分级诊疗。现在大家不管是一般的感冒发烧，小疼小病，还是疑难重症，通通都选择去三甲医院，这会导致医疗挤兑。就像厨师炒菜，不同口味的人如果全去了同一个餐馆，这个餐馆也没有办法让每个人都满意。三甲医院的定位就应该是治疗疑难重症，它本身的医疗条件、硬件和软件，就是为了解决这些特别疑难的问题，而社区、基层医院以及全科医生，则是用来解决和分流普通患者的。

常常会有患者说，我去了医院，我不知道应该挂什么科，其实这本身就是一个问题。按道理来说，一般患者应该先去全科医生或者基层医院，遇到真正难的问题才被转诊到三甲医院，如果什么问题都到三甲医院来解决，会导致三甲医院不堪重负。北京朝阳医院在新冠疫情之前，一天的门诊量是 1 万到 1.3 万人，这么大的人流量，很难做到让所有人满意。所以进一步落实国家卫健委的分级诊疗政策，对于缓和未来的医患关系是一个前提。

第二，我觉得整个社会应该倡导众生平等，无论是医生还是患者，都要平等。 在我小时候，我爸妈就会跟我说，患者很怕医生，就像学生很害怕老师，现在可能反过来了，医生会有点怕患者，老师又会有点怕学生家长。这都不是正常的关系，谁都不应该凌驾于谁之上，从一开始我们生活在这个城市里，我们在灵魂层面就都是平等的，在平等的基础之上，才能构建出健康良好的关系。

我其实也很感谢很多患者，在我遇到困难的时候，他们会主动向我表达他们的关心，去年第一次出诊，很多患者都是带着鲜花、水果来的，他们就是温暖我的存在。我认为在彼此关系平等的基础之上，推进落实分级诊疗措施，会让我们的医疗变得更健康。

俞敏洪：特别对。 我个人感觉现在中国的医患矛盾主要来自两个方面：第一，从医生的角度来说，中国老百姓有什么问题都往大医院走，这也是分级诊疗还没实施到位导致的一个结果。但老百姓一生病就想往大医院走的这种想法，暂时也改变不了，因为人都惜命，总希望碰到最好的医生来为自己看病。

第二，医患矛盾大部分发生在大医院，因为大医院的医生太忙了。我自己有这种感觉，比如我一天要咨询 10 个学生家长，我会很耐心，但如果是 100 个学生家长，我一定速战速决，家长就会不满意，觉得自己好不容易来见你，你就给我咨询了 10 分钟就把我打发走了。但我会觉得，你的问题我已经说完了，后面还有那么多家长在等着我。现在医生也会面临这样的情况，但因为医生涉及人的生命，就更容易产生医患矛盾。

4. 选择学医需要自发的信念感

俞敏洪： 你在《目光》中写到你小时候就喜欢当医生的感觉，但你父母又不是医生，你对医学的兴趣是怎么产生的？

陶勇： 虽然我父母不是学医的，但我们老家江西省南城县建昌镇自古以来就是一个中药重镇。有句话叫"药不到樟树不齐，药不过建昌不灵"，建昌镇是一个中草药炮制基地，一直就有医学文化的传承。据我奶奶说，我曾爷爷是一个赤脚医生，当时跟着红军去做了军医，再没回来。所以我老家有这样一个传统，也确实对我有影响。

还有一点，我那会儿喜欢看武侠小说，无论是金庸、古龙，还是温瑞安、梁羽生，最后发现几乎所有武侠小说都会有一个神医，大侠再怎么厉害，最后都得去求神医给他治病，甚至会觉得神医才是终极大 BOSS。这种潜移默化在我心里塑造了一个形象，奠定了基础，让我觉得当一个神医、一个好医生很厉害。所以我当时还是坚定地选择了这个职业，我们高考的时候，一个年级有 400 个人，只有两个人学医，我是其中一个。

俞敏洪： 你在北大学医的过程中应该也遇到了一系列困难，因为学医并不是一件容易的事，就像你说的，光是背诵各种各样医学的人体结构图，就能背个半死不活，而且你后来又选了眼科，还选了特别难的葡萄膜炎。你为什么要"明知山有虎，偏向虎山行"？

陶勇： 我觉得这是一开始那个坐标设在哪里的问题。我一开始设计的坐标就是更高、更远，我就是要当一个优秀的医生，那不干点难的活，怎么能叫优秀？所以**对我来说，过去的选择是挑战疑难，未来还得挑战更多疑难。**

俞敏洪： 现代医学让人类的平均寿命从原来的三十几岁延长到了八十多岁，毫无疑问给人类增加了很多幸福，所以做医生还是蛮有意义的。但现在医患矛盾的加剧，加之暴力袭医事件频有发生，导致很多年轻人现在有点不太想学医。我内心还是很希望中国优秀的年轻人去学医，毕竟治病救人是人类最大的进步。你对此有什么想法？

陶勇： 大家可能会觉得当医生很苦很累，风险也大，还受各种委屈，但我真的认为医生可以形成一个职业化窥镜。我常常感觉就像是你面前有一幅世界地图，但它不完整，这时候，你在工作上学习到的一些眼底病、干眼症的理论，近视的形成机理等一些知识，以及患者的这些故事、他们坚强的韧性、对待疾病的乐观态度，还有你读过的书中的智慧，接触的一些人的话语、观点……这些东西就像一个一个的小碎片，把面前这幅世界地图变得更加完整。你会更加兴奋、更加开心，会觉得我在做的这件事情不是为别人做的，而是自己在探索、发现，永远会觉得我的每一天都在好奇，每一天都在前进的路上。所以透过现象看本质，医学不仅仅有表面的坎坷和荆棘，它更多是有无穷的宝藏和魅力，我希望大家都能看得到。

俞敏洪： 从哲学意义上来说，一个年轻人去学医和他的人生到底有什么关系？从 2500 年前，古希腊公元前 5 世纪开始，人们就意识到了学医的神圣性和道德性。在现代社会中，尤其在中国目前的社会状态下，这种神圣性和道德性反而被消解了，教育也在发生同样的事。当然这有各方面的原因，但我觉得重拾神圣性和道德性，对于治病救人的职业是特别重要的。你在这方面有什么建议？

陶勇： 这是一个视角的问题。我曾经在微博和大家分享过这样一句话：**如果你说苹果应该是红的，代表你不相信；如果你说苹果是红的，才代表你相信。**如果我们认为学医在别人眼里应该是被尊重的，是很神圣的，其实我们反而是不相信的，只有自己真的从本源里认为医学可以促进平衡，可以让自己得到领悟和升华，可以带自己走出人生无意义的沼泽和深渊，那才是相信。

这两年因为新冠疫情，很多媒体和大众也都看到了医护工作者的辛苦付出，有很多正面的肯定和表扬，也有人认为这是一种捧杀，因为把你捧得很高，反而最后会很失望。我觉得外界的评价和舆论不太应该是我们选择医学的原动力，**一旦选择了以别人的目光作为原动力，就会失去自己内心的信仰**，所以还是要自己选。如果你真的从一开始就觉得医学是属于自己的事情，是属于自己的修行之路，是属于自己的信仰，那这件事情一开始就是"苹果是红的"，而不是"苹果应该是红的"，这样就不太容易在过程中迷失自我，也不太容易因为一些突如其来的打击而受挫。

俞敏洪：你以非常快的速度形成了一种职业上的精神高度。你在书中也说，作为一个职业人士、作为医生，有三个境界：第一个是技术境界，病人来了，我把病看好，你交钱，我看病；第二个是艺术境界，把这件事情看成一个要去完善的艺术品，让每一个手术、每一个病案都能做得更好、更圆满，也更满足自己内心对更高技术层次的追求；第三个就是信仰境界，你写的是：**医学是信仰，向光而行**。我觉得这是一个特别高的境界，如果你把你的职业当作一种信仰，意味着你在背后给它赋予了非常崇高的含义。

但我碰上的大部分职业人士，不管是在哪个领域，几乎都停留在技术境界上，到艺术境界的都很少，更不用说到信仰境界。包括当老师，我觉得我当老师基本上达到了接近艺术境界的状态，但还没有达到把当老师作为信仰的状态。你是通过什么样的感悟达到了第三个境界呢？和你所经历的苦难有关吗？

陶勇：师兄，您太谦虚了，您早就超越了我这个境界。我经常回忆自己最开始选择学医时的状态，就是一个形而上的状态，但其实这在很早的时候就形成了，原因可能很复杂，但肯定和读书有关。我那时候待在妈妈工作的新华书店里，能看到很多书，武侠、神话、经典文学、国外译作……五花八门，所以我很小的时候就会在心里认为未来的选择都是在修炼，就像现在大家在网络游戏里升级打怪一样，潜意识里也没觉得未来上班赚钱是为了糊口，这就是一个形而上的潜意识。

我 1997 年上大学，当时房子也不贵，那时候好像包分配，上完大学也没觉得生活压力会很大，种种客观、主观因素，就导致了我的选择是一个形而上的选择。所以选择学医这条路，可能当时在我的潜意识里是一个理想主义的状态，没觉得这是一个很现实的选择，单纯觉得要争取在这条路上汲取，让它变成提升自己的道路。这可能是我自己的一个状态，但不一定每个人都会是这样。

5. 应对心理疾病：在存在中找回自我

俞敏洪：现在的中国社会有个问题，成年人在精神免疫力方面的能力比较差，青少年的精神免疫力更差，现在中国抑郁症的患者越来越多。**比起治现实身体上的生理性疾病，治心理疾病更为紧迫**，尤其是对于更年轻的孩子来说。面对现在中国孩子抑郁症越来越多的情况，你有什么样的建议？

陶勇：最近北京安定医院郑毅教授结束了一个长达 10 年的调研，6 ～ 16 岁这部分孩子里，患各类心理疾病的总患病率是 17.5%，也就是说，每 5 个孩子里就有 1 个孩子可能正面临着心理上的障碍，所以这确实是一个很严重的问题。作为父母，我们努力奋斗的结果就是希望孩子健康，希望他们过得好，但结果往往适得其反，好像他们变得更脆弱了，这好像叫"不虞效应"，事与愿违。作为医生，我们看见了这个问题，就不能袖手旁观，我们就得想办法。

我认为，**首先要形成一个微环境**。人们现在出现这些心理上的问题，包括抑郁状态，很大原因是自己孤立无援。抑郁状态和抑郁症不太一样，抑郁症真的是一种疾病，这是必须找心理医生咨询和治疗的，但抑郁状态很多时候是因为自我封闭，会觉得自己要把所有的困难、压力都扛下，自己把自己封闭起来，这种孤立是造成心理疾病的一个很大的因素。所以人要学会开放，形成一个微环境，哪怕身边只有几个朋友。我常常跟我身边的研究生说，你们得有几个过得不如你的朋友，有空请人吃个饭，然后听人唠叨两句，吐吐槽，你不就舒服多了？

俞敏洪： 插一个我的故事，特别印证你说的这句话。我在北大第一、第二年真的有很多抑郁的迹象，因为当时北大的人太牛了，我所有的同学都比我厉害，我读书读不过他们，英语水平不如他们，背景不如他们，学习成绩不如他们，连普通话都不如他们。当时我真的很郁闷，郁闷到上大三的时候，一开学我就得了肺结核，在医院里住了一年。但后来想一想，我之所以能在大一、大二的时候度过这种时光，就是因为我考上了北大，而我那批中学同学都没考上，所以不论我在北大多窝囊，每到周末、月末，或者寒暑假，回去和中学同学聚会，我就是最牛的。

我觉得这个方法确实还不错，因为和北大的人比，我什么都不如他们，但和我中学同学一比，我好像什么都比他们好一点，比如我书读得比他们多，英文水平也比他们高，学校也比他们好。这尽管有点阿Q精神，但确实有一定的效果。但我觉得这不能长久应用，心理学上好像有一个规律，你密切交往的5个人的平均水平就是你的水平，一旦你习惯于跟水平不如你的人交往，自己就不会再进步了。所以我觉得更重要的还是要进行自我心理调节，尽管你不如别人，但你也要给自己足够的时间和空间，让自己付出努力，并且逐渐去赶上别人。

此外，得肺结核的经历也给我带来了一个比较大的感悟，我们应该用更长的时间来完善自己。后来我也有一些变化，读书比较安心，学英语也比较安心，工作也比较安心，但从来没有真正放弃努力过，最后也慢慢到了自己有所成就的阶段。当有所成就后，我发现我的同学也有所成就，比如我北大的同学好多是博士毕业生，而且写了好多专业著作，有的甚至是耶鲁大学的终身教授，他们的成就和我的成就是不一样的。但至少今天的我，不会因为他们的成就再感到自卑，因为我知道，我做出来的事情他们不一定能做出来，每个人都有自己生命不同的方向，慢慢这就奠定了一种生命基础，而这种生命基础，就是那些你自己能够做到但别人不一定能够做到的事，这样抑郁症、抑郁状态就会慢慢缓解。

在20年前，我曾经得过轻度躁狂症。那时候新东方内部斗争非常激烈，我这个人不善于快刀斩乱麻，于是陷入了一种困境不能自拔，最后就产生了生理上的反应。有一次我在多伦多出差，那边冬天零下 20 摄氏度，我住在一个大概在 20 层的房间里，我看着那个窗户就一心想跳下去，最后是我的意志说服了我，我知道自己肯定不能那样，我也不能继续待在房间里，所以我穿上了羽绒服，零下 20 摄氏度的冬天，在马路上走了三个小时，直到把自己想跳楼的感觉给走没了。

陶勇：您刚才说的这一点我非常认同，**在比较中失去的，要从存在中要回来。**如果您能做到这一点，就可以战胜自己的心理阴影。

我之前看过一个故事，有一个刚离异的年轻妈妈带着小女儿去国外独自生活，她需要赚钱承担房租等日常开支，生活压力很大，也没有时间管孩子，她就直接把孩子甩给了学校。但她很担心，他们家庭条件一般，孩子在学校里可能会受欺负。有一次她下班早，就去接孩子，她发现小女孩在和一个白人小男孩对话，她就偷偷凑过去。她听见白人小男孩跟她女儿说，你看我过生日，我爸妈给我买的这个衣服是名牌，你身上穿的是什么衣服？她就替她女儿捏了一把汗，因为她女儿穿的是很一般、很廉价的衣服，她担心她女儿会很自卑，结果她女儿特别自豪地、昂首挺胸地把她的书包炫给白人小男孩看，说这是我妈妈给我做的书包，全世界就只有这一个，非常珍贵。当时她就泪流满面了。

我们常常在比较中失去自我，形成了自卑，因为我们没有发现我们的存在中最宝贵的东西。如果我们能发现自己存在的亮点、价值感和被需要感，可能就能达成自我救赎、自我拯救。这也是为什么这本书叫《自造》的一个原因，因为我百分之百相信，我们可以在线下的生活经历中，形成自洽的逻辑体系，可以制造幸福，制造人生。

6. 医学的本质是一种平衡

俞敏洪：现在生活变好了，病人却比我们小时候多了。我们小时候，尽管医疗条件很差，但很少听说中风、心血管病，甚至癌症都很少。现在我们吃得好了，但由于吃过头、工作压力大等，反而引起了人类很多本不应该得的病。

对一个普通中国人来说，在他没有必须走进医院之前，应该做些什么样的身体保健，让他能保持身体健康，既不给自己添乱，也不给医疗系统添乱？

陶勇： 这涉及对医学的理解。我最开始对医学的理解真的就是治病，疾病是一种紊乱的、不平衡的状态，医生去治这个病。但慢慢地，我认为医学的本质是一种平衡，包括器官和器官之间的平衡，生理和心理的平衡，人和人之间的平衡，人和自然之间的平衡，人和社会之间的平衡等，我们要去维持这种平衡。

现在医疗的端口已经前移了，过去都是人得了大病再治疗，现在都是"治未病"，这就回到了中医最开始的理念，"治未病"就是从以治病为中心变成了以健康为中心。所以我们如何能够平衡自己才能保持健康，就成了现在医生更多研究的一个课题。**现在的医疗模式叫"疾病—心理—社会"医学模式。** 我们不光要把这个人的病解决掉，还要让他的心理也达到一种和谐，而且让他能够还原社会角色，能回归社会去从事他的工作，创造社会价值。

这也是开展"光盲计划"的原因之一。"光盲计划"就是分成了三个维度，**第一个维度就是"防"**。例如做医疗科普，给大家科普一些健康理念，像去年我就为新东方录制了六节儿童眼健康和近视防治的科普视频。这就是防的层面，让大家减少因为错误用眼知识而导致的疾病。

第二个维度就是"治"。你真的得了病，例如去医院我应该怎么挂号？要先挂主治医师或者一般普通门诊的号，把检查做齐了，再去挂专家号，这是治。在这个层面，医生们也会不断开发新的治疗手段，更多的科技还在持续地攻克基因芯片、脑机接口等技术难题，我相信这些技术在未来也许可以让那些已经失明的人恢复人工视觉，这是治的层面。

第三个维度就是"助"。让那些现有科技没办法解决，不得不暂时告别光明的失明人群不失去希望。我们要采用心理关爱、生活重建、职业培训、再就业指导等方式，让这些人即使失去了光明，也不失去希望。

俞敏洪： 我的工作非常紧张，但我也比较关注身体健康。当然有些身体上的问题我觉得是自找的，比如我的肠胃问题，我性格相对比较豪爽，一到聚会的时候，为了活跃气氛或者为了表达心意，就会喝多，就会直接导致肠胃不适。

但我在保障自己基本身体健康方面，也得出了一些经验。我认为真正的身体健康是在你不得不走进医院之前，就把自己挡在医院的门外，这是一个最好的选择。为了保持健康状态，我觉得有五点非常重要。

第一，身心放松，保持心情愉悦。这说起来容易做起来难，但我还是建议大家，如果遇到了什么事情，让你心情特别郁闷，你就要去思考，是因为你个人的原因解不开，还是因为这件事情本身足够严重。如果这件事本身足够严重且没办法避开，比如你工作压力大到让你神经崩溃，那有没有可能直接辞掉这份工作或者换一份工作？如果你当总经理当得神经崩溃，能不能给自己降一级，干脆变成总监或者高级经理？人其实有一个自我解脱机制，就看你愿不愿意解脱。

这有点像青蛙吃饵。我小时候在稻田里钓青蛙，就绑小小的一块肉。青蛙看着有东西在动，就会一口咬住，我就能把青蛙钓起来。原则上青蛙被钓起来的同时可以迅速张开嘴巴，它就会掉下去，可它就是死死咬住不放，最后就被我钓起来，变成了我饭桌上的美食。有时候人好像咬住了那块肉不愿意放，就会导致你放松不了，心情不好。

不少网友问我，俞老师，你怎么还显得挺开心的？我说这其实不是丢了多少钱的问题，也不是我事业能不能做成的问题，而是我愿不愿意放下的问题。当你愿意放下，天地相对来说就会开阔，所以我觉得这是保证身体健康的第一点，心情好，放得下。我还看到一些医学资料说，只要心情好、放得下，甚至能防止绝症的出现，比如得癌症的可能性就会小很多，不知道这有没有科学道理？

陶勇：有道理。

俞敏洪：第二，睡眠要好。我失眠症比较严重，我从40岁开始，中间差不多有四五年的时间，吃了两三千片安眠药，是一个不吃安眠药完全睡不着的状态。后来我发现会产生药物依赖，吃安眠药能睡着，不吃安眠药就睡不着，而且越到后面需要吃更多安眠药，最多的时候，我一晚上能吃4片艾司唑仑，据说普通人吃4片药至少会睡一天，但我通常睡四五个小时就又起来了，然后整天脑袋都昏昏沉沉的，最后的结果就是，记忆力也开始衰退了。

后来我下定决心不吃了，有好长一段时间很难受，睡不着，整个晚上就坐那儿睡不着，一直到第二天中午还睡不着，然后突然就晕过去，一口气从中午 12 点睡到晚上 6 点，但慢慢地，我还是调过来了。睡眠对人的身体太重要了，任何一个人不管多忙都应该保持 7 个小时左右的睡眠，这是我个人的感觉。我现在其实睡不到 7 个小时，但我能保证躺床上 7 个小时，虽然躺在床上不一定马上能睡着，第二天也可能早醒，但很明显我的身体状况和精力会好一些。而且我每天中午会争取睡半小时午觉，即使睡不着也要躺在那儿一动不动，有点像冥想。不论如何，这都能让我恢复一下能量，所以我觉得第二个重要的是睡眠。

第三，要运动。我曾经和大家分享过，我早上 8 点进办公室，下午 6 点才出来，但我的手机上会有 1 万步的步数。大家都问我是怎么做到的，其实就是我会在办公室原地跑步，浑身上下抖的那种跑，这样更容易让自己的身体机能活跃起来。我会在办公室做俯卧撑，做拉伸，其实花的时间并不多，但会让我的身体保持一种适当的状态。

第四，注重饮食。我的饮食习惯很差，我喜欢大吃大喝，因为朋友太多了。在饮食方面，除了蔬菜水果搭配，粗粮和细粮的搭配也很重要。我不算是糖尿病，但我血糖确实比较高，我现在就吃粗粮，吃粗纤维食品，这样会对我的身体好一些。我现在唯一的坏习惯是喝酒，今年 1 月 1 日我下了个决心，不管吃哪顿饭，喝酒都不能超过三两白酒。我对酒精的吸收能力还算比较强，所以喝三两白酒后还能看书、写作、工作，不耽误任何事情。

第五，做户外运动特别重要。我喜欢滑雪、骑马、徒步，早上起来没事我就会在户外跑两三千步。

这是一些我自己的体会，不知道在你看来对不对。我的目标就是尽量避免自己进医院，等到要进医院动手术就晚了。我也不希望自己突然脑溢血，倒在地上起不来，人生还有那么多美好的事情在等着我，我不能随便放弃。

陶勇：特别好，我家里也有一个椭圆仪，可以原地滑动，我喜欢一边踩椭圆仪，一边看书，特别放松。在这个过程中，大脑和小脑也在活动，而且它会让你解脱出来。很多人失眠是因为心里有事，老想着我明天六点钟要起来，明天我还有个任务要办，心里有事压着，这是很多人失眠的原因。当你在椭圆仪上运动，小脑兴奋了，并且还同时看书，就会让自己从心里有事的状态中解脱出来，睡眠相对就会容易变好。

俞敏洪： 大概10年前，当时我失眠比较严重，我带着家人去古巴，古巴当时没有网络，电脑不通，手机不通，电视中放的都是古巴语和西班牙语的电视剧，我也看不懂。当时在古巴待了一个星期，除了白天到各个地方转一转、玩一玩，晚上到了宾馆就没事干了，每天就吃完晚饭到海边走一走。我到了八点多就困了，还睡得非常沉，连续七天都这样。这就印证了你说的，人心里有事就容易睡不着。

我现在心里照样有事，那应该如何保证自己能睡着？我一定会做两件事。第一，睡前一小时坚决不碰手机和电脑。一碰手机和电脑，各种各样意想不到的信息就会进来，它会刺激大脑神经，刷抖音也会刺激大脑神经的兴奋，直接导致我睡不着。第二，我不碰手机、不碰电脑，我干什么呢？我会靠在懒人沙发上或者床头，看一些不会让人兴奋的书，比如一本思想性的书，这样看着看着脑子就不转了，最后就很容易睡着。这是现在我治疗失眠的一个办法。

7. 人生是圆，要学会扩大半径

俞敏洪： 我看了你不少视频，也看了你的书，我觉得你身上有一种天然的光明和美好的气质，这种气质给人带来了一种信心，也给人带来了一种人间美好的感觉。我也特别欣赏这样的人，不管遇到了多少事情，不管背后的工作和生活有多么苦恼，但当你面向社会、面向人群，你一直有一种光明和美好的气质，这是一件特别了不起的事。在你遇到这么大一件事情后，这种气质依然存在，甚至变成了一个更能发光的光明体。这是你小时候或者年轻时候养成的吗？你是如何保持的？未来打算做什么以保持这种气质？

陶勇： 我觉得是因为内心开朗光明，才能眼中有光。对我自己来说，八个字,"没心没肺,能吃能睡"。这是从我们九三学社一个老前辈那里学来的,严仁英教授,围产医学之母。她曾经也遭受了很多苦难,但一旦恢复了正常情况,她就骑着自行车去怀柔、房山的田间地头,调查农村孕产妇的死亡原因,给她们打造了一套围产的医学体系。

对我来说,我觉得自己的人生是有意义的,所以我才会发光,而这个**人生的意义,更像是一粒种子,而不是一颗果实**。人生的意义不像钢琴考级,可能并不能让我们眼下就能看到一个很确切的结果,所以我觉得人生意义并不是一颗果实,更像是一粒种子,是你相信自己的人生可以产生价值的一个希望。就是因为有着这股子希望,在这粒种子不断生长的过程中,你就会不断有更多能量补充,同时会散发出更多能量,正因为**你的内心有光,你的眼里才会有光**。

眼睛有一种病叫近视眼,近视给我带来的启发就是,人生不能短视,所以我在《自造》里写了一个句子:**眼睛要节能,会导致近视;大脑要节能,会形成短视**。

俞敏洪: 从医疗和哲学的角度,人应该如何避免近视,避免短视?不论是心理上、精神上的近视和短视,还是现实中生理上的近视和短视,解决这个问题对我们都很重要。

陶勇: 这是我从医学对比人生得出来的感悟。人之所以会得近视,是因为眼睛要节省能量。千万年以前,我们的祖先生活在特别寒冷的区域,获得食物补充能量是比较难的,所以我们的机体会想办法节省能量。眼睛有一块肌肉叫睫状肌,如果眼睛总看近处,这块肌肉就得消耗能量,所以当你总看近处的时候,大脑就会强行让这块肌肉僵硬,让它直接把焦点定在近处,睫状肌僵硬了就不那么消耗能量了,看近处也不需要消耗能量了。大脑其实也要节省能量,如果我们总处于一个不断思考、不断打破舒适区的状态,身体会消耗掉更多能量,但只有消耗掉更多能量,身体才会变得更高级,这就是人类进化的一个原动力。**所以,打破短视一个很重要的方法是,要足够勇敢地走出舒适区**。

人都会有习惯性动作,例如,小时候我妈织毛衣,她可以一边聊天,一边手上不停地重复机械性动作——织毛衣。人体会形成一个思维模式,像条件反射一样,这个反射会尽量减少消耗大脑的能量。当我们只有一个短期目标,其实就很容易迷茫和困惑,也很容易对现实和自己的状态产生不满,因为你已经走入了舒适区,你要走出舒适区,意味着你要打破短视,要消耗掉更多能量。但只有勇敢地走出自己这片天地,走出自己坐井观天的那个天,才能发现天地其实比想象中更广阔。

所以我也想给大家分享一句话:**走出去,世界就在眼前;走不出去,眼前就是世界。**只有勇敢地打破自我,走出舒适区,才能减少短视,同时升级自我。

俞敏洪:这句话好棒,其实眼前的世界和走出去的世界是完全不同的两个世界,甚至是两个不同层次的世界。有些人觉得自己缺乏能量,所以没办法进行更深刻的思考,采取更进一步的行动,所以有些人自暴自弃就是因为缺乏能量。当一个人能量充足的时候,他不会选择自暴自弃。面对这样的情况,你认为我们应该通过什么样的行为或者思想来补充自己的能量?

陶勇:学习和借鉴。我们每个人做的事不可能上来就是一个完美的状态。例如,我们做一道题,可能一开始是两位数,后面才能做三位数、四位数。也许我们一开始做的这个事情是一个小圆,但当你身边有很多优秀的人,他们的认知层面或者他们读的书、做事的状态,都比你要高一个层面,你这个圆其实可以画得更大。

对我自己来说,过去我的工作状态、生活状态主要就是医疗、教学、科研,基本上大的教学医院里的医生也都是这样,在实验室、诊室、手术室之间反复横跳。这种状态对不对?对,医院的医生就应该这样。但对于现在的我来说,我的圆心没有变,还是以医学为圆心,但半径更大了,为什么?因为现在我会做更多的事情,接触更多的人,我的科普往前移了,能够让更多人听到、看到,能够让他们保持健康的状态不得病,可以"治未病"。另外,我又能做人文和公益,让那些暂时治不好病的人仍然可以保持健康的心理状态。所以我的核心还是医学,但半径变得更大了,这对我来说就是一个借鉴和补充,让自己通过跟更优秀的人学习,开启更大的智慧,也让自己的圆变得更大。我可以做到,相信大家也可以做到,就是让自己的人生变成一个加法,变成一个半径能够不断变大的圆。

俞敏洪：这我真的深有体会，在某种意义上这对你来说是一个转换器。我有限地了解了你的一些故事，在遇到"伤医事件"之前，你还算比较一帆风顺，因为你聪明，学习好，进了北大，考上医学院，出来以后就是最好的医生，很快就提升为副教授和主任医师，而且你这么年轻就达到了教授级的学术水准，发表了几十篇世界级医学论文，这非常了不起。但我觉得恰好因为你遇到了这次不测，所以你思考的维度立刻就不一样了。我从你这两本书里，从你现在做的事情去看，我都能看出这种维度的升级，而这个升级并不是普通意义上的升级，甚至在某种意义上是灵魂开悟的一种升级。

举个简单例子，在同一个小时内，你为一个病人做手术当然很好，因为你把他的眼睛治好了，但当你用同样一个小时，你录了一个眼科保健视频，这个视频未来又被比如1000万中小学生看到，那我觉得你录制一小时视频的价值比为一个病人做手术的价值就高很多。而我个人感觉你现在做的恰恰就是这样的事情。

陶勇：我是在努力让自己做的事情能够更符合医学的现代理念，我可以给自己定下一个目标，叫"新时代的新医生"。过去传统印象里，医生就是在那儿开药、开刀，但我希望更好地利用这些现代化工具、更好地利用这把科技手术刀、更好地科普，让更多人能够健康。

人的一生中，我们自己就是我们的意义，我们自己救赎自己的灵魂。很多时候我们常常会希望去跟随别人的意见，随大溜，小时候是父母告诉我们，老师告诉我们，长大之后是领导告诉我们，其实这些都是一种被动的接纳，不代表这是我们自己找寻到的意义。如果我们能够通过线下所做的这些工作、学习的这些内容、接触的这些人和读过的书，以及了解的这些智慧，把它们综合到一起，最终加上自己的思考，它就可以发酵，酿成自己人生的美酒，打开自己的那片星空，形成自洽的逻辑体系，帮我们抵御一些抑郁的状态，迎接一些突如其来的挫折和打击，让自己的人生和工作变得不再是消耗，而是一种补给，这样的人生就会是顺风的。

8. 但行好事，莫问前程

陶勇： 我很想问师兄一个问题。这次周围的同事知道我能和您对话，他们都特别开心，他们都跟我说，一定要跟俞老师表达感谢，因为去年疫情最严重的时候，新东方做了一个让我们医务人员很感动的举措：所有医务人员，无论是不是一线的，都对他们的子女开放了新东方免费在线课程。今年您也在转型的时候免费捐出了8万套桌椅，这实际上都是赔钱的举动。在企业里，您怎样定义不赚钱和赚钱的行为，怎么去达到平衡？

俞敏洪： 每个人做事都有自己的标准，这个标准跟做人一样，不太好固定。从理论上来说，谁都知道道德水平高、人品水平高、无私的人更容易受人尊重、受人相信和信任，原则上也更容易把事情做成。但在现实生活中，人其实比较容易被各种各样的因素干扰，比如你的欲望，你对钱财、名利的追求，等等。我们常说，有时候人心会像蒙了猪油一样想不清楚，想不清楚就会出事。那么多贪官进了监狱，不就是因为没想清楚吗？但当你面对现实情况，想清楚事情其实不是那么容易的。

尽管我对新东方控制得很严，但新东方也有为了招更多学生出现失误的情况。比如学生招多了，有的学校就会让不合格的老师给学生上课，某种意义上这是丧良心的行为。尽管这种类型的事在我这儿比较少，但坦率地说，当面对压力，比如要收入增长、利润增长的时候，人就会做不那么符合底线的事。当然整体来说，这么多年我在新东方控制得还算不错，真正丧良心的事情或者脱离了良知的事情，新东方应该是没有的。

做人也一样。我对你最佩服的地方就在于，你一心一意想把那个病人的眼睛治好，也帮助他把眼睛治好了一点，他却恩将仇报，砍了你十几刀，让你差点没了性命。可当你恢复健康后，你做的第一件事是继续进医院为病人服务；第二件事是尽可能把身边比你更年轻的医生带好，让他们为更多病人治病；第三件事是你做了"光盲计划"，为了让更多青少年从失明或眼疾中摆脱出来，让他们能用自己的眼睛去看见光明的世界。这是一个人内心世界的反映，因为你完全可以从此对这个世界充满仇恨，从此对人类充满失望。

世界上一定会有糟糕的病人、心存恶意的病人、想拿刀砍你的病人，但更多被你治疗过的病人，对你都心存感激。你也会由此认为，如果继续把这样的好事做下去，保持一种更光明的态度，能让更多人跟你共同走向更美好的生活。当你产生这个想法的时候，我觉得做这件事情就完全不困难了，因为你得到了更多的回报和奖励，这个回报和奖励不是现实的金钱，也不是现实的地位，而是一种精神和心灵上的满足。

我做得不如你，但至少有一点我们俩是相像的，我要是想做某件事，我必须知道这是一件好事。不涉及别人的事情，是不是好事其实无所谓，因为这个世界上的人总会有面向公众的部分和面向自己的部分。面向自己，我觉得可以放松一点，内心产生一点点自私的念头也没关系，甚至有时候内心产生一点点放弃自己的念头也没关系。但当你面向公众，尤其是别人还跟你产生了某种交集和利益关系的时候，尽可能地为别人考虑就变成了我的思维模式。从这个意义上来说，前面提到我们遇到了业务的困境，我把家长和学生的学费退掉，付完员工的工资，再把多余的课桌椅和教学设施捐给农村地区和山区的孩子和学校，就是一个很自然的选择，因为这种选择在部分意义上会通过各种方式给我以回报。前段时间媒体和大众对新东方的认可，就是无价之宝，它为我未来再继续做事情奠定了基础，这种正向反馈也会让我未来做事情的时候，进一步强化自己为别人做好事的想法。

所以我的判断就是，既然这是好事，对你有好处，对别人也有好处，那为什么不去做？这也不是什么高贵的想法，依然是另一种自私，只不过是更高层次的自私。低层次的自私是，无论什么东西我只考虑自己，就像狗一样，看到一个骨头我必须咬住，别的狗来了我一定要龇牙咧嘴，坚决不让抢走。高层次的自私则是用自己的无私换取更多的资源或者更多人与人之间的配合，甚至能因为人与人之间的配合做出更大、更好的事情，整体上不仅对自己有好处，对别人有好处，对整个社会也有好处。

陶勇：《自造》里有一节叫"中西医结合"，表达的观点和您刚才说的有一些类似。我们常常会觉得医学就是"头疼医头,脚疼医脚",有病菌,就用抗生素,有肿瘤,就切掉,有点像咱们很多公司的 KPI 考核,马上就得见到数字。那没有西医行不行？肯定不行,因为治病确实需要一些立竿见影的效果,但只有西医行不行？我觉得不完整,这就是为什么要中西医结合来处理问题。

中医其实主要是以调养为主,叫扶正祛邪,把身体的正气扶起来,让身体各方面的机能、阴阳、气血达到一个平衡,这样就能减少复发、强身健体。中医并不像西医那样马上就能见到一个功利性的指标,但它志在长远。这一点也许和您说的做企业是一样的,既要有一些指标保障企业运行,也做很多在当下看起来可能是无用功的事,但它的作用可能会让企业变得更健康,让品牌变得更有利。对待人生目标也一样,如果全是机械化、跟随性的目标,你的人生全是西医,没有扶正祛邪,你的人生可能也并不健康。但全是中医行不行？你可能会饿死。所以中西医结合来应对人生,可能会让你的人生更加健康和有机。

9. 人生需要一些波澜壮阔

陶勇：对我来说,今天能笑对苦难,或者能对挫折有一些抵抗力,其实您对我也有帮助。我有读过您的书,其中一本是《愿你的青春不负梦想》,是一本非常励志的书。我这两年接触了很多大学生,这些年轻朋友有时候也会和我吐槽,说你们说起来都容易,所谓不负梦想,所谓实现理想,说都很好说,但现在面临的抵抗现实追求理想的成本太高了。所以也很想听听您对这些年轻人想说什么,怎样才能在这种"内卷"或者压力很大的现实中,继续做到不负梦想？

俞敏洪：理想或者梦想肯定不能少。每个人的生活如果要前行,都需要一种拉力,这种拉力就是你面向未来的期待或者理想,但这种拉力又可以转化变成内心为了追求某种东西所产生的内在激励,这种激励从生物学上、脑科学上,其实都很有道理,这就是一种你想要去达到那个目标、达到那个理想的激励感,让你内心会产生某种兴奋和冲动,产生某种想要去争取的力量。举个例子,假如你喜欢某个异性,你想去追求对方,你的动力肯定就不一样。这其实是一种理想,你并不一定能追上,但你为了追上对方必然会赋予行动。

当然,你不一定能追上,理想、梦想也不一定能实现。这里面就涉及两个要素。**第一,对于理想和梦想本身,要有一定理性的考量。**这个考量就是它到底现不现实?比如你想追英国的公主、丹麦的王子,那你不一定能追得上,离得太远了,这个理想就属于白日梦。所以理想或者梦想本身是需要相对理性的,比如你现在是一般大学的本科生,想要考名牌大学的研究生,我觉得这是个跳起来能够得着的理想;你现在在中国读大学,希望到美国或者英国读研究生,我觉得也是能跳起来够得着的理想。

第二,你愿不愿意为了这个理想或梦想,去付出时间和成本。这是在说,同样的时间和成本,如果你用在别的领域是不是会得到更好的成就?这其中有点经济学的概念。什么叫成本?就是你放弃的最大代价。比如你想追这个异性,可能100%追不上,但你追另一个异性有50%的可能,你选择追哪一个成本更低?比如你考北大的本科生或者研究生,你不一定能考上,你可能更容易考上南京大学,到底哪一个更符合你的现实?人生是有台阶的,我们应该一个台阶一个台阶地往前走。

此外,不管你想考北大研究生还是想考南大研究生,你愿不愿意全力以赴,并且即便最后一无所得也心甘情愿。这一点特别重要,如果你看准了一个目标,即使你达不到目标,你也心甘情愿,觉得此生无悔,那我就觉得它是一个好目标。即使到最后你没有达到,你因为有了一个前提条件,就是我此生无悔,那也没有问题。这也涉及当代年轻人的一个状态,因为现在大家都在"内卷",竞争非常激烈。今年考研的人有475万,公务员也创了新高,意味着要到达那个状态会变得更困难。

另外一点,人类应该学会脑筋急转弯。当你发现追求目标要付出的成本太高,或者不一定能达到的时候,是否还有另一个更有意义的目标在那儿等你?如果考研很难,考公务员很难,是不是找一份工作你也能学到同样的技巧和能力,甚至可能对你未来的人生会更好?这有点像我当初有机会上北大研究生但我不上,后来出来干了新东方一样。当时我出来,大家觉得我干新东方应该没什么前景,好多人都认为我在北大读研究生,能在北大留下来当个老师,慢慢当教授,更有前途。而我决定出来干新东方,这是一个个人选择的问题、判断的问题,没有任何人能帮你做这个判断,原则上应该是自己来做这个判断。

陶勇: 您这辈子也不是那么顺利,包括您的高考、创业也不是完全一帆风顺的,甚至现在您可能也遇到了一些困境。如果人生可以选择,您会愿意自己的人生一帆风顺,还是就像现在这样就好?

俞敏洪: 到今天来说,我并不希望我有一帆风顺的人生。一帆风顺的人生就像是在平缓的大江里开船,只有扯了风帆才能缓缓前行。比如长江出三峡之后,"星垂平野阔"这种感觉当然也很好,但总觉得缺乏一点点人生的波澜壮阔。

我当初从北大出来的一个主要原因,是我觉得如果留在北大,我能一眼看到头,比如我能看到我的未来从讲师到副教授再到教授这样一个人生过程,每年跟我的学生打交道,进北大图书馆,等等。当然我可以就一个学术专题进行研究,也能获得一定的成就,但我觉得一个人活着,好像这样做绝对不够波澜壮阔,才有了从北大出来的想法。当然,我也没想到出来以后会遇到那么多事情。

所以我觉得人生遇到一定的困境,对人来说肯定是一件好事。 比如我高考,前两年没考上,后来考上北大,接着在北大得了肺结核,然后又被北大处分,之后连续想出国,三年都没有成功,最后出来做新东方,又遇到了各种各样的挫折,差点送命。今天,新东方又遇到了致命的困难,所有这一系列在一般人看来好像真的很烦,一个人为什么要遇到那么多事情?但回过头来,我发现我养成了一种面对困难和挫折愿意奋发的心情,形成了一种自然反应。所谓自然反应就是当一个雄性动物被另一个雄性动物所挑战的时候,如果这个雄性动物并不懦弱,它的第一反应就是对抗,甚至想要取胜。如果你是一个真正的弱者,你可能会逃避、抱怨或者消失,但消失带来的困难更大。比如两头雄狮在非洲草原上进行争斗,被打败的雄狮或者还没被打败就消失的雄狮,常常会变成一头孤独的狮子,在草原上生存概率非常小。但如果你敢于争取,也有可能你就变成了狮群的一部分,你的生存能力反而会更强大。

所以对我来说，人生经历其实已经给了我这个问题的答案。但有一个前提条件，遇到任何困难、挫折、苦难、不幸，只要你还活着，只要你还有足够的时间去应付，并且还能想办法，我觉得它本质上就是一件好事。有点像孟子所说"天将降大任于是人也，必先苦其心志，劳其筋骨"，如果你面对每一件事情，不管是挑战也好，困苦也好，像你遇到这么大的灾难也好，能把它看作是人生上升境界的一个通道，或者看作人生中可以走向下一个更高台阶的启示，你就不会对困难看得那么重，反而会认为这可能是老天给你的一次机会、一种尝试。

陶勇： 如果您给自己的孩子选，会怎么选？

俞敏洪： 其实我希望我的孩子能经历一些人生波折，当然这个波折不能大到他们没法处理的地步。**人生处理各种波折的能力是随着能力的上升而上升的。** 我女儿15岁的时候，她就要一个人到非洲支教，当时我爱人坚决不让她去，但我就让她去，她自己不一定会经受多大的苦难，但她能看到人类中，有很大一部分人正经受着她不可想象的辛苦和贫困，后来她去了非洲一个月，给她带来了很大的变化。

现在故意让他们去经受贫困是不太现实的，但我会安排我的儿子到沙漠中徒步三五天，让他经受沙漠徒步所带来的各种考验，让他们知道，人有的时候需要在忍受这样的考验后，才能到达自己的目的地。

我也不会给他们提供太多庇护性的帮助。我儿子现在在美国上大学，美国的疫情现在非常严重，很多中国家长就想让孩子回来，给孩子提供保护。我就跟儿子说，你该干吗干吗，跟同学该交流交流，想旅游就旅游，如果你得了就得了，只要不丢了生命，对你来说这就是一种人生的经历。所以他现在正一个人背着包在美国西部旅行，我觉得挺好，他就应该在不确定性中寻找自己生命的确定性。

10."光盲计划"需要大家的力量

俞敏洪： 后续你在朝阳医院的职业方向上有什么打算？我也看了你的"光

盲计划",我觉得是一个很了不起的计划,我刚才也表示自己愿意参与,因为保护孩子的眼睛,保护孩子能够见到光明的希望,没有什么比这个更有意义。你对"光盲计划"有什么样的安排?社会人士怎样能够参与其中?

陶勇: 谢谢师兄,我目前在朝阳医院主要担任管理工作,因为我是常务副主任,同时我也是导师,手下带着10个研究生,所以未来我在朝阳医院的主要工作其实就是帮助这个科室成长,让年轻人有更多成长的机会,这是我未来主要的职业规划。同时我也是朝阳医院第一个有成果转化的人,我的专利通过朝阳医院的科创中心,已经转化到了第三方检验所,推广到了全国22个省市,帮助了6万多名患者在第一时间内找到眼病的病因,而且现在也在不断壮大。

我希望做更多从0到1的工作,这是我未来的工作,不再像原来那样只是简单地付出劳动,而是希望把整个平台做起来,也希望通过科技成果转化,把我的能量和我的科研成果结合,让更多人受益。

"光盲计划"是一个很庞大的计划,是一个无限游戏。**"光盲计划"一方面用科技手段将光明引入眼中;另一方面用人文和公益将希望引入心中,是这样一个既解除眼盲又解除心盲的计划。**

所有的朋友都可以参与,我们更希望大家认同这样的医学理念。我们相信去帮助这些视障人士,也会让我们自己获得价值感,让自己的人生变得更有意义。我就特别希望能跟您以及新东方更多地合作,帮助青少年能够在繁忙的学习、工作之余,还保护他们的眼睛,以及进行近视的防控和眼健康的宣传。也希望更多的朋友能够成为我们散落在天地之间的无数小星星,把你们身边有眼健康障碍的朋友,还有视障人群的信息收集起来,通过各种自媒体渠道分享给我。大家还可以关注"光盲计划"发布的消息,把我们录制的科普视频分享给更多人。我们也还会做一些公益分享计划,如果大家能实际参与,我们会特别感激。

"光盲计划"是一个需要大家一起持续奉献力量的计划,但我也相信所有参与进去的人不只是奉献,也是在获得。因为在这个过程中,你会发现有那么多处于视障困境的人,他们还能那么开心地生活,他们还会因为你的帮助而变得更加开心，你会觉得你也是在实现自己的价值，你也会从他们身上感受到很多力量。所以"光盲计划"其实是一个舍和得、奉献和收获相互平衡、相互交织的计划。

俞敏洪：特别好，我和新东方会全力以赴地支持这个计划。今天时间也差不多了，非常感谢陶勇，非常感谢师弟。

陶勇：谢谢师兄，也谢谢大家的支持。明天大家还要正常地投入工作中，希望从此以后大家每一天都向光而行，能量满满。

俞敏洪：在2022年第三天的晚上，我们有了这样一次比较透彻的交流，也希望以后能在一起面对面交流，能一起喝点小酒，聊聊天。

陶勇：好的，不超过三两。

俞敏洪：不超过三两（笑）。好，那就晚安了，师弟再见。

陶勇：师兄再见。

——对谈结束——

俞敏洪：今天我用了两个半小时的时间和陶勇医生进行了一场灵魂对话。一个人遇到了艰难困苦、巨大的不幸以后，如何恢复自己的心灵和精神，让人生继续发光，希望这场对话对大家都有启发意义。他的人生态度其实也具有某种象征意义，大部分人不可能不遇到困难、挫折、不幸，但在面对困难和挫折，或者是意想不到的挑战的时候，我们的态度决定了我们是否能过好这一生。

一个人面对困难和挫折，如果勇于挑战并且提升自己，人生就会变得更好。我有一句话，坐以待毙和背水一战，到底哪个会更有希望？就像《肖申克的救赎》中，我是挖那个地洞好还是不挖好？挖那个地洞可能要挖10年，不挖的话我可能得在那里面待一辈子，所以到底是听从命运的安排，还是和命运较一下劲，这就变成了大家需要思考的一个话题。

我个人的选择毫无疑问就是坚决不坐以待毙，我一定要背水一战。这条路走不通，我走那条路；这个洞挖不通，我挖那个洞；此地不留爷，自有留爷处。

还有一个是，沉沦待毙和逆水行舟，到底哪个会让你的人生更加辉煌？逆水行舟要花很多力气，沉沦待毙或者随波逐流相对来说比较轻松，但究竟哪个会使你的生命更有张力、更辉煌？毫无疑问，大家的答案是不言自明的。

但有时候我们明明知道，却不一定会去做。如果我们放弃了对生命精彩的追求，那才是真正的悲哀。中国有句话叫"哀莫大于心死"，其实每个人都希望自己过得更加精彩，但很多人都动力不足。很多人宁可随波逐流，得过且过，也不愿意拿出自己的勇气来改变自己的现状。

当一个人敢于和困难、挫折进行挑战，敢于奋发的时候，会产生几个好的结果。第一，一定会让你变得更聪明、更灵活、更有创新能力，因为你要动脑子去对付各种问题。

第二，会让你感觉到人活着有价值、有尊严。因为通过克服自己的惰性，你会取得成就感，比如你爬一座山，在山底下你觉得累不想爬，和宁可累但爬到了山顶去看风光，是完全不一样的概念。

第三，会让人体会到更多的人生幸福。这在生理和脑科学上有定论，当你迎接困难挑战的时候，你大脑的旋转速度和调动激素的速度会更快，产生内啡肽或者多巴胺的速度就会加快。内啡肽和多巴胺的产生，能让你更有勇气挑战困难和挫折，也让你收获人生中更大的幸福和快乐，也就是所谓的心流（Flow），让你产生一种愉快感。所以从这个意义上来说，一定要有勇气去面对生活，才能让生活变得更好。

谢谢大家！今天就到此为止。

（对谈于 2022 年 1 月 3 日）

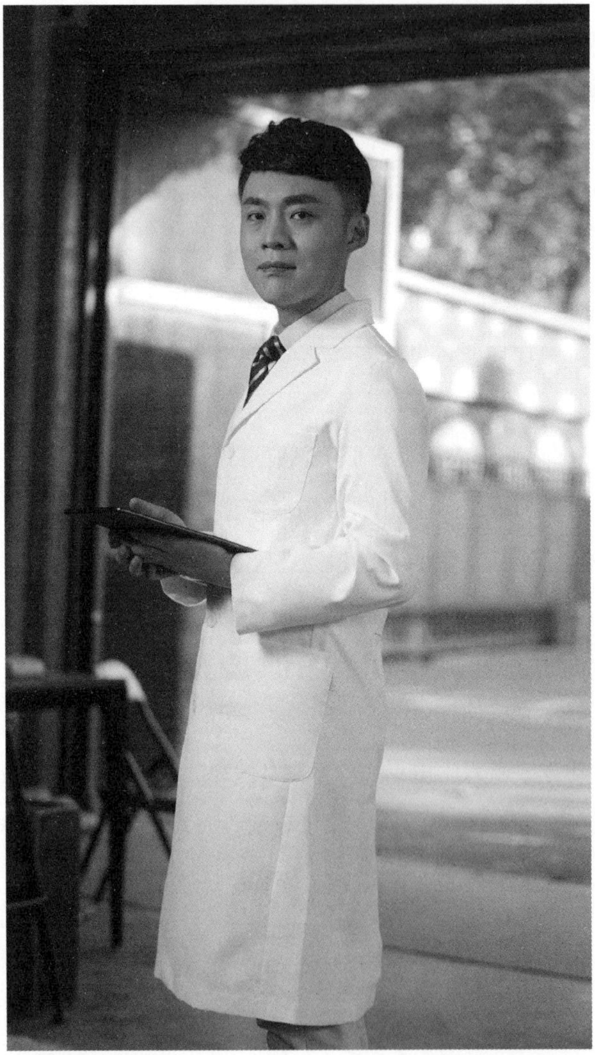

对话 桑兰夫妇

不要放弃！不要放弃！不要放弃！

人生就是这样，你放弃了就放弃了，不放弃就可能有转机。生命转变，十年不晚。

年轻人如果真的躺平了，没有思想，也没有理想，不妨先改变一下自己的环境。

桑兰 /

1981年生于浙江宁波，原中国女子体操队队员，1997年获得全国跳马冠军，1998年在练习中不慎受伤，造成颈椎骨折，胸部以下高位截瘫。2007年毕业于北京大学新闻系，次年成为北京申奥大使之一，同年担当北京奥运官方网站特约记者。

俞敏洪： 朋友们好，最近刚好是冬残奥会，体操运动员桑兰邀请我，希望一起做一个有关运动员的对话。在和她对谈之前，我先和大家谈谈如何面对困难和困境。

一个人的一生不可能不遇上一些人生困难、困境和困苦，甚至不幸，当我们遇到的时候，选择用什么心态来对待是一件特别重要的事情。今天与我对谈的桑兰大概就是这样的状态，当她因为比赛导致了全身瘫痪，她怎样在一次次的绝望中重拾生命的信心，最后挣扎、奋发、努力，重新让自己走向了生活，现在还结了婚、生了孩子，有了一个完美的家庭。

人生有时候就是这样，你放弃了就放弃了，不放弃就可能有转机。 所以，当我们遇到困境、困难、困惑的时候，最重要的第一个要素是，**不要放弃自己。** 有一句俗话，"君子报仇，十年不晚"，我们不用报仇，我们是**"生命转变，十年不晚"**。现在医疗各方面条件比较好，饮食也相对比较健康，只要没有意外，我们的生命长度可以到70年、80年、90年甚至100年，所以我们的生命随时随地都有可能迎接转机。

我曾经说过，我们的生命也有不同的季节。有时候是春天开花，有些人年轻时就功成名就，但到了中年以后就枯萎了，最后默默无闻，甚至失魂落魄；有的人到了中年才有收获，我把这称作夏天开花，就像荷塘里的荷花一样，到夏天才会开放；还有的人要到中老年才能开花，比如姜太公，他快到80岁的时候，还在渭河边钓鱼，一无所获，但80岁的时候被周文王请回去当了国师，最终帮着周朝打下天下，还把自己和子孙分到齐国，变成了齐国创始人，这是老年的例子。

当然，有的人从青年到老年一直在经历各种各样的波折和成就，比如我的老师许渊冲，他去年去世了，他的葬礼还是我帮办的。许渊冲老师年轻的时候上西南联大，快毕业的时候去了飞虎队当翻译，当时真是年轻帅气、特别潇洒。解放后他又当了军官，但到了"文化大革命"，他遭遇了各种各样的挫折，沉寂了十几年。1982年他来到北大，教的第一个班就是我们班，教的第一批学生就是我们班这些学生。

他第一次上课的时候，我们就非常惊讶，一个60多岁的人，中气十足，上课不是讲，而是喊，那种充满激情的喊，一下子就让我们非常震撼。虽然许老的普通话和英文发音都不是特别标准，但他身上那种激情让人肃然起敬，使我们班对翻译大感兴趣。从进北大开始，到许渊冲老师去世，他翻译了接近180本书，其中150本书是在他50多岁一直到100岁，人生最后这40多年中翻译的。老同志100岁学会了用电脑，去世的当天晚上还在用电脑翻译美国著名作家詹姆斯·乔伊斯的作品。老人家的习惯是晚上不睡觉，凌晨三四点才睡，睡到中午再起来，结果那天他工作到凌晨5点去睡觉，保姆7点多推门看老人家睡得怎么样，才看到老人家已经安详地去世了。

人这一辈子起起伏伏特别正常，有的人一辈子在一个水平线上起起伏伏，表明你没有长进，没有长进的关键当然也有可能是由于外在形势和环境，更可能是你本身没有努力改变自己。有的人一辈子都在爬坡的过程中起起伏伏，我自己算是在爬坡中起起伏伏的，在农村的时候就很辛苦，到今天为止依然很辛苦。但农村时候的辛苦和我今天的辛苦是不一样的，在农村的时候每天干农活十个小时，现在我为了新东方的再次发展，每天要干十几个小时，同样辛苦，却是在不同的层次、台阶上。所以我最划算的是从一个农民的儿子变成了今天努力的自己，尽管生命中从来没有真正的一帆风顺，但我通过自己的努力在不断升级，总之，人生是一个不断跃迁、不断突破自己能力和思维的过程。

——对谈环节——

桑兰： 俞老师晚上好。

俞敏洪： 晚上好，特别高兴见到你们两位，黄健，你很了不起，陪着桑兰这么多年，拥有一个美好的家庭。我也很佩服桑兰，你1998年受伤，到现在也24年了，但你现在还是显得这么年轻，真的很棒。

桑兰： 谢谢俞老师，这么多年来，我离不开家人的照顾，我家黄健把我照顾得很好，我自己也觉得人的精神状态是第一，任何人如果精神状态好，心态积极乐观，应该都还是比较年轻的。

1. 梦想牵引我们冲破难关

俞敏洪： 你遇到了那么大的挫折，是如何调整、培养自己的心态的？一般人都是垮掉了，或者最后就放弃了，但我觉得你今天的状态，除了身体有点不太方便以外，你的精神、意志、心态都处于一个特别好的状态。而且你在生活中还有很多收获，又到北大读书，又和黄健组成了这么一个美好的家庭。新东方有一句校训，"从绝望中寻找希望，人生终将辉煌"，我觉得和你很像。

桑兰： 我受伤的时候刚 17 岁，应该是体操生涯中最辉煌的一年，当时也是奔着运动会拿好成绩，朝自己更进一步的目标去奋斗的，所以这么多年来，大家都会好奇，桑兰，你遇到了人生这么大的逆境，你是怎么走过来的？我有时候也在回想，我桑兰这一路是怎么走过来的？这 24 年是怎么走过来的？

我看过俞老师的采访，有一个观点我跟您一样，**人生要有梦想，要有目标**。我觉得这特别重要，尤其在我受伤之后，我自己也做了很多事情，去北京大学读书，后来也做了很多社会公益活动，到现在也还在做。我当时受伤的位置特别高，生活完全不能自理，需要别人的帮助，但我觉得我不是一个坐在轮椅上的人，我要让自己像正常人一样生活。我17岁受伤，对别人来说，17岁就像花季一样，而对我来说，17岁可能是一个雨季，但同时我也觉得这是个花季，是我奋力拼搏的时候。从事体操这个项目，相对来说体育生涯是很短的，我5岁开始练，基本在十八九岁就要退役了。但十八九岁对任何人来说都特别年轻，未来的人生道路都还很长，所以在我没受伤前，我给自己制订了一个计划，首先要去读书，读完大学后想当一名体操教练，因为我太热爱体操了。大家可能知道，我们当运动员的时候，学习基础比较薄弱，但如果要走入社会，即便是想成为一名专业的教练人员，也要有一定的文化水平。我受伤之后，这个梦想依然没有破灭，所以读书这件事就是我首要的、不变的目标。

俞敏洪： 我看过一些你的康复视频，刚开始你真的全身不能动，手都不能动，现在你的手能动都是后来不断康复带来的结果。看到你妈妈照顾你的视频，我眼泪都出来了。在这样一个17岁如花似玉的年龄，不光自己美好的事业戛然而止，对自己未来设想的美好梦想也戛然而止，看到自己完全不能动的身体，当时也还没遇到黄健，你内心一定充满了孤独和绝望。这种孤独和绝望的感觉，大概是什么时候慢慢退去的？你当时是在为谁而活，是因为自己内心燃烧的梦想，还是因为觉得母亲不容易？什么时候有了去北大读书的想法？因为我觉得去北大读书是一个标志，标志着你有了新的追求和新的理想，而且我也非常开心你后来选择北大，这样你就变成我师妹了。

桑兰： 我刚受伤还在医院的时候，做手术之前，还有轻微脑震荡，浑身上下插满管子，说话也很困难，身体承受了很大的折磨，我很不舒服，颈椎很痛，躺在床上不断地呕吐。在进手术室之前，医生说你要进行五个小时的手术，而且有可能要做两次，因为怕我身体承受不了。等我手术出来后，我第一次离开手术台睁眼，当时麻醉还没完全过，还有一些不舒服，但我听到所有人给我很热烈的掌声，当时医生告诉我，桑兰，你的生命力很顽强，你只要做一次手术就可以了。让我从心里站起来的力量就是那一次，那时候给了我无穷的力量，我突然觉得，原来我的生命力这么顽强。我觉得我好像跟死神擦肩而过，因为在手术之前，我觉得好像呼吸很困难，感觉自己好像要离开这个世界了，但当我从手术间出来，听到所有人给我鼓掌，看到亮光的那一刻，医生告诉我，桑兰，你生命力很顽强。那一刻我心中第一次有了重生的力量。所以虽然我现在还躺在病床上，但那一刻，我从心理上是站起来了。

后来我为什么想去北京大学读书，为什么想做社会活动？**第一是因为那时候家里人对我无微不至的关心、照顾。第二是因为运动员与生俱来或者多年锻炼出来的意志力。**我那时候有很多不甘心，觉得难道我的人生、生命在17岁的时候就这样停止了吗？我就不可以再追求梦想了吗？我在当运动员的时候，我的梦想就是世界冠军、奥运冠军，受伤之后我知道我不可能再去练体操拿世界冠军、奥运冠军，但那时候我就是不服气，我觉得我还年轻，我要像运动员一样，还要再拼搏。很多人也鼓励我说，桑兰，你才17岁，你大好的时光还在后面，我自己也这样想，我大好的时光还在后面。

上大学是我当运动员时期就有的梦想，我当运动员的时候就想过，我迟早要退役，退役之后肯定要重新选择人生，那时候就想过要去读大学，才能真正走入社会，所以这个梦想在我受伤前就有，在受伤之后这个梦想更重要，我不能不去上学，所以，那时候无论多难、多累，我都要上大学。

俞老师的人生也特别激励我，您高考三次最终考进北大，我考了两次。我2002年进入北京大学，第一年做了各种学习准备，做题、复习等，但过程中出了一点小问题，所以第一年没成功。那时候我想过放弃，因为我当时有很大的困难，父母都非常关心我的身体情况，他们觉得我受伤了，就要好好康复，让自己健康起来最重要，读大学太累了。而且当时有很多现实问题，我当时住在北京南城，北大在北京北边，很远，到时候怎么去北大读书？没有车怎么过去？或者住在哪里？而且读书以后，我的吃饭、休息和正常人都不一样，这些问题怎么解决？所以那时候我家里人不是特别支持我，我也和他们有过一些斗争。那时候我也想过，桑兰，你何必要读大学？算了，别读了，太累、太苦、太难了，所以有一年我颓废过，但梦想和目标的力量的确是很重要的，所以还是一直没放弃，最后坚持下来了。

俞敏洪： 特别感动。你那么快从伤痛中恢复过来，开始规划自己未来的人生道路，通过两年的努力，最后到北大读书，这件事即使是对一个健康的人来说都不太容易，更何况你的身体那么不方便，但你最后还是实现了梦想。到今天为止，你的精神状态还是那么好，我相信这不是因为你遇到了黄健，也不是因为你们成家后有了孩子才有这种精神状态，一定是因为你本身的精神状态就对黄健产生了吸引力。如果你是一个凄凄惨惨戚戚的女生，我相信他不太容易对你产生这种深深的爱恋。我相信你进北大读书的时候，也不太可能想到未来会有这么好的一个男人爱你，能拥有这么美好的家庭，那时候黄健在你生命中出现了吗？

桑兰： 我跟他认识，但真的没想过谈恋爱、组建家庭，当时真的没想过。

俞敏洪： 精神的力量真的太了不起了，**人和动物不一样的地方，就来自精神力量和精神支撑**。当一个人面对困难和困境时，只要精神不垮，早晚会有机会让自己的生活重新走向正常、走向辉煌。

2. 桑兰、黄健的相知相伴

俞敏洪： 黄健也在旁边吧？你们俩是怎么认识、怎么相爱，最后怎么组成家庭的？大家都很想听你们聊一聊。

桑兰： 其实我们很早就认识了。我 1999 年回来之后，他当时是我队友莫慧兰的体育经纪人，他们一起来看我，就这样认识了。

黄健： 那时候桑兰刚回国，我记得是 1999 年 5 月，因为她在美国要康复一段时间，身体可以承受长途飞行了才回来的。1999 年我和她第一次见面，那时候想见她很不容易，因为她每天很忙，要进行康复锻炼，那时候莫慧兰就给了我一个机会，说黄健，我要去看我的队友，你要不要一起去？我问是谁呢？她说是桑兰。那时候我们都知道桑兰，觉得她真的不容易，17 岁，正好是能拿奥运冠军、世界冠军的年纪，突然就出了这样的事，毕竟都是运动员出身，都有这样的情怀。但从电视上看，桑兰特别乐观，就挺崇拜她的。

桑兰：其实我们最初就是工作关系，他会帮我把把关，和外界用什么合作方式更好之类的。后来我2002年去北大读书，他也离开北京去深圳了，所以在2002年，我们应该属于断联了。

黄健：那段时间我给一位球员做足球经纪人。

桑兰：我那时候一边在北京大学读书，一边在星空电视台做主持人。一边读书一边工作，所以我也没有时间和他联系，他也离开北京去了别的城市，也过得挺快活。后来我在北大快毕业时，他又回到了北京，我们俩就又联系上了，但也是以工作关系联系的。

黄健：那时候，桑兰不是大红大紫的明星，也不是奥运冠军，她其实不需要经纪人，严格来说，我其实是志愿者，从桑兰受伤的时候就给她帮忙，因为我觉得小姑娘挺不容易的，而且她的队友也经常跟我说，桑兰不容易，你多帮帮桑兰，其实最直接的话就是，帮她多挣点钱，因为以后到底会怎么样，谁都不知道。

桑兰：我父母也这么跟他说。因为我毕竟还要面临治疗，他们也害怕我的身体随着年龄的增长会越来越不好，作为经纪人，黄健也在考虑能不能让我多挣点钱，让我的生活有一些改善，所以当时他给我联系了一个工作。

之后为什么我们能走得这么近呢？主要是大三那年，我父母身体不太好了，他们回家了，原本都是我父母照顾我的生活起居，他们走了以后，黄健就承担起照顾我的责任。那时候我住在南城，他住在海淀，他每天要开20多公里车来看我，想看看我生活得好不好，怕我不爱吃阿姨做的菜。他在生活中无微不至地照顾我，没事儿还经常开车带我到外面走一走，所以在我父母回家之后，黄健基本上就进入了我的生活，照顾我，陪我出去玩。慢慢地，我们就从原来的工作关系变成了亲人，最后变成了恋人。

俞敏洪：所以你们是自然而然就爱上对方了？

黄健：其实我们俩走到一起也有一点机缘巧合。我们很早就认识，我1999年回国就认识她了，但在那段时间里，我们是工作关系，恰巧那时候我遇到了人生中感情方面的问题，而且对我来讲很难跨越，人的状态也特别不好，特别消极，但她在那时候给了我特别多鼓励，让我能很快地从这个情绪里走出来。

在我眼里，桑兰是一个很坚强的人，她是一个有着独特人格魅力的人，而且她毕竟也当过运动员，所以她有时候哪怕说一句话，我都特别能往心里去。她当时就说，你别那么消极，这些事情可以换种方式看待，咱们出去走走，或者多聊聊天，打个电话。那段时间我还写东西，觉得可以靠这种方式让自己转换一下生活方式或者情绪，结果发现越写越走不出来。我还发给桑兰看，洋洋洒洒写了将近10万字，她看完就跟我说，你应该走出来。

她把我点醒了，她说人这一辈子还长，有些事情你不能停留在原地不动，假如我当时受了伤还停留在原来的位置不动，我就没有今天，我就没法上北大，也不可能去做主持人。当时她这样说，对我是特别大的激励，我就觉得还有什么是过不去的呢？我就过去了。那段时间里，她是我最大的精神支柱。

桑兰：是你向我告白，还是我向你告白呢？我真的忘了，我们好像就没告白？好像谁也没开口，自然而然就走到一起了。

黄健：最关键的是我们后来去苏州一个特别有名的地方，在那儿可以抽签算缘分。我们抽出来一看，边上有个人就解释，说不是东风也不是西风，自有贵人来，那人就指着我跟桑兰说，他是你的贵人。

桑兰：好像谁也没开口，谁也没说，是一个眼神吗？

黄健：好像一个眼神就明白了。

桑兰：我印象最深刻的就是他跟我求婚。

黄健：我可不能让你跟我求婚吧？我虽然是个搞体育的人，但我相对来讲比较细腻，也有点爷们儿的风格，做事有点责任感。

桑兰：我和黄健日久生情，特别不浪漫，但我们的婚姻家庭特别幸福。俞老师，您一定不知道，我们家黄老师跟我求婚，就打了三个滚，婚礼都没办，我们俩结婚到现在已经走过十个春夏秋冬，黄老师都没给我办过婚礼，所以我们说下次要在直播间办一个婚礼。

3. 躺平、emo 怎么办

桑兰：刚才分享了很多关于我的故事，我也有很多问题想请教俞老师，对于现在年轻人说的躺平、emo（情绪不高）这种现象，您怎么看？

俞敏洪：我觉得这是特别正常的一件事，对于年轻人来说，情绪上出现一些波动，比如失望、迷茫，甚至有一段时间什么也不想干是很正常的，尤其在当今社会，竞争特别激烈，方向太多，选择太多，社会变化太快。还有一些年轻人是独生子女，家庭条件好，父母为自己提供了一定的空间，比如父母有房子、有一定的存款，在一定程度上他们选择躺平或者 emo 是完全没问题的。

但对年轻人来说，有两件事必须提醒。**第一，内心一定要对未来有某种想象和追求。**大家可以有一段时间的迷茫、躺平和 emo，但如果二三十岁的年龄，完全不知道自己未来应该做什么，内心没有想要追求的生活，没有想要改变自己生活的愿望和激情，这是比较大的问题，这样的人会失去人生方向和目标。你就是一个实实在在的例子，不管遇到什么困难、困境、迷茫，你总会慢慢想办法建立对未来的期待和理想，内心才能燃烧起对未来成功的激情。当然成功并不一定是指要赚多少钱，获得多大的名声，而是你做了自己喜欢的事情，并且你愿意为此全身心全情投入，并通过这样的投入换来生活中的快乐和满足，我觉得这就是成就和成功。

第二，年轻人一定要想办法改变自己。即使现在没有理想，没有人生奋斗目标，但躺平或者 emo 一段时间后，一定要想办法改变自己。如何改变自己？找到自身的问题并下意识进行调整是一种改变，还有一种改变是，改变环境。如果你一天到晚待在家里，待在父母或者那几个朋友身边，你会出现一种无力感，会觉得什么都改变不了，这时候你是不是可以自己背个包出去旅行？人一旦进入陌生环境就会立刻激发自己的活力，还会在路途中遇到很多新奇的人和事，**年轻人如果真的躺平了，没有思想，也没有理想，不妨先改变一下自己的环境。**

比如在北京生活得不舒服，是不是可以到上海生活一段时间？在上海生活得不舒服，是不是可以到乡下或者小城市生活一段时间？如果工作不舒服，是不是可以去学习一段时间？如果觉得学习没劲，压力特别大，那能不能休学一两年，先去工作和旅行一段时间？**切换场景特别重要，我个人就是靠切换场景让自己的生命不断提升的。**我第一个切换的场景就是从农村切换到北大，北大能干的人太多了，给人很强大的压迫感，从智商上到学位上，都压得人喘不过气来，我在北大当了六年老师后，终于发现自己不是当学者的料，就干脆放弃了北大，出来做新东方。在某种意义上，做新东方给我带来了比较大的活路。

对于躺平或者 emo 的人，我有两个建议：第一，最好迅速建立自己对爱好和兴趣的追求，或者是对未来理想、人生目标的追求；第二，如果暂时找不到理想或者人生目标，那就尝试改变场景、改变环境，让自己进入新的场景、新的环境，激发自己的活力。

4. 家庭教育经验交流

（a）让孩子保持运动习惯

俞敏洪：你们的儿子看起来很活泼。

桑兰：他今年 8 岁了，挺活泼的，刚好俞老师您很了解教育，也想问问俞老师有关教育的问题。像我家孩子今年 8 岁，上二年级，现在给他安排的，除了学习之外，还会让他学一些体育运动，因为我和他爸爸两个人都是运动员，我们觉得他有一定的运动天赋，也看得出来他有一定的运动天赋。我相信有很多像我这样的妈妈，很想问问俞老师，像我们小宝现在的成长阶段，我们让他学习的同时从事一些体育项目，这样好不好呢？

俞敏洪：你们的孩子都 8 岁了，肯定和黄健一样英俊。

黄健：他像妈妈多一点。

俞敏洪：你们俩结合起来一定错不了。首先你们有一件事情做得特别对，就是让孩子参加体育运动。研究已经基本证明，**一个从小户外活动或者体育运动做得比较多的孩子，得抑郁症和精神疾病的比例会大大下降**，当他是和一群孩子一起运动就更是如此，一起游泳、一起打乒乓球，等等。这样的户外活动能增加孩子两个能力，**第一是竞争能力，**户外活动或者体育运动都有比较健康的竞争，这和学业竞争不一样，学业竞争在某种意义上是一个特别苦的竞争，但体育竞争是比较开心的。你们俩都是运动员出身，你们肯定知道，体育运动虽然很苦，但其实是一种开心的竞争，尤其这种竞争某种程度上是一种对意志的锻炼，并且不会超过孩子的忍受范围。现在研究表明，一个孩子如果从小从事某种体育运动，他能够学会很多好东西。**第二是对孩子的个性特别有好处。**体育运动或者户外活动能使孩子的个性变得更加开朗、乐观，意志力也更强。

我一直对家长提的建议就是，**宁可孩子学习成绩稍微差一点，也不能不让孩子参加户外活动和体育运动。**我反复建议公立学校，一定要给孩子多增加体育课，不是老师上体育课训练孩子的体育课，而是孩子们真正在一起比较轻松愉悦的打闹或是比赛。我也建议家长和学校多带孩子做户外体验，比如带孩子去露营、去大自然中考察，这样的体验能解放孩子的个性，让他们变得更活跃。同时，孩子通过体育运动可以锻炼出特别开朗、特别勇敢的性格，让女孩子更活泼，让男孩子更男子汉。

(b) 保护孩子对学习的兴趣与好奇心

家长肯定都很关注孩子的学习和学业问题，现在国家也在不断减负，但由于涉及中考、高考，孩子们的负担依然很重。但我仍然建议，对于孩子的学业，家长其实不应该太在乎孩子到底在班里是第几名，或者他的学习成绩好不好，**家长最应该关注的是孩子有没有学习兴趣和好奇心。**

孩子的学习兴趣和好奇心通常在两种情况下会被磨灭掉：**第一是家长和老师总在比较，**孩子由于成绩总考不上前几名，兴趣就不断下降，觉得自己再怎么努力也考不了前几名，还学它干什么？**第二是家长和老师对孩子在学习中犯的一些错误都是训斥，缺乏对孩子的鼓励。**

关于中国青少年抑郁症的调查表明，患抑郁症的孩子中，有一半是因为被老师和家长训斥，或者被老师和家长看不起以后，孩子自暴自弃带来的后果。

其实这和孩子考第几名没关系，主要还是因为家长和老师对孩子的态度，如果孩子心里觉得家长和老师没有放弃自己，依然在鼓励自己，能看到他小小的进步，就不太容易丧失信心。

举个简单的例子，比如孩子做作业，10道题对了2道，错了8道题，你是骂他、打他吗？国际上通行的做法是鼓励，鼓励孩子继续做，孩子做对了3道，老师就会表扬，做对了4道，再表扬，直到孩子把10道题目全部做对。而中国家长遇到这种情况通常会训斥，会说你怎么那么笨？这个题目老师都讲五遍了，爸爸妈妈都讲三遍了，你怎么做不对？笨死了。中国家长和老师的这种反应，给孩子带来的后果是很严重的。因为孩子稚嫩的心灵其实渴望鼓励和承认，他自己内心也会意识到自己有问题，他会意识到自己可能不够聪明，或者专注力不够，或者贪玩，他会对自己有责备，如果老师和家长也责备他，孩子内心的热情很快就会被磨灭掉，最后的结果就是孩子放弃学习、放弃好奇心。

(c) 让孩子在鼓励中成长

每个孩子都是独特的，让孩子在鼓励中成长是很重要的。我儿子小学的时候算术不太好，考了40分，我就对他说，40分很好，因为你已经做对了40%，但我们可以再认真学习一下，多做一些题目，看看下次能不能做对60%。结果孩子第二次考试果然过了60分，我就请他吃了一顿肯德基，我说，你看你是能进步的，你能考到60分，就能考到70分、80分，是不是？现在我儿子在大学里学统计学、高等数学、微积分都学得很好，都拿A，有些成绩是A+。所以家长要给孩子成长的时间和空间，尤其在小学、初中的时候，千万不要一上来就把孩子训斥得一塌糊涂。

如果孩子语文、数学、英语都很好，那当然很好，但如果不是，可以让孩子挑一门他比较喜欢的课，让他先在这门课上多花点时间，想办法争取到班级前十名。通常小学到初中的课程，孩子在哪门课上花的时间多，哪门课的成绩就会冲到前面去，**只要有一门课他能冲到前面，他就有信心了，他会觉得我这门课能考到前几名，另外的课再努力一下也不会太差。**我之所以后来能考上北大，就是因为我的语文成绩一直比较好，虽然我的数学一直不及格，但因为我的语文好，语文老师就很喜欢我，一直鼓励我学习，最后我就学出来了。

另外，也建议家长不要一上来就非要把孩子送到特别好的学校学习。中国的学校从小学开始就有非常明显的等级划分，有特别好的小学、一般的小学，有特别好的初中、一般的初中。如果孩子能在特别好的小学、初中和高中里跟上进度那再好不过，但也有很多孩子其实是跟不上的。而且中国很多很好的学校里还存在很严重的互相攀比的问题，家庭背景的攀比、学生成绩的攀比等，所以家长其实不一定非要把孩子送到最好的学校里去学习。

有研究表明，一个特别好的班级里的最后一名，原则上这个孩子的成绩应该也不错，因为他是最好的班级的最后一名，但往往这个孩子一生的自信心、对自己的信任会受到重大影响。但如果一个孩子进入普通班级，变成中等以上甚至是第一名，这个孩子的自信心就会起来。所以，中国孩子出现过不少这样的情况，在中国上学，因为中国学的数学实在太难了，孩子的数学常常是最后一名，到了美国上高中以后，突然发现自己的数学变成了第一名，这些孩子马上会觉得原来我这么聪明，就会建立起自信心。当然这是一个相对的比较，最关键的还是家长要给孩子们不断鼓励。

(d) 培养阅读习惯，养成规矩意识

在孩子的成长过程中，也建议家长要让孩子养成几个好习惯：**第一，让孩子养成比较广泛的阅读习惯。**读什么书都行，从绘本开始读，读到童话故事，读到一般的小说，最后可以开始读一些历史、有思想性的书籍，只要是国家允许读的书都可以。如果孩子读不下去没关系，可以先让他一天读 10 分钟，再慢慢变成 20 分钟、30 分钟，当孩子读书读上瘾了，他觉得读了以后有收获，他的知识面在同学中变得更广了，回答老师的问题或者和同学聊天的时候，他就会慢慢觉得自己很厉害，增加自己的自信心。在这个意义上，让孩子再去学习就会好办很多，因为只要孩子有喜欢阅读的能力，他这辈子怎么混都不会混得太差，所以培育孩子的阅读能力特别重要。

其实在我两个孩子小时候，他们很少在班内得第一、二名，一般前十名都到不了，但我鼓励他们阅读，所以现在两个孩子的读书能力还可以，而且他们现在读的都是挺深奥的书，这样我就比较放心，为什么？**一个喜欢读书的人不会放弃自己的人生追求**，而且如果他在生活中遇到了困境，比如想躺平或者 emo 的时候，至少有书籍陪着他，说不定书中的故事或者思想还能把他从 emo 中拉出来。

第二，从小到大要对孩子定规矩。比如学习的时候就不要看手机、看电视，半个小时做作业就是做作业，但不能让孩子一连做三个小时作业，孩子根本坐不住。当孩子完成作业后，要有一定的奖励，不论是语言上的奖励还是实物上，比如带孩子看一场电影等，这样孩子在成长过程中，也能养成懂礼貌、懂规矩、守规矩、有家教的习惯，这对他的成长非常重要。

以上是我个人比较重要的教育思路，因为我带大两个孩子，而且我和两个孩子的关系好，我不知道怎么当妈妈，但我知道怎么当爸爸。

黄健：今天真的受益匪浅，我以后在教育孩子的过程中也要特别注意您刚才提到的几个点，比如多给孩子鼓励，多肯定孩子，防止孩子以后自我否定。

现在我们的孩子在练足球，但我觉得在教育方面要干预，尤其在这个年龄段，必须干预进去，才能夯实基础，因为足球需要综合素质，不能说因为学习不好，所以把踢足球当作一条出路。桑兰经常说，儿子要好好踢足球，但也要爱学习，会学习了才能把球踢好。像我虽然也是运动员，但我以前是一边练体育，一边学文化课，从来没落下过，我还在海淀黄庄上了三年中学，那时候班里有很多好学生，都是全北京市最优秀的学生，我们班当时有一半人上了北大。

俞敏洪：你们是想把孩子培养成足球运动员吗？

桑兰：我们还是以引导为主，至于日后是一直读书还是从事体育，还是看他自己的选择。当然，如果他在体育这方面有天赋，我们还是想培养一下，毕竟我们都是运动员，有这样的情结。

5. 高考前，给家长的建议

桑兰：现在离高考的时间很近了，俞老师当年高考三次最后考进北大，算是非常有经验了，想请问下，在高考这么紧张的氛围中，您对这些家长和孩子们有什么建议？

俞敏洪：一想起高考，就会想到我人生回忆中最深刻的那些日子。简单来说，当时和现在的高考在本质上没有什么不同，就是一考定终身，考到一定分数就能上大学。但我想对所有家长说的是，对于高三的孩子，家长不需要多做其他的事，只要把他的生活照顾好就行，如果孩子是在寄宿学校就更不用管。

在这个阶段，家长提的要求，甚至是鼓励，都会给孩子带来无形的压力。 有的家长认为自己是在鼓励，孩子你好好学，努力一把就能考上北京大学，这话立刻就会给孩子带来无穷无尽的压力。因为孩子肯定心里想的也是考到北京大学，但他只是在自己心里想，家长一说出来，孩子就会觉得是家长希望我去北大，如果我考不上北大，家长就会对我失望。所以到了高考阶段，家长的任何鼓励，甚至是暗示，更不用说批评、批判，都会对孩子造成巨大的压力。因为孩子面对高考的时候，压力已经很大了，家长更不能唠叨，说你看我为了你没日没夜地干活，我赚的所有工资都用在你身上了，你现在不好好学习，怎么对得起爸爸妈妈，这样的话千万不能说。

所以，总的来说，在这个阶段最重要的是适当让孩子放松心情，如果孩子本身就特别喜欢学习，很为自己高考的成功与否感到焦虑，要适当让孩子放松，带孩子吃个饭，或者适当让他看个电影。同时，要告诉孩子更长远的东西，**人最重要的是一世的精神状态，一生一世都有积极乐观向上的精神状态，有自己的爱好和追求，有自己良好的人际关系，其实是人生最重要的**，考上一般的大学还是好大学只是一时的事情。

坦率地说，北大、清华里精神紧张的学生比例还是蛮高的，原则上，上了北大、清华应该开心，毕竟进入了中国最好的大学，但实际上也是把一个人放在了无穷无尽的竞争中。很多上北大、清华的孩子，从小就是班级第一名，到了初中、高中也是，本以为到了北大可以松一口气，结果发现北大比他聪明的人大有人在，孩子就觉得我高三的时候成绩已经考到了第一名，结果到了北大第一次摸底考试却是最后一名。桑兰和我都在北大待过，就会知道那个状态，所以我在北大的五年，一直都觉得喘不过气，只不过我还算好，我能说服自己，因为我本身是农民，能在北大上课就挺好了，就算是最后一名，只要考试能及格就挺好。

对于高一、高二的孩子，原则上他们也应该是自己对自己负责，在这个阶段，有家长觉得孩子吊儿郎当，不太喜欢学习，但这时候不管家长是打是骂还是鼓励，对孩子都不管用，为什么？因为孩子如果从初中到高中都没有训练出自己想学习的能力，也没有想考上好大学的期盼，这时候家长的所有动作其实都无济于事。

所以我的建议是，**第一，家长停止对孩子进行学习上的任何干预和评价；第二，家长要对孩子的日常行为给予一定关注，**包括他的精神有过分紧张的状态、跟同学关系不好，或者是否有酗酒、打游戏失控的行为，家长要适当干预这些情况，对这些行为做一定的规范。这些规范不等于对学习行为做规范，而是让孩子走在正道上。

总之，在高中阶段，家长最重要的不是鼓励孩子拼命学习、给孩子提目标，而是应该多听孩子的，同时关注孩子的精神健康和他的正常生活，让孩子感觉到家长是在默默关心他，高考结束后，再和孩子讨论高考报志愿等这样的话题，这是我的建议。

桑兰：我在北大的时候确实是这样的。因为我的文化课基础肯定比较薄弱，所以那时候有很多媒体采访我，桑兰，你怎么调整自己的心理？有什么压力吗？我说我没压力，我基本上都跟自己赛跑，每门课能过关、能考及格，就已经很好了。

俞敏洪：你特别了不起，因为你的身体其实不适合长期学习，比如你坐在教室里上课，肯定坐一会儿就会特别累，所以你的毅力特别了不起，你的毅力为你的人生增添了伟大的光彩。

今天是三八妇女节,我要祝所有女性节日快乐。今天特别开心,能在这样一个节日和桑兰对话。

桑兰: 也特别感谢俞老师,今天听了很多俞老师关于教育的想法,大家都受益匪浅,希望今后能和俞老师有更多线下的交流。

俞敏洪: 等你方便的时候一起吃饭,把你们的小家伙带上,让我也看看他,我这儿有很多书可以送给他。

黄健: 太好了,谢谢俞老师,他特别爱看书,前一段时间被我发现在被窝里偷偷看书。

俞敏洪: 我听到你家里有狗狗叫,是有养小狗吗?

黄健: 对,因为我们家就一个孩子,他还是需要有一个小伙伴。

俞敏洪: 告诉你们的儿子,我家有两只小狗,以后他可以到我家来玩。再次谢谢桑兰,谢谢黄健,谢谢你们,今天就先到这里了!

桑兰: 谢谢俞老师。

黄健: 谢谢俞老师,非常感动,再见。

——对谈结束——

俞敏洪: 各位朋友,非常开心今天能和桑兰对谈。一个人活的就是精神状态,桑兰从刚开始脑袋能动,到后来慢慢胳膊能动。由于她不放弃自己的精神追求,不放弃自己的人生,最后上了北大,有了自己的爱情,有了自己的生活,有了自己的家庭。生活中的苦难不可怕,可怕的是你对待苦难时选择了放弃。

我出的第一本书的书名就是《永不放弃》,我觉得我遇到困难、困境时的不放弃和自我鼓励,成就了我到现在为止的人生。当然未来人生可能会碰到更多意想不到的事情,但只要生命还在,对生命本身的掌控就在我们自己手中。所以到今天为止,这种努力掌控自己生命的状态对我来说特别重要,比如从一开始我就不甘心在农村待着,一心一意学习,最后努力高考,进入北大后的努力，到了新东方又接着努力，到现在为止，新东方归零以后，我还在继续努力，这就是因为我心里不愿意放弃，不愿意认输。至于日常生活中遇到的困境、困苦、困难，人人都有，时时都有，只要不放弃，只要愿意努力，就能改变我们的生命状态。

最近我也在看《人世间》，是著名作家梁晓声写的一部小说，在大时代潮流裹挟中，主人公依然在拼命努力，争取自己命运的发展和改变，这就是人生的一个缩影。我们不能放弃，不能放弃人生的爱，不能放弃人与人之间互相关心，不能放弃人与人之间的真诚，这是特别重要的人生话题，大家慢慢体会，我也在体会之中。

今天由于时间关系，就不能聊太多了，谢谢大家。

（对谈于 2022 年 3 月 8 日）

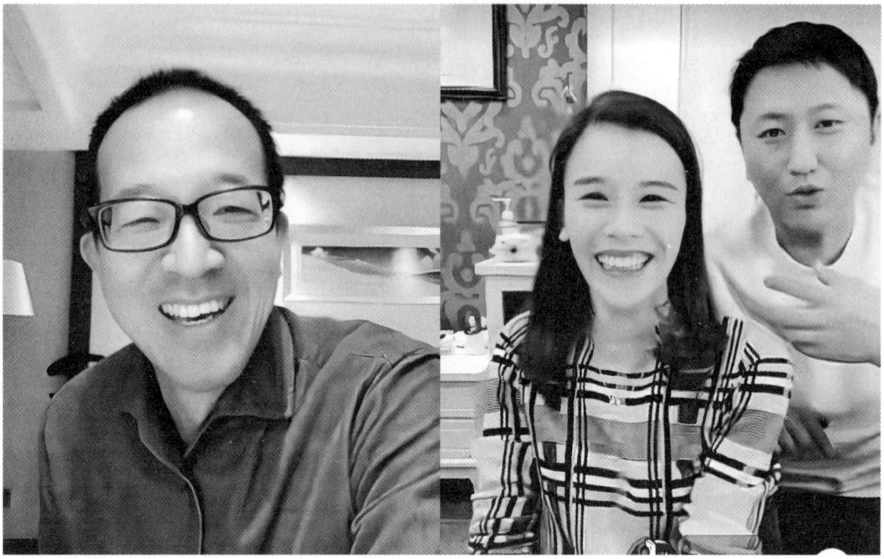

对话 **陈行甲**
热爱可抵岁月漫长

对强者我们不卑不亢，对弱者我们充满同情。

一切不是出于热爱的坚持都是痛苦的，反之则是甜蜜的。

陈行甲 /

1971年生于湖北兴山，清华大学公共管理专业硕士毕业。历任镇长、（县级市）市长、县委书记等职。出版作品《在峡江的转弯处：陈行甲人生笔记》。2015年被评为全国优秀县委书记；2019年获得《我是演说家》全国总冠军。

前言：我眼中的陈行甲

从某种意义来说，陈行甲是个理想主义者，是个充满理想的人物。

理想不等于理想化。"理想化"在某种意义上是一个贬义词，理想化会把某些人、事、物想得非常完美，脱离现实。举例来说，我们谈恋爱时，在心醉神迷的状态下，容易把对方想得比他本身好很多，这时就是把对方理想化了，所谓的"情人眼里出西施"就是如此。但结婚后，两人长期生活在一起，回到现实，突然发现原来觉得完美的那个人也有各种各样的缺点甚至缺陷，产生失望、矛盾的情绪。所以，谈恋爱这件事，入迷就是一种理想化状态。

同样，我们也容易把某种社会结构放入一种理想化的状态，觉得只要实现，就可以天下太平，一切大同，人人富有。这通常也是脱离现实的，比如柏拉图的理想国、莫尔的乌托邦等。所以理想化就是在内心重新构建了一个现实的状态，而这个现实又离真正的现实非常遥远，**用批判性的话语来说，理想化就是一种罔顾现实的疯癫。**

但理想不是。**理想是改造现实的一种信念。**比如你现在是一个普通的农村孩子，但你的理想是考上大学，甚至是北大，这就订立了一个目标，要改变自己的现实。你已经意识到自己不满足于现实、现状，并且很愿意付出努力改变这个现实，为未来制定一个超越于当前现实之上的标准，这就叫理想。所以，**理想是知道现实不完美，愿意让未来变得更加美好的一种努力。**

我觉得陈行甲是一个有理想的人，或者说是理想主义者。他作为一个普通大学毕业生，回到家乡做了基层公务员，但他没有放弃理想，而是在两条线上不断努力。**一是努力把日常的工作做得更好，**不管是在乡村还是矿业公司工作，他都做最艰苦的活儿。他知道在艰苦中能不断地锻炼自己，提升自己对于现实世界的感知能力和经验，认为未来一定能用在更大、更优秀的事情上。**二是他保持不断地学习，**在辛苦的基层工作岗位上，每天晚上挤时间为考研做准备，在第一次考研落榜后，继续努力了两年，最后终于考上清华公共管理专业研究生，读研究生时又来新东方连续学了一两年英语，最后去美国进修。

所以，**一个人拥有理想状态，一是对自己不放弃，二是对未来有期待。**两者能够让我们通过日常的努力，使自己逐步积累到一定的厚度，而后应用出来，为我们更好的人生道路添砖加瓦。从这个意义来说，**人生需要有一点理想主义色彩，否则生命就不会有太多的美好与惊喜出现。**

百度对理想主义有一个解释：理想主义是基于信仰的一种追求，最核心的层面是精神层面，因为一个人只有精神强大，继续保持自己的热情和美好，才能走向更好的未来。**实际上理想主义最重要的两个核心要素：一是你对未来有信仰，有信心；二是你的精神层面由于对未来的追求会变得更加丰富。**当然理想主义并不意味着我们不要物质，不追求名利财富，但如果你的目标是一心一意只追求权力与金钱，是比较世俗的，离理想主义有点远，因为精神层面的丰富性是理想主义重要的色彩。从这个意义来说，**一个拥有理想或者理想主义的人，一定会比过分现实或者理想化的人过得更好。**

但是，有理想也要避免两种倾向。**有理想的人常常更容易出现精神问题，容易变得灰心丧气。**一个没有理想的人，会习惯于接受现实，就像一头猪接受了自己的居住环境，它不会想到更干净的地方。但一个有理想的人，会产生更多精神上的挣扎，这就要注意避免两种倾向：

第一，低估在实现理想的现实过程中遇到的困难，战胜不了后容易产生幻灭或者精神问题。一个理想主义的人往往想要改变现实，但现实的困难并不容易改变，比如陈行甲到巴东当了县委书记后，本认为能够通过努力，以比较快的速度改变巴东贫穷、落后、贪污腐败的现状，但实际上最后发现不那么容易，最后进入了抑郁的状态，吃药好几年才度过了这种痛苦时期。当我们的心理不够强大，没有足够的能力去支撑现实给我们带来的不可解决的困难、困境和困苦时，就容易产生幻灭，一旦如此，人就容易陷入精神问题。

第二，不顾现实地制定一个远高于自己能力或者现实本身能够承载的理想，最后容易产生人生的虚幻。有些人是理想主义者，但他的理想没有现实基础，在现实之上能通过信念、努力达到的，才是真正符合现实的理想。如果你的理想远离现实，就是一种虚幻。我现在做投资，很多创业者订立的创业目标完全脱离了他们的能力和资源范围，有些商业模式本身就跑不通，或者有些能跑通，但上来就要投几个亿。我曾经碰到一个一无所有的创业者，拿了一个商业计划书给我，说俞老师只要你给我投五个亿我就能改变整个世界。也许他是一个理想主义者，但他的设想离现实太遥远了，这种遥远最终会带来理想的毁灭。

理想是以对现实的深刻了解为基础，将追求建立在能够战胜现实条件之上的，才叫作真正有基础的理想。罗曼·罗兰说："生活中只有一种英雄主义，那就是认清生活的真相之后依然热爱生活。"

"理想"和"浪漫"对于人生而言都是特别美好的词。理想是一种情怀，浪漫则是一个人基于现实基础，把生活变得更好的能力。为什么我们过生日的时候要买蛋糕？要把灯关上，点蜡烛，吹蜡烛？那其实是一种浪漫。我们谈恋爱的时候，要给女朋友买一束花，这束花既不能吃，也没有任何其他的实用功能，但它带来了一种浪漫。所以我们在现实生活之上构建浪漫的能力，构成了我们能不能一生享受更加美好生活的基础。

浪漫由两种能力组成：一种是愿意把现实生活变得更好，这就是理想和理想主义；另一种是基于现实，依然能够把现实打理得更好的能力，也是一种浪漫能力。比如你有一个房子，家里的东西是乱七八糟还是有条不紊；家里是没有绿色植物还是养了几盆绿植，这都是区别。有一句话大家可能听说过，**"理想主义的花儿，终究会盛开在浪漫主义的土壤里"**。浪漫主义是一种超越现实之上或者对于现实生活带有某种美化的状态。浪漫主义就是一个带刺儿的植物，最后终于开出了鲜艳的花朵。

西方认为浪漫主义起源于贝多芬，因为贝多芬有两个特点：**一是从来不向命运屈服**，不管遇到多少苦难，直到失聪依然写交响乐；**二是敢于同命运进行抗争**，走向更加美好的未来，这是浪漫的核心精神。贝多芬说"我要扼住命运的咽喉，它决不能使我完全屈服"，命运是由我们自己来决定的。陈行甲实际上就是一个能决定自己命运，用理想主义的色彩、浪漫主义的精神去走出自己生命道路的一个人。陈行甲和我一样，作为从农村成长起来的个人奋斗者，他能够在如此艰难困苦的条件下，活出人生精彩和人生个性，原因就是他的内心充满了理想和理想主义、浪漫和浪漫主义，在深刻了解现实世界的前提之下，还能够左右自己的命运。

所以，**一个有理想和浪漫情怀的人，内心总是对新的生活方式、事业充满期待和热情，不会轻易地屈服于现实困境，内心的诗和远方不会随意消失**。

——对谈环节——

陈行甲： 俞老师您好，我现在有点恍惚。20 年前，我是第一批听您词汇大课的学生，我是坐在走廊上听完的。到现在都记得您每天晚上讲四五个小时，讲得口干舌燥，最后您说，感谢那些坐在走廊上仍然继续听没有走的同学，祝你们成功！我就是您当年"祝成功"的那些人之一。

俞敏洪： 我觉得你活得比我更有个性，某种意义上来说，你生活的丰富性比我更多。现在有不少网友说我们俩长得像，你觉得像吗？

陈行甲： 我总会听到别人这么说，第一次听说是在《我是演说家》最后一轮比赛中。鲁豫说，行甲，我总觉得你面熟，我应该没见过你，到今天这个时候我终于想明白了，你长得像俞敏洪。

俞敏洪：我觉得我们俩不仅外表、长相相近，内心理想主义的火焰和对于现实世界改变、努力的热情更加相像。我听过你在《我是演说家》的演讲，讲你对母亲深刻的感情，讲你在巴东作为县委书记的努力和奋斗，挺让我感动的。

我有巴东的朋友，他说很久没见到你了，说你是好书记，他说**你在五年的时间里，把一个落后、贫困、贪污腐败横流的地方，改造成了一个老百姓很喜欢的地方。**他对你这个县委书记记忆深刻。所以我特别赞赏你说的一句话：只要真心实意地为老百姓做好事，人们的内心是明显有感觉的。每个人都知道这个人是不是在实实在在帮助老百姓，实实在在为人民服务。

你描述最初到巴东的时候，**一是老百姓穷；二是不断有人告诉你老百姓刁。**你确实在前期遇到很多非常棘手的事情，但当你离开时，老百姓箪食壶浆来欢送你，拉着你的手不让你走。所谓的老百姓不好管，实际上可能并不是老百姓真的不好管，而是没有遇到真心为老百姓着想的政府官员吧。

陈行甲：对，老百姓是最纯朴善良的。我们经常说老百姓是我们的衣食父母。

1. 与人为善——母亲带给我人生的底色

俞敏洪：一个人童年的成长历程对他一生的人生道路有重大的作用，通过读你的书，我感觉到你母亲对你的成长有巨大的影响。我们俩的背景差不多，我也是在农村出生，天天放羊，喂猪，干农活。第二个相似之处就是母亲对我们的影响都比较大。**我想听你具体说一下,你母亲对你的影响体现在哪些方面?**

陈行甲：谢谢俞老师。我也看过很多您的书，关注您的生活动态，我知道您比我幸福，您看您的母亲高龄，给了您更多的机会能去伺候她、回报她，您比我幸福。**我母亲对我在两方面影响比较大，其一是她教给我一种为人的方式，与人为善，**我受这个影响特别深，在任何时候都把人往好处想。我的爱人就说我是典型的天下无贼。从有了《天下无贼》这部电影后，我爱人就深深对刘德华那句台词共情——"你比傻根儿还傻",我爱人也经常这样说我。

俞敏洪: 但在现实生活和工作中是有坏人的,**你其实也遇到了不少坏人,你有没有因此动摇过?或者你是否还在坚守世界上绝大多数人都是好人这样的信念?**

陈行甲: 我仍然坚守。我通过这样一种人生态度收获很多,虽然也遇到过不少坏人,但我遇到更多的是好人,因为我相信身边都是好人。**与人为善、把人往好处想的基本人生态度,让我收获良多。**

我结婚多年之后,跟我爱人讨论过这个问题,我说你当初是看上我哪一点了?她说你有一种骨子里的真挚,在所有同学中,你不是长得帅的,也不是学习好的,更不是有钱的,但你的朋友是最多的。当时几乎所有同学都跟我很好,我上大学的时候就是这样。

我昨天登了深圳的第二高峰七娘山,在山顶处有很多人。那是深圳最陡峭的山,上来三四个小时,下来三四个小时,我到山顶上就看到有一个小女孩在大哭。当时有很多人,但我发现没有什么人理会她,我就上去关心,我说小朋友你怎么了?她说我找不到妈妈了。我说你有妈妈的电话吗?你为什么不打妈妈的电话?她说我的电话没电了。其实我后来发现是因为山顶上信号不好。当时我马上掏出手机,我说小朋友你别怕,我帮你找到你妈妈为止。我跟她妈妈打电话,电话时断时续,我跟我爱人和同事一起安慰小女孩,帮她想办法,最后又发信息,又打电话,折腾半天终于联系到了她母亲,我们就一直陪着小女孩直到她母亲出现。

山顶上人很多,还有其他的同伴。我们一共六个人,有人给我发信息说已经到了山脚,在车上等我们,那意味着我已经耽误两三个小时了。

俞敏洪: 只有心地善良或者内心慈悲慈爱,才能像你这样愿意牺牲自己的时间来陪伴孩子。**如果你想要世界对你好,你就应该对这个世界好,或者对这个世界善。**

有些人常常想,这个陌生人从来不对我好,我凭什么对他好,我对这个陌生人好有什么用?总是期待别人先对我好,我再对别人好。但这样的话,这个

"好"几乎可能永远不会到来。如果我们在力所能及的情况下，先对别人或者这个世界好，也许这个世界和别人真的就会对我们好。

陈行甲：俞老师这个总结非常精确。**这就是母亲对我的影响，她在我的为人方式上奠定了一个最底层的东西，特别是对比自己弱的人，我愿意付出并且以此为乐。**我觉得在这件事情上，这是母亲带给我人生的底色。对于我遇到的一些事情，我不能容忍自己装作没看见，我内心过不去这道坎儿。这是成长过程中，母亲对我的影响。

其二，**我觉得我在后来的人生中选择了公益，是出于对弱者发自内心的怜悯，这也是受母亲的影响。**我从小看到她听别人讲话动不动就默默流泪，用现在的话来说就是共情。这种共情的能力是我母亲遗传给我的，这也是在我漫长的成长岁月里影响了我的东西。

俞敏洪：对弱者的同情、怜悯、共情能力养成了你对于弱者或者需要关心的人的关心、爱护、帮助，这些东西倒过来又促使你想去帮助更多的人。

所以你提到两点：一是把人往好处想，待人真挚、真情；二是同情能力、怜悯能力。如果做一个总结，就是**对强者我们不卑不亢，对弱者我们充满同情并愿意提供帮助，这实际是一个人一生的立身之本。**

2. 自洽——人生这座大厦的地基

俞敏洪：刚才提到和大学同学打交道，大家都觉得你很真挚。其实真挚是在朋友圈里最珍贵的品质，基于这种品质，互相之间才会有信任、合作、依托。**你觉得这种对人的真挚是靠什么培养出来的？你性格中这么真挚的一面是怎么来的？**

陈行甲：我其实并不知道。我觉得这可能是人生中非常意外的馈赠。我和您一样，我看您的经历也知道，**因为我们的人生起点很低，所以习惯于从底处向上仰望这个世界，看他人。**在我们自己的内心里面，自己的分量不重，没那么在乎自己的感受。当与人相处、与世界相处的时候，也不觉得自己是个人物，不觉得自己牛哄哄，不觉得大家都该重视自己，这样就没那么容易觉得受委屈。

俞敏洪： 这一点真的太重要了。但会有两种情况：一种是像你我这样，因为从小生活比较卑微，或多或少被周围的人看不起，所以即使我进了北大，内心也很自卑。因为觉得自己并不那么重要，所以被人看不起的时候，我还是能接受的。到今天为止，我也没觉得自己有多重要，受点委屈或者被别人无视，看不起，那就看不起呗。但同时，我们内心也有另外一种"要强"，因为这种社会地位的低下，总希望自己能做出点事情，对得起自己，对得起父母的养育。

也有另一种情况，比如十几年前云南大学的马加爵事件。他也是农村出来的，因为被同班同学看不起，最后就心理偏激，杀了自己的同学。**那现在是不是依然有一些年轻人有这样的极端思维，觉得自己被别人看不起、社会地位低下，被别人言语刺激，最后就偏激走向极端了？这应该怎么解决？**

陈行甲： 肯定还是有。去年有一个农村孩子在一个节目里说，我是一头乡下的土猪，我也要去拱到城市的白菜。这当时在网络上掀起了很大的波澜。他是一个高中生，带着很多的心理，他有一种复仇感——我们同样是人，为什么我出身卑微？我拼尽全力要去罗马，凭什么你们那么多人就生在罗马？这种心理不平衡的情况肯定会有。

人要接纳自己，这个旅程漫长而艰难，但是人最后一定要走到这一步。 心理学上有一个词叫"自洽"，人这一生都要打造自洽，我们没办法选择父母、故乡，接受自己的人生起点是特别重要的心理建设，只有接受才能达到真挚。

我不知道俞老师当年有没有同样的感觉。我上高中时因为父亲工作调动，就从乡下转学到了县城，那时候下了课，如果班上城里的同学主动跟我说话，或者主动对我微笑，我内心是心怀感激的。上了大学后，我遇到了上下铺的同学，我们维持了30年的友谊，很深的友谊。当时我刚来学校，他问我是哪儿的？我说湖北宜昌兴山县来的。我说你哪儿的？他说我武汉的，武汉市的。他是武汉一个著名中学毕业的，但是他笑容特别真诚，他拍了我一下说，哥们儿，你好。当时我内心非常温暖，甚至带有一种感激。

我觉得可能是受母亲的影响，包括从小在农村生活的综合影响，总之在人生起点上,我们很早实现了自洽和心理上的接受。起房子,地基是不是稳很关键。比如您提到的马加爵,他的地基就不稳,所以会导致他的人生崩盘。

俞敏洪: 农村出生的孩子进入大学后,立刻就面临大学同学社会阶层的不同。我当时也有这样的感觉,比如我的很多同学,有的是政府部门部长的孩子,有的是大学教授的孩子,女同学都长得漂亮、优雅,会觉得他们和我们这些农村孩子完全不是一个层次。但我觉得在大学如果学会了两件事情就会特别棒。

第一,大学同学之间尽管有社会阶层的不同,但由于大学是青春年华时期,我们是可以完全融入的,大家不会因为我们是农村出身或者家里没钱就不接纳我们,同学之间一定是互相接纳的。在这其中也有看不起我们的行为出现,但并不等于这些同学把我们排斥在大学同学的圈子外。比如我在大二的时候,为了装洋气买了一件风衣,因为我觉得城里的同学穿上风衣看起来很有风度。结果我穿上以后,就有女同学说,你看俞敏洪明明是个农村孩子样还穿风衣,越穿越土。我当时心里很难受,觉得好不容易穿了风衣,让自己有风度一点,结果被女同学说成这样。但后来我发现女同学其实就只是调侃而已,调侃之后,她们依然把你当作同学看。我后来才知道,尽管我学习成绩不怎么样,但我所有的同学大学毕业后,都说俞敏洪是一个善良、真诚、努力、很好的人。

第二,就是你刚才提到的自洽,要自己能够接纳自己。如果我们不接受自己的现状,想要装得比别人牛,然后也不接受同学对我们不同样子的调侃,就会跟同学产生一种对抗。这种对抗会让我们变得互相排斥,没有了同学一生的友情,甚至可能就孤立了。

所以在大学有两件事特别重要:一是跟所有大学同学,不管有没有阶层区分、有没有家庭背景的不同,都是一个团体,就是同一个战壕里的人;二是要学会接纳自己,接受别人对我们的看法,并且勇于表达自己,展现自己的不完美、不完善,这样才能使同学对你更友好。从这个意义来说,我的大学生活过得还算不错,因为我接纳了自己的不行,接纳了自己的背景差异,也接纳了自己知识程度不好的差异,在卑微中愿意和同学们打成一片。我后来做了新东方后,去国外找大学同学回来跟我一起干,他们也非常愿意一起干。

陈行甲： 您的分享真的特别好。我想补充一点，您刚才提到如何做到真挚、如何融入大学团队，我想说一点，希望年轻的朋友不要误会，像我们这样人生起点低的人，对待家庭条件、背景、阶层都比我们好的同学时，**不是去讨好他们，不是去取悦他们，而是很真挚地帮人，力所能及地帮，力所能及地做。**

我们每个人都会建起人生的成长大厦，地基要自洽，要接受自己人生的起点。在哪里建这个房子，是在泥泞里，还是湖边，还是水泥地里，还是铺满黄金的地方？这是无法选择的。但我们首先要接受，我就是要在这里打地基，建房子，这是自洽。只有地基打牢了，我们才能去寻找那些建设人生大厦的支柱。

3. 家庭教育中的角色分工

俞敏洪： 从你的书中能看到母亲对你的影响比较大，但提到父亲的地方不太多，你觉得父亲对你的影响体现在哪些方面？

陈行甲： 我父亲其实是个好人，现在还健在，今年已经整 80 岁了。父亲几乎缺席了我的整个童年，在很远的地方工作，一年见一次，有时候一年也见不到。我对父亲的印象就是我母亲口中的父亲，所以他在我心目中是一个非常正直、很勤劳、做工特别认真的人，春节说不回来就不回来。上个星期我刚陪爱人追完《人世间》，我的父亲就很像里面的周志刚，所以我深深地共情秉义和秉昆。他在我生命中最重要的童年阶段是缺席的，但母亲口中的他是如此正直和勤劳，包括后来跟他接触后，他也是真的正直和勤劳，对我的人生其实有非常积极正面的影响。

俞敏洪： 是不是可以这样总结，尽管父亲缺席了你的童年生活，但他作为一个榜样或者一个形象，在你心中一直有很大的影响——我有一个父亲，他在外面努力工作，是家庭顶梁柱的男子汉——通过这种模糊的形象，反过来增加了你内心做一个正直的、愿意打拼的男人的渴望？

陈行甲： 对。但我觉得父亲在我的人生中有一个负面影响。因为我从小跟父亲的父子关系让我在头脑里植入了一个潜意识，觉得为了工作远离家乡，抛妻弃子好像是正常的。我前半场的人生几乎复制了我和我父亲这样一种关系。在我儿子小时候，由于我的工作到处调动，所以和他聚少离多，即使现在通讯发达，可以每天通电话，但还是缺席了儿子的童年。

俞敏洪：对于父亲不在身边这种情况，孩子应该怎么面对？带着孩子的妈妈应该怎么面对？

陈行甲：我爱人在这个问题上的处理是教科书级别的。她很像《人世间》里面妈妈的感觉，**对我无条件支持，不抱怨**，所以孩子也能接受。这点我爱人和我妈妈很像，孩子眼中的我主要是她口中的我，这是其一。

其二，在儿子成长过程中，如果我做对了一件事，那就是夸他，鼓励他。我打电话或者见面之后，所有夸孩子的词我随手拈来。我记得儿子小学三年级时，老师给孩子布置任务，写自己的三个优点。他回家问我爱人，妈妈，我有什么优点？他妈妈就说你赶紧给爸爸打电话，你在你爸爸那儿全是优点。我一口气在电话里跟他说了十个，他在那边记。

现在有很多在异地打拼的年轻人，和孩子聚少离多。这样的情况下，最重要的一点就是要和孩子保持心灵的连接。心灵上连得住，让他喜欢你、信任你，愿意跟你说话，这样这个遗憾就大概率可以弥补。

俞敏洪：孩子在成长中需要立规矩或者立规范，这件事情是由你爱人做吗？

陈行甲：对，我们是典型的严母慈父模式。

俞敏洪：如果你爱人管孩子比较严格，孩子跟她的交流会有障碍吗？

陈行甲：他小时候跟妈妈特别亲，到青春期一度跟妈妈有点隔阂，有点反抗，觉得你管我太严了。我儿子从小学习成绩好，也是苦过来的，是他妈妈逼出来的，所以儿子有些反抗。但是度过了青春期到大学阶段后，我爱人自己也完成了觉察和反省。她后来学了心理学，跟儿子敞开交流。

有一次我们三个人开家庭会议，开到痛哭。儿子力陈在成长过程中妈妈是多么严格，有的话就比较上纲上线，包括在6岁的那一年，你打过我，用的是衣架，那个衣架是什么颜色，都记得。她可能就打过那一次，但我儿子20岁了来算账。

那天我们一家人好像晚饭都没吃，儿子也哭了，爱人也哭了。但是在那之后，达成了一种理解，儿子说出来了，我爱人也很真诚地觉察、反省。后来我爱人就说，那个时候我也是第一次做妈妈，确实没有经验，说儿子，我确实没有做好，没有来得及做一个好妈妈，我将来争取做一个好奶奶。后来我们一家三口又抱头痛哭，然后在这个点上连接上了。

4. 好的感情是遇事时互相支撑

俞敏洪： 在你的书中，讲述了和你爱人的感情发展历程，在同一个大学读书，参加活动。你们俩尽管家庭背景、身份甚至性格是完全不一样的状态，但到最后你们还是走到了一起，谈恋爱、结婚，有美好的家庭、孩子。而且从你的描述中，我能感受到你对她依然充满了感情，整个故事读后让人内心充满了温馨。

现在的年轻人谈恋爱，谈得快散得也快，在感情上并没有变得成熟。现在年轻人结婚后离婚率很高，意味着他们的感情基础没有铺垫好。那你能拥有这样幸福生活的主要原因是什么？你对现在年轻人的恋爱、婚姻状态有什么样的建议和看法？

陈行甲： 我跟我爱人从认识到结婚有 8 年时间，从确定恋爱关系到最后走向婚姻，也有 5 年时间。我觉得我们俩有一点可能比较好，我跟我爱人当时两分两合，不是那种闹不愉快的分手，而是因为客观情况、生活中的挫折，正式分过两次手。我后来回想特别不一样的地方，我们都是为对方着想，即使在分手的时候，也为对方着想。我不想把自己说得崇高，但我和我爱人都有那么一点愿意为对方牺牲。

我当年回到山区农村。她去了广东，收入很高，当时我觉得我不能成为她的负担，我觉得我应该牺牲这种情感，她值得更好的生活，所以我给她写分手信的时候，心里真的在滴血。但我内心无比真诚地想：我不应该耽误她。但我爱人也是为我想的，站在她的角度。这点是我觉得我们和其他人不一样的地方。

我觉得真正的爱是希望对方好。年轻人如果找到你认为爱的人、你值得爱的人、你觉得你在爱的人，只要把握住这一点就好，没有什么坎儿是过不去的。这是我特别想分享的一点。

俞敏洪：如果两个人是真正互相爱对方，我们的一切行为就是为对方好，既不是讨好对方，也不是给对方多少钱、多少社会地位，而是从内心真正爱对方，为了对方愿意牺牲自己一些东西，甚至愿意让自己受委屈，愿意为了成全对方放弃自己这份爱，这才是感情长久的基础。此外，如果两个人在谈恋爱时，真的能发展到深刻的、真挚的爱的地步，对以后的婚姻生活会有非常大的帮助，意味着一生的感情基础相对比较稳定和稳固。

陈行甲：我高度同意。现在年轻人离婚率挺高的，我可以分享一点感受。在结婚之前，真的不要匆忙，如果要做一个长久的建设，何必急在一时？在结婚前真的需要想清楚、看清楚，不要匆忙。结婚后一定要抓大放小，爱是大，人世间最大的就是爱。其他的比如买不起房子、买不起车、孩子将来上学的问题、家里钱不多等，只要在原则底线之上，那就爱是最大的。在这点上，很多别人认为的大事，在我和我爱人看来都是小事。比如你为什么突然辞职？辞职还有薪水吗？一般的家庭会认为这是很大的事，但对我们来说，我爱人就觉得我的快乐，我的理想、梦想，我所感知到的召唤更重要，至于钱就没这么重要了。

俞敏洪：这真的了不起。一个家庭要和和美美长久地生活下去，并且不断变得更好，互相之间的知心知意和相互支持是最重要的。从书中我得知，当你在工作中遇到巨大的困难，抑郁了，甚至受到各种各样的威胁后，你爱人站在你背后说，你保护好自己，我们一定站在你这边，你不用担心，我被深刻地感动了。其实一般人遇到这个情况，一定会吵架，让你不要继续做这个了；或者带着孩子就跑了，生命都受到威胁了，谁还跟你受这个罪呢？我觉得你最后能撑下去并且取得最终的胜利和成就，跟你爱人对你的精神支持特别相关。

所以，两个人在一起生活，除了为经济上更好的生活努力外，更多的是为相知相惜的生活去努力，并且**不管遇到什么困难，大家能互相支持，这比什么都重要。**

陈行甲：是的。刚才俞老师聊起来，我突然想补充一点。我今年 51 岁，和我爱人结婚 25 年多，到今天为止，我们无论经历过多少风浪，**我爱人从来没有说过一句话：我图你什么呢？**在她内心里没有"图"这个字，没有"图"这个动词。

俞敏洪：这句话具有巨大的杀伤力。当一个男人在拼命奋斗，暂时遇到困难、失败，甚至有遇到屈辱，如果对方不能同情安慰并且深表理解，反而说"我图你什么呢？"，这样的指责对于一个在奋斗中的男人杀伤力是巨大无比的。

你是幸运的，能遇到这样一个在关键时刻支持你的爱人。

5. 被需要——陈行甲内心的声音

俞敏洪：当初你大学毕业应该能留在省城找个好工作，清华研究生毕业以后甚至可以留在北京，在这种情况下，你两次都选择回到基层工作。**这种坚持在基层十几年的选择，背后的根本原因是什么？**

陈行甲：我第一次选择回老家是相对模糊的。我们那一代人都知道《平凡的世界》，大学放在枕边的书就是它。那个时候回到基层，去接触最真实的生活，确实是有一点朦胧的理想主义的力量在牵引。后来从清华毕业，还是优秀毕业生，当时我在可以留在北京的情况下依然选择回去，则是很清晰的选择，我还是希望去做一些事情。

俞敏洪：内心是不是有这样一种情怀，有时候在别人看来是一种装，但在我们内心世界是一种真诚，希望通过自己的努力，回去改变家乡或者底层人民的命运，通过这样的改变，一是对得起自己的能力和成长，二是对得起内心的家国情怀。就像你现在做公益，内心依然是家国情怀。家国情怀经常很虚，但在历史中，这样的家国情怀创造了一个又一个的伟大人物，包括范仲淹、苏东坡、屈原、杜甫，实际是传统知识分子的某种情怀。

这在你身上体现得比较明显。你明知道回到家乡对个人发展并不有利，待遇也不如大城市好，并且要付出更艰巨的努力，但你毅然决然两次选择回到家乡。你从乡镇干起，通过自己的努力，给为全中国老百姓服务的政府基层领导，提供了一个榜样和示范。这真的是一个标杆，而这个标杆成了很多在你当时那个岗位上的人学习、参照的榜样。即使你在2016年离开了系统，已经做了公益的事，这种精神和情怀依然存在，依然影响着很多人。

陈行甲：谢谢俞老师鼓励。刚才我在想是什么东西有这种牵引和召唤的力量？我内心的那个声音到底是什么？刚才我找到了关键词，**我特别喜欢、特别向往"被需要"的感觉。**

我本科毕业回到基层，模糊的感觉是到那地方可能有需要我的人。但从清华硕士毕业后，我是中国首批公共管理硕士（2001级），很清晰地看到，我学到的现代公共管理的理念和知识，在农村、基层有很多可以应用的场景。当时我们的老师——薛澜、王名、杨燕绥等，讲世情、讲国情、讲社情，从国家宏观层面分析，在基层如何推动改变、推动进步。这让我很清晰地看到了被需要的感觉，我觉得我可以到基层去一一实践。

杨燕绥老师70岁了，今天她有一篇文章刷屏了。她在十年前就预见到了很多现在老年社会出现的问题。当时她提出一些对策，现在来看是很正确的。她真是我的恩师，是很好的老师，我到现在都记得她当年课堂上那句话——**中国是背着沉重的历史包袱去追赶时代前进的快车。**

这句话很深地触动了我。**我觉得这是一种召唤，是一种被需要，我觉得那里需要我。**

俞敏洪：人首先要有被需要的资源、能力和时间。比如你和朋友打交道，你是被这个朋友需要的；如果你跟家庭成员打交道，你是被家庭成员所需要的；为老百姓做事，则是被老百姓所需要的。**人因为被需要，所以更愿意去付出，也更容易获得人生价值和成就感。**

6."热爱可抵岁月漫长"

俞敏洪：你到基层工作后，遇到那么多艰难，但从来没有放弃学习，我觉得一般人是比较容易放弃学习的。没有放弃学习，最终恰恰变成了一个自我生命丰富且能给别人带来启示的人。

比如周国平老师，他在北大毕业后被下放到广西的山里，整整十年，他一天都没有放弃读书和学习。十年结束，他考到社科院成为研究生，有了周国平老师的今天，给大家提供了那么多的精神粮食。

还有《人世间》的作者梁晓声老师，他在东北黑土地上山下乡，周围的知青都已经放弃了，都在玩或者自暴自弃，他坚持学习和写作，成了中国知名作家，给大家带来了如此多的文学创作。如果不出意外，我认为《人世间》将会像《平凡的世界》一样，变成中国作家的传世之作。

我会在心目中去归类，哪些人有巨大的精神能力和力量，哪些人会在艰苦的条件中依然不放弃自己。我把你归入了这一类，**我觉得你属于在现实中无论遇到多少困境都不会放弃自己，不会放弃对于更高层面追求的人。**你没有必要非要考清华研究生，也没有必要非要到美国进修，还为此在新东方没日没夜地学英语。那你这种动力来自什么地方？你为什么要这样做？

陈行甲：其实到今天为止，我都没有放弃学习。我给我自己开书单，我要求自己每个月精读三本书，以前我会给我儿子开书单，现在他还会反过来给我开书单。我会保持这样的学习状态。

但客观地说，我当时真不是为了改变命运而学习。我第一学历是大学本科，在 80 年代，大学生真的是天之骄子，更不用说在我当时所在的山区。那时候我文凭已经足够了，完全没必要考硕士，还非要考清华。所以我真不是为了改变命运去读书、去坚持。

我想到一句话，**我们在人世间，一切不是出于热爱的坚持都是痛苦的，反之则是甜蜜的。**因为我是出于热爱而坚持，我就是喜欢，我感受到一种召唤、一种力量在牵引我，所以我坚持的过程不痛苦，还伴随着一点甜蜜感。

我在山区乡镇工作，看书看得很快乐的时候，甚至会看通宵，直到坐在窗边看着天蒙蒙亮，我听到山间的少年清晨练笛子的声音，然后合上书，上个闹钟眯一会儿。那时候我都是七点半吃饭，八点还要上班，所以客观上说，我的确是彻夜苦读。但苦吗？一点都不苦，甚至有一点甜蜜。我现在回想那时的人生，那个感觉就是甜蜜的。

所以，**如果不是出于热爱的坚持都是痛苦的，都是不可持续的，反之，是甜蜜的，可以长久的。**

俞敏洪：我深有感受。我家乡有一位很著名的人物徐霞客，旅行到最后把自己的双腿走废了。其实他在最后一段旅程前，已经有医生警告他，再走腿就会废掉，他可以回到家乡休养，就不至于双腿废掉。但就像你说的，他对于大江大河的热爱，对于中国山水土地的热爱超过一切，因为热爱，他拖着残疾的身体继续行走。

这次新东方遇到困难后，周围很多的朋友，包括我的家人都劝我放弃。放弃了我也能过比较平安的生活，而且放弃之后我也不用再那么苦恼寻求新的发展机会，但我的回答就是两个字：热爱。这不是因为做了新东方舍不得放弃，而是因为我觉得做的事情是有价值、有意义的。新东方这么多人跟我一起奋斗，大家希望在未来寻找一片新的天地。这个新天地某种意义上跟个人的发展、祖国的繁荣是结合在一起的。**我背着包去新东方上班，寻找新的发展出路，绝对不是出于无奈，也绝不是出于痛苦，而是内心深处想要做这件事。**

我最近遇到一个很有意思的事，这次封闭开全国政协会的时候，我挤时间读书，就有朋友说：你现在60岁了，该吃吃喝喝该玩了，我们已经完全放松了，过退休生活了，**你现在读书还有什么现实目的吗？还有什么用？你为什么还要拼命挤时间读书呢？**

我的回答是：我喜欢读书。就是你说的，没有热爱就没有坚持。对于生活、工作、读书、进步，对于未来的渴望，都是来自内心热切的期待，所以会愿意把我们的资源、身心、时间都投入进去。如果没有这种状态，就算有最高的目标指引，一旦那个目标达成，我们的人生还是会陷入迷茫。

现在有比例不少的学生考上北大、清华和名牌大学后，内心就陷入了迷茫，陷入了没有热情的状态，原因就是他们当初定的目标是要考北大、清华等，至于考上北大、清华是为了什么，他们是不清楚的。

长久的人生健康状态，需要解决"为了什么"的问题。当然，为了更好的经济条件，这没有问题。但除此之外，还为了什么？这个问题解决了，人生才能坚持下去。

我觉得你在基层的坚持，努力学习到现在做公益，你解决的最好的一个问题就是"为了什么"的问题。**你当初坚持在体系内努力为大家服务，今天在公益中为大家服务，这两个"为了什么"背后的答案我觉得应该是很靠近的，你能解释一下吗？**

陈行甲：为了什么？这个问题的答案很容易鸡汤化，但我还是想分享。我上大学的时候，本科数学系，那时候说实话我沾了一点光，我爱人的英语特别好，那时候她是全系第一个过四级，第一个高分过六级，第一个考托福的，在我们不知道托福是什么的时候，她考了托福，还是高分。那时候为了靠近她，我也就喜欢英语，也会读很多英文文章。我大学时候读罗素的那篇文章——*What I have Lived For*（《我为什么活着》），里面有一句话：**三种简单而又强烈的情感支配着我的人生，对爱的渴望、对知识的渴求，以及对于弱势者的苦难难以遏制的同情心。**（英文原句：Three passions, simple but overwhelmingly strong, have governed my life: the longing for love, the search for knowledge, and unbearable pity for the suffering of mankind.）

其实我更喜欢的一种翻译是对于弱势者的苦难痛彻肺腑的怜悯。我觉得我过去是，现在是，我希望我走到我人生的终点仍然如此。如果我足够幸运活得长寿，那时候我可以跟我的儿子、孙子说，你的爸爸、爷爷这样度过了一生。

您北大学姐樊锦诗的那句话，那八个字，当我看到那八个字的时候，瞬间眼泪就出来了，就是**"热爱可抵岁月漫长"**。我在疫情前那一年去走戈壁。茫茫戈壁，四天三夜地穿过去，提前去瞻仰了敦煌莫高窟，瞻仰了樊锦诗她们工作的场景，在那个地方我一下就明白了她那八个字的深刻含义。

俞老师刚才那段关于新东方困境的分享非常打动我。作为您的学生，我可以很自豪地说，俞老师您教了我英语，让我的英语实质性地提高了，但更重要的是您教给了我这样一种态度、一种风格、一种节奏，这就是当年您对我的影响，当年的新东方对我的影响。

7. 纵身跳入公益之海

俞敏洪： 从体系内出来的时候，凭你的能力当时应该有无数选择。在那么多的选择下，你又选择了一条最艰苦的路，就像弗罗斯特的诗歌一样，有两条路在你面前，一条是大道，另一条是很少有人走的路，你选择了少有人走的路。**你为什么当时会选择这样的公益之路？**

陈行甲： 当年辞职后，的确有不少企业递来橄榄枝，最多的一个企业给我开了400万年薪，把我吓着了。当时为什么没有接受？一是我知道我的长处不在这儿，我为企业服务过，我在百强县工作的时候，在开发区工作的时候，直接为企业服务，我懂企业的一些东西，但是具体的经营管理我没有做过。**回到人生选择的主题上，人生选择做自己热爱的、做自己擅长的，这两点是很重要的。**

我早就想好了要做公益。我非常清楚地看到了我们国家的蓝海，这就是2005年到2006年我在芝加哥大学学习时近距离观察的感受。我一点都不崇洋媚外，他们也有很多问题，但"师夷长技以制夷"，我们要有一双善于看到他人长处的眼睛。近距离观察下，他们的社会治理结构是很合理的，我们国家习惯于第一部门是政府，第二部门是企业，市场力量解决所有问题。但在他们那里，**以公益组织为代表的第三部门可以解决很大的问题，无论是就业、社会建设，还是社会问题。**

我过去在国家级深度贫困县工作时，也跟很多公益组织有接触，我观察到，这是我们这个国家、社会的蓝海。**所以，我觉得我的人生选择契合了国家大势。**

最近几年，在工业、农业、国防、科学技术现代化的基础上提出了第五个现代化，社会治理体系和社会治理能力的现代化，以公益组织为代表的第三部门可以发挥很大的作用。我想在这个领域开垦，挖掘，不敢说引领，但我希望去做一些探索，我想清楚了要做这个事情，这是召唤我的一个力量。跟这个力量比较起来，钱可能真的没那么重要。

俞敏洪：但这对你来说是一个蛮大的考验。你在原来的岗位上，实际上已经是被人追捧、敬仰的状态。但你做公益之后，就会变成倒过来的状态，你得去求别人。公益的前提条件是有钱，要求别人给你钱。尽管你原来有人品的信任基础，但别人并不会因此给你钱。在这种情况下，从别人求你变成你求别人，还要不遗余力把自己的后半生放在通过求别人来办成一件事，我觉得跟佛教徒为了造一座庙去乞讨已经有点相似了。

所以我觉得你内心一定对中国公益的未来抱有强大的信念，并且坚信公益能为社会做出重大贡献。**那你信念的基础在哪里？你怎么认为你在中国做公益就必然能做出来，必然能做好？**

面对现在你能帮助到的，比如得了白血病、抑郁症的孩子，还有其他需要你帮助的人，是不是也反过来一再加固了你的信念？特蕾莎修女在印度帮助那些濒临死亡的贫困人群后的那种感觉，是不是在你身上也会体现出来？

陈行甲：我在芝加哥大学学习那段时间的观察和感悟，能让我感受到我们国家的需要。我 2005 年到 2006 年的春节是在美国过的，我们的留学生朋友一起在芝加哥找了一个馆子聚了下。因为是春节，每个人端起酒杯说一句话，每个人都说得不一样。轮到我，我端起酒杯说，祝我们的祖国繁荣富强。我真的说了这句话。

我 20 年前在清华的学习，十五六年前在芝加哥的学习；这么多年在基层的积累，我觉得我具备感知基层疾苦的能力；我读过很多书，不敢说学贯中西，但可以说学过中西。我能够看到一些趋势性的东西，看到一些底层解决问题的方法和逻辑；因为过去基层的工作经历，我有设计出可落地项目的能力；再加上我过去在基层的名声比较好，有一个比较正直的形象；此外，我过去获得过至高无上的荣誉，我可以脱开名利去生活。我见过大海，所以不会再迷恋江河。这几条加起来，**我觉得我是适合在公益领域去探索的人。没有人给我这种任务，但我赋予我自己这种使命，我愿意去行动，**这是我底层的一些想法。

俞敏洪：介绍一下恒晖公益现在帮助的是哪些人？未来的发展计划是

什么？

陈行甲：我们基金会的业务范围是**欠发达地区儿童青少年的大病救助和教育关怀**。

在大病救助板块发起了"联爱工程"，意在推动因病致贫从中国消失。我想做一场社会实验，通过在一个欠发达地区对所有儿童白血病的兜底治疗，在这个基础上建立数据库，从而**联合当地政府和医疗机构，一起从患者服务、医生能力提升和药物政策完善三个角度找到因病致贫的解决办法。**其实我的实验有试错性质，我先在广东河源做了尝试，也在青海有所拓展，接下来等疫情结束，我要启动在甘肃的调研。

"联爱工程"的项目远景，就是希望帮国家和社会找到因病致贫的解决办法，这也得到了高层领导、国家重要部门主要领导的肯定。我特别受鼓舞，这是最重要的一个项目。

第二个项目是"传薪计划"，为抗击疫情一线牺牲的英雄的孩子们提供长期的成长教育陪伴。除了每年给他们 12000 元的教育金支持外，还有九个方面的教育支持，包括心理支持、健康保障、健康保险、家长赋能等。我们给他们每个人找一个朋辈导师，每年给他们办夏令营，进入大学帮他们找实习单位，甚至帮他们找工作。我们要做 22 年，我们找到了中国 21 个省、市、自治区的 163 个孩子，其中湖北武汉的最多。

第三个就是"知更鸟计划"。主要是让青少年的精神困惑被看见、被了解、被疗愈。

第四个是"梦想行动"。我们带着山区的留守孩子看海。我们暑假在深圳举办夏令营，今年的夏令营不一定能办成，如果办不成，他们不能来，我们就过去，过去两年一直是这样特殊处理的。这就是我现在做的几个项目。

俞敏洪：特别好，而且现在参与公益的社会人士、志愿者也越来越多，很多大学毕业生也很愿意参与公益。

新东方也做了好几年公益，我们主要是给农村山区的孩子进行授课，给他们提供更好的教学服务，我们有上千名老师每年都在做这样的事情。

8.《在峡江的转弯处：陈行甲人生笔记》

俞敏洪：最后一个话题，陈行甲老师写了一本书，叫作《在峡江的转弯处：陈行甲人生笔记》，这本书我越看越受感动。第一章写母亲，第二章写爱人，第三章写基层工作，第四章写学习，第五章写大学生活，最后是公益选择。

你是学数学出身的，但你的文笔如此真挚感人，而且特别真实，我觉得恰恰反映了你的个性。你当初为什么会想要把生命中过去最重要的几个阶段录成文字记录下来？

陈行甲：谢谢俞老师。这本书最开始是有点被动的因素。其实这是我的第二本书，第一本书是我们为山村孩子的夏令营编的课本《读书，带我去山外边的海》，算是我编写的，主要内容是我儿子写的，从古到今关于山和海的诗歌赏析，写得很美。

人民日报出版社的高级编辑张伟煜是我的志愿者。他两年前到深圳来参加我的夏令营，给孩子们讲完课，我俩就坐在走廊的楼梯上，伟煜说，行甲兄，你的人生真的是大开大合，你的人生经历太特别了，能不能把它写下来，我从编辑的角度想，这对现在的年轻人肯定有启发。当时因为他是在帮我做志愿者，在那个场景下我随口应答了一声"好啊"。结果过了不久，他给我来信，说他们出版社已经开社长办公会通过选题了，这个书立项了，就必须得写了。我就跟我儿子一起讨论怎么写，我也在书中有记录，我们那代人都是草根，我以这个开题，希望能写出那代人的感觉。现在有很多年轻人喜欢这本书，这点让我觉得特别欣慰。

俞敏洪：当然会喜欢，因为写出了人的真心、真诚，写出了人的不易、奋斗和情怀。我觉得这本书尽管不那么厚，语言也比较简练、简洁，但让我感觉到一颗燃烧的心和不灭的灵魂。同时，你写出了人间至真至情,你和母亲的关系、你和爱人的关系，你和孩子的关系，你和普通人民的关系，你对于弱者的同情和真心的投入，无一不让人动容，再加上你的文字功底很好。

写完这本书以后，你爱人对你什么反应？你写她的那一章，可以说是最动人的一章，这一章也真正解答了年轻人为什么喜欢这本书。**越是浮躁的时代，人们内心深处越是追求那种纯粹的感情。**

陈行甲：这本书是我爱人帮忙校对的，她删掉了很多修饰性语言，我夸她的有些话，她有删改。但特别欣慰的是我儿子是第一个看这本书的，因为我是在前年疫情期间开始写的，很特殊。我爱人是那种天底下难找的孝顺女儿，当时我岳母患了癌症，在生命最后时期我爱人去外地医院照顾了一年半，我们两地分居，我和我儿子在一起，所以这本书写完后是我儿子第一个看的。

我儿子泪点很高，跟我不一样，但他看完之后真的哭了。他说谢谢你，爸爸，**我们生来都有一个巨大的遗憾，就是我们不能看到少女时代的母亲，但是我在你的书中看到了少女时代的妈妈。**我就觉得这个特别好。

我最后想跟您分享的一个瞬间，现在想来，我觉得是我人生中非常宝贵的一个经历。我在写这一章的最后，我决定把我爱人在我走戈壁时她写的那封信的原文摘抄下来，我就找出来放在旁边，在电脑上照着敲字，我敲到一半，就绷不住失声痛哭。我儿子很愕然，说爸爸你怎么了？他过来看到妈妈的信，我儿子就拍了一下我的背。在那一刻我觉得我们三个人在一起，我们一家人在一起，我们一大家人都在一起，所有的亲人都在一起，包括病重中的亲人都在一起。这是我写书的经历带给我非常特别的馈赠。

俞敏洪：真的了不起。我强烈推荐大家读一下这本书，说不定陈行甲的人生经历会给大家带来很好的启示、启发，也许能为你走向人生的未来点亮心中某一盏灯，让你走向未来的时候更加坚定美好。

我刚才看到网友留下了很令人感动的一句话，简单的几个字：**我是巴东人，想你了！**对巴东的朋友们，你想最后说几句话吗？

陈行甲：其实我曾经一段时期想摆脱"巴东"这个身份，我向别人介绍自己的时候，都不再跟巴东连在一起，只介绍自己是一个公益人。但后来过了一些年，我发现走到哪里，别人都会把我和巴东连在一起。

我今天也看到，很多巴东的老百姓，我的亲人们，你们在。我想说一句话，我的故乡是兴山，兴山对我来说好比是我的胎记，那么巴东就是我的第二故乡，她就是我胸口的那颗痣，她长在我身上，这一生我都带着她。

俞敏洪： 谢谢，希望我们都不忘初心，在剩下的岁月中，让我们做得更好。谢谢行甲，我在北京温好美酒，等你来。

陈行甲： 好！期待疫情结束之后，到北京来跟俞老师喝大酒。

俞敏洪： 谢谢，我们后会有期。

陈行甲： 后会有期。

——对谈结束——

俞敏洪： 今天跟行甲的对话让我受益匪浅，点点滴滴都给我带来了一些人生启示。我觉得行甲的人生给我们树立了一个标杆，也给我们指明了一个方向，也许每个人都会做不同的事情，但我觉得人生大方向、人生坚持的那些原则，想要寻求的感情，所要坚持的态度，从本质上是有很多相似之处的。

我也希望我们的朋友认真读一读陈行甲的《在峡江的转弯处：陈行甲人生笔记》，非常让人感动。我觉得我们人生要追随什么，在精神上追随什么，什么样的人可以变成我们的同道人，以及通过做什么，能让我们的生命变得更加丰富、更加值得让自己骄傲欣慰，陈行甲应该是一个我们可以学习的案例。

让我们一起共同努力，把自己变得更好，也通过我们的努力，让我们周围的朋友、让社会变得更好。

（对谈于 2022 年 3 月 13 日）

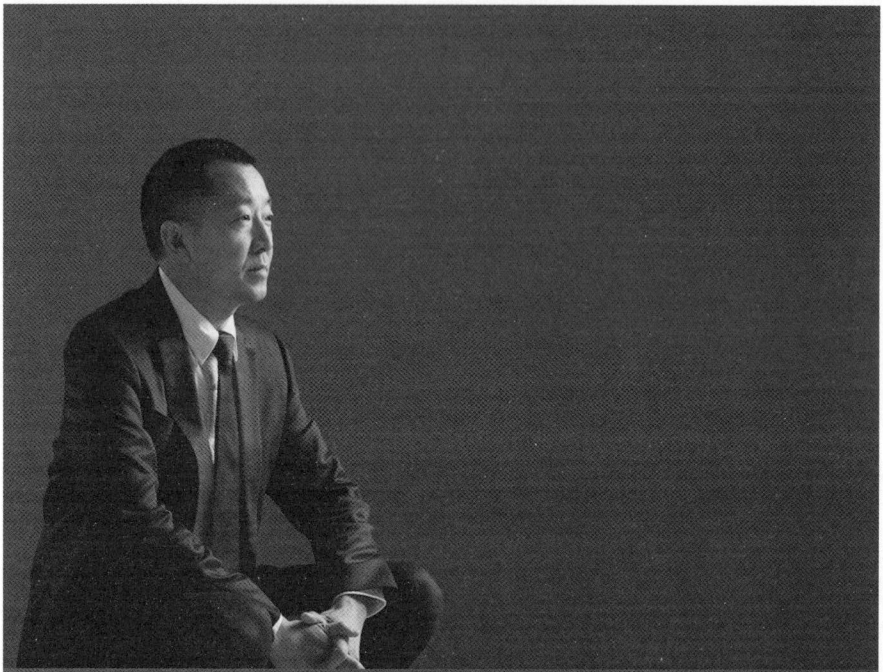

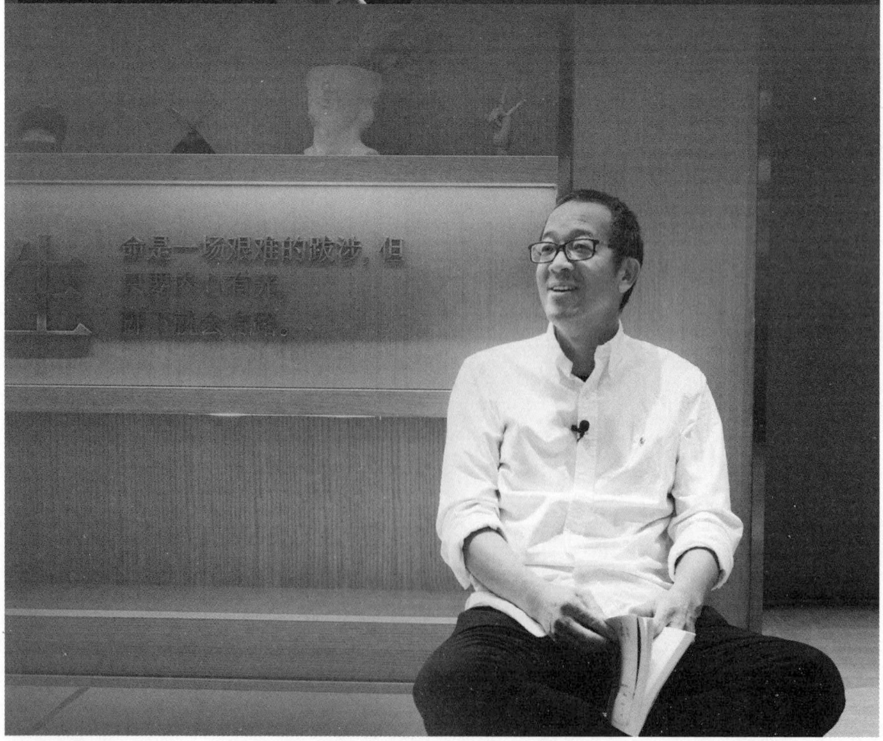
命是一场艰难的跋涉，但

对话 **余秀华**
在平淡的生命中激出一朵浪花

> 个人的心灵自由，比爱情重要一百倍。
>
> 要把内心涌起的最高的浪花记录下来，只有诗歌能够表达。

余秀华 /

1976年生于湖北钟祥石碑镇横店村，因出生时脑缺氧而造成脑瘫。出版有诗集《月光落在左手上》《摇摇晃晃的人间》《我们爱过又忘记》，散文集《无端欢喜》，小说集《且在人间》。2016年获得"农民文学奖"特别奖。

1. 诗人的天分

俞敏洪：欢迎余秀华。2015 年，余秀华老师的诗《穿过大半个中国去睡你》在全网流行，后来紧接着出了一本诗集《月光落在左手上》，我当时就变成了你的粉丝。

余秀华：谢谢俞敏洪老师，我很荣幸。

俞敏洪：我在北大写了三年诗，从大学一年级写到大学三年级，也没有变成一个诗人。变成诗人其实很不容易，变成一个有名的诗人更加不容易。在你写诗出名之前，你已经写了多长时间诗了？

余秀华：俞老师，你说错了，变成一个诗人是容易的，变成像你这样成功的企业家是非常不容易的。我 1995 年高中毕业，之后孩子出生，大约 2007 年，我开始认真地写诗歌。从 2007 年到 2014 年，我都在不停地琢磨、思考、读书。

俞敏洪：你是脑瘫，从小学到初中、高中，你在同学眼中会不会有点不太一样？

余秀华：我上学的时候非常幸运，我读书的时候成绩一直不错，所以他们对我都没有任何偏见，同学和老师都非常喜欢我、爱我，而且一直在帮助我。

俞敏洪：你从小有没有意识到，自己的智力和身体之间其实有一种关联的状态？

余秀华： 上学的时候没觉得，小学一年级到四年级，我记忆力很好，他们背不住的我都能背，而且基本都是全班第一，但小学四年级以后，我在武汉治病，打了个针，忽然就笨了，记忆就没那么好了，成绩也就下降了。

俞敏洪： 我跟你有一次类似的经历，大学三年级开始的时候，我得了肺结核，吃了大量的药，那时候明显感觉自己的记忆力下降了。你有没有想过，以前努力学习，这个"学习"有一天会改变自己的命运？

余秀华： 没有。到现在为止，我依旧是一个没有理想、没有未来规划的人，我是看了今天不看明天的人。

俞敏洪： 你后来怎么会爱上文学和诗歌呢？

余秀华： 文学和诗歌是一个兴趣爱好，是骨子里的东西。我就觉得我热爱文学和诗歌是我基因的遗传，这和后天的努力没有任何关系。如果要靠后天成为优秀的诗人，很多人是成不了的。

俞敏洪： 是的，诗人是需要有天分的，不过我不能百分之百同意你的说法。我在北大的时候，写了三年诗，差不多有八百首，我没变成诗人，但这给我带来的好处是，尽管我后来不写诗了，我还是保留了那种读诗、写诗带来的情感，以及那种对外界以及内心世界细腻的感受。

我读你的诗，感觉你对大自然，对身边发生的事情，对自己内心细腻的、敏锐的体察，远远超出一般人。一般人关注的是自己的未来，比如关注自己未来能不能赚钱，能不能找到一份好工作，更有灵性的人可能会关注未来能不能把物质世界和精神世界更好地结合在一起。但像你一样面对当时的世界，还能够把自己的感官和心灵全部投射到自然和内心的人，至少在过去二三十年，在中国是很少见的，因为大多数人都没有时间、机会和环境。你毕业的时候正值改革开放很好的年代，高中毕业是在九几年？当初没有想考大学吗？

余秀华： 我 1995 年高中毕业。当时我数学不太好，所以没考虑过考大学，因为那时候虽然文理分科，但文科也得考数学。

俞敏洪： 对，我就比你占便宜多了。我 1980 年考大学的时候，学外语也要考数学，但不计入总分。如果当时数学计入总分，我估计最多上个大专。我从你的诗歌和散文中就判断你数学一定不好，因为我能够感觉到你的思维是比较具象、跳跃的。所以，在这方面我们有点像同一类人。高中毕业回到家乡后，那时你就开始热爱诗歌了吗？

余秀华： 那时候我对诗歌其实并没有一个特别准确的认知，我只是爱好文学。我那时没有参加高考，回去的时候，到书店买了三本书：《唐诗》《宋词》《元曲》，我喜欢这个，当时就买回去了。

俞敏洪： 除了那些以外，像海子他们那样的现代诗，你当时有读过吗？

余秀华： 读过。

俞敏洪： 看这些书籍、诗歌，是不是某种程度上让你心灵的层面拔高了不少？

余秀华： 俞老师，其实我没有这个认知。我以前就觉得每天的生活这么平淡，我一无所有，但如果我能在每天晚上睡觉之前写一首诗歌，哪怕是几行、十行，就是一件完整的事情，我觉得我很享受，就坚持下来了。

俞敏洪： 你当时可能是因为自己的潜意识或者无意识写诗的？

余秀华： 我现在也没有潜意识。

俞敏洪： 其实你有，你是不自觉地让自己从生活的泥潭中往上走了一步。这一步其实不足以使你的生命脱离那个泥潭，但至少跟陷入无望的日常生活相比，你的心灵也许凭借着无意识的感觉往上走了一步。你想想，能有多少中国农村的高中毕业生，在高中毕业后，每两三天就要在自己的笔记本上写五行、十行诗才能入睡？坦率地说，我是其中一个，我当时初中毕业后，没有考上高中，就回到农村，那时候我有一个日记本，每天晚上都要在日记本上写一些东西，但我写的不是诗，我当时没有能力写诗。

余秀华： 我也写日记，日记是日记，诗歌是诗歌。

俞敏洪： 所以在你的身体是这样的状况下，尤其你又在农村，能有这样的坚持，真的很不容易。新东方曾经把一个脑瘫的学生送到了耶鲁，还专门给另一个脑瘫大学生颁发了"中国大学生自强之星"十强奖学金。

余秀华：可牛了，赞！

俞敏洪：当时我就充分意识到，脑瘫根本不影响一个人的智商，坦率地说，如果你不是脑瘫，你一定是个漂亮的、有魅力的、被很多男性所追求的女性。

余秀华：我觉得我如果没有脑瘫，会更加聪明，我会成为世界顶尖的学者。

2. 婚姻禁锢下的思考

俞敏洪：你高中毕业回农村后，父母就让你结婚，让一个外地打工的人入赘到你们家。因为父母希望能保障你后半辈子的生活，怕你一个人没法自理，但那时候我感觉你的肉体和心灵已经分成两个层次了。

余秀华：不是，当时我没有意识到肉体和灵魂的关系。我 19 岁就结婚了，19 岁上半年我还在学校里，下半年就结婚了。我爸妈让我结婚的时候，我说可以啊，反正多一个人多一个玩伴，结果结婚以后，很多事超乎了我的想象，包括我不知道的两性关系。这也是我们两性关系的第一个主要矛盾，当时我并不理解两性关系是什么样的，所以非常反感厌恶，当时我就是非常纯洁的一个女孩子，啥都不知道就结婚了，当然，这也是我的不对。

结婚第二年，孩子出生了，我开始想离婚，我觉得这个婚姻不适合我，或者说婚姻的本质就不适合我。我想离婚，我认为一个人要好很多，而且我觉得我自己一个人带孩子长大也可以。但真正离婚是在我 27 岁的时候。

俞敏洪：那已经过去 8 年了，在这个过程中，你一直在读书吗？

余秀华：读，每天都读，比如《故事会》，就很经典，的确让我领悟了很多人生哲理。我读书和别人不一样，我总会思考这个人为什么会这样？这个女的、这个男的为什么会这样？

俞敏洪：你觉得思考是自然来的，还是通过读书，发现自己不太愿意接受当下的现实生活？

余秀华：我当时思考的是我为什么要结婚？婚姻是什么？这是我思考最多的一个问题，我反复问自己。19 岁的自己，太年轻，不懂什么是婚姻，但等我懂了以后，就没办法接受了。

俞敏洪：在这个过程中，你一直没有停止写诗、写日记，是什么在支撑你一直做这件事？

余秀华：这倒没什么支撑，就是兴趣爱好。

俞敏洪：但是大量高中生毕业以后，或者回到农村务农以后，这个兴趣爱好其实是坚持不下去的。

余秀华：我那时也务农，但婚姻让我对人生产生了思考，比如会思考婚姻为什么是这样？会思考为什么一个男的和一个女的必须在一起，会思考生命、思考人生，我会持续思考这些问题。

俞敏洪：刚才小杨[1]就坐在你旁边，所以现在你想清楚一个男的和一个女的为什么在一起了吗？

余秀华：其实每一个具体的女人和一个具体的男人在一起，情况都不一样，不能用一个具体的概念去规划。

俞敏洪：完全同意。我一直认为爱要有具体的对象，而且具体的对象一定是不完美的。抽象的爱只在哲学层面才有，人的感情、情绪的寄托其实是有对象的。

余秀华：这么多年我一直想找一个可以爱的人，而当我不想去找的时候，他出现了，所以他不代表具体的某一个人，他只是顺其自然。

俞敏洪：我之前看了《摇摇晃晃的人间》的纪录片，我觉得你前夫实际上已经充分意识到你们的婚姻是不可持续的，只不过他担心一旦离婚，他会一无所有，甚至无家可归，当有了经济条件以后，你答应给他一笔钱和一套房子，其实他的诉求就满足了。他跟你一起去办离婚证书的时候，我发现他非常开心。

余秀华：对，他很开心。

俞敏洪：而且有一个很温馨的镜头，当你们回家的时候已经是晚上了，在此之前你们很少牵着手在田埂上走路，你们离婚的那个晚上，他是扶着你走回家的。这件事让我感觉很温馨，人间聚散是常事，但聚散的方式其实特别重要，

---

1 小杨，余秀华的男友。两人目前已分手。

所以，我觉得你们留下了人间温馨的背影。而且我觉得，如果你的孩子看到了这一幕，也应该会有很大的安慰。

余秀华： 孩子可能没看过这个纪录片。其实你说得很对，他一直不离婚，一是因为没有经济能力；二是他害怕没面子，他提离婚他没面子，我提离婚他又觉得被一个残疾女人抛弃了，也没面子。他每次和我吵架，打我的时候，就说"我就不和你离婚，一个男人抛弃一个残疾女人，不好听"，这是他的真实想法。但我提离婚的时候，他也不同意，他又觉得不能被一个残疾女人抛弃了。

俞敏洪： 后来你完全独立了，也自由了，婚姻也变成了过去式，你现在对于爱情、婚姻，如果让你做一个理想中的爱情婚姻描述，会是一个怎样的状态？

余秀华： 我理想中的爱情，就是每个人必须有一个独立的空间。我和小杨现在正在热恋期间，有时候有那种独立空间我觉得挺好，我不想天天和他在一起。每个人有自己的生活态度和方式，不是以爱情为主的，如果以爱情为主，我觉得也可以，但是能不能持续下去，持续几十年，到死的那一刻就是个问题。所以我觉得爱情的本质是完善自己、提升自己，没有别的。

俞敏洪： 但有时候遇到你很爱对方，对方不一定爱你的情况，应该怎么样来处理？

余秀华： 对啊，我很爱李健，李健不爱我。

俞敏洪： 算了，那是一个象征而已。

余秀华： 我以前很爱老董，他们都理解。我觉得也挺好，他没有拒绝我，也懂我、理解我，我们彼此还是在一起喝酒、吃饭，我觉得这就是他的慈悲和善良，也是我理解的宽容和理解。

俞敏洪： 这是一个很理性的、互相之间尊重的状态。

3. 诗歌里的爱情观与心灵自由

俞敏洪： 那首特别红的诗《穿过大半个中国去睡你》，你在写的时候，是一种情感喷发的表达，还是内心其实有一个具体的对象，比如李健？

余秀华： 没有没有，那个纯属调侃。

俞敏洪： 我发现你挺善于调侃的，在诗歌中调侃自己的现状、自己的未来。我看你在采访的时候还提到李健是一个象征。

余秀华： 因为我现在还没有见到他的人。就是炒作吧，他不见我，我也不太想见他。

俞敏洪： 在你的诗歌爆红之前，你有意识到你的诗已经写得很好了吗？

余秀华： 那还是有的，我自认为我写得好，我很满意自己写的诗。

俞敏洪： 你什么时候开始有意识地把你写的东西记录下来？

余秀华： 我现在还是会把我所有的诗歌存在本子上，但有了电脑以后，都会在电脑上写，特别是写长篇和小说的时候。

俞敏洪： 但你其实并没有意识到，你写的那些东西有一天会被印成书，让大家读到。

余秀华： 这是个意外。

俞敏洪： 你的三本诗集《月光落在左手上》《我们爱过又忘记》《摇摇晃晃的人间》我都很喜欢，但我最喜欢的还是《月光落在左手上》。

我觉得你的诗超脱了被禁锢、限制的身体，把自然和人的内心完美地结合在一起，灵魂飞扬。人的成长其实就是外界和内心的无缝对接，但大部分人是做不到的，因为他们的关注点在于未来是否有钱、有房、有车、有生活、有爱情、有家庭、有子女。但对你来说，你的关注点是，在村庄的大自然和家庭中，灵魂该安放在什么地方的问题，这是我从你诗歌中读到的主题。

所以，《穿过大半个中国去睡你》在现实中不一定发生，但表达了你内心一种挣脱现实世界的人性飞扬，这就是大家都喜欢这首诗的原因，不是因为大家都想"穿过大半个中国去睡你"，而是"我有能力穿过大半个中国"。

余秀华： 有些诗就是人和人之间的任何关系，但同时都是一种禁锢。小杨和我在一起谈恋爱，也是因为禁锢，我穿越大半个中国去睡你，是我的本质，我想睡就睡，我不想睡我就不睡。

俞敏洪： 两人之间的爱和互相的吸引是没有理由的，也不需要给出理由。

当社会要求给出一个解释的时候，这应该是社会的问题。

余秀华：这是一个女性人格独立的问题，我爱睡就睡，我不睡我可以回来。**个人的心灵自由，比爱情重要一百倍。**

俞敏洪：在这本《月光落在左手上》出版之前，有没有在哪一刻意识到，过去十年中有意无意的诗歌记录，已经有意无意地改变了你的人生和未来后半辈子的生活？

余秀华：没有发表诗歌前，我已经适应了当时的生活状态。我前夫不在家，我觉得很好，过年的时候回来也好，不回来更好，我已经决定忍受一切生活状态。

俞敏洪：在你的自传体小说《且在人间》里，我读出了你的不屈、向往和无奈。

余秀华：其实我前夫对家庭的贡献几乎没有，但是我一直在理解他，尊重他，但没办法，他不理解我，不尊重我。我当时出名以后，他还叫我跟他一起去打工，给他洗衣服。

俞敏洪：我从你写的小说中看到了这种尊重，看到了这种包容，但你的尊重和包容并不代表你要一辈子接纳这件事情。

余秀华：我从来没有说他错了，我在任何一次访谈中，都没有说过我前夫是个坏人，没有一次，我只是说他不理解我。

俞敏洪：在过去这么多年中，你们两个人在一起，你一定忍受了很多的痛苦，后来你离婚了、解放了，到现在为止已经七八年了，从自身的心情来说，离婚前后的日子，怎么对照？

余秀华：简直天壤之别。没有离婚之前就是地狱，离婚以后无论多么糟糕，我都觉得我是快乐的。

对我来说，婚姻是一个压力，比如我今天被人骂了，他不会安慰我，他会说我做错了，错的都是我。我前夫觉得我为什么被网暴？因为我错了。这是我坚持离婚的一个重要原因。

俞敏洪：你离婚的时候，已经很有名了，所以你受到的网暴是很厉害的。

余秀华：比起婚姻给我带来的压力，那些网暴对我来说都是小菜一碟。即便我不离婚,我也照样会受到网暴。我前夫也只会说都是我的错。

俞敏洪: 我有一个比喻,人就是一棵独立的树,如果你认同这棵树,就不要在乎在树下走过的人或者动物对自己的评价。我也认为一个人有权利争取自己的独立、自由、自主的空间,只要是在不危害社会的前提下。

其实从你离婚到现在,一方面你觉得自己独立自由的空间更大了,但另一方面你的苦闷并没有明显地减少,因为你现在有时候苦闷起来就会喝酒,还会喝多,你内心还有其他苦闷?

余秀华: 当一个人出名以后,总会遇到各种各样的人,会有各种各样的经历,怎么推销你、怎么去搞你,我不擅长这种事,所以喝酒是为了解脱我身体和心灵的痛苦。而且现在我的睡眠有问题,不喝酒真的睡不了觉。

俞敏洪: 我有一段时间跟你一样,晚上睡觉之前如果不喝两杯酒根本睡不着,除非吃大量安眠药。但后来觉得,从长远来说,这对身体还是有比较大的伤害的。

某种意义上,我觉得一个内心有着充沛情感和直觉的人,一个诗人、散文家,想要自律地控制自己的一些行为,难度是非常大的。从你出名到现在,最大的苦恼是什么?跟原来的苦恼肯定不一样。

余秀华: 我的苦恼在于,现在想活出自我、想表达自我特别难。

俞敏洪: 你已经是中国表达自我第一人了,不管怎样,我们依然要按照自己的内心去表达。不过你的一些言行在网络上确实受到了热议,也有不少人骂你,这会给你造成心理影响吗?

余秀华: 很受伤害,我每天晚上哭到天明,擦干眼泪,继续我的生活。

俞敏洪: 如果你觉得他骂得对,就接受了,不对,也撑回去。

余秀华: 像我跟小杨谈恋爱,我觉得很正常,他们就觉得不正常。

俞敏洪: 从内心来说,不管是什么评价标准,良心、良知、底线等,如果我做的这件事情,我觉得很正常,既不伤害社会,也不伤害别人,那这就是我个人的事情。就像刚才说的,一棵树在原野上独立地吹着风,别人对我们的评价其实就是耳边风,不影响我这棵树的成长。

4. 创作土壤变化的影响

俞敏洪：你原来封闭在那个村庄和生活状态中的时候，某种意义上，正是那样的环境、那样的困境，生成了你的诗歌和散文的内在魅力。**现在你已经得到了不同的生活状态，你认为你原来诗歌写作的激情或者内容，还能持续下去吗？**

余秀华：不能。我原来的生活环境，推开家门就是大自然，现在我推开门就是邻居、商品房。但我觉得这其实不在于我的生活环境改变了，而在于我现在还没有适应我的生活状态。**一个作家在任何状态都可以创作，但我到现在，这么多年了，没有彻底适应，所以我处于无法思考，也无法写作的状态。**我也不理解为什么会有新农村，我完全不能理解这个。

俞敏洪：现在都是新农村，而且你在城里还有房子，你的老房子相当于变成了一个纪念馆，你家几十亩的水田都已经被征用了，推门见稻田、见麦子、见树林、听知了叫的情况已经没有了。从普通大众的角度来说，这是走向了新生活，但从你这样一个诗人和散文家的角度来说，**当这一切土壤都改变的时候，你怎样让你的思想和你的文字再次丰茂起来？**

余秀华：我还没有做到，这件事我做不到，到现在为止。

俞敏洪：我觉得凭你的才华如果都做不到，对中国文化是一种损失。

余秀华：那与我无关。

俞敏洪：这有一定的道理。但人们总是希望一个学者能写出点让大家再次觉得心里一震，或是脑洞大开的作品。我觉得你现在的痛苦，比当初你被囿于农村的苦闷更加大，因为那时候你可以随时拿起笔写诗、写散文，记录自己的心灵。

余秀华：现在这个环境，确实啥都不敢写。

俞敏洪：我现在每个礼拜都写东西，当然我写得很浅薄，不能跟你比，但我想说的是，现在的状态，你无论如何要继续写下去，你可以不写那些不敢写的，写写诗歌、散文也很好啊。

这两天我读你在微博上发的诗，写得很漂亮。

余秀华：我那是在赚流量而已。

俞敏洪：但还是写得很好，虽然它不是你诗歌里最出色的，但至少我读出了春天的气息。我觉得**一个作家的生命或者诗人的生命来自他的文字**。

余秀华：那当然了，来自我的生命力。

俞敏洪：原来你在农村，拉了电灯都不一定亮，一下雨家里就要拿水盆接水。到现在，你走到任何地方都是高楼大厦，任何地方都会有人对你欢呼，表明了你对大家的影响，表明了大家对你的尊敬，即使有争议，如果你能引起争议，对中国文化也是一个好现象。

余秀华：中国文化我不了解，也不想参与，我只想说我的诗歌。

俞敏洪：你是什么时候开始想起来要写小说了？

余秀华：我从小学开始的嘛。

俞敏洪：小学、初中就开始写小说了？

余秀华：不是，我高中毕业以后右手不行，我就想我可不可以用左手写字，我用左手练字的时候写的诗歌。

俞敏洪：我看你之前说过，之所以写诗歌，是因为诗歌的字比较少，但我个人认为，诗歌才能充分地表达你内心的那些情感和喷发，你要把内心涌起的最高的浪花记录下来，只有诗歌能够表达。

余秀华：我不这么认为，你要看我们小说的细节，才能真正知道很多人的内心。我那时候写的小说比诗歌精彩很多。

俞敏洪：面向未来，写小说是不是你的重要计划之一？

余秀华：我没有未来，过一天算一天吧。

俞敏洪：这不矛盾，你过一天算一天，不知不觉就走向未来了。我现在跟你的想法一样，我也是过一年算一年，我都60岁了，比你大十四五岁呢。但是到我这个年龄，我个人的想法就是把每一天过好，把每个月过好，把每一年过好。

余秀华：我认为我今天能过好就可以了，过得乱七八糟无所谓，只要过去就行了。

俞敏洪：你作为一个表达自己心灵的人，一定每天还在想着，怎样才能继续表达吧？

余秀华：不不不，我每天只想，怎么样和他睡一觉。

俞敏洪：我觉得你的思想和文笔，让你在不知不觉中练就了《葵花宝典》，练就了《九阴真经》。因为你的文笔已经到了写诗歌、写散文都炉火纯青的地步，这个东西要是浪费了，其实是蛮可惜的一件事情。

5. 诗歌的本质就是表达

俞敏洪：现在在中国，有不少身体上有残疾或者有障碍的人，全国加起来总共有好几千万，20 岁以下的至少也有两三千万，脑瘫也不在少数。你对这些人的个人生活、成长有什么建议吗？

余秀华：我没有什么建议，因为每个人的生活轨迹都不一样，出生的家庭环境和生活环境都不一样，所以我不会提任何建议。我之前在神农架，见过一个残疾人，他没了双腿，现在也活得挺好的。所以，我对这方面不发表任何建议，**只要他们觉得自己的心情是愉快的就好。**

俞敏洪：我觉得非常有道理。当这些人长大以后，他们能够像你一样自立自强，有自己真正喜欢做的事情其实非常重要。

余秀华：我们强调的是一定要有自己的兴趣爱好，无论如何，得有个自己的事业，心有所托。

俞敏洪：就像你当初写诗？

余秀华：我到现在都不认为这是一个事业。

俞敏洪：要把写诗当作事业，诗也写不好了。读你诗歌的时候，我觉得你的每一首诗就是一个表达，没有目的地，用自己喜欢的文字表达自己跟自然、跟内心的关系。至于别人喜不喜欢，不在你的考虑范围之内，因为你当初写这些诗的时候，根本没有想到要出版。

余秀华： 我写诗不是为了取悦别人，是为了取悦我自己。

俞敏洪： 你刚才说你写微博、写诗是为了赚流量，到现在你还需要赚流量吗？那不就变成了为了某个目的去表达了？那还有意义吗？

余秀华： 大家对诗人可能有所误会，觉得诗人都是清高的，不食人间烟火的，但我告诉大家，诗人比普通人更低贱、更风流、更不是个东西。

俞敏洪： 我倒觉得不一定是更低贱，而是更有自己独立的见解，更有自己独立的生活态度。

余秀华： 有些诗人的生活态度就不分高低贵贱，见谁都上，特别是少数男诗人，什么高尚、高雅、屁都称不上。

俞敏洪： 有些诗人说你的诗歌中没有家国情怀，你怎么看？

余秀华： 本来就没有。家国情怀不是我们可以掌握的，那是上面的屋顶，我们底层都是草民，能把自己活好就不错了。

俞敏洪： 你写诗的时候肯定是一个自主的表达，没想过会影响到别人，但现在你有没有想过，对于读你诗的人来说，会有什么影响？

余秀华： 我不管，爱读不读。我觉得诗歌表达的是我余秀华，你们有共鸣是你们的荣幸，没有共鸣是你们的损失，和我没什么关系。

俞敏洪： 这是诗歌的本质。我觉得作为一个诗人，写诗不是为了让多少人阅读去写，而是为了表达自己内心的一个感受、一个灵感。你知道我怎么读你的诗吗？我朗读。其实有时候我也读不懂，因为到我现在这个状态，就会喜欢寻找诗句与诗句之间的上下逻辑关系，而一旦去寻找逻辑关系，就已经不再是读诗了，所以后来我一直在努力摆脱"寻找逻辑"这件事。

余秀华： 诗句之间是不存在逻辑关系的，但意向是一脉相承的。比如我爱你，我要表达的是这个主题，但怎么来表达主题？那就是一系列的问题。所以大家可以看看题目，知道我要表达什么主题就可以了。

俞敏洪： 你对现在的孩子或者年轻人写诗的建议也是这样吗？关注主题？

余秀华： 年轻人都不要写诗，有我就够了。

俞敏洪： 那不行，每一代人都有自己的诗歌，每一代人都有自己的情感表达。你余秀华是在这种情况下表达，但同样的主题，另一种人在另一种场景下，完全可以用不同的方式来表达，但内涵是相同的，都是为了表达。

你的《无端欢喜》大概在什么时候写的？我真的很喜欢读你的散文。坦率地讲，如果让我选读你的诗歌还是散文，我更喜欢阅读你这本散文，主要因为我60岁了，读散文会更加心平气和。现在你这种状态还能写出这样的散文吗？

余秀华： 都是成名以后写的。

俞敏洪： 我发现，尽管你在网上有各种争议，但大部分网友，尤其是年轻读者，还是非常喜欢你的。我觉得喜欢你有两个原因：**一是因为你写的内容，诗歌、散文；二是因为你人生的追求，无畏无惧，为了自己生命的灿烂前行。**

余秀华： 他们很喜欢我，有争议不要紧，我不怕。

6. 尾声

俞敏洪： 今天时间差不多了，看看大家还有没有什么问题，可以发评论给我。

今天和你聊得很开心，从人生成长、人生经历、诗歌、散文、小说，一直聊到了我们生命的状态、人生追求。其实**人就是一个平淡的存在，只不过在平淡中，有时候可以溅出来一点浪花而已。**

余秀华： 其实我觉得所有的人都是普通人，包括我，包括俞老师，都是普通人，真无所谓的。

俞敏洪： 我完全同意，所谓的不普通，只不过是在生命的某个阶段。今天我特别开心，你是一个特别真实的存在。

余秀华： 难道你不真实吗？

俞敏洪： 我有时候不真实，我要比你装得多一点，你不需要装，因为你代表个人，你是以个人的身份展示在这个世界上，用自己尽可能多的灿烂、正面与反面，告诉这个世界你的存在。我呢？不行，我要尽可能多地展示我正面的存在。但是你的这种真性情，我还是非常喜欢的。

余秀华：我也喜欢你。

俞敏洪：这算是表白吗？有网友说读过你的五本书，所以特别期待你的第六本书。生命不可浪费，尤其是老天给你的才华千万不能浪费，要不然你把才华转给我，我帮你写也可以。

余秀华：我的才华不是写诗歌，是谈恋爱。

俞敏洪：哈哈。好了，我们今天就这样吧。

（对谈于 2022 年 4 月 16 日）

在平淡的生命中激出一朵浪花　157

第二部分

心灵导师

老俞对谈录

对话 李玫瑾
父母是最重要的老师

要让孩子能感受别人的情绪，能够读懂别人；要让孩子知道规矩。

这两件事情做好了，6 岁就可以领到学校去了。

李玫瑾 /
著名犯罪心理学家，1958 年生于上海，现任中国人民公安大学教授，中国关心下一代工作委员会委员，中国预防青少年犯罪研究会副会长，中国家庭教育学会常务理事。著有《幽微的人性》《心理抚养》等。

李玫瑾老师，1982年毕业于中国人民大学，曾为中国人民公安大学教授、博士生导师。李玫瑾老师长期从事犯罪心理和青少年心理问题研究，曾对许多个案进行过详细调查，由此提出预防犯罪要从未成年人教育抓起。2020年9月10日教师节，我和李玫瑾老师进行了一场面对面的直播对谈，对谈的主要文字现在和大家分享。

——对谈环节——

　　俞敏洪： 大家好，今天坐在我旁边的，是大家期待已久的李玫瑾老师。李玫瑾老师现在是中国人民公安大学犯罪学博导，李老师名声很大，不需要我做太多介绍。

　　恰逢教师节，这是全国千千万万老师的节日，也可以说是李老师和我的节日，因为我们都是老师，只不过李老师现在还在大学里当老师，我已经成了江湖老师。

　　我在北大当了六年多老师，后来出来做新东方，在新东方也是当老师，某种意义上也是一直当到今天。在这里，我代表新东方，也代表我自己向全国所有老师表示诚挚的问候,谢谢大家一年 365 天为中国孩子们所做的付出和努力。

由于今天是教师节,我和李老师的对话也会围绕老师来展开。但在对话开始前,我想先问问李老师,你从事的青少年犯罪心理学其实非常特别,你在小时候就对这方面感兴趣吗?

李玫瑾: 我其实小时候对这个还没什么概念,但小时候成绩很好,我父母也没强迫过我学什么,就感觉都没怎么学,后来就考上了中国人民大学。上了大学之后发现自己对哲学非常感兴趣。工作后自己选择了犯罪心理学的教学和研究方向,在长期研究中逐渐发现人的成长心理现象特别重要。但我专业研究的重点方向是对疑难案件犯罪人的心理画像。先分析并假设破案后去访谈犯罪人,得到更多的印证或不知的原因材料,从中更多地发现,人在成年后的心理问题与其早年养育的关系。

俞敏洪: 我小时候也没怎么学习。我 1968 年上小学,1976 年上高一,1978 年上高三,但 1977 年才开始算是正式上学,之前都是工农商学兵,而且我是农村的,更多是学农,天天干农活。1978 年开始高考的时候,我成绩一塌糊涂,第一年英语只考了 33 分,到了 1980 年,完全在自己没想到的情况下考进了北京大学。我自己也很吃惊,我想可能跟自己的渴望有关,因为我特别渴望离开农村,也为此付出了加倍的努力。

李玫瑾: 你应该感谢父母,遗传很重要。

俞敏洪: 我父母都是不认字的农民。

李玫瑾: 认不认字取决于他们的社会环境有没有机会,但遗传是骨子里的。我在研究心理学的过程中发现,在历史上有很多的战乱、灾荒会导致人们在行走过程中迁移到另一些地方,到这些地方安定下来几代后,他们的后代可能完全不知道自己祖上是从哪儿来的,是谁。有些家庭有家谱,有些没有。这就导致有些看似是从山里走出来的人,学习分数很高,但很有可能就是因为他们的遗传基因特别好,尤其是男性的 Y 系。多少代都是不变的,只是因为他们不知道自己祖上是谁,没有家谱无法溯源罢了。说不定你们家三代以上可能有厉害的人。

俞敏洪: 我也不太能确定我的祖先是谁。我看过我们村上保留的残缺不全的家谱，翻不到太前面，但翻到五代以上都是农民。据说我母亲那边有名人，我没有查过，不过我母亲从没有上过学，但她很聪明，做任何事反应速度都极快。

1. 父母是人生第一位老师

李玫瑾：虽然今天是教师节，但我想谈的范围可能要大一些。老师教书给人解惑、教授知识，但我认为品德、文化、思辨、价值等也应该是教育非常重要的部分，老师只是其中一部分。每个人的成长过程中，能够做你老师的人应该不仅仅是学校里的人，我们常说，父母是我们人生的第一位老师，我们6岁才上学，6岁之前谁教？不就是父母嘛。

俞敏洪：6岁以后也还是父母在起非常大的作用。

李玫瑾：对，一直到18岁。6岁开始，就会有通常所说的职业性、专业性老师参与到我们的成长过程中，一直到我们大学毕业，有的人甚至是到博士毕业。但直到现在，我仍然觉得我还在遇到很多好老师，比如我工作的时候，我遇到的一些忘年之交，他们是我的领导，或者比我年长很多，他们会给我很多人生的知识，尤其在工作中，他们会指导我。今天谈教师，其实"三人行，必有我师"，我们讨论的范围可以大一点。

俞敏洪：我个人和你有完全一样的感觉。我人生中学到的东西，包括品德、文化、人品、性格、技能，加上我对世界的看法、眼光、格局、胸怀等，首先就是来自父母，其次就是来自小学、中学到大学的老师。每一个阶段的老师都起到了同样的作用，比如小学阶段的老师更多是教会我们基本的知识和同学们在一起玩的能力。

李玫瑾：小学老师一半是父母，一半是老师，亦父亦师。但我还是想说说第一个阶段，就是父母为师。你现在也在大量投入做家庭教育相关的事情，说明你已经看到了它的社会意义和价值。

在我研究的专业领域中，我发现一个现象，犯罪并不是穷人特有的，有钱的、有知识的、有地位的人都会犯罪，所以我始终认为犯罪没有阶层，也与钱和知识无关。比如有法律博士杀人这样真实的事件，博士杀人的情况有很多，只不过他们杀人的方法更不容易被发现。同样，我们也会看到很多领导干部的腐败问题，这些人都已经到了很高的位置，不缺钱也不缺地位。所以，一个人有修行、有品行，才不会在自己的欲望、在冲突、在各种事情面前不择手段。有很多人宁可自己吃亏，也不会去侵犯别人，我认为这就是人的修养以及品德。

俞敏洪： 修养是父母从小带出来的吗？

李玫瑾： 对，它和知识没有关系。你会发现哪怕没有知识的人，也可以是一个对社会有用的人，这就在于家教。他的父母是非常好的老师，是他人生的启蒙老师。

俞敏洪： 是不是从小到大在父母的语言和行为，以及榜样作用的引导下，孩子最后就养成了做人的惯性思维？比如我父母从小就教我吃亏是福，有东西跟人分享的时候，一定要把更多的一份给别人，自己拿最小的一份。小时候觉得这挺亏的，但到后来，这在我人生事业中真的起了比较大的作用。

李玫瑾： 特别对。我经常会和一些孩子聊天，包括监狱里一些出了行为问题的违法犯罪人。我常问的一个问题就是，从小到大，你父母在你耳边说得最多的话是什么，有的人说，我爸爸常说"人活脸、树活皮"，有的人说，"我妈妈说，你们怎么淘气都行，但是一不许偷，二不许抢，三不许伤害别人"。这些人就很健康地成长，没有犯罪。

而犯罪的人跟我说什么？他们大多数说："我有一次把街坊的小孩给整了，我父亲就去跟人谈，我父亲谈完这事回来跟我讲：'儿啊，我能帮你做的就这些了。'"我听了非常震惊，怪不得后来这个人成了系列案的犯罪人，因为他第一次违法犯罪的时候，父亲在想办法抹平这件事。还有一个人说："我印象最深的是，我爸爸不爱说话，有一次我到沟里玩，我爸看见生气了，把我拉上来，扭头就给我一个耳刮子，我到最后也没明白为什么。"

所以家庭教育非常重要，父母通情达理的孩子是一类，父母绝不吃亏的孩子是一类，父母唯唯诺诺的孩子也是一类，但总体来讲，我觉得人的品德最重要。

2. 如何成为孩子最好的老师

俞敏洪：这里面有个问题：现在中国不少家庭都是独生子女，父母会有意无意地宠爱孩子，当孩子破坏了某个规矩，家长明明知道孩子不应该这样做，但他们很少去制止，最多是比较温柔地制止一下，下次重新犯了也没有更多的惩罚。现在很多父母比较纵容孩子，比如孩子踩坏了庄稼、弄坏了花朵，或者在马路上扔纸屑，甚至和别的孩子打架以后，父母还会去帮孩子无理争辩。在学校里如果出点什么事，比如胳膊摔伤了，就带着孩子不依不饶各种吵闹，这就是家长给孩子的一个暗示：没有规矩也没问题。

李玫瑾：我最近也看到几个这样的案例，爸爸或者妈妈带着孩子出去玩被其他孩子欺负了，有的父母做得特别好。当孩子之间发生问题的时候，父母出现在他们面前时首先要有一个意识，他们两个都是孩子，你是大人，所以有的家长做得很到位，领着两个孩子找到对方家长，跟对方家长谈，这也涉及对方家长的水平。但在这个过程中，无论对方家长是什么水平，作为大人都不能把怒气发在孩子身上。

还有一类孩子比较特别，他们的父母都很好，但孩子很糟糕，通常这种情况是因为父母没有花时间和孩子一起成长。我认为现在出于种种原因，全社会对这个问题都不够重视。人一生变化最大的就是 6 岁之前，尤其在 1 岁半之前，孩子几乎听不懂你的话，那该怎么给他讲道理？很重要的一点，就是父母要出现在他面前，给他一种信任，最重要的是你所有的处事方式都是他人生的第一课。

俞敏洪：孩子能看懂？

李玫瑾：对。我最近在看《情满四合院》，里面有一个带三个孩子的单身妈妈，这个妈妈最大的特点就是能性情平和地处理所有事；另外，她做所有的事都替别人考虑，所以她三个孩子都特别懂事，是院子里最懂事的。

俞敏洪：有一次我做演讲，也专门强调了父母亲心平气和处理事情的重要性，但偶尔会遇到反对意见。

李玫瑾：但话说回来，在孩子弱小的时候，父母要给他们示范的除了平和，可能还需要威严。你的孩子既愿意和你在一起聊天，又很尊敬你，我认为这是做家长很高的境界。

俞敏洪：我确实做到了。

李玫瑾：所以很多父母到底要怎么做孩子的第一任老师？你既要让孩子感受到你的爱，又不要让孩子感受到全都是爱。有的父母会对孩子说"我爱死你了"，我觉得这是一个很糟糕的表达，有很多爱不用说出来，要让孩子通过行为感受出来，当他能通过行为感受爱，他才知道怎么表达爱。现在有类人，嘴上说着一堆的爱，行为上却完全没有，而且这种人到哪儿大家都很讨厌他，他一定有品德问题，嘴上都是爱，行为没有爱。

俞敏洪：这比较糟糕，其实孩子也能感受出来，并不是我们对孩子定了规矩，或者要求严厉一点，孩子就会觉得你不爱他，有时候处理得恰到好处，孩子会觉得你是爱他的，孩子最终会明白，你是为了他们好才会这样做。小时候我妈妈老说一句话，"棒子头上出孝子，筷子头上出孽子"，意思就是打你是为了你好，天天用筷子给你夹菜、夹肉，最后你反而会变成孽子。

李玫瑾：特别对。我处理一个案件时就发现一个特点，家里面谁对孩子最好，孩子就欺负谁，对孩子最好的人一定没有"威"。所以家长作为孩子人生的启蒙老师，在孩子6岁之前，一定要恩威并施，在他需要你的时候，你陪伴他、照顾他，同时让他知道在他的成长过程中有哪些事情要自己完成，并不是所有的事情都要父母帮助你，替你去做，也要让他关注父母的情感和需求，因为这才是双向的。

俞敏洪：让孩子从小学会某种自律的行为和思考，也包括要关注父母的情感，而不是让父母一味地围着他转。

李玫瑾：对。比如到点要睡觉，但孩子不愿意睡，这时爸爸妈妈都要告诉他，我早上要上班其实很辛苦，如果你想要买什么东西，我更需要去上班，要通过这个过程让孩子理解你，让他知道如果你不满足我，我也没法满足你。所以如果能在孩子6岁之前教好这些东西，后面哪怕他没有知识，他也一定是非常好的人。

俞敏洪： 中国有一句古话，"三岁看小，七岁看老"，这也是我母亲小时候对我讲的，她小时候对我要求比较严，就来自这个。

3. 好老师对于人生的重要性

俞敏洪： 如果小时候把孩子的人品、性格、情感三个方面培养得相对比较健全，孩子的学习成绩就不会太差，因为这三方面培养好了后，家长的言行也是持续的，孩子就会一路沿着正确的方向走下去。

李玫瑾： 我常常讲，6 岁之前有两件事很重要：**第一，要让孩子能感受别人的情绪，能够读懂别人；第二，要让孩子知道规矩。这两件事情做好了，6 岁就可以领到学校去了。**到学校以后，老师需要和家长同步，尤其是小学第一阶段。我经常会想到我的小学老师，是一位女老师，她特别可爱，当时我们班有一个男孩特别淘，淘到有一次把她气急了，她实在没办法，揪着他的帽子就拿帽子打他，就说你怎么能这样之类的，话说得很重。

同样是这个孩子，课间又跑出去，不知道从哪儿往下跳，把脚崴得很严重，别的班的老师就喊，你们班谁谁，又淘气了，脚崴了，我们班女老师一下就冲出去，一会儿就把孩子背回来了，把他放座位上，把鞋扒开，袜子一脱，开始看他的脚。当时屋里的孩子都捂着鼻子和嘴，那是五六十年代，孩子也不会天天洗脚，但她就开始给他搓脚踝。这个画面到现在我都记得，这个小学老师真的像爸妈一样。

俞敏洪： 其实小学老师同时承担了父母和老师的职责，而且老师是不是真心爱你，小学生是立刻就能感受到的。比如我小学二年级，有一个语文老师，我就明显感觉到他是真心喜欢我，他也真心喜欢班里每一个同学。他教语文课的时候，只要语文课中出现任何场景，他都会进行模仿和表演，为了让课堂气氛活跃起来。比如扮演周扒皮，他就会钻到桌子底下学鸡叫，让同学把他揪出来，同学们就很兴奋。学生不会写作业，他也很认真地辅导，他本身语文功底很好，是从城里打下来的右派，我们全班同学都非常喜欢这个老师。

数学老师明显就对同学们没有什么感觉，而且很凶，任何一个同学做错了题目或者犯了什么错误，他不是严格要求，就是骂你或者训你，让你站起来不准坐下去，大家都觉得这个老师有点变态，直接导致小学阶段我们班的数学成绩都不好，但语文成绩都特别好。这也直接导致我后来文科比理科好很多。所以，学生喜欢某门课，跟老师本身是有密切关系的。

李玫瑾：尤其在中学，一个孩子成绩突然下降，往往就是换老师了，可能之前的老师特别欣赏他，之后的老师就看不起他。我也看到有些老师的确如此，他自己奋斗出来以后，谁都看不起，会经常用蔑视、打击的口吻和班里学习好的孩子说话。我就遇到过一个真实案例，这个人特别聪明，学习非常好，他说我曾经想努力得到老师的认可，考到第一名，可我考到第一名时，这个老师仍然对我特别凶。

俞敏洪：为什么会有这样的老师？

李玫瑾：就是这样的性格，他自己的原生家庭可能很不容易，他考上以后就觉得自己很牛，谁都看不起，说话非常冲，就伤害了这个孩子。用这个孩子的话讲，他到了高中，甚至后来都考上了大学，只要晚上一睡觉，就是老师的这副面孔。他想证明给老师看，但这老师永远都是这副面孔，以致他最后大学都上不下去了，当然这也可能和他后来的抑郁症有关。他甚至说我不敢结婚，因为担心控制不住自己，他也去找过心理医生，也找过性工作者，想用这种方式宣泄自己，让自己能够缓解，但都不能解决问题，最后他就说要回去找这个老师谈一谈。

他回到村里，在路口等这个老师，这个老师骑自行车过来，他站起来拦住老师，老师就从车上跳下来，说你有什么事啊？学生说，老师，您还记得我吗？这个老师根本就不记得他了，已经过了十年。他说我是你哪年哪年的学生，您当年老说我。那个老师说，你有病吧，干吗在马路边拦我？这孩子跟他说了几句话以后就不对付，从此就决定要杀了这个老师，后来他也真的做了这件事情。

我有时候在想，孩子小时候，他那份脆弱的情感遇到一个像父母一样的老师，他一生可能就会非常顺利，学习、情感发展、人生都会很顺。相反，如果碰到一个老师，对孩子进行了没有爱的教育，确实是挺可怕的，尤其是小学。

俞敏洪： 说到老师的重要性，我后来之所以学英语，就是因为我在高中的时候，我的英语老师是一个真正的好老师，他对学生特别好，本身学问也好，是被下放的老师，在村里的破庙里教我们。当时高中只上两年，他上课风趣、幽默，自己水平很高，对每个学生很关切、关怀。到了第二年，我们住在学校里，自习的时候，老师都会来慰问我们，给我留下了非常深刻的印象。

我本来想考中文系，但因为这个老师的出现，直接影响我改成了考英语。我的英语水平其实比中文差很多，我第一年高考语文就考到了70多分，第二年80多分，但我高考第一年，英语只考了33分，第二年考了55分，第三年才考到了90多分。

4. 母亲对孩子成长的重要性

李玫瑾： 你真的很棒，我觉得记单词太痛苦了。关于这个话题，我也想起来，我小学毕业后，回去看小学老师，因为我比较喜欢数学和理科，那个老师就跟我说，你还是往文科方向发展，不要往理科方向发展。虽然他就那么一说。我后来进中学的时候，正好赶上尼克松来华访问，之后又赶上邓小平恢复工作，可我读了半年书，后来又没有在教室里待着。我中学毕业那年，北京地震，我们又用了一年时间盖房子，后来我只能考文科不能考理科。

俞敏洪： 在当时学校秩序都不正常的情况下，你怎么喜欢上学习的？

李玫瑾： 这应该感谢我的父母，我父母在抗日战争之前都是大家族的，母亲是绍兴周氏，是一个大家族，我爷爷开鱼行，后来有钱了又开纱厂，日本的布料进来以后，冲击了中国的纺织业，后来纱厂倒闭就剩一个鱼行。日本侵华首站就是吴淞口，离高桥很近，是日本重点轰炸的地方，我爷爷当时咯血而死。我父亲14岁就到中华书局当印刷工人，北京解放后，北京印刷厂需要技术工人，他就到北京印《毛选》。我父母因为抗日战争并没有上过什么学，我父亲大概上到小学五年级，在颠簸中，我母亲跟着家人逃难逃到了贵阳国民党的兵工厂，战争结束后，她回到上海，最后到了北京，他们俩都在印刷厂工作。这样我就有一个特别幸运的机会，他们会经常拿一些印刷的材料回来，没有切好的那种毛本，那个过程中，我父亲很喜欢写点字，我母亲经常会给我讲一些道理，而且她要求我写日记，从小没什么事就让我写日记。我母亲当时给我借书，各种各样的书，看得最多的就是《红岩》《欧阳海之歌》，这些书后来导致我基本都是自学文科，考试的时候文科也很顺利，就是数学不行。

俞敏洪： 也为你后来进入中国人民大学学习那么难的哲学学科奠定了基础？

李玫瑾： 对。我记得高中毕业后，我没有去插队，因为我是独生女，我就在家待业。待业期间都兴打牌，我住的是大院，家家户户邻居处得很好，我们就打牌打到10月，有个街坊的女婿是中科院的，他说要恢复高考了，你赶快准备考。那年是冬天12月考，但恰好那时候我正在被分配，当时有护校、师范学校报名、工作有照相馆等一些特别好的地方，我当时就不想高考，想赶快工作，我妈妈就说，不行，你得高考去。我说，我要错过了分配的机会就再没机会了，我妈说，我不管，你给我高考去！我就问我妈，我要考不上怎么办？我妈当时特别坚定地说，考不上我养你一辈子，你给我高考去！就在这种情况下，我回到原中学上了一个月补习班，就参加高考了。我很幸运考上了，所以我说我的人生是母亲奠定的。

俞敏洪： 讲到你的母亲，我也想到了我的母亲，老太太上个星期刚过了90岁的生日，已经老年痴呆了。（注：老太太已于2020年年底去世。）

李玫瑾： 90岁以上一般会这样，谁照顾她呢？

俞敏洪： 我亲自照顾，当然我也雇了保姆，每天早起晨昏我都问候老太太，陪她说话。

李玫瑾： 这是为师很重要的品行。

俞敏洪： 所以我两个孩子看我对老太太那么好，有时候他们会表达，爸爸，等你年纪大了，我们也会推着轮椅让你到处转。

我母亲从小没有文化，她一直希望我是个文化人，从小到大，尽管当时是"文化大革命"期间，但她也提出了要求，你千万不能一辈子当农民，你以后一定要当个先生，她概念中的先生就是小学老师。农村比较传统，对老师非常尊敬，小学老师自己也是小学毕业，但过去没有那么多知识分子，所以只要当了小学老师，全村人都会很尊敬，走过的时候全村人都会站起来。我记得特别清楚，我们家只要包了馄饨，第一碗一定是端到老师家里去。

李玫瑾：现在还有这个风俗吗？我很怀念，而且那些老师自身就很有修养。

俞敏洪：对，这些老师人很好。所以从小我妈就要求我，你得看书，她也不知道书里写了什么东西，但只要是书，就是好的，所以从小就给我买连环漫画，后来就慢慢读《欧阳海之歌》《艳阳天》《金光大道》《林海雪原》这些书，当然也看过《水浒传》什么的，后来就喜欢上了读书。

我高考第一年、第二年都没有考上，当时已经有点灰心了，不准备考了，但我们县里办了高考补习班，招高考落榜生去学习，我母亲就问我去不去？我说想去，但是没有门路。结果我母亲，一个农民，跑到县城，在几乎不认识任何人的情况下，找了三天，找到了这个班的班主任，说你一定要录取我的孩子，那个老师说，我现在名额已经满了，你儿子不在名单里没法录取。老太太特别机灵，看到老师有个差不多两岁的孩子在脚边爬来爬去，就说，我和你做个交换，我给你带孩子，你把我儿子录取进去，老师居然就把我录进去了。

我到这个班上了10个月学，一直记得一个场景，那天刚好打雷下大雨，老太太从县城走到家里，差不多有七八里路，当时农村没有大路，都是田埂，下了雨田埂很滑，老太太摔倒在水稻地里至少三四次，结果走到家门口，我把门一打开，一个泥人出现在我面前，我知道第三年不可以考不上，所以这是我能考上北大最直接的动能。

李玫瑾：以前看人物传记，发现很多名人在回忆的时候总会提起女性在他们成长过程中的重要性，比如毛泽东就说他的母亲给他的印象特别深，周恩来没有父母，是婶母杨氏带大的，也给他讲了很多道理，包括林肯、爱因斯坦，他们的母亲都对他们产生了很大的影响。所以母亲不仅仅是生养、孕育了孩子，母亲的态度和努力也会对孩子产生非常大的影响。

俞敏洪： 父亲也很重要，但父亲更多是在认知世界、探索世界，在胸怀、眼光和志向上的影响会相对大一些，母亲则是在孩子的个性、情感、品德、对社会的看法方面更加重要。

李玫瑾： 我曾经在 2008 年写过一个博客，我说能不能给女性降点分，让她们上大学或者上专科，底下据说招来一片漫骂。我当时没看，是同事给我打电话，那时候网络暴力才刚刚开始，我觉得应该能讲理，她说不行。我后来就把那篇文章删掉了。我是什么意思呢？我觉得所有女性都要做母亲，让母亲接受教育是一件特别重要的事。

俞敏洪： 倒不一定通过大学降分来完成，可以有专门的女性课堂。

李玫瑾： 现在都有父母课堂了。但我觉得母亲如果能有充分的时间和条件，很多母亲可以知道该怎么学，该怎么做。现在还有个讨论得比较多的问题，就是孩子成长过程中父亲的缺位。在早年，比如有一对父母生了双胞胎，妈妈生完孩子以后特别辛苦，但丈夫几乎帮不了什么忙，丈夫不知道该干什么，也不能喂奶，也不会抱孩子，很多事都解决不了。后来她听我的讲座，其中就讲到母亲做饭的时候，父亲可以带孩子下楼运动，因为孩子小时候一定要发展体力。后来这个父亲的确做了这一点，每到周末就带孩子下楼，让妈妈在屋里先收拾。这就带来了两方面的发展，第一，妈妈觉得我终于有了自己的空闲时间；第二，爸爸也不光带着孩子玩，也会带孩子去科技馆，父亲在这里的作用就很重要。所以在孩子成长的过程中，如果完全让妈妈一个人带孩子，容易出现又当爹又当妈的局面，容易失去柔美和耐性；爸爸如果不参与，孩子也容易失去男人的特性，比如男人会不那么计较，会让孩子知道犯错不可怕，这个示范对孩子很重要。

俞敏洪： 现在看中国大学生入学率，女大学生已经超过男大学生了。

李玫瑾： 徐文兵是一个很有名的中医大夫，他和梁冬聊，其中讲到"巫师"这个词，他就说"巫"和"师"是两种人，都很受尊敬，算是能决策的人。他说自己是"师"学出来的，职责是教书，所以他的知识要学习、总结、归纳和思考。但"巫"不是这样，"巫"是凭直觉，但他们在关键时刻、需要拍板的情况下，通常给出的建议都是对的，因此她的话不能不听。而且"巫"的地位在"师"之前，比如"巫"说这个地方会出事，咱们赶快走，大家一定跟着走，古人经常迁移。徐文兵就问梁冬，你知道"巫"是男还是女的？梁冬说应该是女的吧？徐文兵就说，对，是女的。我想说什么呢？女性有更多直觉，更多是一种天赋的敏锐，而男人更多是理性、现实，执行力更强。男性的执行力一般比女性强，女性的直觉和判断往往比男性好。

俞敏洪：这可能和性别不一样有关。但父亲在孩子成长的过程中的作用确实不可小觑。刚才说母亲可能陪伴孩子比较多，对孩子的情感、个性、情绪、做事情的逻辑影响更大，包括孩子的学习习惯等。我发现喜欢读书的母亲带出来的孩子通常也比较喜欢读书，一个不读书的母亲，孩子喜欢读书的真不多。

李玫瑾：我觉得父母中一定要有一个人有思想、有主见，这个人可以是母亲，也可以是父亲。家里不能父母两人都没有主见，有些人的家庭就非常安静，没有话语，没有想法，有些家庭可能是爸爸会讲很多道理，也可能是妈妈非常坚定地告诉孩子一定要做什么。所以为人师，一父一母结合组成家庭、养育孩子，虽然是母亲孕育生命，但父亲至少应该把他处理问题的方式方法、他对待母亲的态度都要传递给孩子。比如一个父亲从不对女性、孩子动手，他一定是通过言语来协调家庭内部的问题，孩子就一定会听到父亲是如何处理问题的。相反，如果一个父亲没有言语能力，只知道动手，孩子就会有样学样。

俞敏洪：我们家就是我给孩子讲道理，包括他们的人生问题、困惑，包括我会对他们的行为举止提出要求，这些一般都是我跟孩子谈。

李玫瑾：我们家我爱人对我影响特别大，他是一个非常平和的人，而我很急。我在心理学中讲过，1岁之内的抚养到位，人的性情就会更平和，所以通过看一个人的修养，基本就能知道他1岁之内的抚养方式。

俞敏洪：1岁之内就能决定孩子一辈子的性情？

李玫瑾：比如孩子三个月之内天天在床上哭，和三个月之内天天被抱起来，这两种孩子的内脏神经记忆是不一样的，因为情绪很大一部分是由内脏器官的感受引起的。

俞敏洪： 那是抱好还是不抱好？

李玫瑾： 当然要抱，很多老年人说不要抱，我说不对，1岁之内哭了就要抱起来，为什么？因为孩子的哭是生理上的哭，不是心理上的哭。什么是心理上的哭？你不给我买玩具，我就满地打滚，这是心理上的哭。但1岁之内的哭，可能是因为他不能翻身、肚子胀气，或者捂得热得不行了，他说不出来，只能通过哭来表达，因此只要他哭，家长一定要过去帮助他。

我爱人一定是早年被照顾得很到位，但我的性情就比较急。和他结婚以后，我还是经常跟他发脾气，但他就会把我的情绪往平和的方向引导，到后来我有时候发脾气，就会想想，如果是他，他会怎么处理这个事情。所以我觉得在婚姻里，他对我其实有改造作用，至少在性情上给我很多影响。

俞敏洪： 互相影响。

5. "三人行，必有我师"

俞敏洪： 在你生命中，有什么人在你开始工作后，你觉得能从他们身上学到东西的？

李玫瑾： 我刚工作的时候，有几位我事业上特别重要的老师，他们不是直接教我书的老师。一位是北大教授沈德灿教授，这位老先生已经去世了，他跟我是老乡。当时有一个中国社会心理学的第一期进修班，我们一起参加的。他当时已经是老先生、50岁上下了，我那会儿20多岁，刚工作。他当时希望我做他的助手，我还去过他们家。他到我家时先从一个小布兜子里面掏出一个小铁盒，打开了我才知道那是他放烟灰的盒，他抽的烟渣都放在那里面，走的时候盖上盖带走。他考虑到别人家万一没有抽烟的人，人家家里没有烟灰缸，他就提前把所有的东西都准备好，跟我们说话也都是用"您"。有一次我们开学术会，前面坐的都已经是在岗位上工作很多年的前辈，刚工作的人都坐在后排，当他们发言完后，这位先生回过头来说，您们年轻人也谈一谈。他对年轻人说"您"给我留下非常深刻的印象。有一次他跟我讲，有些孩子会在他周围转（指殷勤），我知道他们有企图，这种孩子我不重用。然后他说，我看你做事认真，而且从不讨好我，所以，我敢用你。那年我刚工作第二年，他就让我担任北京社会心理学会副秘书长。

这个老师是我人生中特别重要的人，90年代我在工作过程中会遇到一些不顺的事，我第一不敢跟父母说，怕他们担心，那时候我爱人也总出差，不在家，最后没办法了，我就假想如果我是沈老师，会怎么处理这个事？后来我发现，只要你平和、包容别人，稍微吃点亏，有些事都能处理得很好。

后来沈老师也跟我谈，他说："我看你很有修养，你爸妈是工人吗？我说是。后来聊得多了，他才知道我爸妈在抗日战争爆发前都在当地是大家族。他们7岁时日本侵华，后背景离乡。我告诉他：父母小时候即7岁前家里生活正常，但家内规矩特别多，尤其是母亲，对我的要求很多来自她早年家庭内的规矩。他说怪不得我看你很有教养。人的教养有时需要几代人的积累和传承，越是这种大家族，规矩越多，这也是后来我特别强调的，人在早年尤其3岁到6岁立规矩非常重要。

俞敏洪：而且是正确的规矩，很多父母对孩子立的规矩是不对的，尤其是父母自以为立了规矩，但这个规矩并不一定是对孩子未来有利的规矩，有些父母甚至立相反的规矩。

李玫瑾：就像你父母告诉你的，宁可让自己吃点亏，这话我妈妈也说过。我印象中，在"文革"期间，我们家就我一个孩子，相对生活条件好一点，我妈妈经常把她的徒弟领回家吃饭，徒弟一来，饭桌就那点菜，我就有点不太情愿。等人家走了以后，我就跟我妈妈讲，怎么一到吃饭时间就领人回来？我都不敢下筷子了，我妈妈说，咱少吃一口，就有人家一口了。

俞敏洪：这就是家教，教会孩子长大以后面对社会和朋友的一种能力，这太重要了。

李玫瑾：我想起我父亲一件事。当时地震以后，我们就自己盖了一个沿街的小房子，有一次我正在洗衣服，突然我的门就被推开了，一个女的挎着一篮子鸡蛋，那时候刚刚改革开放，很多农村家庭想改变生活的唯一方法就是把鸡、鸡蛋拿出来卖，但他们不敢摆摊，因为城管会管，所以他们就挨家挨户地推门。这个女的一推门，我当时正在洗衣服，一抬头把我吓一跳，我立马就吼："谁让你进来的？你给我出去！"我当时特别生气，我父亲在后面马上把门拉开，就说："玫瑾，你不许这样对人无理。"我当时就觉得是她不对啊。我爸就说："她们生活很不容易，就是卖点鸡蛋，你不买就是了，你好好跟人家说话。"后来我父亲就跟我说，在生活中，如果一个人地位比你低，他的状况不如你，你更要好好对待人家。这后来也成了我们家的原则，现在我也是这样教育我的下一代。

俞敏洪：我父母倒没跟我这样讲过，因为我父母本身就是农民，我自己生活在社会底层 18 年，包括到了北大以后，因为我是农村来的，跟同学一比也自我感觉低了一等，当然同学们并不一定这样看。后来我自己做成点事情以后，包括对新东方的基础员工，包括我去农村地区，包括在路上看到真的要饭的人，我也一定会尽可能对他们好一点。

6. 乡村教育的可能性

李玫瑾：有一次我遇到一个女性跟她丈夫说，你就是农村出来的。我就跟她讲，我们所有人都是从农村走出来的，只不过你比别人早几天出来而已。所以在我们那一代人中，我们真没有任何歧视，而且我现在特别渴望农村人都是大学生，当我们的农村都是大学生的时候，中国的根基一定特别牢固。

俞敏洪：这变成了我后半生重要的工作。现在科技发展以后，北京、上海这样教育优质地区的教育资源相对会更容易倾斜到山区和农村地区，我们现在每年会给十几万小学生、高中生提供新东方最一流的老师的讲课，未来我的目标是扩大到几百万。

李玫瑾：我曾经和窦文涛聊天的时候说过一个梦想，当然我知道我自己没有能力去实现。我特别希望到农村搞教学的老师，一定要读懂那个地区，我认为任何一个地区，老天都无绝人之路。比如我去普洱，我跟当地人开玩笑说，你们这地方可以办大学，因为茶从种树开始，到采摘、到烘焙，甚至到茶道，都是技术，都是专业，都是学问。你们完全可以通过这个地方独有的物产和知识来养活这里的人。包括青海也有很多稀有矿物，可不可以以地质为专业重点来发展学科，培养更适合当地物产的人才。

俞敏洪：现在也有一些职业教育学校在做这些事。

李玫瑾：我就是觉得，不能简单地把农村人搞到城里来，我见过很优秀的大学生到城里的痛苦，因为他父母在老家，他首先要在城里立足，要养活自己，要养活一个家庭，还要养活父母，这个压力很大，这也是很多家庭痛苦的原因。所以有时候我也在想，教育能不能走向乡村，建设美丽家乡、建设美丽乡村。当然现在我已经看到很多乡村建设得非常好，你的家乡现在也应该很好。

俞敏洪：我的家乡现在应该是中国首善之区，江苏江阴一直是全国百强县的第一、第二名。

李玫瑾：可不可以这样，如果你做乡村教育，可以研究一下这个地区适合发展什么？

俞敏洪：我现在做两件事，倒没有研究这个地方本身如何。第一，尽可能提高农村高中的大学入学率，原来农村地区的大学入学率平均只有20%左右，我们介入之后，可以提高到35%到40%，意味着每100个农村孩子，多出了至少10～15个上大学的机会，我们还在农村中学中培养出了北大学生。我认为这些农村孩子如果考上了中国相对不错的大学，尤其是"211""985"，他们未来为中国、为当地家乡的贡献度，原则上会更大，当然不一定每个人都可以做到。

李玫瑾：我还想到，我们小时候高考分数最高的人都进了师范。今天恰好教师节，特别想呼吁，让我们师范院校的学生一定要有高学养。

俞敏洪：中国前50所或者前100所大学，如果这些孩子毕业后更愿意到农村的中小学当老师，那中国教育才真正有希望，现在志愿者一般都是参与两年左右，但毕竟群体太少。另一个好处就是，通过互联网我们也能触达一些学生，但比起老师面对面地教学，还是会有差距，面对面教学给孩子们带来的影响力是巨大的。

刚才说到区域问题，我做的第二件事就是帮助那些区域的人卖农产品。现在我在抖音上卖两个东西：一个是卖我喜欢的书；另一个是卖农产品，帮着农民卖瓜等，现在已经有不少地区希望我去帮他们做宣传。也许我卖那一次不一定能卖多少，上个月我帮甘肃武威，一个小时卖掉了8000箱武威的蜜瓜，他们还挺开心的，更重要的是，他们觉得这帮助他们打通了和外界沟通的渠道。

李玫瑾： 你的外语也应该教给他们，因为如果他们要走向世界，他们至少要能听懂。

俞敏洪： 中国大部分省份的英语学习是从三年级开始的，城市孩子常常提早学了，农村孩子都是从三年级才开始学习ABCD。现在有十几万农村小学生的英语教学是我们在教的，我们把它变成了双师课堂，因为当地不少老师不是英语专业出身，语音、语调都不准确，孩子从小跟着这样的老师学英语，长大以后纠正过来很难。我们去教也不一定能让孩子的英语水平提高多少，但他至少在跟着我们学习的四年过程中，能知道英语的正确发音和说法是什么，这对他们长大以后会有很大的作用。

李玫瑾： 说到这个，咱俩还漏了一类老师，得向他们致敬一下，就是幼儿园老师。我上高中的时候，有个舅舅去德国进修了两年，他回来跟我介绍说，在欧洲很多国家，幼儿园老师的学历排第一，小学老师排第二，大学老师恰恰是什么人都能干。在那些国家，他们非常重视早年教育，我觉得外语学习也应该放在这个阶段。

俞敏洪： 城市幼儿园没有一点问题，现在中国城市的幼儿园，尤其是一、二线城市的幼儿园基本都开始学英语了，县级、镇里的幼儿园的作用通常就是看孩子，教不了什么东西。

李玫瑾： 我给农村的幼儿园提出过一个方案，你们没法教孩子英语，也没有办法让老师过来，最好的办法就是给孩子放迪士尼的动画片。有些动画片不光能让孩子学会语言，至少能有语感，同时这些动画片还都有一些品德教育的东西，农村幼儿园有这样的条件和想法的老师不多。城市幼儿园我真的不担心，因为百分之六七十的中国城市幼儿园都是民办的，民办幼儿园为了吸引家长都会加外语课，但我身边的幼儿园好像都没有，而且是不错的幼儿园。

7. 书籍中的老师

李玫瑾：刚才说你会在抖音上推销书和农产品，说到书的时候我想到一个话题，咱们今天论为人之师，谈了父母之师，谈了老师，谈了中小学老师，也谈了生活中"三人行，必有我师"，其实还有一个"师"就是书。在我自己的人生事业中，有两个人对我影响非常深远，一个是我大学毕业论文写的黑格尔哲学史观，黑格尔是我的哲学老师，我工作以后读了很多心理学方面的书，包括皮亚杰、斯金纳、华生等人的著作，最后我又发现弗洛伊德是对我影响很大的老师，你是不是也有很多特别的老师？

俞敏洪：我在大学的时候，尼采的《查拉图斯特拉如是说》对我影响蛮大的，把我从自卑中救了出来，因为整本书就在讲超人的概念，认为每个人都能成为超人，超越自卑。其他的书就是我在大学时候读的卢梭的《西方哲学史》，让我对西方的哲学思想脉络有了初步了解，并且让我从原来的直觉思维部分转成了逻辑思维，因为这是对整个哲学思维的整理。

李玫瑾：他的思想带有人文的味道，不是单纯冷静的。要说书，其中有一类书特别重要——人物传记。我上大学的时候除了看专业书、历史书，还迷上了人物传记，我看的第一本是《丘吉尔传》，后来看《戴高乐传》《林肯传》《尼赫鲁传》，这些书对我后来的人生有很大的影响，书可以为师。

我记得丘吉尔给我印象最深的就是他学习不好，上中学的时候非常调皮捣蛋，所有老师都非常讨厌他，他也觉得自己很讨厌，自己就混。"二战"爆发以后，德国来势凶猛，英国政界的那些政客就说我们肯定打不了，我们先议和，这个过程中丘吉尔就站出来说，我们大英帝国有着光荣的历史，怎么能轻言议和？我当时看那个过程就想，过去我们总觉得不好好学习的都不是好学生，可我们没有想到，在一个民族最关键的时刻，是这么一个人挺身而出。最重要的是，他后来用了一些很聪明的方法，声东击西，最后愣没让德国过海峡。看完这本书以后我就觉得人不可貌相，海水不可斗量，不要因为这个人学习怎么样就完全低估他整个人的价值。

当时我看《戴高乐传》，戴高乐讲了一句话，在战争期间那么乱的情况下，他当时想和苏联联手，有人就说，那是共产主义，我们不能联手。戴高乐说，在这种时候民族利益至上，所有的民族都要自救，如果我们不联合，谁也救不了我们自己。看到那一段我就想到，这就是人类，别看人类怎么争、怎么抢，最后人的利益是相通的，最终我们会有共通点。

后来看《林肯传》，当时南北战争，最后他被刺杀，我就在想，一个白人为黑人争利益，而且他把整个美国扭转过来了，这样一个政治家得不到别人的理解而被刺杀，所以一个杰出的人物可能就是一个殉道者。

我经常跟一些父亲讲，你们不要天天跟儿子说你的分数怎么样，你要考哪个学校，你能不能跟他聊一聊这些人物，聊之前你自己就要先看传记，你想为人师自己先要有一个很高的格局，你把这些看完以后再跟孩子聊，孩子的心胸不会那么局限。

俞敏洪：我也是一样的观点。中国的父母真的太关注孩子的成绩了，成绩稍微往下掉一点，有的甚至从第一名掉到第二名，家长就受不了了，更别说掉到最后一名。相对来说，更重要的是扩大孩子的心胸、眼界、志向，以及他们对自己正确的定位，这比成绩更重要。我确实会常常推荐我的孩子看一些我认为不错的书，比如我给儿子推荐一些历史、国际关系方面的书，结果他上大学就学了国际关系，这其实是父母的影响。

你最近也出了新书《幽微的人性》，可以给大家介绍一下吗？

李玫瑾：很多人会认为我研究犯罪心理，又研究家庭教育，我是不是把孩子当作潜在犯罪的人来看待。我举个例子，如果我们希望自己身体健康，我们最听谁的话？医生。医生告诉你这个病怎么得的，你才会知道怎么避开这个雷。同样，因为我在从事的专业中看到了人发展过程中他人看不到的失败的那一面，所以我能给出一些建议，去避开这个雷。

俞敏洪：其实是通过对中国一些犯罪分子走上犯罪道路背后的原因进行分析，再分析到他们少年、童年时期家庭教育的背景，父母对孩子教育的态度，学校及家庭环境形成的氛围，老师对孩子的态度和行为等，构成了这个人是否会走上犯罪道路的一些重要条件。

李玫瑾：最近我遇到一个案件。妈妈和爸爸分手之后，爸爸创业失败，一分钱都没有，妈妈很能干，自己挣钱养活女儿，一直养她到十五六岁。这个过程中，妈妈给予了全部的爱心、陪伴，物质方面也充分满足，而且经常和孩子一起唱卡拉OK、一起逛超市，但这个孩子最后把她妈妈杀掉了。我就不明白为什么，就去跟这个孩子聊天，最后发现，从小她爸爸就没有掏过一分钱，妈妈从来不提爸爸，也不让她见爸爸，甚至提到爸爸的时候也都没有什么好话。就在出事的前半年，她爸爸有钱了，想见一见女儿，见了以后女孩儿就觉得爸爸的家庭特别美好，她想进入爸爸的家庭。

夫妻闹离婚的时候，很多父母都会在孩子面前说对方的坏话，但就这么一个小小的原因，导致这个孩子觉得你过去在骗她，由此产生的这种怨恨，会把过去所有的事情都推到你头上。

俞敏洪：离异家庭特别容易产生父母双方说对方不是的情况，尤其还是当着孩子的面说，而且有时候语言非常恶毒，对孩子的性格、人性都会有严重的撕裂。

李玫瑾：我虽然研究犯罪问题，但我还是希望大家更多地去了解，为什么这本书叫《幽微的人性》，其实人性非常微妙，我希望很多父母不光要了解好的教育，也要了解失败的教育。

8. 网友问答

（a）如何培养孩子的自信心？

李玫瑾：这个问题你应该回答。

俞敏洪：我小时候不自卑。我父母对我的教育比较不错，而且农村孩子都是一回事儿，没有你高我低、你家庭条件好我家庭条件差的区别，我们村上有七八个跟我同龄的孩子，一天到晚在一起打打闹闹。从小到大母亲要求我不光要读书，而且干农活要快，我从小到大一直是我们村干农活的小孩中干得最好的，所以从来没有过不自信的时候。我的不自信，到后来陷入彻底的自卑，甚至自卑到了虚无状态是因为进了北大，那五六年我过得像在地狱一样，后来我走出来了。

李玫瑾：有很多隐喻能让我们明白一个道理，比如人类的发展史往往就是一个人的发展史。人类早期都是拿着木棍、拿着刀去打仗，都是动作性的，后来借助一点科技，现在打仗基本上可以坐在屋里按电钮，这是人类发展的一个变化。人也一样，小时候就是动手动脚打架，校园暴力全是未成年，我们什么时候见到职场上有人把你逼到墙角，揪着你头发拿烟头烫你？没有吧？孩子的成长也是由低级到高级的，低级就是四肢动手。

让孩子找回自信，先带他去做事，比如做一项运动，哪怕是投掷、跳跃、叠纸盒、搭积木，带孩子做这些，包括画画，画完了贴到墙上，不管他画得好不好，那都是他心目中的东西，你就告诉他，你心里有什么就画什么，画出来了就是最美的，慢慢让他找到自信。通过做来找自信，而不是通过回答问题来找自信，回答问题找自信应该在小学二三年级之后。

让孩子自信，一定要让他觉得自己能做成一件事。人类早期是动作，很多发展都是从动作开始的，一定要从动手动脚开始，你干农活快就是非常好的早期发育，如果把孩子天天关在屋里看电视，问他一个问题让他回答，他永远做不出来。我带研究生也有这种感觉，上手快的孩子，别看他分数不高，他最后特优秀。

俞敏洪：有道理。昨天我刚好碰到一个医生，说现在小孩子有脊椎歪曲的特别多，一定要让孩子没事儿就出去蹦蹦跳跳地玩儿，或者动手，不要一个姿势坐在那儿看电视、打游戏、做作业，一定是过十几分钟、半个小时，作业写完了，赶快让孩子到处跑一跑动一动，包括做一些手工活动。

李玫瑾：孩子6岁之前可以做手工、绘画、搭积木，女孩儿可以学针线，我小学一年级的时候妈妈就教我织毛线袜子，因为手指的运动对大脑发育非常重要。

俞敏洪：也可以倒过来手巧心灵，因为练得手巧了，大脑反应速度就快了。

李玫瑾：男孩儿也是这样。如果男孩儿能动脑筋把一件事做好，今后不管他学习成绩如何，这个孩子今后都不会废；相反，他动手能力不行，学习也不行，那你让孩子找什么自信？他找不到。

俞敏洪：所以凡是我孩子想要动手做的事情，我一定积极鼓励他们去做。

(b) 家长群里家长拍老师马屁的现象比较多，如何评价？

李玫瑾：有些家长总怕自己孩子吃亏，就觉得过年过节得给老师带份礼物，虽然老师并不想要，或者也没有这个意识，但当有一部分家长送了以后就会发生两个变化：一是没送的家长会觉得我们没送孩子会吃亏；二是老师接多了以后也会想，这个家长总送，那个家长怎么一点意思都没有？我个人觉得，这是学校管理的问题，不是老师和家长的问题，学校应该明文规定，就像反腐一样。我们去美国，当时给那边的警察带点礼物，警察就说，你们不要送，美国规定了，超过5美元都算贿赂，5美元以下就是小纸片、小杯子这些东西。

所以在这个问题上我们应该有一个共识，要让孩子的心灵健康纯净，无论家长还是老师，都要共同努力，不要养成不好的习惯。比如我带研究生的时候就立了一条规矩，因为我带的研究生也有人一开学就带一些家乡的礼物来，我就跟他们说，你们在上学期间不挣钱，不管你的钱来自哪儿，你不挣钱一定是借花献佛，最重要的是咱们有些同学经济压力大，你给了我，他没给，他就会不安，所以我规定，你要是真对老师好，等你以后毕业了，我到你那个地方你请我吃饭，那时候你给我一盒茶我一定拿着。而且我还会让上一届学生告诉下一届，如果下一届学生送我东西我就会找上一届学生算账，你们为什么没把规矩传下去。不过这个事我个人认为还是应该在学校立规章制度，而且要管好，这样家长和老师才能都放心。

家校合作也很重要，有些事情上就是要合作，如果家长想送，直接统一起来，匿名，到学期末平分给大家作为奖品。不要送吃的，最好送点铅笔、橡皮、本子，可以让老师作为给学习好的孩子的奖励品。

俞敏洪：这是一个双向规矩的问题。国外的老师，过年过节的时候最多就送 5 美元左右的贺卡，或者是一些小东西，但中国家长常常会觉得，我如果对老师更好，老师会对我的孩子更好，就慢慢从 5 美元、10 美元开始，到后来送 20 美元，最后发现送 50 美元，那个外国老师也拿了。最后，外国老师就开始变得贪心，为什么那个中国家长送我 50 美元，你才给我 5 美元？

李玫瑾：破坏规矩，最后受害的是所有人。

（c）孩子遭遇校园暴力，父母该如何处理？

李玫瑾：一般这种事情都发生在初中，尤其是住校的孩子。如果你的孩子在中学受欺负，说明小学之前你没有让他健体强身，如果是一个善于运动、有健身习惯的孩子，打不赢他能撒腿就跑。我在广东调查一个案件的时候，那个小子就跟我说，虽然我在我们班里个儿不高，但他们三个人扶着那个沙袋，我一拳打过去，三个人都能摔倒。所以，要想让孩子不受欺负，不管男孩儿、女孩儿，从小学就要开始练，这是第一点。

第二，交朋友。父母要帮助孩子交朋友，尤其孩子到一个新环境中，一定要让他交朋友。怎么交？就是分享。给他带点吃的，拿到学校跟大家分享。过生日的时候，把同学们找来一起聚会，这样就算有人欺负你孩子，别人也会帮他出头。

俞敏洪：我从小到大没有经历过校园暴力，最重要的一个原因就是我有什么好东西都分享给大家，尤其是给班内和学校里最强壮的那几个人分享，他们全变成我的朋友，谁也不敢欺负我。

李玫瑾：父母不要想着怎么帮孩子打架，这是最糟糕的，你是成年人，他们是未成年人。父母在未成年人面前，要永远把他们看作孩子，我们处理问题要用智慧，而不是用强势。

俞敏洪：非常感谢李老师今天的对谈，希望家长、孩子和老师能通过我和李老师的交流得到一些感悟，学到一些常识。

（对谈于 2020 年 9 月 10 日）

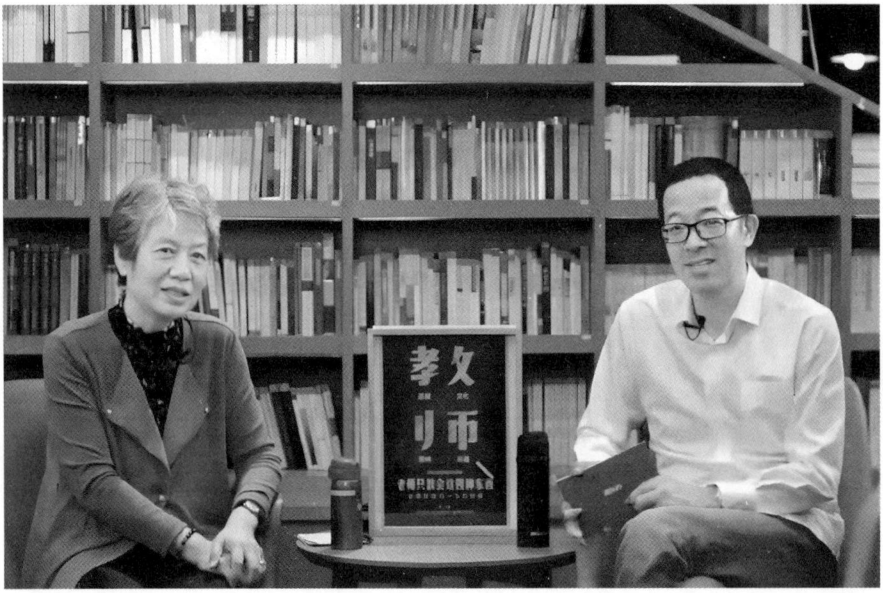
教师

对话 周国平、郭红夫妇
孤独是一种强劲的动力

做大事业一定需要热情，一种出自生命根底里的热情。

挑剔是一种本能，对亲近的人不挑剔是一种教养。

周国平 /

当代著名学者、作家、哲学研究者。1945 年生于上海。1967 年毕业于北京大学哲学系，1981 年毕业于中国社会科学院哲学系，现为中国社会科学院哲学研究所研究员。代表作品有《守望的距离》《妞妞：一个父亲的札记》《人生哲思录》等。

郭红 /

1967 年生于宁夏银川，中国社会科学院哲学博士毕业。作家，编辑。曾策划编辑杨绛作品《走到人生边上》、钱锺书作品《钱锺书手稿集》等。出版作品《长岛小记》，入围华文好书榜。

俞敏洪：周国平老师出生于 1945 年，比我年长 17 岁。17 年差不多是一代人的记忆，比如他经历了十年之前的岁月，又经历了十年的动荡。他在那个没有多少人读书的岁月中坚持读书和思考，后来又经历了完整的改革开放、思想解放、中国经济的腾飞，经历了中国的年轻人从欢呼到现在的迷茫。周国平老师对年轻人有如此多的深刻的、真诚的指导，真的是让人受益良多。今天邀请到周国平老师，一起聊聊。

──对谈环节──

1. 优秀习惯的养成需要自律

俞敏洪：周老师读书的兴趣是在什么年龄、什么环境下养成的？

周国平：对书的好奇心和求知欲应该是很早就开始了，而且我觉得是自发的。我上初中的时候家在上海，从我家到学校走路要半个多小时将近一个小时，但是有轨电车坐四站路就能到，坐四站路要四分钱，我家里每天给我的来回车费我舍不得用，于是就走路。在这路上有个旧书店，我每次都要去那个旧书店里看书，有什么我想要的书，钱够就直接买了，如果不够，再过几天车费集够了我再去把它买回来。那时候就养成了习惯，我想要书，我想看书，有时候就在旧书店里站着看，直到把那本书看完。

记得高中的时候我特别爱读书，上海中学是住校的，我会经常去阅览室，墙上贴了一些名人语录，我最忘不掉的就是高尔基的一条："我扑在书本上就像一个饥饿的人扑在面包上一样。"这句话把我的心情表达得太准确、太贴切了，我当时就是这样的感觉，对阅读有一种饥饿感。

俞敏洪： 对一个普通人来说，如果小时候没有养成读书的习惯，怎样才能让他们也产生这种对书的渴望呢？

周国平： 要学游泳，只能在游泳过程中学会游泳；要爱上读书，只能在读书的过程中爱上读书。我觉得说多少道理都是没用的，如果还没养成这个爱好和习惯，那就要去尝试。如果在你读一批书时，遇到了喜欢的书，特别对你胃口，才能真正把你对书的爱好给激发出来，这其中会有一个过程，但是你首先要去读。

俞敏洪： 所以想要培养阅读习惯的人，不一定上来就读罗素的《西方哲学史》，因为读不下去，但可以读一本比较轻松的、带有故事性和一定思想性的书。

阅读是一个需要长时间专注的事情，但现在出现了一个问题，很多人包括成年人在内的专注力和注意力正在迅速地被手机等电子设备占据，这对个人的思考能力会有比较大的伤害。你对现代人注意力分散、被电子设备牵制的情况有什么建议吗？

周国平： 我觉得这没有办法，只能给自己定强制性规则，比如在休息的时候，可以规定自己读一小时的书，这期间不碰手机。给自己定这样的规则，然后去遵守它。

过了一定的时间，确实从读书里尝到了甜头后，这个习惯就会养成了，不碰手机这件事也不再会是强制性的。这是一个从强制到自愿，从必然到自然的过程。

俞敏洪： 其实大部分情况下，一个人好习惯的养成刚开始都是强制的，因为人的天性习惯于自由散漫。所以我也想对很多家长说，对于孩子优秀习惯的养成最难的就是刚开始，因为孩子也有天性，想给孩子养成阅读这样的习惯，刚开始其实也是要给孩子定规矩的。

对成人来说，优秀习惯的养成完全需要靠自律。我也受手机的影响，那我现在给自己定规定，比如我这一个小时要读《岁月与心情》这本书，读书的时候我就会把手机放在我够不着的地方，而且手机是完全静音的，在这一小时里我也不会再干别的，这就是我强制自己的一小时。

2. 如何坦诚地面对生命

俞敏洪：谈到《岁月与心情》一书，其实在阅读之后，我很吃惊您能在十几年前写出这么一本好书，而且当时你刚好是我现在的这个年龄。能把自己各个方面——正面、反面、内心和外在，全都坦诚地写出来，您的勇气相当了不起。

周国平：在某种意义上，我觉得我能屏蔽掉很多东西。写这本书的时候，我会把"别人怎么看""以后会有什么影响""会造成什么样的后果"这些问题屏蔽掉，完全不去考虑。我当时的想法就是，我马上要60岁了，人生已经走了一大半的路程，应该做个总结了。要做这样一个总结，最重要的条件就是诚实，如果不诚实就没有必要做，没有价值。序言的标题就说我判决自己诚实，我写这本书的时候必须诚实。

当时的感觉就像我面对我的上帝，旁无他人，熟人也好，陌生人也好，读者也好，在那个时候对我来说都不存在，我就是面对我的上帝来回顾、检讨我的一生，当时就是这样一个心情。当然，其实要完全做到这一点是不可能的，肯定还是有一些不够坦诚的地方，有的是自己没有发现的，有的是自己还会有逃避的，这种情况是存在的。但我想我基本做到了坦诚。

俞敏洪：一个人能够真正坦诚地面对自己的生命，面对自己的过去，面对自己做过的事情，对自己做不到位的地方进行检讨，对自己的思考进行再次反思，这样的事情其实并不是每个人都能做到的。能够做到的人，生命的幸福指数，或者对生命的感悟能力会大大加强，并且对以后的生命带有重大的指导和正向的引导作用。

那么，如何让一个普通人也能够坦诚地面对自己的生命、面对自己生命的是是非非，还能放过自己一马，重新回归到自己的良心世界，在未来做出更好的事情？

周国平： 当我面对过去的经历去分析它时，我感觉"我"其实比我自己站得要高，比我要写的周国平站得高。

那个时候你会感觉自己跳出了一个身体的小我，站在一个高的位置上去看"他"，这个时候我是挺得意的，感觉是一个神去看一个人的感觉，当然这只是个比喻。但是在这样一个高度，你对"他"既是严格的，不允许"他"隐瞒，但同时你对"他"又是宽容的，因为你已经把"他"看成了凡人，你比"他"高，所以你会宽容"他"。后来我总结，我实际上是把一个具体的我，当作一个剖析人性、认识社会的标本，这是有点科学的事情。

我们每个人身体里都有一个神，都有一个更高的自我，要让那个更高的自我，来审视这个具体的自我。

俞敏洪： 这是不是有点像弗洛伊德所说的本我、自我和超我的三个概念？

周国平： 弗洛伊德这三个概念，实际是在分析人心理上出问题的原因，这三个"我"发生了冲突。本我是本能的我，自我是有意识的我，超我是社会的我。这三者之间有一个冲突，互相之间又为了避免这个冲突有些隐涩，然后造成了一些心理疾患。

总的来说，我觉得弗洛伊德不是个哲学家，他缺少这个角度。真正要说类似角度的话，可能蒙田更贴切。蒙田的随笔虽然没有写自己很具体的事情，但他确实把自己作为一个标本去分析人性，一方面看到人性平凡的地方，甚至是人性的弱点；另一方面又宽容一笑。但是，和蒙田那本书不一样的地方在于，我对自己的经历写得很具体，他没写。

俞敏洪： 是的。蒙田是以散文式来写自己的生活和思想，你在《心情与岁月》中则是连续式的，从童年开始一直写到60岁，对于所有的生命、生活、经历、朋友、感情、友谊、思想的思考，它是有可读性的，因为你把所有表达安排在了具备可读性的故事中。

刚才提到了人的状态，我一直认为一个人可以分成三种状态：第一种状态叫作分解自己。分解自己的过去，过去哪些事情在人生中间做对了，哪些事情做错了，哪些事情该做，哪些事情不该做，哪些事情继续做会对未来人生有很大的好处，某种意义上有点像孔子所说的"吾日三省吾身"。

第二种状态是要放下自己。人生中很多东西其实是放不下的，所以放下自己也是在饶过自己。我生命中也有很多纠结的事情，在我年轻的时候有那么一段时间，我既放不过别人也放不过自己，甚至在20年前得过轻度的狂躁症，有过想从20层楼跳下去的经历，这实际上就是没有放过自己，对眼前的事情想不透，对未来的事情想不清。

第三种状态是面向未来。人应该组装自己，把自己好的东西拼装起来。就像之前提到的，人除了兽性、人性还有神性，那该怎样展示更多的人性和神性美好的一面，把自己重新组装成一个全新的自己？这是特别重要的一件事情。

周国平：组装自己是个很有意思的概念，听起来有一点技术性，换个说法就是完善自己。我们具备了好的要素，但是如何用好的结构把它体现出来呢？

3. 人生本无意义

俞敏洪：我发现有的人人生困惑很少，有的人人生困惑很多，似乎对于人的一生来说，困惑这件事情是由不得你本人的。但我确实碰上过没啥困惑的人，就是勇往直前、一心干事业、一心搞研究，性格很单纯，个性也很快乐，跟他聊到这种生命困惑的时候，他说他没有，他过得很好，我很羡慕这样的人。而我是常常会有人生困惑的人，甚至有时候没事找事，就问问自己做事情的意义、人生的意义等这样的问题。周老师，你觉得困惑有高下之分吗？

周国平：有些人就是没困惑，有些人容易困惑，我觉得人就是不一样的。那些让世世代代的哲人们困惑的问题有些人就是没想到，他们没有想那些问题也活得很好，而哲学家想了半天，最后追求的就是"可以不想"、没有困惑的状态，想的目的是为了解除这个困惑，能够达到那种单纯的状态，但对于哲学家来说，不容易达到，既然想了就很难再没有困惑。**"没有困惑"那种单纯的状态，我觉得是很好的，那是包括大哲学家们也羡慕的一种状态。**

而关于"哪些问题应该困惑，哪些问题不应该困惑"这个问题，我觉得其实很难用"哪些应该""哪些不应该"来区分，可能有些人就是为一些小事情在那里困惑，但我不把它们称为困惑，我把它们称为"焦虑""纠结"。其实那种困惑是不可能给人提升的，你越纠结那些小事，可能就会深陷其中，这个我不欣赏，也不赞赏。

俞敏洪：到现在为止，你的人生还有困惑吗？

周国平：让我感到困惑的，或者让那些哲学家感到困惑的问题，应该都是人生的一些大问题，说到底就是"人活着到底有没有意义？"。人生是一个短暂的过程，最后的结局是死亡，如果你不信教就会很虚无，那它到底有什么意义？

对我来说，这确实不是一个抽象的问题，也不是一个理论的问题，而是一个性命攸关的问题。我从小就为这个问题而苦恼，从中学的时候就极其苦恼，如果不能找到一个答案，就不得安宁。后来我从哲学家们的书里看到，他们也为这个问题苦恼，尤其是帕斯卡尔，在《思想录》里，这个问题非常折磨他。因为如果你生而为人，度过很短暂的一生后，人又没有了，那这个问题就自然会存在：人生到底有什么意义？

俞敏洪：对有些人来说，"追求人生的意义"这件事是不是本身就是无事生非？如果一个人有一定的能力，吃吃喝喝，人生快乐，天天过着平凡的生活，不去思考人生的苦恼，不去思考人生的意义，这样的人生又是否有意义？还是说这种"不思考意义的过程"反而是一种意义，而"思考意义的过程"反而给自己带来了很多苦恼？

周国平：如果一个人不考虑这样的问题，可能就没有这方面的痛苦，也挺好。但是这并不是你想不考虑就可以不考虑的。对于有些人来说，他已经考虑这个问题了，甩不掉了，如果让他不考虑，他其实做不到。我就是这样，我觉得考虑这个问题会有痛苦，这是一个必要的代价，但这种痛苦也会有收获。虽然可能最后仍然没有找到答案，没有完全解决这个问题，但是一个思考过这个问题的人，会有一个让自己的心灵丰富化的过程。你去想这个问题，你就会去看相关的书，去寻找一种更有意义的生活。

实际上，人在寻找"意义"的过程中，已经发现了人生没有意义。但就在寻找"意义"的过程中，我们发现了哲学、宗教、艺术。哲学、宗教、艺术是怎么产生的？就是为了解决"意义"问题而产生的。正因为有了哲学、宗教、艺术，人们感觉人生似乎有了意义。无论你是在哪一个领域——哲学、宗教、艺术，只要在这个领域里往深了走，就会发现人活着还是有意义的。

所以，人生本无意义，但在寻找意义的过程中产生了人的精神生活，而这种精神生活为人生提供了意义，这就是收获。但如果只是局限于吃吃喝喝，那在精神层面还是太薄了。

俞敏洪： 马克斯·韦伯曾经说，人就是挂在意义蜘蛛网上的动物，你想不想寻找，意义都在。我的理解比较简单，之所以人生要去寻找有意义的生活，每天做有意义的事情，是因为生命本身在渴望丰富性和充实性，而有丰富性和充实性的生命一定会让自己变得更加愉悦，这种愉悦不是吃吃喝喝般的口腹愉悦，而是一种精神上、心灵上的愉悦。

比如，当我要做某件事情时，我会想如果在同一个时间去做别的事，是否会对自己或者别人有更大的好处。我会有两种评价标准：第一，对我本人来说，这件事情是不是我内心想做的；第二，这件事情是不是会给别人带来某种快乐，以及有没有意义。这个意义，最后就是归到人生意义上，归到内心的充实和快乐上。我现在做事基本就是遵循这个标准。

人生也一样，当我们选择做一件事的时候，别的事情就不能做，哪件事能带来更大、更多的充实性和收获，就应该去做哪件事。这是我日常做事和未来规划的一个标准，你觉得这个想法对吗？

周国平： 我觉得特别好。实际上你给"意义"定了两个标准：一是自己精神上的充实和丰富；二是给他人谋来的幸福。这两个标准其实是哲学家们对于"幸福"这个问题比较主流的标准，有了这两个标准，就能享受到作为人所能达到的最大幸福。

俞敏洪：周老师有没有想过，像你这样从很年轻的时候就开始思考人生，17岁上北大哲学系，有可能老天就是派你来帮助我们这些人进行这样更深度的思考的。

周国平：我觉得我没有这样的使命，完全是巧合而已。我是一个社会性很弱的人，因为我的性格比较内向、比较孤僻、比较孤独，不太善于也不太喜欢进行社会交往活动。如果按照我的性格来发展，可能不会在社会上发挥什么作用，但是我恰恰走了哲学这条路。

走这条路实际上是非常偶然的，不是一个特别自觉的选择，但也出于我性格的原因。我常常会想很多，总是会想一些问题，而走了哲学这条路以后，我去看很多历史上的哲学家写的东西，发现那些让我困惑的问题他们也在思考。所以在很大程度上，我是为了解决我自己的问题，然后参照这些哲学家的思考，最后把我自己的感悟写了出来，没有想到会在许多读者的心灵中发生影响，它的效果也不是我主动去追求来的，这可能是一种巧合，算是产生了比较好的作用，我也发现，原来让我困惑的问题也让许多人感到困惑，我们有共同的问题。

4. 孤独其实是一种人生动力

俞敏洪：从北大毕业后，你在农村待了整整十年，这十年对你来说是一种怎样的体会？这十年是生命的浪费，还是生命的财富？

周国平：其实两者皆有。如果我有选择的权利，我绝不会选择大学毕业后到一个小县城里待十年。但是命运安排了你要过这样的生活，它就不能仅仅是损失，至少我不能让它完全变成损失，我一定要让它有财富、有收获。我觉得人在任何环境里，都应该是这样一种生活态度。

所以不能说"文革"十年间，我们的生命浪费掉了，其实一个对自己生命负责的人，一个善于去感受和思考的人，永远不会让自己陷入"生命绝对浪费"的状况。

当时我在广西一个很小的县城里确实感到非常孤独。我最大的爱好就是读书和写作，可是在小县城里，真的没人读书。当年，有六十多个大学生被分到那个小县城，大家来自全国各地，大部分是广西的大学生，当然也有北大、科技大学、复旦大学的，但真到了那里以后，大家都不读书了。

其实，我真的没有办法和人交流。当时最痛苦的是没有人可以和我深入地交谈，来谈我看的那些书。我当时仍然坚持写作，包括写《韩非子》笔记之类的，写了很多这样的笔记整理成论文，也写了大量日记。但我写的东西没有读者，更别说有地方发表，那时候所有的报纸都关掉了，都是统一的新闻报道，不刊登任何文章，所有的杂志也都没有，我写的东西完全没有发表的可能，就是自己看，连周围感兴趣可以分享的人都没有。

俞敏洪：所以你大学毕业后，在农村没有任何人可以交流，在当时大环境也不允许你发表任何言论的情况下，有两件事很值得关注：第一，当一个人遇到磨难、不顺、挫折，甚至前途一片黑暗的时候，应该用什么样的态度来对待人生？第二，当一个人面临几乎没有尽头的孤独时，如何去忍受，化解这种孤独？

周国平：用什么样的态度来对待苦难和如何化解孤独，对我来说是同一个问题。当时我看明白了一点，在那样的环境里，如果要让自己活下去，让自己感觉活着还有意义，唯一的办法就是不放弃读书和写作。

当时我周围的人，包括分配到那里的大学生，其中大部分基本上被环境同化了，过着一种每天吃饭、上班，没有任何追求的生活，然后结婚生子。但我不愿意过那样的生活。

还有一种方式是争取走仕途。当时对知识分子来说，唯一取得外在成功的路就是走仕途，当官员。其实当时我有这样的条件，在六十几个大学生里，只有我一个人留在县委宣传部，恐怕他们当时也有这个意图，因为我是北大哲学系毕业。但后来他们发现，我也发现，这条路不适合我。因为我无法不读书写作，我无法和大家一起吃喝打牌，花很多时间去聊天串门。但如果不这样做，他们会给你一个评价，说这个人脱离群众，骄傲自满，知识分子的臭毛病没改，当时他们对我的评价就是这样的。

此外，我这个人比较爱说真话，我自己的想法，我喜欢说出来，但在当时的县委机关里，这样做是很不合适的，领导很不喜欢。

所以，我看得很明白。对我来说，既不能走仕途，又不愿意像芸芸众生那样过下去，我要让我的生活显得还有一点意义，唯一的办法就是读书写作。你说绝望吗？其实我也绝望，因为那个时候看不到时代会变，我还能有机会从那里出来，我当时就以为这一辈子就在那里了，那么我也就这样过吧。

俞敏洪：能在看不见希望的情况下，保持这种状态其实很了不起。我从小在农村，在我16岁之前中国没有考大学这一说，但在我13岁左右的时候，中国有一个叫推举工农兵学员上大学的做法，就此我看到希望了。我为什么从13岁开始拼命干农活？因为我知道如果能把农活干得特别好，让全体老百姓觉得你就是一个特别优秀的人，他们就可能推举你去上工农兵大学。所以在我13岁到16岁期间，获得了无数农村劳动的奖状。但等到我成为一个非常合格的农民后，突然告诉我上大学要考试了，于是，我在1977年第一次高考前进入高中，为了考试开始努力学习。

对我来说，人是需要看到希望的，所以我觉得你刚才描述的状态特别了不起，因为你在那种环境下，没有任何人会告诉你这辈子还能走出小县城。在这种情况下，你看书和写作就不再有任何功利性，只是为了让自己能够每一天坚持活下去，并且活得更好。

所以我觉得，当一个人生命的支撑来自内心的时候，支撑的力量是无比强大的。

周国平：其实也没有那么强大，我也不知道我能坚持多久，幸好1976年"四人帮"倒台，开始恢复高考，可以考研究生了。如果过去的情况一直延续很长时间，我也不知道能坚持多久。

俞敏洪：从你的书中能读出来，你会一直坚持下去。因为你内心的信念，用一句话来总结，就是不放弃希望的人终将得到希望。你在"孤独三书"中写了方方面面的东西，生命、生死、孤独，对自己的认识、爱情、婚姻、人性、幸福、苦难、命运、读书、人生境界、人生感悟等。但你为什么要起"孤独三书"这样的名字？结合刚才聊到的经历，你对孤独这件事情有怎样的看法？孤独跟人生有什么关系？以及当我们不敢或不想面对孤独的时候，应该做些什么？

周国平： 这三本书实际是根据我的散文编辑出来的，多少和孤独有点关系，但不是专门围绕孤独来写的。

关于"孤独"这个问题，我想得比较多，因为我自己就是个比较孤独的人。"孤独"这个词，有时候我们把它当作一个好词，觉得孤独很美，很有档次；有时候我们又觉得孤独是件坏事，孤独让人痛苦。实际上它的含义是不一样的。我首先想说说，人为什么会孤独。

当我感到孤独的时候，可以说有点孤芳自赏。这种孤独的原因是什么？实际上人都是有精神能量的，当精神能量积压得很多，找不到释放渠道的时候，就会感到难受，这种难受的感觉就叫作孤独。这样的孤独是又痛苦又快乐的，痛苦是因为找不到释放的渠道，快乐是因为你知道自己有好东西，你知道自己有很多能量，所以会又痛苦又快乐。

历史上有很多这样的例子。比如尼采，他有思想的能量，但是他的思想得不到别人的理解，他很孤独。这种孤独其实就是精神能量非常丰满，但是没有人去接受他，没有人愿意共享他的能量。就好像一个人积压了很多爱的能量，但是找不到一个他爱的人可以来释放这个能量，那他就会感到孤独。

我想这种孤独其实是一种好的孤独。现在这个时代和社会，其实不够珍惜这样的孤独。你有这样的孤独，怀才不遇也好，怀春不遇也好，你有爱但找不到爱的人也好，这些都是生命力、创造力的源泉。但是现在有这样孤独感的人很稀少，人们都因为一些表面的东西变得没有心思去体会这样的孤独了，这一点是特别遗憾的。

俞敏洪： 有的人其实会混淆孤单和孤独，能分析一下吗？

周国平： 孤单，是客观情景造成的"没有朋友,没有相爱的人"的一种状态。

孤僻，即不合群，我认为这是性格上的一种缺点。而孤独，实际上是表达一种内在的体验，是一种感受，这种感受是很可贵的。

在人群中的孤独，不光是指在某种具体的场合中感觉很不合群，所以感到孤独，这仅仅是一个具体化的呈现。我也可以说它是个象征，象征我们一个时代，这个时代很喧闹，就像一个大的交际场，网络就是个大的交际场。在大的交际场里，如果真的感觉不合群，这不是你喜欢的生活，你没找到真正的交流和沟通，证明你就不会被这样一个环境同化。

俞敏洪： 三个"孤"字区分得很清楚，我很受启发。确实，孤僻在某种意义上是个性上的问题，孤僻的人反而要学会与人群打交道。孤单其实描写的是一种状态，所谓孤单就是刚好你身边没有认识的、熟悉的人，或者一个人处在某个状态中想要跟人交往而找不到。但孤独是一种精神状态。我认为孤独的人分两种，第一种就是在人群中间，却发现这群人其实没法跟你真正进行心灵上的交流，而你希望找到的是另外一群人，除非你改变环境，否则你找不到。

像我当初在农村，一心一意想要考上大学的一个重要原因，是我发现村民，包括我的伙伴们，没有一个人要上大学，也没有一个人读书，而我变成了农民中唯一的一个读书人。

所以当他们看见我抱着书在读，尤其后来我戴上了眼镜，我就被排斥了。当时我还没考上大学，但他们见我就叫我"大学生"，这其实是对我的一种讽刺，我很受伤。那时候，我觉得整个村里没有一个人能够理解我，这是一种孤独。

但后来到了北大，我的同学、老师都比我厉害，我反而不孤独了，每天都忙于向他们学习。后来我做了新东方，当时雇用的大多是下岗工人，我又发现每天除了指挥他们干活以外，很难和他们有任何心理和精神的交流，我就感到很孤独。后来我直接跑到美国找我大学的同班同学，不仅仅是让他们回来跟我一起干活，更是让他们回来跟我一起聊天，聊天的同时大家一起干活。

第二种，我觉得孤独有点像屈原那种"路漫漫其修远兮，吾将上下而求索"的状态。

周国平： 所以孤独实际上成了一种动力，一种强有力的动力。这实际上也是我读书的一个动力。如果在周围的环境里，没有可以交流的人，你就会到书里去寻找交流。

5. 爱情、婚姻和性

俞敏洪：在三本书中，你谈到了不少爱情、婚姻、性的话题，你觉得，对现代青年来说，在追求事业和人生发展的过程中，应当如何把爱情、婚姻和性和谐地结合起来？或者应当如何取舍？此外，现代人对"性"这件事情更加开放，这种开放对于社会来说，对未来来说，到底会是一个什么样的状态？

周国平：我们这一代人是从性的禁锢时代过来的。近三四十年来，性在中国的开放程度已经相当惊人了。

我本人对性是相对开放的一个状态，是持认可态度的。我觉得它总比性禁锢好，尤其青年男女，他们之间如果要真正找到合适自己的、喜欢的、爱的人，性开放的状态更有助于此。**两个人之间有没有亲密关系，能不能保持下去，是要经过试验的**。人生这么大的事情，是应该经过试验的，性相对开放的状态，就为那个试验提供了一个条件。我们当年是不允许试验的，一试验就犯错误，就会受处分，我觉得很荒唐。所以我觉得性的相对开放相比禁锢是个进步。

俞敏洪：你觉得人与人之间的性交往是一定要以爱情为基础，还是可以相对放松一些？

周国平：我觉得这是两个不同的规则。我说过这样一句话，**性是肉体生活，它遵循的是快乐原则；爱情是精神生活，它遵循的是理想原则；婚姻是社会生活，它遵循的是现实原则**。这是三个不同的东西。婚姻的困难在于，要把这三个不同的东西变成一个东西，所以婚姻总是出问题。我觉得这是一个最重要的原因，因为它本来就是不同的，本来就是互相矛盾的。我实际上回答了你刚才提的问题，性和爱情是相对不同的东西。

卢梭也讲过这个问题，他说性和爱情是不同的。卢梭是西方性解放的首倡者，他有一本书叫作《婚姻革命》，就是专门讲性解放的。

俞敏洪： 他本人的行为，包括他写的东西，也是反复在强调自己在这方面的解放。

周国平： 是的，但我觉得他开放婚姻的那种试验是失败的，因为他不断地结婚、离婚。他认为在婚姻里两个人相爱，但同时两个人都应该保持婚姻外的性自由，这是他的观点，并且他也是这样做的。但从萨特和波伏娃的实践中能看到，虽然他们有协议，但最后还是互相嫉妒得很厉害，卢梭也没成功。所以我觉得婚姻的问题就在这里，本来三个不同的东西，怎么能统一起来，这是它的难题。但卢梭也强调了，**单纯的性关系价值是很低的，只有和爱结合在一起它才有价值。**

俞敏洪： 会有人认为，想要做大事业就需要清心寡欲，你同意这个观点吗？

周国平： 我不同意。首先做大事业是为了什么？如果仅仅是为了出人头地，那这个目标有点太平庸，而且做不成本质意义上的大事业。**我认为做大事业一定需要热情，热情非常重要，一种出自生命根底里的热情，一个清心寡欲的人是不容易有这样的热情的。**

俞敏洪： 我觉得热情来自人对美的追求——对大自然美的追求、对社会美的追求，包括对性别美的追求。而且人做事业的很大一份动力来自别人赞赏的目光，包括同性赞赏的眼光、异性赞赏的眼光。人是不可能完全免俗，进入到神圣境界里去的。

周国平： 不应该否定欲望，给欲望一个正确的方向就好。

俞敏洪： 人的欲望是可以引导的，引导到更好的事情上去，或者用更规范的方式来满足自己的欲望。一个人如果真的变得清心寡欲，可能对个人来说是一个平静的状态，但从对自己的事业发展、对社会的贡献这个角度来说，这件事就有待商榷了。

周国平： 想做大事业本身也是一种欲望。

俞敏洪： 之前有报告提到，现在中国的离婚率越来越高，全国平均下来达到了百分之四五十。现在社会的高离婚率，家庭之间破碎的状态，使不少孩子因此受到了一定的伤害。现在国家也出了一系列政策促使人口增长。这些问题综合下来，您怎么看？

周国平： 以前离婚率很低，很大程度上是依靠对婚姻的传统观念，因为在那个时代，离婚好像是一件坏事、是不光彩的，人们尽可能避免。哪怕是一段没有爱情的婚姻，也可能会尽力维持。从这一点上来说，现在离婚相对比较自由，人们在这方面的精神顾虑会少得多，我觉得这也是个进步。

但整体上来看，尤其是年轻人，不要说生育的意图，甚至结婚的意图普遍都很弱。这里面有两个原因，一是客观情况，生存压力比较大。我本人是这样看的，两个人结婚最重要的一个目标是生孩子，如果不生孩子，结婚可有可无，只要感情好，其实不一定非要法律上这个手续。但如果要生育、要有孩子，是必须结婚的，这样才能给孩子一个家。所以结婚的意愿减弱，很大程度上也是因为生育意愿减弱，很大的原因是生活压力太大，孩子的教育、抚养成本太高，现在年轻人普遍承受不起。

此外，还有一个很重要的原因是观念的变化。以前人们认为人生的正常道路就是结婚生子、延续后代。但现在这个观念已经受到了很大的动摇，很多人并不觉得自己有这个需要，更没有责任来完成人类的繁衍。虽然造成这个观念的原因，有一些是可以被理解的，但这个观念本身是错的。这样的观念现在流行起来，我觉得是令人担忧的。

所以这一次国家"双减"政策的出现，尽管我觉得执行得有点太突然，但我从内心里真的比较理解，因为我知道他们是想减轻家庭负担、减轻孩子的负担。只不过，要真正减轻家庭负担、孩子负担，还要做更多的事，比如中国的中考、高考方式是不是可以有所改变，比如中国从小学、初中、高中上学的区域划分、师资调配、教学资源的配置，是不是可以更加优化。

俞敏洪： 我个人感觉，对于生孩子的家庭来说，国家应当有一些政策上的主导和优惠。比如生完孩子后，这些家庭，从工作的单位到国家能够给予怎样的补助，使他们减少带孩子的后顾之忧，这些都是国家的一系列政策应当考虑的。

周国平： 这是一个系统的问题，光靠几个环节是解决不了的，必须系统解决，比如社会福利问题、教育体制的改变，等等。

6. 从《长岛小记》看家庭经营之道

俞敏洪： 你现在有非常完美的家，美好的爱人，两个美好的孩子。我从郭红老师的书《长岛小记》里读到了你们两个可爱的孩子，一个叫啾啾，另一个叫叩叩。

周国平： 是的，啾啾去年刚大学毕业，叩叩现在还在上初三。

俞敏洪： 那会不会觉得自己有孩子太晚？

周国平： 没有，一点都不晚，再来两个更好。我觉得有孩子特别好，所以我就特别不理解现在的年轻人。要让一个家庭有活力，最好的办法是有孩子、有婴儿，有来自天国的小天使，这是最好的办法。

俞敏洪： 这可能需要一定的人生阅历才能够理解，之前我在直播中说过，大家都认为有了孩子以后会带来很多烦恼，确实会有烦恼，但孩子真的出生后，他们给你带来的快乐一定是大于烦恼的。那你当了父亲以后，跟孩子在一起的时间多吗？

周国平： 孩子小时候我都全力以赴，会花很多时间跟他们在一起。啾啾出生的时候，我53岁，还在上班，但叩叩出生的时候我已经退休了。我在社科院上班，也不坐班，会有大量的时间，我的主要工作是看书和写作。孩子小的时候，我就觉得我什么都可以放下，写什么东西，以后再写，着什么急，我会花很多时间跟孩子玩。而且我特别珍惜孩子在幼儿时期语言发展的阶段，他会说很多非常可爱的话。啾啾小时候，我为她写了几十万字的日记，后来我就从那里面整理出一本书，就是《宝贝，宝贝》。那里面她的语言精彩极了，小孩真的是天才，所有的小孩都是天才。

俞敏洪： 现在啾啾都大学毕业了，还能跟你完全平等、坦诚、无忧无虑地进行交流吗？

周国平： 我发现有这么一个过程，孩子在青春期的时候，有一个和你拉开距离的过程，他要独立了。实际上我觉得是大自然安排的，他不一定能很明确地意识到，但他就会跟你拉开距离，用一种冷眼旁观的眼光来看你、观察你，好像跟你也不是那么贴心。过了那段时间以后，他又回归了，跟你更亲了，但这是一种更加成熟的亲密关系。现在我女儿就是这样，她跟我拉开距离的时候我挺失落的，但是她现在跟我越来越亲。

7. 和郭红对话《长岛小记》

俞敏洪： 从郭红老师的《长岛小记》中能感受到，虽然内容是关于疫情封闭期间的，但您在这样封闭的生活中发现了很多美——自然的美、家庭的美、人性的美，发现了人与人之间的关系和交往的美，而你又用非常优美的文笔写了出来，这是让我很感动的一件事。读了您的书以后，这种家庭生活给孩子带来的美好感觉，甚至让周国平老师觉得"再也不想离开"家的感觉，让我觉得您真的起到了很大的作用。所以想问一下，一个家怎样才能操持好，往更加温馨和美好的方向发展？

郭红： 关于这个问题，我们都不是刚开始就有答案的，即使结婚、走到一起的时候会这样想，但在面对生活中的很多琐事时，还是会对此产生怀疑。我也一样，有时候会觉得过日子太难了。**在遇到困难的时候，尤其两个人遇到冲突，对经营一个家庭没有信心的时候，我常常问自己一个问题：当初和他结婚时，你喜欢他的那些东西还在不在？**我会想一下，如果最开始两个人相爱的基础还在，其实这会让我对经营这段婚姻有信心、有乐趣，否则就没有办法。所以我想我也没有别的什么绝招。

俞敏洪： 读完您的书，有三个感受：第一，您是一个非常成熟的妻子和母亲。第二，您保持了一种天真和好奇的天性，或者说性格。第三，您能够跟孩子们和周老师玩到一起、生活在一起。一个人要做到这三方面，其实还是有一定难度的。所以，以一个成熟女性的姿态来对待家庭、孩子和老公，以及用一个活泼的心态来对待自己的生活，关于这两点，您是如何融合在一起的？

郭红：这就要感谢周老师了，他理解能力很强，他会认为这是我很重要的品质和天性，他不会觉得我的天真是一种缺点，也不认为我应该变得更成熟、更世故，他对我保护得比较好。

俞敏洪：因为周老师自己也不世故。

周国平：第一，她以成熟女性的态度去对待家庭，这一点能够坚持下来，是因为有我的配合。第二，她用天真、好奇的态度来对待自己的生活，这一点能够发扬出来，是因为我的欣赏。这两个优点都不能缺了我。

我觉得两个人之间的关系有个基本面，这个基本面是好的，什么问题都能解决。家庭中的争吵大多数是因为一些琐碎的事情，比如两个人性格不一样，我会比较讲究条理，她就比较浪漫，这会发生冲突的。后来我就总结出一条婚姻中的原则，就是不要试图去改变对方，尤其不要试图去改变对方的性格，性格是不可改变的。对于我们每个人的性格来说，要扬长避短，发扬自己性格好的那一面，去抵消不好的那一面。对于对方来说，我们要欣赏对方性格好的那一面，然后接受我们认为不好的那一面。

其实很多争吵是因为你试图改变对方，而不是因为这种差异造成的。这种差异本身不会造成一种尖锐的矛盾，但你要改变对方，矛盾一定会尖锐，所以不要试图改变。

另外我有一个体会，亲人天天在一起，非常容易挑剔，对自己亲近的人挑剔几乎是一种本能，这个时候就要警惕，**挑剔是一种本能，对亲近的人不挑剔是一种教养**，这时候就要有教养，而不是让本能在那里放肆地发挥。其实两个人成年累月、天天在一起，教养是很重要的。

俞敏洪：什么叫教养，能描述一下吗？

周国平：一个基本理念就是，不管文化程度如何，**作为夫妻，都要有这样一个理念**，就是对方仍然是一个独立的个人、一个独立的灵魂，你要尊重他。有时候爱可以靠本能，但尊重一定是一种教养，是一个有意识的行为，这是不能靠本能的。

其实亲子之间也是这样，不能把孩子看成是你的产物，然后对他进行支配。

孩子是独立的，孩子在成长过程中，越来越显示他和你的不一样，他是个独立的灵魂。

所以一个家庭，无论是夫妻、亲子，都是因为某些因缘，然后成立了家庭，在一起生活，那么千万要记住，所有的家庭成员都是独立的灵魂，都要尊重他们的独立个性。

俞敏洪： 周老师之所以能欣赏郭红老师，是不是有一个原因，就是你们还是有一定的年龄差距，所以您有一点点把她当作小妹妹看？

郭红： 没有，我觉得他才是宝宝呢。

周国平： 相处时间长了以后，年龄差距的感觉是会很淡薄的。那时候反而欣赏的是更本质的东西，它不是年龄带给你的东西，而是她本性中的东西。我觉得这样其实更好，因为年龄总是会变的，虽然年龄差距不会变，但是年龄的绝对值是会变化的，所以我觉得我欣赏的是更本质的东西。

俞敏洪： 您和郭红老师现在出去旅行，是两个人一起，还是分开旅行？

周国平： 她很想自己独立旅行，但始终没兑现。我这个人不太愿意独立旅行，我总想一家人一起旅行，最后她也只好对我让步了，没办法。

郭红： 我发现俞老师好坏啊。

俞敏洪： 读了郭红老师的《长岛小记》，我觉得文笔清新、自然、生动、真实。读周老师的书时，会时常感觉有一点点重，因为太需要动脑子了。我想问一下周老师，您对郭红老师这本书的文笔怎么看？

周国平： 你刚才说的那个感觉也是我的感觉，我读她的书要比读我自己的书轻松得多。

俞敏洪： 您会不会觉得这么写太轻松、太浅？

周国平： 没有。其实序言里我讲了这一点。原来我有一点看不上她写的东西，她以前也写一点东西，但我觉得太小女生气了，不大气。这本不一样，这本书很大气。原来我所看到的小女生不见了，我看到的是一个作家。我在序言里说，作家是被文学附了魂的人，她有文学的基因，这个基因觉醒了，所以她这本书里很多篇章是很大气的。这种写法我写不出来，这一点我也特别喜欢，有人说她是在我身边生活，所以她写作也写得不错。我说你说错了，她就是她，她不过是偶然地成了我的妻子，她可以不是我的妻子，但仍然是她。

俞敏洪： 要是您能写出来就不是周国平了。而且女性对自然、周边人性的观察是有直觉的，而且很细腻，这种直觉和细腻是天生的。郭红老师，后面还有写作的计划吗？

郭红： 有，我打算两年出一本书。

周国平： 这个我今天才知道。

俞敏洪： 周老师，要是郭红老师两年出一本书，您就得放她独自出去旅行。

郭红： 听见没？（笑）

俞敏洪： 哈哈，特别好，大家留言都说你们太幸福了，说你们俩好可爱，撒狗粮，让我不要打断你们俩。

不知不觉聊了两个多小时了，感谢周老师和郭红老师。周老师在思想方面给了大家很多指引，郭红老师也在生活方面给大家做了榜样，再次对你们表示感谢，感谢师叔，也特别感谢师……

郭红： 师婶？

周国平： 你看看，靠着我你的辈分都提高了。（笑）

（对谈于 2021 年 12 月 26 日）

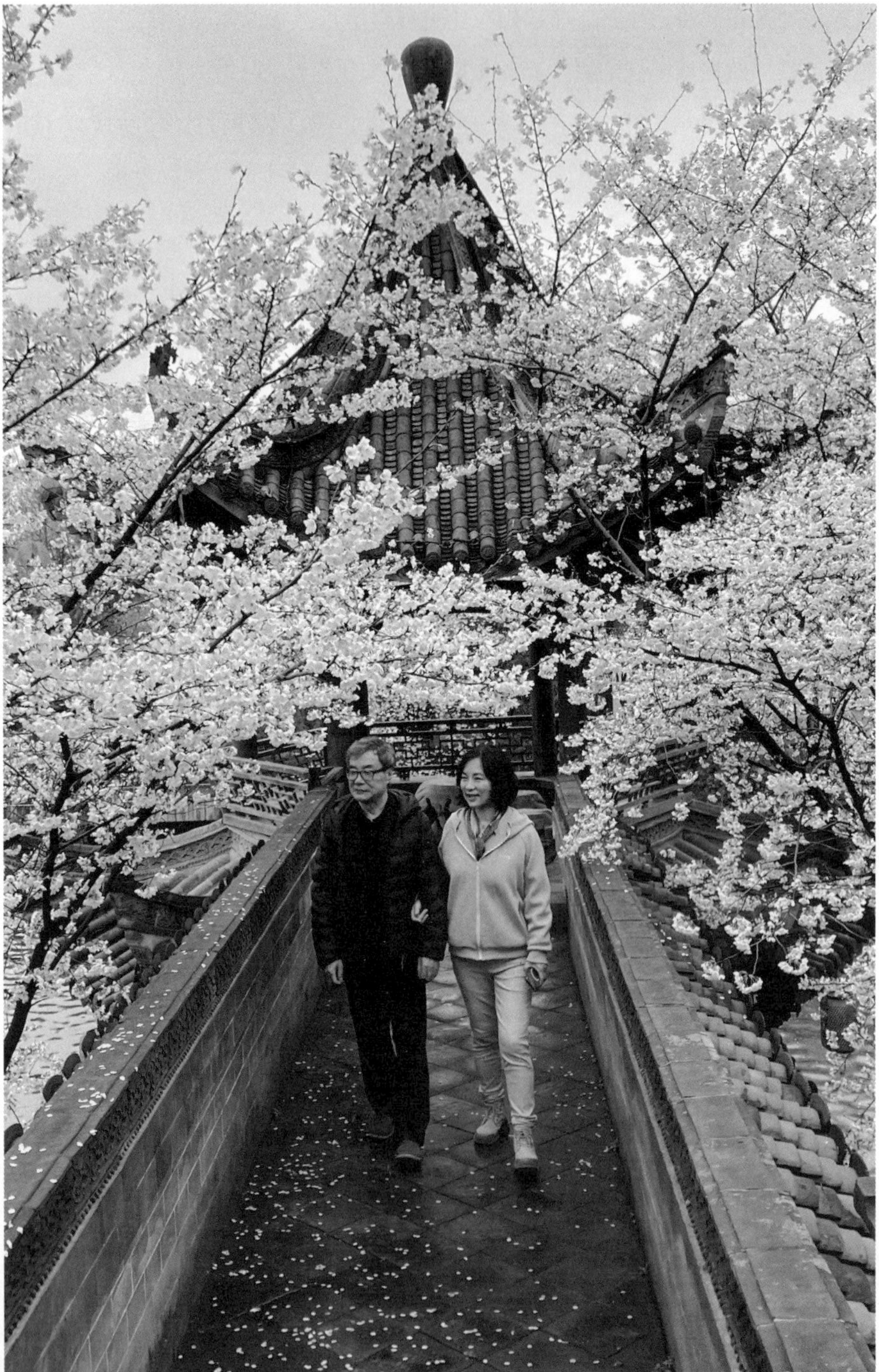

对话 **彭凯平**
如何才能过得更幸福

幸福就是一种澎湃的'福流'。

多和孩子聊没有答案的问题，比如爱、知识、心理健康、快乐、幸福。总聊排名、考试分数，会让孩子产生压力感和焦虑感。

彭凯平 /
著名心理学者。1962年生于湖南岳阳。1983年毕业于北京大学心理学系，1997年获得美国密歇根大学心理学博士学位。现担任清华大学社会科学学院院长，清华大学心理学系主任，中国国际积极心理学大会执行主席。出版作品《活出心花怒放的人生》《孩子的品格——写给父母的积极心理学》等。

俞敏洪： 大家好，今天我会和彭凯平老师聊一聊与积极心理学相关的话题——"人的一生怎样才能过得更幸福"。

彭凯平老师是清华大学的著名教授、中国积极心理学的创始人，也是著名的心理学家。大家应该在各个地方或多或少都听到过彭老师的讲课。在彭老师上来之前，大家可以先把自己最近的困惑发上来，我们一起聊聊。

有人说，最近比较抑郁，这需要去寻找抑郁的原因，把它消除掉。现在很多人的抑郁可能就是心情不好，一般不会是病理上的抑郁。我得过轻度的躁狂症，实际上和抑郁有一定的关系，但后来我通过努力调整过来了；我还得过严重的失眠症，现在也调整过来一部分了。

其实我们人生中的焦虑、失落、空虚、无聊，都是特别正常的情绪，它们和正面情绪会交替出现。最近我也在尝试每天记录自己的正、负面情绪及其产生的原因，观察自己每天遇到了多少负面情绪、多少正面情绪，又是如何将负面情绪转换成正面情绪。在这个过程中，我发现我最多的时候，一天能有十几个负面情绪，有失落、愤怒、焦虑、犹豫、彷徨，或者首鼠两端，不知如何决策，等等。**一个人消除自己负面情绪的关键在于，能够用第三者的视角和态度去正视自己的负面情绪，并且要站在第三者的角度提出合理的建议，相当于要把自己从自己的负面情绪中抽离出来，而不是沉浸其中。**

当然，有时候我也会一两天缓不过劲，我就会选择去散散步、爬爬山、读一读故事书，或者冥想，躺在床上闭目养神。但大部分情况下，我都能自我鼓励着慢慢消除负面情绪，尽可能地走向积极的一面。所以**面对负面情绪，重要的是如何消解掉负面情绪，而不是不让它出现**。

如果你情绪不好，或者负面情绪比较多，有几点小建议可以和大家分享：

第一，做一点让自己快乐的小事。当然，让自己快乐起来的事情每个人都是不一样的，但有一些共通的，比如多多微笑，刚开始哪怕是强作微笑，但笑着笑着可能就会开心；或者去爬爬山、听音乐、看电影、独自到饭馆吃一个最喜欢的菜，等等。但不要做表面上让我们快乐，随后又会让我们失落空虚的事情，比如赌博、酗酒、通宵打牌、打游戏过度等。

赌博能够激发快乐感，因为我们的血液会加快流动，内啡肽和多巴胺就会加快分泌，但这段时间过去后，我们会感到空虚、痛苦。有些人会酗酒，感觉喝酒的时候好像挺快乐，我以前也常常会喝得酩酊大醉，但酒醒以后就浑身难受，宿醉也会让人感到空虚、失落。还有人会通宵打牌，打牌本身倒是挺好玩的，适度打没有问题，但是通宵打牌影响睡眠，第二天会感觉很疲劳。我不反对大家适度打游戏，但如果打游戏打到茶饭不思，也不睡觉，就不合适了。所以像这些让自己表面上快乐但实际上消耗的事情，要尽可能少做。

第二，学会让自己的快乐有一定的意义。比如做完一件事情后，我们会感觉时间没有白过，心情愉快。比如阅读，读一本喜欢的书，读完后你绝对不会说这是浪费时间，你也绝对不会说这是没有意义的事情。比如写作，就像我在"老俞闲话"里记录自我的回顾、日常生活。还可以远足，在做好疫情防范的前提下，到所在城市的郊区山里、公园里走一走。有时候我心理有压力，就会去爬爬香山，到颐和园、圆明园走一走，看着苍凉的风景，内心就会产生快乐。或者与深交的朋友一起聊聊思想。还可以专注于自己的喜好，比如有人专注于拼图，一幅拼图几百上千片，他们会在几小时内全神贯注地拼，拼完以后内心就会产生很大的成就感。这都是大家可以去做的事情。

第三，学会正视自己给自己的压力。我刚才说过了，要尽量多阅读、写作、旅游、远足、交可以聊思想的朋友，专注于某种能够吸引你的注意力，并且带有一定成就感的事情，比如拼图、搭积木、搭乐高等，还有些技术人员搞编程，尤其搞游戏化编程都挺好的。我们常常会给自己很多负担，主要来自两方面：**一来自物质**，给自己提了过高的物质要求，比如要有大房子、好汽车、穿名牌衣服、背名牌包包，当然如果经济实力允许，这没有什么不好，但如果经济实力不允许，就会给自己带来巨大的压力；**二来自过于宏大的理想**，比如你现在是专科学生，将来一定要去哈佛上学，这跨度就太大了。我们常常给自己提出宏大的人生意义，但寻找意义的时候，反而会容易迷失自己，因为宏大的意义不足以支撑日常生活。**我们需要能够支撑、填满我们日常生活，并且能带来一定充实感、成就感的事情，这通常是一些只要我们努力就能达到的事情。我们要建立人生的小目标。**我当初从北大出来后，承包了一个培训机构的外语培训，我当时给自己提的第一个目标，就是争取能赚到 30 万元，后来不到一年就达到了，就又定了一个目标，挣到 100 万元，后来又达到了。目标的逐渐实现，是在为制定后来的目标奠定基础。

此外，**我们的人生目标最好离生活近一点，如果能改善生活状态和精神状态就更好了**。比如我在 90 年代，用两万元买了北京郊区一个 50 平方米的小房子，就是为了不给自己增加经济压力，后来经济充足了，才买了更大的房子。所以要从小目标做起，一上来就定诸如造福人类、改造社会这样的大目标，离我们的生活太远了。

这需要我们能找到一个既能充实精神，又能让我们赚钱的工作。这个工作有一个指向，得是我们喜欢的工作。很多人一辈子都在做自己不太喜欢的事情，因为能给自己带来经济收入，会在这种不改变的状态中度过生命。很多人是退休以后才开始做自己喜欢的事情，这有点太晚了。

现在中国最幸福的人反而是 60 岁以后退休的人，有自己的时间去做喜欢的事。他们已经不需要太关注自己的经济状况，毕竟过去那么多年多多少少会有些积蓄，还有退休金，在没有经济压力的情况下，去做自己爱好的事情，会比较轻松。但对于年轻人来说，这不太容易做到，因为上有老下有小，必须每天去挣钱，才能养活自己和家人，能活下去，才能去谈自己的爱好。不过，大家还是要尽可能去寻找能养活自己，自己也很热爱的工作。

从小目标做起，真正的改变是从一点点改变积累起来的，比如锻炼身体，可以先早起跑 500 步，然后再慢慢变成 600 步、700 步、800 步，如果一上来就要跑 5 公里，就变成了一个沉重的负担。小目标一点一点地，在不太让我们有压力的情况下加上去，就累加成了一个大目标。大家可以先从自己最想做的那件事入手，想清楚最想做什么，再进行分解，分解到每天，每天做一点点，终有一天走向了那个大目标，也不会迷茫或是困惑。这样我们就会对自己慢慢产生自我认可、自我相信和自我期许，这种期许慢慢累加起来，就可能会让生活变得更好。

另外，大家一定要有掌控感，逐步掌控自己的生活和工作。我们一天有多少时间是被别人支配的？上班的时间原则上是被公司支配的，但如果做的是自己喜欢的事情，实际上也是被自己支配的。如果能提高工作效率，用 6 个小时做完 8 个小时的事情，省出来的 2 个小时就可以自己支配。此外，可以判断一下，上班时我们是由老板、主管、同事主导的，还是自己在主导想法、观点。尽量说服其他人根据自己的主导来做事。如果是自己主导，就会有掌控感。

人有两种：一种是随波逐流、没有主见的；另一种是自己有主见、可以掌控自己命运的。当然，过分有主见，不跟别人融合，肯定也有问题，但无论如何，一定程度上学会掌控生活和工作，会让自己更加幸福踏实、自主积极。

掌控主要分成两方面：**一是掌控时间。**时间不要随意被自己浪费掉，也不要被周围的人浪费掉。本来今天晚上想读一个小时书，结果被人拉去吃烧烤了，这就被别人掌控了时间。最近流行一种工作法——"番茄工作法"，它要求我们把时间分成一格一格的，每 25 分钟到半个小时一个单位，在这个单位内，坚决不被干扰和打扰，既不看手机，也不接受别人的打扰，至少在规定的时间内可以全力以赴专注做事，效率会大大提高。

我自己也尝试过，把时间分成半个小时和一个小时。当我写东西的时候，我一般给自己一个小时；当我开会的时候，我通常规定半个小时。这样我就可以在自己规定的时间内，百分之百地集中注意力，不受任何干扰地把想做的事情做完。这既培养了自己的专注力，又培养了自己的思考力，还会让自己感到愉快。

二是掌控发展方向。有很多人被父母规定了发展方向，甚至被规定了到什么城市生活、跟什么样的人结婚。这样被掌控人生方向的状态是比较可怕的。人生方向、发展方向是一定要自己掌控的，要自己心甘情愿选择的。

时间和发展方向，如果这两者都掌控在自己手里，我们的人生基本上有百分之七八十掌控在自己手里，即使剩下的百分之二三十被别人部分掌控，也不会有巨大影响。总之，不要让自己陷入个人命运被别人控制的情况中去。

还有一点需要提及，很多人总是喜欢抱怨、推诿、推卸责任、不承认自己犯的错误，这在心理学上叫"受害者模式"。这样的人会觉得所有的事情，不管是苦难、不幸、挫折、没有升职加薪、和同事之间关系不好，都是他人、环境、社会、机制带来的问题，他不会审视自己身上的问题，永远觉得自己是受害者，这一点是需要注意并且调整的。

现在彭老师连线上来了，我们开始对话彭凯平老师。

——对谈环节——

俞敏洪：彭老师，师兄好。

彭凯平：你好，非常高兴能和你见面。

俞敏洪：我们俩都是1962年的，但你是1979年进的北大，我是1980年进的，比你小一届，所以你是我师兄，但你现在还是满头黑发，看上去比我年轻很多。

彭凯平：哈哈，可能是积极心理学的帮助。

俞敏洪：积极心理学对你的身心健康真的有很大帮助吗？

彭凯平：我觉得有，遇到忧愁、挫折、打击、失落可以调整一下，会开心很多。

1. 如何缓解压力

俞敏洪： 我的粉丝从年轻人到五六十岁的都有，是一个全年龄段的群体，而且我这儿男性粉丝居多，接近70%。

彭凯平： 这和心理学的粉丝群体不一样，我们70%是女性。

俞敏洪： 在这点上似乎女性占优势，女性排解焦虑的能力好像比男性要强一点，是这样吗？

彭凯平： 是的。科学证据显示，男性的自杀率是女性的三倍以上，而且女性在分手之后的痛苦比男性要少很多，女性在分手的瞬间打击比较大，哭得比较厉害，但哭完以后就没事了。男性被抛弃之后则不一样，有些甚至想死的心都有，很多一直缠着前任的都是男性。

俞敏洪： 也就是说男人在失恋后缠着前女友的可能性比女人缠着前男友的可能性要大吗？

彭凯平： 是的，大很多。所以男性对负面困难的调整能力其实是不如女性的。我经常讲，男性一定要学心理学，而且要相信"男儿有泪得轻弹"，闷在心里并不好。

俞敏洪： 感觉男人的发泄渠道好像就是找自己的好朋友喝顿大酒，喝得烂醉，难得有男性会号啕大哭。我也哭过，但都是自己一个人在家里哭，不敢在朋友面前哭。是不是有两个原因：第一是男人责任在肩，没法把责任推卸到别人身上去；第二是文化所致，"男儿有泪不轻弹"？

彭凯平： 对，主要是后者。某种意义上是文化的偏见，人类文化对男性有很多阳刚精神的要求，使得男人不愿意表露自己的情绪，我个人认为这在某种意义上是偏见，男人找朋友、心理学家聊一聊天也很有必要，没什么丢脸的。

俞敏洪： 其实我各种各样的压力也蛮大的。表面上，我必须对公众社会、对新东方的员工，表现出极其乐观的一面，但这背后其实是以很多的焦虑和压力为代价的。好在我和好朋友们比较聊得开，很大程度上能够化解。如果一个人的焦虑痛苦，能够被旁人接纳并且被提出一些建议，这种焦虑痛苦会减少很多。

彭凯平：对，人类的一个优势就是倾诉。人是会说话的生物，所以在表达自己感情、倾诉内心郁闷的时候，可以得到很多缓解。有两个特别重要的情绪调节技巧：**一是社会支持**，亲情、友情、爱情对我们的情绪帮助特别大；**二是表达倾诉**，千万不要闷在心里，因为闷在心里，它是会发芽的，而这个芽是毒芽，是对我们自己身心不利的。

俞敏洪：我有比较好的友情，亲情当然也是一部分，但整体来说，男人的郁闷一定要有发泄渠道，不能一个人独处发泄，比如喝闷酒、孤独抽烟、关在房间里不出来。而且，我喜欢滑雪、爬山、骑马，这些运动都能帮我缓解一部分焦虑、压力和痛苦，所以**运动对调节情绪是不是也很有帮助？**

彭凯平：对。人类所有不愉快的反应在心理学上都叫作"应激状态"，我们遇到一些挫折、打击、风险、挑战、侮辱的时候，会处于一种应激状态，释放很多压力激素，而唯一能够化解的方式就是行动。运动就是一种最好的行动。当然，这个行动也可以包括打扫卫生、换件新衣服、洗个澡、唱个歌、跳个舞等，总之，要给自己找个简单的事做。

俞敏洪：对。有时候我还自己练唱歌，我喜欢草原歌曲，有时候心里不舒服，就把房门关上吼几句，会感觉好像开心了一点。

彭凯平：人只要抬头挺胸，把气呼出去，就会觉得舒服。所以我们经常讲"路见不平一声吼"，其实在某种意义上"心有不平一声吼"，效果也是差不多的。

2. 人与人需要交流

俞敏洪：彭老师，有些人比较内向、相对孤僻，常常一个人待着，不太愿意和人打交道，但他们内心有很多焦虑和痛苦，你对他们有什么样的建议？

彭凯平：首先要分清楚是物理孤独还是心理孤独。一个人如果在房间里待着，但心中充满了暖流，他的思想是发育的，爱读书、爱思考，这就不是真正的孤独，而是物理孤独。而有些人觉得自己特别闷、特别惨、没有人理解，渴望寻求美好的人际关系，这叫作心理孤独。

对于心理孤独的人，有一个特别简单的技巧叫"迈出第一步"，只要迈出了第一步，后面就很容易做到，比如寻找熟人进行交流沟通，寻找一些事业上有共同兴趣的同伴，从熟人开始，从身边的小事情开始，逐步走出去。

总之，这个行为要通过不断强化、塑造才能完成，要先做成一些小目标，才会愿意继续做。不要先设一个特别大的目标，比如一个孤独的码农设个目标——我一定要和俞敏洪吃顿晚饭——这很难，也做不到。可以先走出自己的空间，从一些熟悉的、容易的小事开始做，一步一步扩大自己的社交范围。

俞敏洪：一个人不管多么孤僻、内向，在生命中都需要一两个好友聊天、互诉衷肠，或者在一起喝喝酒、唱唱歌，这是非常必要的。

彭凯平：朋友不在多，有两三个知心朋友最重要，可以一起谈心、说话。如果一个人能够不带任何功利目的地陪你闲聊 30 分钟，这个人就可以作为你的知心朋友慢慢培养。

俞敏洪：有些人在网络上虚拟聊天或者交虚拟朋友，这能解决他们孤独焦虑的问题吗，还是实际上会走向更加孤独的状态？

彭凯平：也得看具体情况，有些人由于各种限制，比如有强烈的孤独症、社交恐惧，他出不去，做不到，虚拟的朋友就会对他们有一些安抚作用，甚至有人专门设计出了虚拟的倾诉者。但对大多数人来说，还是需要找一个真实的、有血有肉、有情有感的人，朋友之间能有一些肢体接触和碰撞，会更真实、更有帮助。

俞敏洪：所以在某种意义上，现实世界的人永远比虚拟世界的人更能安抚人心？

彭凯平：对。人与人面对面的肢体接触和气场感受，对我们的身心发展是非常重要的，一个人即使只是坐在我们旁边、陪伴着，他所产生的生物能量气场，对我们的身心健康都是很有帮助的。虚拟事物毕竟只是一个简单的寄托，对于有孤独症的人来讲，这可能只是一个替代方法。

俞敏洪：对于那些一段时间陷入某种孤独境地的人来说，在家里养个宠物会有一定的疗愈作用吗？

彭凯平：有。人的陪伴接触，面对面地沟通交流，有一个特别重要的作用，就是让我们的大脑分泌出一种神经化学粒子，英文叫作 oxytocin，中文叫催产素。它让我们觉得温暖、全身发热、嗓子发紧，陪伴孩子、亲人、朋友可以产生催产素，陪伴动物也会产生催产素。所以对于那些孤独的老人来说，有一个宠物其实也很重要。

俞敏洪：人本身是社会性动物，所以绝大部分人不可能一个人孤单、孤僻地生活一辈子，即使一个人决定到山里隐居，他的目的可能也是为了吸引三两个好友一起隐居山林。

彭凯平：是的，所以真正的隐士是"大隐隐于市"。即使像诸葛亮这样的人隐在山中，他也天天到城里见朋友，所以没有真正的隐士，隐士其实都隐在朋友之中、人群之中，只不过他不在庙堂之上，他在江湖之远，但他一定也是有朋友的。

俞敏洪：没错。梭罗的《瓦尔登湖》里就写了，他没事就往城里跑，晚上再回山林里住。

3. 面对不确定性，我们该如何自处

俞敏洪：现在大家总会缺乏安全感，从而焦虑，即使我们有很好的工作，也依然如此。你觉得这些焦虑主要是来自哪儿？我们该怎样从源头上减轻这种状况？

彭凯平：我觉得最大的问题还是对未来的不确定性。人类有个特点，希望将来很清晰，即使我明天会过得很惨，但我知道之后心里就会有一种提前的准备。很多时候前途的不明显、不清晰、不明确，容易让人产生焦虑。如果能让我们每个人觉得自己的前途是明确的，就不会有焦虑，但前途往往又是不明的。

我们对未来是有憧憬、有计划、有谋略的，这是以前心理学家没有意识到的。以前我们以为人是使用工具的生物，现在发现人是时时刻刻在谋划未来的生物。而这个过程中产生的一个问题就是，未来的不确定性容易产生大面积的

焦虑，所以**让大家相信自己有未来，相信明天更美好，就是积极心理学的一个作用**。这就是通常大家说的希望感，有希望感的人都不会太焦虑，没有希望感的人很容易产生焦虑。

俞敏洪：我觉得希望感来自对未来某一个可实现的目标的掌控。如果我们完全没法实现自己或别人给我们设定的某个目标，焦虑和痛苦肯定会随之而来。现在有不少人给自己定的未来理想目标会有点不切实际，包括物质财富、人生进阶方面。此外，由于竞争加剧，比如"内卷"，导致他们实现这个目标困难重重，但这样的外在环境是没法改变的。对于这种状况，怎样才能有希望感？

彭凯平：希望感由两个因素决定：一是自身能力；二是外部环境、社会条件是否支持我去展现我的能力。很多时候大家都觉得自己没有希望，这种情况下就要找到一个现实目标一步一步去做。

第一个建议，我们要相信人是会不断变化的。相信环境、周围的人和事物都会变，这种变化的动态思想来自中国人特别重要的智慧——《易经》。中国人早就知道一切都可以变，明白这一点之后就会有信心。

第二个建议，一定要意识到资源的多样性。如果我们只有一套资源或者一种能力，就会非常焦虑；但是如果我们有很多资源和能力，就可以从容应对各种问题。比如新东方遇到困难，但俞老师有很多本领和才华，那原来的才华就可以转移到另一个方面，一样能够产生巨大的效益。所以掌握多项技能、广泛的社会资源，在某种程度上也可以降低我们的焦虑。

第三个建议，支持的环境也很重要。社交网络、社会关系、亲人的支持关怀特别重要。有个现象叫作"安全网效应"，意思是那些败得一干二净的人，他们相信自己还有退路，就是自己的家乡、亲人无论如何都会支持自己，这对焦虑感有很大的帮助。现在我们很多人都飘浮在大城市里，没有过去的这种安全网。在传统大家庭环境里，他们会给你一种安全网的印象。他们不一定真的支持你，但只要相信这一点，对自己也有很大的帮助。

俞敏洪：实际上现在大家的退身之所变少了，甚至没有了。比如原来的中国农村社会，父母在农村有房子、有院子，实在不行回到农村还有土地，尽管不那么丰富，但有退身之所，亲情和资源都在那儿。但现在城市的孩子，如果失业了或者找不到工作，他们立刻连房子都没了，即使回到家乡，可能有些人父母已经不在了，在家乡也没什么资源，而且回到农村也没什么好做的。我觉得这种情况也是大家产生很大焦虑的一个原因，**很多人只能往前进，没有退身之所**，这对他们造成了心理上的严重不安全感和伤害。

对城市的年轻人而言，如果已经买了房子，还完了房贷，他即使失业，至少还有房子住。但现在北上广深的大城市里，年轻人有房子的并不多，很多人还有房贷，这样的年轻人一旦失去工作，最后房子可能就不得不退给银行，这对他们来说都是重大的打击。面对这样的状态，对于这群孩子的人生发展道路，你有什么更好的建议吗？

彭凯平：很多问题不是简单的心理问题，也是社会问题，要解决这些问题必须双管齐下。有一部分工作是心理学家可以做的，而有一部分工作是需要政府解决的。**如果不在社会层面上解决社会保障、社会服务、社会工作的问题，光调整心理其实是不够的。**

假设现在的政府、地方各级机构愿意解决老百姓的社会保障问题，让年轻一代有安全感，在这个基础上，我们谈谈个人修为、修炼是挺重要的。

第一，永远保持一种向前看、向远看的精神。人有一个特别重要的能力，是对未来的憧憬、计划、谋略和追求。以前总认为人被过去决定，比如阶级出身论、原生家庭学说等，现在发现并不是，人是被未来决定的。阶级出身论为什么不对？那些无产阶级革命家都不是无产阶级的后代，但都成为无产阶级领袖，因为他们被未来召唤。原生家庭学说也曾兴起一时，现在也发现错了，我们都不是被过去的原生家庭所决定的，而是被现在的亲密关系和未来的家庭所决定的。所以**人一定要抱有一种未来发展的观念，去想象或者追求未来，这是一个心态的改变。**

第二，一定要建立各种各样的联系。社会学教授马克·格兰诺维特发现了弱联系的强势效应，就是当我们找新工作的时候，往往给我们提供有效信息的人不是我们身边的熟人、亲人，而是一些和我们萍水相逢的人，这个叫弱联系。

弱联系能产生很重要的信息，平时习惯与人为善的人就会容易建立弱联系。为什么经常说一个人善良、讨人喜欢是一种深层优势？因为这会帮助我们得到更多新的信息、机遇。所以马克·格兰诺维特虽然是社会学教授，但可能会得诺贝尔经济学奖，就是因为他发现财富来自人脉。这是很简单的道理，认识的人越多，而且不一定是自己的至亲好友，只是一些萍水相逢的人就足够了，只要我们善良，是个好人，迟早会有人帮我们。

俞敏洪： 我想用我个人的例子来证明你说的这两点：一、人脉就是财富；二、善良是我们做事情的根本。

关于"人脉"这一点。当年新东方第一张营业执照非常难办，我那时完全没有任何人脉，但我没事就到当时的教育局跟那几个办公室人员聊天。我没提办执照的事，只是聊了四五个月的天，结果他们就跟我变成了朋友。他们反过来问我，俞敏洪，你要不要办张办学执照，你老为别人干，是不是应该为自己干。这就是自己建立人脉，最后带来了发展机会。

还有个故事。当时我和别的机构有竞争，他们比较野，拿刀子捅我的员工，我完全没有办法解决这个问题。后来我去海淀公安机关，虽然我一个人都不认识，但我看其中一个中年公安人员比较憨厚，我就请他出来喝了个酒，他又把我介绍给其他的公安人员，后来他们就帮我解决了这个问题，使我办学的环境得到了安全保障。在中国，如果完全没有人脉，一切凭着公事公办的方式想把事情做成，难度是比较大的。

而且人脉不仅是外部的，也有内部的，比如我和新东方管理者的良好关系，促成了新东方能够发展到今天。包括这一次我们受到了重大挫折后，新东方最核心的重要的管理干部工资都减少了百分之六七十，但没有一个人离开。这是因为我和内部的兄弟姐妹之间有浓厚的相互信任。

关于"善良"这点。一个人的善良和正直一定是一个机构、一个人存续下去的最主要的原因。从新东方的角度来说，我们的善良就是：**一、让大家交的钱物有所值**，我们提供的包括教育在内的各种服务，一定让人们感到是值得的；**二、你能做到的和不能做到的要和对方交代清楚**，这样才不会存在坑蒙拐骗的

现象；三、一定不能亏欠客户和员工，这才是一种比较善的公司经营方针。

彭凯平：这也是你在现在这样一个困难的情况下，很快能转型且得到很多人支持的原因。你的平台上有这么多粉丝，其实不是因为你们多么智慧，主要是因为人品，人品本身是有价值的。

接着来谈，**第三个给到年轻人的建议，除了培养广泛的弱联系之外，还有一个特别重要的东西叫作文化资本。**社会学教授皮埃尔·布迪厄发现，一个人如果能影响别人一起去做成一件事，可以靠钱，也可以靠实力，但还有一种软实力，就是文化资本。文化资本能从一个人的言谈举止、待人接物的方式看出来，中文讲"腹有诗书气自华"，其实就是魅力、气质。所以让自己变得有魅力、有文化，可以提高我们的文化资本，而文化资本也绝对是有益、有价值的。希望年轻人多读书，多培养自己的文化资本，从而获得更多帮助。

第四，名誉。我们以前不太看重名誉，认为实力最重要，但现在发现人类社会特别重要的一个要素就是活出好名声，在某种程度上，这是一种社会沟通的信号，能够很快得到别人的响应、支持、爱护和帮助。一个特别简单的提高我们名誉的方式就是心存感恩之心，让别人知道我们是一个心存感恩的人，能得到的帮助就会多一些。如果大家都觉得我们自私自利、不记恩情、贪婪可恶，那没有人会帮我们，尤其在起步阶段。所以**感恩是寒门子弟成功的秘诀，人脉是我们做好事情的重要方法，善良是我们潜在的竞争优势。**

总而言之，已经有很多科学依据证明人的竞争优势不是打打杀杀、大喊大叫，而是一些人做得好、动物做得不好的事情。野蛮、残忍、凶狠、自私，都是动物做得比我们好的，而我们做得比动物好的事则是道法自然、弘扬善良的人性。

俞敏洪：除了"腹有诗书气自华"，一个人还要在哪些方面有所修炼，才能让自己变得更加有魅力、更加能获得别人的注意力和信任，让他们未来的事业更加顺利？

彭凯平：这个里面有很多技巧性的问题，也有一些遗传基因的问题。**第一，个人形象设计很重要。**穿衣穿得正经一些，头发梳得干净一些，起码要天天洗澡，牙要经常刷。第一印象会产生"月晕效应",在判断一个人的时候,个人形象有特别大的影响作用。

第二,就是气质、风度、品位、言谈举止。其中很重要的是谈吐。我们是通过一个人说话的方式来了解他的,所以谈吐得体很重要。如何提高谈吐?文化知识就很重要了,中国传统的唐诗宋词对我们的谈吐有很大的影响,逻辑思维的训练也能让我们说话有条有理。此外,说话不要大声尖叫,要养成利用胸腔来发声的习惯。

第三,在非言语沟通方面下功夫。有时候人不说话也会透露很多信息。比如俞老师在听我说话的时候虽然没说话,但是面带微笑不断点头,表示欣赏、关怀、支持,这样非言语的沟通方式就特别重要。很多人不关注这个,以为一切都靠说出来,其实我们在不说的时候也会对别人有影响。注意这一点也能提高我们的个人形象,增加魅力。

当然,如果我们拥有一些文化资本,比如清华大学、北京大学的学历,别人显然会对我们的好感多一些,但最后能通过这些东西去解决问题,才是真本事。

很多人说自己怀才不遇,关键在于我们有没有魅力,有没有竞争的优势。有,我们才能真正把才华贡献出来。所以我特别想让学生们知道,不要光去刷题、掌握技术,一定要把个人的修养、品位做到极致,才会有竞争力。

俞敏洪:就我个人经验来看,那些对我产生吸引力的朋友,除了有你刚才描述的那些东西以外,还有一个比较重要的特征,就是他们的个性都非常自然、坦诚,甚至比较奔放。他们没有拿着捏着、自以为是,也不是高高在上的姿态,不管他们学问有多高深、成就有多高、名声有多大,他们做人都比较谦虚、谦和,个性上都非常自然、坦诚、亲和。

坦诚和自然,谦虚和谦和,个性中再带点幽默和自嘲的气质,就会变成一个超级有魅力的形象。

彭凯平:是的。

4. 什么是福流，以及如何进入福流状态

俞敏洪：我读了您《澎湃的福流》一书，得到了很多感悟，也对照自己的生活做了很多的修正和提升。我个人认为你把"Flow"翻译成"福流"特别好，也体会到了书中描述的那种福流状态，专注于自己喜欢的事情以至于忘记了时间、忘记了吃饭，我觉得进入福流状态是一个人比较幸福快乐的状态。**能给大家解释一下什么叫福流，以及一个人怎样能让自己更多地进入这种福流状态吗？**

彭凯平：我也很得意这个翻译，为什么把"Flow"翻译成"福流"？我查了一下《康熙字典》，中国人在汉代其实用到过"福流"这两个汉字，我很震撼。当时流行卜卦，其中有一卦叫福流卦。我觉得这么美好的中国概念不能让它沉睡在历史的典籍之中，一定要把它圈阅到 21 世纪，我就把咱们中国人创造的福流概念和心理学家谈到的 Flow（心流）结合起来，赋予了它新的生命。我没有把这点写在书上，觉得有点"凡尔赛"，但和你一起聊我就很坦然，可以把这个我自己觉得很伟大的贡献说出来了——我给一个沉睡了两千多年的中文概念赋予了新的生命。

福流其实就是我们做一件事情时能够沉浸其中，物我两忘，忘掉时间、空间，忘掉自我，此时不知是何时，此生不知在何处，特别开心、愉悦、沉静。这样的体验会让我们产生一种醍醐灌顶、茅塞顿开、柳暗花明的感受，具体来说就是完全沉浸其中，产生了一种忘却时间的感觉。

从某种程度上来说，这种体验其实不难得到，很多人都有过这样的体验，但没有想过这是一种幸福的、极致的巅峰体验。我们总以为幸福很遥远、很抽象，但其实幸福就是一种澎湃的福流。

做什么事情容易产生福流？积极心理学创始人之一米哈伊认为，做一些事情如果太容易，人就会觉得 boring（乏味），没有意义；如果太难，我们又做不了，会受到打击。所以**应该要做稍有难度，但同时能做得好的事情，这就比较容易产生福流的体验**。比如运动其实是有难度、有挑战的，我们跑步 30

分钟有点难，但过了 30 分钟我们还在跑，就会发现自己越跑越开心，腿都不听使唤，自己在动。还有些人追电视剧也会进入福流状态，饭也不吃、觉也不睡，一口气三天三夜把《琅琊榜》看完这种事就发生在我身上。

俞敏洪：我用了 24 小时就把 48 集的《大江大河》给看完了。

彭凯平：这就是一种沉浸其中的、福流满满的感受。读书也可以，我们很多人为什么手不释卷，放不下来，其实也是一种福流的体验。

此外，人际关系也可以产生福流。比如和多年没见的好朋友聚在一起聊天，聊到半夜都不觉得晚，这就是一种人际关系上心灵沟通的福流。再比如爱情，谈恋爱的青年男女如胶似漆，长时间待一起都不腻，对他们来说这就是一种福流体验。所以福流确实是一种值得我们珍惜的美好体验，当我们老了之后，回忆自己不断积累的福流体验，会觉得人生很值得。

俞敏洪：一个人如何把工作、事业跟福流体验结合起来？如果一个人在工作和事业中从来没有体验过福流境界，他的工作和事业某种程度上来说是不是一种时间和生命上的浪费？

彭凯平：这是一个非常好的问题，也是一个比较难的问题。我们工作的情况其实都很复杂，比如上级安排我们做一件他们认为该做的事，这时候我们很难说是自己的选择。我们也时常因为机遇和个人条件限制，做不了自己想做的事情。总之，让人能有机会做自己想做、爱做的事情并不容易。那么，如何在我们已经做的工作中产生福流，我觉得有三个特别重要的前提条件：

第一，一定要把我们的工作当作未来发展的一个路径和台阶。如果我们把自己当作打工人，工作就不会特别开心，我们应该把工作当作一种职业，这是我们的专业、我们的技能，职业精神会让我们对自己的工作有一种专注和奉献。如果能够把职业上升到使命，认为这些事情就是我应该做的事情，能产生这样一种态度的转变，就很难能可贵。

第二，要在工作中不断体验、积累让我们开心的事情。尝试找到让自己开心、愉悦、留恋的事，如果我们发现工作中，让我们舍不得的事情多于那些我们不喜欢、不开心的事情，这个工作就可以继续做下去，反之，我觉得应该换一份工作，这是一种理性的判断。

第三，在工作中产生澎湃的福流，意义感特别重要。 我们需要知道自己的工作从头到尾会产生什么样的影响或是结果，如果我们在工作中只是一颗"螺丝钉"，不知道前因后果，就很难对这个工作产生意义感，所以有一个闭环体验很重要。如果我们实在就是一颗"螺丝钉"，如何去构建闭环？我的建议是，不妨尝试别的岗位，进行一些轮换，这样可能会慢慢知道，虽然我们只是这个系统里的一颗"螺丝钉"，但还有很多人在为我们的工作提供服务，还有很多人利用我们的服务在创造更大的价值，这个意义感也是很重要的。

心态的改变、快乐的积累和意义的发现，能够帮助我们把工作变得有福流、有快乐、有追求。 但这些都是大道理，我在书里其实讲了不少小技巧，包括情绪调节、关系建设、语言话术等具体建议。

俞敏洪： 我特别同意你的观点。如果工作就只是工作，我们只是把自己当作一颗"螺丝钉"，只是为了工资，看不到工作的意义，这是不可持续的。所以**任何人的工作都需要和两点结合：第一点，和自己的爱好结合**。就像我喜欢当老师，做新东方这件事本身就已经体现了我愿意投入精力和时间。**第二点，这份工作应当能导向我们的未来**。哪怕现在我们手头的工作是相对枯燥的，但是它能连接到我们的未来。就像铺铁轨一样，每一个枕木都是枯燥的，但是铺成铁轨以后，上面就可以跑高速火车。如果一个人能在工作的时候看到未来的全貌，工作会更开心一点。

我大学毕业的时候，有很多机会到政府机关工作，当时没去就是为了避免"朝九晚五"的枯燥生活，我不愿意每天的时间被人控制，所以想在北大过一个比较懒散的生活。但我现在每天在新东方得工作十五六个小时，为什么能够工作下去？这就涉及工作的使命感，给自己赋予的意义，以及愿意和大家一起共同奋斗、走向未来的状态，我觉得这其实和福流有关系。比如我们在新东方开会讨论工作，真的能讨论五六个小时，大家连头都不抬，我认为这是一种工作中的福流。

彭凯平： 工作产生福流，团队合作也可以产生福流，这就是为什么两个人一起跳舞可以跳出福流。**我再补充一点，除了兴趣和未来，自己的天赋和特长也很重要。**

我和俞老师的经历非常相似，我们北大毕业，在 80 年代初有很多进政府部门工作的机会，我也曾经被组织部门借调到中央机关工作，我们都有成为地方官员的可能性。但在中央机关工作，我觉得我不适合，没天赋。当秘书、当官员要眼观六方，注意分寸，但北大人有点傲气，所以我没有当领导的本领，我更像一个学生。

而且我爱说话、爱抢话、好为人师，更不是当政府官员的料。政府官员要谨言慎行、埋头苦干。我是一边干一边说，可能更适合当教授，所以我最后选择当教授，把特长和天赋发挥出来。真要我去做政府官员，我还不一定是一个好的政府官员。

5. 如何平衡外在欲望与精神追求

俞敏洪：钱、社会地位、名声、权力，对人的幸福感、快乐感和稳定感有比较大的影响。但往往正是由于这样的追求，有的人没有把握好，反而让自己身败名裂，变得不幸。**一个人该如何追求财富、地位、名声、权力，并且保持在可控状态，让自己的精神和心灵更加充实，而不是被这些东西绑架？**

彭凯平：这不仅是个心理学问题，也是一个有关人生意义的哲学问题，很多道德学家、哲学家、思想家都讨论过。

心理学家发现，**人类的欲望、追求和动机其实分成三大类：一类是 Needing，我们需要的、必需的；另一类是 Desire，就是我们有欲望去追求的调味品，也就是 Wanting；还有一类 Liking，是我们喜欢的，用中文来说就是装饰品。**

现在很多人会把装饰品当作必需品，比如财富、地位、追求，这些其实是点缀，在某种意义上人不一定非得需要这些东西。我们的家庭、孩子、自身的爱和健康才是必需品。我们在得到这些东西的时候，会产生快乐、愉悦、福流满满的感受，这是一种调味品。

从人生的角度来说，必需品必须有，调味品最好也有，但是装饰品，有，很不错，没有，不用着急。**我们不要本末倒置，把一些装饰的东西看作必需品，但在某种程度上，很多人可能都忽视了这一点。**

从生物化学的角度来讲，人类的三种追求其实也是不同的。必需品是人类的一种欲望动机，是生存所必要的东西。装饰品其实更多和多巴胺有关，调味品和血清素有关，必需品和催产素有关。**我们在生活中要尽量做到身心健康、情感愉悦，在这个过程中，得到荣誉、地位、名声固然很重要，但不能本末倒置。**

如何找到平衡？有三个重要因素：**第一，前后。如果一个东西是另外一个东西的前因，我们应该先做这些东西。**比如我们不奋斗就不会有收获，不读书就不会有成就，不在某种程度上奉献可能就不会有官位。所以要搞清楚自己现在的处境是什么，要先做前面的事情，再做后面的事情。

第二，缓急。先解决急的问题，再解决不太急的问题。现在连饭都吃不饱，就一定要先解决吃饭的问题。连基本的生活技能都没有，那就不要想着去创造美。

第三，轻重。分清楚什么事情重要，什么事情不重要。这个重要包括两个方面：一是对自己而言；二是对社会而言。中国文化其实是集体主义文化，生长在社会主义制度下，我们去做国家需要的事才会更容易得到社会的支持、信任、欣赏。

从理论上来讲，围绕上述三点，比较能帮助我们做好平衡。但是，这也是大方面上的三个原则，更多的还是要结合每个人的情况去看，因为每个人的环境、条件、经历都不一样，这也是心理咨询、心理辅导个体化的原因。

俞敏洪：我也补充一下我个人的看法。**第一，财富、地位、权力、名声肯定是好东西**，一个人的一生，如果确实能拥有一部分这些东西，对他的人生发展肯定会有好的影响，所以我觉得大家去追求这些东西没有问题。

第二，对于财富、地位、权力、名声，不要过分追求。不要忘记了我们人生的目的，我们原本是为了让人生变得更加幸福，让人生有更广阔的舞台可以施展，但有的人太贪，就像点石成金，把粮食都点成金了，最后就把自己饿死了，这就很不好。

第三，要明白自己追求这些东西用来做什么。 如果这些东西本身变成了我们的人生目标，是非常危险的事情。背后要有一个能够充实我们精神生活的理由，比如是要用来做好事，不管是对自己还是对社会，这才是追求名利的合理理由。

第四，当我们的生活达到了一定的自足状态时，应该转移目标。 比如一个企业家如果只是为了不断挣钱而挣钱，这就有问题，他必须用这个钱投资企业，让企业能够通过创新为社会创造财富才行。这也是比尔·盖茨和巴菲特愿意拿出几百亿美元做慈善事业的一个重要原因，实际上是一个有意义的转移。

如果能做到这几点，拥有多少钱和地位都没问题；如果做不到，钱和地位就变成了定时炸弹，随时都可能会伤害自己。

彭凯平： 我还有一个特别朴素、普遍适用的建议，**要多追求一些没有定量标准的事，少去追求一些有定量标准的事。** 像财富、地位、等级其实都有标准，有时候容易让我们产生挫折感，挣了一个亿，就会想两个亿、三个亿，特别容易变成数字的奴隶，这就像 KPI，用一个定量指标来控制人，就特别容易让人丧失个人自由、个人意志。而那些有无限前景的事情，比如爱、智慧、知识，都是没有定量指标的，需要用自己有限的生命去思考一些无限的问题。

很多父母，包括职场人士、老师、管理人员，特别喜欢用指标来控制、评估一些事情。本来大学谁好谁坏其实没有答案，但现在非得搞出指标，清华第一还是北大第一，这些都没有意义。智慧、优秀、卓越都没有标准，非得搞出标准来，人为制造了很多冲突、麻烦，"内卷"都是这样产生的。

所以我们要让自己活得好，一定要追求那些无限的问题，多聊一些没有标准答案的问题。朋友聚在一起从来不聊这些有标准答案的问题，就是侃大山、闲聊，这才是真正幸福的源泉。

俞敏洪： 这个建议太重要了！我想起有一年，清华说自己已经进入了世界一流大学行列，北大就出了一句话——"北大离世界一流大学还有 500 米"。

彭凯平：是的，很多管理人员、师生，把自己有限的生命浪费在这些数字的堆积上，我坚决反对，但我永远是少数派。也许我不该说这种事情，但我觉得总得有人来说一些显而易见的道理，否则大家都不说，我们就永远走在错误的道路上。

俞敏洪：我也反对。我觉得大学排名本身就是很无聊的事，任何一个大学都是独立的海洋，让学生们在知识的大海里遨游，能够自由自在地、心灵丰富地、个性完善地成长，才是一个好学校该有的模样。

彭凯平：这其实是中国人一个共同的追求，我们真的希望中国教育有一个观念上的更新、革新，不然我们的教育永远只是一些修补工作。

6. 对教育的探讨

俞敏洪：提到定量和等级，我觉得教育环节一个最大的问题就是，我们的孩子从刚开始学习，就被划入了等级、定量的竞争，这种竞争让孩子们变得非常痛苦，不能自拔，亲子之间也没有时间去培养孩子们真正重要的能力，比如情绪控制力、抗打击能力、抗挫折能力，还有善良的美好品德。这些问题似乎很难解决，**对于这样一个局面，以及对教育后续的发展，彭老师有什么样的建议和看法？**

彭凯平：我觉得国家现在已经意识到这个问题，"双减"政策的推动其实**在某种意义上是一个起步**，此外就是对职业教育的改革。将来职业教育和大学教育是两个平行的赛道，这并不是说考不上大学的人就去职业学校，职业教育其实完全可以和大学教育平行，愿意做科学研究的人去做科学研究，愿意做技术的去做技术，我希望我们将来的职业大学也有院士、博士、硕士，只是分为不同的赛道，这样每个孩子都会有自己的天赋特长去做自己想做的事。**民办大学也有可能是一个出路**，我们也应该在这些方面多做探索。

在这个过程中，家长能做什么？**第一，我觉得应该多和孩子谈那些没有答案的问题，比如爱、知识、心理健康、快乐、幸福**，因为这些事情会越聊越开心，总聊排名、考试分数，会让孩子产生压力感和焦虑感。

我甚至发现有些老师会经常告诫孩子，你今天是第三名，但你原来是第一名，这就让很多优秀的孩子产生了不必要的心理压力。我觉得**家长不要参与这种排名，也不要参与"内卷"**，这不是不求上进，更重要的是让孩子找到自己的竞争优势，这不一定是孩子在学校的排名，也可能是孩子的魅力、才华、善良，这些都很重要。

人生中，有很多竞争优势并不是由分数和排名来决定的，很多家长可能不以为然，觉得我们站着说话不腰疼。但我们是过来人，当年我虽然是高考"状元"，考得很好，但是进了北大，我花了很多时间看闲书，不看专业书，考试就考得很不好，甚至有一次普通心理学考试我拿了60分，估计是我这辈子的最低分，但我最后反而成为心理学家。所以在某种意义上来说，**分数并不能决定我们的未来，我们进取的精神、善良的人格、优雅的谈吐，以及丰富的知识，才是我们重要的竞争优势和本领**。

第二，家长应该更多地去支持、欣赏、关怀孩子。我们总以为我们需要塑造孩子的所有，但心理学发现，孩子有很多内在的知识，他的神经元网络其实比天上的星星还多。父母最重要的责任就是去保护孩子的心理，让孩子能够健康成长。孩子自己就是一粒优秀的种子，作为父母，能够提供的无非就是土壤、阳光、水分，不去"揠苗助长"，不去摧残，而是用爱心来抚养他，给孩子更多支持与爱，这就是父母应该做的事。

很多人会把积极教育和快乐教育等同起来，但其实**快乐教育是形式主义，只讲结果**，积极教育则是讲行动，强调的是整个过程。其实积极教育的过程不一定很开心，比如刻苦学习、不断追求、丰富自己的知识体系，这都很苦，但这是有积极意义的事情，所以二者之间有很大的不同。

我对教育还是个"外行"，我是个心理学家，所以更关注孩子们的心理健康、社会大众的心态。但是**教育问题和心理健康有很大的关系，所以，虽然我不是教育专家，但有时候我深思的一些问题可能会启发教育专家的智慧和想法**。

俞敏洪：彭老师谦虚了，从《孩子的品格》一书就能看出来，你是个顶级教育专家。

刚才你用我俩作为例子来讲述，大家会觉得说服力不强，会觉得我们成绩再差，也都进了北大（笑）。但我也想用我个人的一些感受来印证你刚才说的那些话。我常和家长反复强调，孩子成绩只要在班内能维持中等水平及以上就好，如果是在最后几名，就适当给孩子辅导一下也可以，这能让孩子增加一点自信心。但是父母要更多关注孩子的天赋，比如孩子语文好，数学不好，那他可能天赋本身就倾向于文科。比如我从小学到高中，一直都是文科比较好，数理化几乎从来没有及格过，所以我只能拼命往文科方向发展。每个人的方向是不一样的，所以家长也没必要要求孩子每门课都考 100 分。

我比较担忧家长去反复比较孩子的成绩，总是觉得别人家的孩子比自己家的孩子好，这就会出现比较大的问题。**第一，会对孩子的自尊心造成很大的伤害。第二，孩子会觉得父母爱的不是我这个人，而是我的成绩。**我成绩好了，你就高兴；我成绩不好，你就不高兴。久而久之，孩子会认为唯一需要追求的就是成绩，其他所谓个性的培养、性格的乐观，都不是重点。

还有一点想交流，我觉得我之所以能走到今天，不是因为我的成绩起到了作用，而是因为我也考了三年才考上北大，在北大我有过两门课不及格，补考才及格的经历。但是从人生的长河来说，我觉得有几个要素真的起到了重要作用：

第一，我有持续学习的能力。尽管我成绩不好，但我没有放弃学习，直到今天也在读书，现在国家鼓励的"终身学习"，我觉得我有这个本领。

第二，我比较坚韧不拔，做任何事情我都有点"不买账"，一次失败了就做两次，两次失败了就做三次，这个是我身上一个比较典型的特征。

第三，我觉得我还算与人为善，能和人打好交道。人与人之间的关系我处得相当好，大家都觉得我还算比较善良。

第四，设定目标。我喜欢给自己设定一些人生目标，不那么难的、能带来福流的、肯定能完成的目标。通过这样的目标，不断暗示自己未来的可能性。

这些特质加起来，比我的成绩要重要得多。一些中国著名的成功人士，也有不少是普通大学毕业的，比如马云就毕业于杭州师范大学，但他身上对生命的激情、努力追求的进取精神，是促使他后来能成功的主要原因。

所以希望家长们能够多关心、关注孩子们成绩以外的事情，因为这些事情可能会更长久地影响孩子的一生。

7. 父母应当培养孩子的六种能力

俞敏洪：《孩子的品格》中讲述了很多父母培养孩子的方法，非常适合父母阅读。今天能否讲述一下，**父母可以在孩子哪些方面的能力上做重点培养？**

彭凯平：有六个方面的能力家长能够去培养，有些能力比如不断学习、设立人生目标、道德水平教育，都是学校可以做的。但我认为家长可以培养的，**第一是孩子的情绪调节能力。**学校可能因为孩子太多，不能针对每个孩子的具体情况提出具体建议，所以父母应该教孩子一些简单的情绪调节技巧，也就是抗压力、抗挫力。书中我也讲了该如何去培养，比如呼吸、跑步、写作，或者倾诉、沟通、交流，这些能力是孩子应该要培养且父母可以做的。

第二是关系建设能力，包括合作精神、友善待人。很多时候生活中互惠互利、建立人脉、结交朋友的能力，父母是可以帮助孩子培养的。

第三是人生意义和价值观的问题。在某种程度上，父母对这方面产生的影响是很大的。我发现现在的孩子政治觉悟、价值认同很大程度上和父母是一致的，如果是风清气正的家庭，孩子就容易培养出相应的道德情操。

第四是孩子的自我效能感。让孩子觉得我有、我能、我可以，这些在某种程度上需要父母亲给予特殊的关怀支持，因为有学校的比较、有排名的刺激，孩子可能很容易产生一些受挫感、压力感，觉得自己无能、无用、无效。这是学校暂时做不到，但是父母可以做到的。

第五是健康的生活方式。比如按时睡觉、刷牙、洗澡、照顾自己的身体，这些事情学校可能没法教或者教得不够，而且在某种意义上，让孩子学会自我保护、抵御霸凌、抵御性骚扰，让自己活出快乐积极的人生是父母的责任。

第六是孩子的幸福能力。父母应当呵护、培养孩子对美好生活的积极心态。

这六种很重要的积极心理能力，都是父母可以去协助培养的，也是我在书中特别提倡的能力。

俞敏洪：彭老师说的这六种能力都特别特别重要。你刚才说的这些能力，其实很多成年人也并不具备。

彭凯平：是的。父母是孩子第一个，也是最重要的老师，父母的言传身教对孩子会产生特别大的影响，想要孩子有什么样的能力，父母也最好要自我培养这样的能力。

俞敏洪：谢谢彭老师，由于时间关系，今天就只能聊到这儿了，我代表几十万网友向你表示感谢。

彭凯平：好的，谢谢你，谢谢大家，再见。

俞敏洪：谢谢。

——对谈结束——

俞敏洪：和彭凯平老师聊天，我个人非常有收获。我们的孩子以及我们自己在通向人生更幸福愉快的道路上，都需要不断地修炼自己。来到人世一趟都不容易，既然来了，也没必要让自己过得悲惨、消极，过得愉快、快乐、潇洒，肯定是比过得沉重、痛苦要好。尽管我们人生中有很多解决不了的问题，但是拥有积极的心态，拥有勇往直前的精神，拥有更加开阔的胸怀，一定会让我们的人生变得更加积极、快乐。

感谢还在线的两万七千多个优秀的粉丝，祝你们人生积极，心情愉快，祝你们的未来越来越好。今天就到此为止，谢谢大家！

（对谈于 2022 年 1 月 9 日）

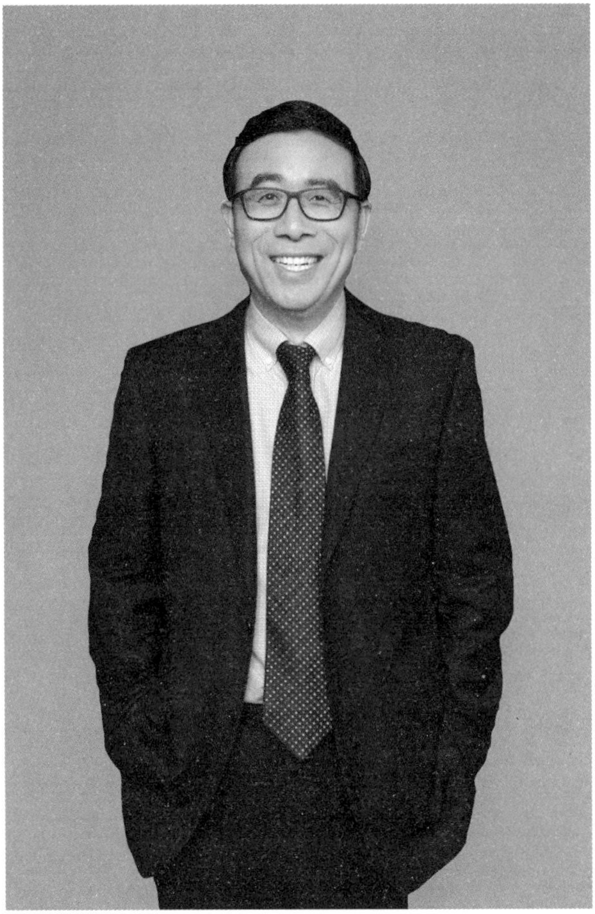

对话 刘嘉

成为更好的自己

"

我们始终被外在的东西所折磨，但只要活在当下，专注此时此刻做的每一件事情，把它做到极致，则就是那滴蜜糖。抓住这一点，我们就不再焦虑。

"

刘嘉/

著名心理学者。1972年生于四川，北京大学心理学硕士，美国麻省理工学院脑与认知科学系博士，教育部长江学者特聘教授，《最强大脑》科学总顾问。现任清华大学基础科学讲席教授、北京智源人工智能研究院首席科学家。出版作品《心理学通识》等。

前言：如何实现自我改变

俞敏洪：大家好，今天我邀请了清华大学心理学教授、我北大师弟刘嘉老师进行对话，他把心理学、个人成长、心理学与个人发展的关系研究得非常透彻，今天特地邀请他一起讨论心理学和个人成长的问题——**我们如何才能更加清楚地了解自己，如何避开个人的性格、情绪、情感等给自己设下的陷阱，设计好自己的人生发展道路。**

刘嘉老师还有一个身份，他是《最强大脑》的科学总顾问。我也曾去《最强大脑》当过嘉宾，发现那些孩子的运算能力、记忆能力、分析能力、思维能力太强了，强到我对自己感到绝望。我想，这些孩子脑子这么好，是怎么训练出来的？后来发现，《最强大脑》脑子特别好的这批人，最后能否成为中国著名科学家、工程师或是思想家还有待考察。因为光依靠他们在《最强大脑》中展现的强大思维能力、记忆力、判断力是不够的，想成为那样的人，更需要的是综合能力，比如综合的问题分析能力，把知识与知识连接、融合的能力；还比如研究创造时更高一筹的创造力和想象力。

《最强大脑》给我的第一感觉是，世界上这么多聪明人，我们还活着干什么？后来心平气和后发现，即使是《最强大脑》中最厉害的人，他未来的成就也不一定和他在节目中展现的能力有直接关系。**一个人未来获得的成就和成功，并不一定直接和他的记忆力、智商有重大关系。**当然一个记忆力好、智商高、推理能力及分析问题能力强的人，也许更容易取得成功，但这并不是他取得成功的必然因素，所以我认为我们的记忆力或者某些方面的思维能力不如别人，其实没什么问题。像我的智商为105～110，但北大的平均智商是130以上，我离北大平均智商稍微有点距离，否则也不会考了三年才考上北大。

结合刘嘉老师的研究方向，我也准备了很多问题，在刘嘉老师还没上来前，我先和大家交流一下。

首先，我很想和刘嘉老师讨论一下，**一个人如何能够解放自己，如何能够把自己从平庸、平凡或者困境中解救出来？一个人面对这个世界、面对自己，应该如何改变自己？**

我们知道，所有动物都是依靠外界环境而生存的，它们都没有能力改变外界环境，也没有任何动物能够改变自我内心，但**人不一样，人一是有能力改变外在环境，二是有能力改变自身。**所以，有一句话叫"山不来就我，我便去就山"。这句话包含了两个概念：

第一，你能改变环境，现在你离山很远，你能不能走得离山近一点？这就是改变环境。在我看来，改变环境其实并不难做到，这当然需要勇气，比如我们在北京生活得不舒服，是不是可以换个城市，去上海、广州、深圳生活一下。假如和某个人组成家庭后，发现两个人并不适合，也不幸福，我们是不是有勇气重新面向另一种生活，开启一条新的人生旅程？这就叫改变环境。我从农村考到北大，从北大出来做新东方，这都是环境的改变。

第二，改变态度，原来你不愿意走近，现在你愿意走近，这就是改变态度。如果我们面对工作、生活、家庭、婚姻、友情，既没有能力改变环境，也没有能力改变自我、改变态度，那我们就陷在那儿了，不能动弹，英文的说法就是 stuck there。所以总的来说，**我们人生的改变就是自我的改变。**

自己改变自己，需要有两个能力：第一，是否能意识到应该改变什么，我们肯定不能越变越差，如果我们的意识能力、见识能力、判断能力没有提高，

就有可能越改越糟。就像中国古代当皇帝的人，没有一个人不想当好皇帝，但有的人越当越糟，有的人就当得很好，这就是意识问题、能力问题。所以，改变自己的前提条件是意识的提高、能力的提高。**第二，改变需要勇气**。很多人知道应该如何改变，却没有勇气去改变，到最后也什么都没改变。

我对心理学没有科学的研究，但我对个人成长有一些感悟，当然不仅仅是对我的个人成长，也有对我认识的人、周围的人的分析感悟。

人和动物不一样的地方是，动物只能随环境、随天性而生存，动物没有能力改变环境，也不太能改变自己的个性，比如老虎的凶猛和绵羊的温柔是没有办法互换的，因为这是根植在基因里的东西。人也是如此，有时候人是有勇气的，有时候没有勇气，但人是可以转换的，当没有勇气的人意识到自己的懦弱并且改变，就可以变得有勇气。

在刘嘉的新书《心理学通识》里讲了一个很有意思的实验。本来一只小老鼠在老鼠群里没有任何地位、能力，见到其他老鼠都会吓得瑟瑟发抖，后来科学实验给它注入一种药剂，小老鼠就开始变得很有勇气，走到什么地方就开始主导，慢慢所有的老鼠，不管大小，都开始听小老鼠的话，并且给小老鼠让路。小老鼠还是原来的小老鼠，个头也没有变大，只因为它的内心改变了，通过某种药剂增加了勇气和斗志，有了敢于面对比自己更加强大的敌人的心态，结果小老鼠慢慢变成了这群老鼠的领导者。所以，**当我们觉得人生中有很多的不顺利，可以先反思自己，是否有勇气和能力去面对这些问题，如果我们选择了不断地退缩，自然所有的机会都会消失**。

我对这个状态很有感悟，我在北大的时候一直是一只缩在后面的小老鼠，因为北大有能力的教授、老师、学生太多了，我左看右看、上看下看，每个人都比我厉害，我只能缩在后面，觉得自己不行，觉得自己无能，以致在北大，我不敢去争取任何东西。后来我出来做新东方，自己成了自己事业的主导者，我面临两个可能性：生与死。我如果不努力，新东方只有死路一条，但如果努力面对自己所有的艰难困苦，也许能闯出一条活路来。于是，像我这样从未和政府机关打过交道的人，后来学会了怎么跟公安、税务等打交道，而且慢慢从一个北大象牙塔中的知识分子，变成了一个面向社会的社会人。在这个过程中，我需要克服很多心理障碍，要学会在适当的时候低三下四。这种低三下四的行为对于一个从北大出来的讲师来说，不太容易做到，只能慢慢学。**勇气和坚持，让我学到了一些新的、好的东西。**

在我后来的个人经验中，**我也发现与人打交道最深刻的秘诀，就是真诚、真心、真挚。**我们周围的人，除了要摆平大家互相之间的利益以外，最重要的是人家觉得你真心与否。在新东方几十年的风风雨雨中，我一直抱着真心真情、不欺骗、不蒙骗的心态跟人打交道。

同时，我也养成了一个心态，将每一次的困难当作一个挑战。有这样一段话："失败对于没有勇气的人来说就是一个结局，失败后再也不去努力了。但对于有勇气和眼睛看向未来的人来说，失败只是他下一个成功的开始。"做新东方这么多年，我对这段话深有体会。我遇到了那么多事，包括这次"双减"，业务受到比较重大的打击，我依然认为这是对我的考验，而这种考验会在我未来人生和事业的成长中起到比较重大的作用。**只要内心还有勇气在，只要不放弃，未来的道路依然是敞开的。**

当然，在所有的改变中，改变自我是最难的。每个人都要对自己有一个比较深刻的了解，才有能力改变自己。所以，**我们面对自己的未来发展时，冷静地对自己的性格、个性、特长等进行分析变得非常重要**，这也是今天我想和刘嘉老师聊的第二个话题。

拿性格来说，我对自己分析后，发现我不善于跟人面对面发生冲突，当发生面对面冲突的时候，我会心慌意乱，所以我一般会避开冲突。但在新东方的管理中不可能完全避开冲突，因为我们总会对一些人不满意，也会有人对我们不满意，那就总要想办法说出别人的缺点。在这种情况下，我就需要学会避开性格中的缺点和缺陷，所以我找到了两个方法：第一，我不发生面对面剧烈的冲突，而是用一种更缓和、更友好的方式来面对工作和生活中的冲突，但同时我也表达了自己的态度，这个东西可以慢慢学会。

第二，我会适当安排一个中间人，比如在新东方，如果我觉得某个管理者不适合那个岗位，需要他离开，我就不出面直接解聘这个人。我性格中有这样的缺陷，当我面对给别人带来不利的决策时，我比较害怕直接面对，所以我一般都会让新东方相关部门的领导去解决这个问题。但一旦问题解决，事情说清楚后，我们仍然可以坐在一起吃饭，探讨大家未来发展的前景，等等。有些人在不愿意面对冲突的时候，比较容易陷入一种虚伪状态，明明对某个人有意见，但不敢说，最后反倒让自己很不开心，别人也不知道你到底在想什么，最后互相猜忌，很容易出问题。所以，一个人比较了解自己的个性，能做出相应的决策和策略是比较重要的。

此外，我们也要对自我的能力有所分析，这样才能真正布局自己的未来。举个简单的例子，我对我自己的分析：

第一，我是一个相对喜欢热闹的人。

第二，我不能做学问，因为我对一门学问的专注能力和吃下去的能力不够。按照老一辈的说法就是没有常性。有的人能够坚韧不拔地做完一件事，一做十年八年不罢休，比如有人研究《红楼梦》，读50遍不罢休。如果我们想在大学里当教授，想在某个领域研究出卓尔不群的成果，就一定要有常性，要有能力坐冷板凳。我对自己做了一个分析，我确实不具备常性，而且我属于好学、不求甚解的类型，所以我认为我不可能在北大变成某个领域的著名教授。

第三，我有一定的教学能力，但还达不到研究的境界。我善于为人服务，喜欢团结人，跟一帮人在一起做事情时，我常常能在利益分配上做得比较不错，能赢得周围跟我有利益关系的人的肯定。我发现这些特长，加上我在为人处世上相对比较坦诚，都对我后来做事业有比较大的影响。

所以，大家要分析自己的个性、性格特征。如果我们比较自我、比较个性、比较狂傲、比较独特，那作为公司老板或者政府领导的难度就会大大增加，除非做一把手，否则这样性格的人适合独立做事情，独立搞艺术、搞创作、搞研究发明创造，等等。如果我们比较内向，那就去做相对比较安静的事情。本质和本性上比较内向的人，想把自己锻炼成外向的个性，难度是比较大的。像我虽然平时一个人也能待很久，一个人也能孤独地生活，也能在家里读两三天书，完全不跟人打交道，但我本质上是比较外向、喜欢热闹、喜欢打交道的人，所以我出来做新东方就变成了必然选择。

比如，有些人比较小气、不大方，比较在意自己的所得利益，但很少有小气的人认为自己小气。小气的人常常会找到比自己更小气的人，并指责那些更加小气的人小气。他们有一种状态，自己请人吃饭的时候，吃的都是一般的饭菜，别人请他吃饭的时候，如果没点好饭菜，他就会说对方多小气。我在现实生活中碰到不少这样的人，我能够理解他们。但一个人小气且斤斤计较，要让他去做决策、去创业，去跟一些有利益关联的人打交道，难度会非常大，因为他本性或者性格比较小气，一旦遇到好东西和好事，就不太会愿意跟别人分享，遇到利益分配，也常常自己占多、占先，甚至有时候会到达不合理的地步，久而久之，他手下的大部分人就会看清这一点，再也不和他打交道，他也会因为自己的小气拆了自己的台。一个小气的人原则上不适合创业，也不应该独立领导一帮人去分享利益，甚至没法当主管，因为当主管需要让功、让利，把做出来的事情归功于部下，把得到的奖励分给部下，自己往后靠，要有这种能力才行。有些主管没有这样的能力，一件事情做成后，功劳是自己的，利益也是自己的，部下拿到的东西非常少，这个团队就不可持续，他自己的事业也不可持续。所以，小气的人更适合自己搞研究、搞专业，一个人去搞某个领域，避开人与人之间关系的陷阱。

还有一些人比较喜欢耍小聪明，这也不是一天两天就能改过来的。如果一个人比较喜欢耍小聪明，对人不够坦诚，做事情喜欢自我诸葛亮，建议也不要去当团队领导，因为时间久了，大家就会发现你不真诚，总有各种各样的鬼点子，总是不太能让人信任。一个没有公信力和信任度的人去当领导或者创业，往往会带来重大的滑坡性影响。

一个人的个性，放在社会层面来说，会有好坏之分，比如我们更喜欢坦诚、真挚、大方、喜欢帮助别人的人，但从个人层面来说，一个人的个性没有好坏之分，只要不伤害别人就行。在这个前提下，我们**通过对自我个性的分析，一方面要往好的方面去改变，努力克服原来相对不足的一面**；另一方面要学会规避自己个性中可能暴露出来的弱势的一面，然后把我们人生中好的一面展示出来。一个小气的人，就尽量少和别人吃饭，少和别人产生利益纠葛，但可以把自己的专业能力、思维判断能力展现出来。但个性和道德问题需要区分一下，像明知故犯、故意说谎、言不由衷、说一套做一套等，属于道德问题，这就需要我们培养更高的道德情操，同时在培养过程中也要克服自己个性和性格中的缺点。

一个人一生想要成功，最重要的一点是，要想办法知道自己的特长在什么地方，要去分析我到底适合干什么。 比如，自己是智商更高还是情商更高，是善于帮助别人还是善于成全自己，是理科思维还是形象思维，是墨守成规的保守主义还是更具创造能力，等等，这些都是对自己特长的分析。

通过对特长的分析，可以帮助我们寻找未来的发展方向，我们会知道自己到底学哪个专业比较好。比如，我知道我没有艺术细胞，五音不全，所以不会去唱歌；我也没有美术细胞，所以也不会去搞画画；但我有对文字的理解力，所以我可以学中文、学英文；我有对阅读的理解力，所以我可以读更多书，并且把更多书的思想集中起来；我有用文字表达自己的能力，所以我会愿意写东西。

除此之外，**我们还需要了解自己的缺点，可以通过两种方式来了解：一是反思，反思自己的缺点是什么；二是通过周围人对自己的评价，这需要好朋友实实在在地给评价。** 我会问周围的好朋友我真正的缺点是什么，就会有人告诉我，说多了以后，我会警惕自己这种缺点。大家也可以问问周围的好朋友，通过讨论、咨询、交流，很容易就能定位出自己的缺点甚至缺陷到底是什么，也会促使我们做出相应的调整，让我们做人、做事更受人欢迎，更完备。

还有一个需要探讨的问题是，要去了解别人为什么喜欢或讨厌我们，可以去调整别人讨厌我们的理由，当然前提是对方愿意说，也要学着去加强别人喜欢我们的理由，这样就会有越来越多的人喜欢我们。

———— 对谈环节 ————

1. 从哲学三问到人工智能

俞敏洪：刘嘉好，你比我进北大至少晚十年吧？

刘嘉：对，差不多，我是 1990 年，17 岁进的北大，军训了一年，所以读了五年。

俞敏洪：当时你到北大读心理学，这是你自己选择的吗？

刘嘉：我当年是一个纯粹的理科生，后来参加数理化竞赛，保送北大。当时我对自己的定位特别简单，就去学数学、物理、化学，或者从中选一科。我最喜欢物理，当时报的专业是天体物理，但在我填志愿的时候碰到一件特别好玩的事情，我看到一本杂书，就是弗洛伊德的一本传记文学《心灵的激情》，里面说，所有的事情都是不完美的，跟我们的人生一样，我们唯一需要做的就是在不完美中接纳它，然后向前看好的东西。

在书里，弗洛伊德最小的弟子欧文·斯通用精神分析法把弗洛伊德的身心分析了一遍。这是我第一次接触到人的心灵世界，我觉得相比宇宙的浩瀚而言，人的心灵世界更美好，所以我就决定学心理学。我是北大心理系第一个保送生，我的背景是理科，以前也不了解什么是心理学，但后来我知道，我选择了一个特别好的方向，因为它可以洞悉人类的内心，可以使人的内心变得充盈。

俞敏洪：从研究宇宙这样往外的研究，变成了往内研究人的内心？

刘嘉：对。有个著名的人生哲学终极三问：我在哪里？我从哪里来？我要到哪里去？第一层是生物学的问题——我从哪里来？第二层是物理学的问题——我要到哪里去？第三层则是社会学的问题——我在哪里？人为什么会对这三个问题感兴趣？核心就是我们每个人对自己感兴趣。对每个人而言，他自己就是这个世界上最重要的个体，没有任何东西比他自己更重要。所以，心理学很有意思，首先要了解自己究竟是一个什么样的人。我研究这世界上最有趣的个体，就是我。所以，我觉得心理学不仅可以帮助他人，也会帮助自己。

俞敏洪：提到弗洛伊德，会有人认为弗洛伊德的精神分析学科其实不算一门真正的科学，因为他无法被证实和证伪。你现在做心理学研究，用了无数科学的研究方法，**你认为心理学算是一门真正的科学，还是更偏向于社会科学？**

刘嘉：这是一个特别好的问题。先聊聊弗洛伊德。随着科学的发展，回过头去看，弗洛伊德很多观点是错误或者过时的，但**弗洛伊德之所以伟大，是因为在大家普遍忽略自我的时代，他突然跳出来说自我是最重要的，我们应该关注我们的心理世界，即潜意识。他在那时候像黑夜里的一盏明灯，直指人心，让大家开始关注自我、洞悉自我。**

我觉得现在的心理学处于社会科学和自然科学之间。心理学有两个属性：一是我们的生理基础，比如大脑如何产生心灵意识，这部分属于自然科学；二是人与人要交往，就会有社会属性。所以，**心理学是处在自然科学和社会科学之间的一门学科，而且这也是众多学科中少有的横跨自然科学和社会科学的学科。**

俞敏洪：我觉得这是一件很了不起的事情，尤其近十几年用自然科学的方法来探索人的大脑奥秘，包括人的大脑、内分泌等对人性格、个性、行为、决策带来的影响，已经取得了一系列的成果，对吧？

刘嘉：对，有相当多这方面的成果。

俞敏洪：你研究了很久的脑科学，又在麻省理工学院待了五年，你觉得**人最终能够通过脑科学对人的行为、决策、发展甚至未来起到重大作用吗？**

刘嘉：这是一个好的问题，正是因为对这个问题感兴趣，我后来去了清华。我们知道，人工智能的兴起使我们开启了一个新的角度去理解世界，因为它给我们提供了一种新的方式，但人工智能在发展过程中也遇到了一些问题，比如不够智能、有时候犯傻，现在有一种新的方法，就是看能否将人工智能和脑科学结合起来，在将来构建出一个人工大脑，且在智力、智能上超越人类，比人类更聪明。这不仅能让我们的生活变得更美好，还有可能打开一个更大、更广阔的天地。**我觉得现在一个最好的脑科学研究方向就是和人工智能结合，用脑启发的 AI，来看未来世界会是什么样子**，这是我现在特别关注的一个方向。也就是俞老师说的，**我关注人工智能的本质，即人类最后的疆域，一旦有所突破，人类可能会进入一种新形态的文明方式。**

俞敏洪：从你对人认知的研究、大脑的研究来看，**未来的人工智能能完全取代人脑吗？如果不能，你觉得哪几个方面是未来人工智能无论如何都不能取代的？**

刘嘉：我分享一下我自己的观点。我认为 AI 将来一定会超越人类，这毫无争议。有三个原因：

第一，人类的寿命是有限的。人年龄大了以后会死亡，知识就必然会出现一个断点，计算机不是这样，CPU 坏了，可以换一个 CPU，线坏了就换一根线，所以计算机可以不断积累知识。

第二，是算力。人的大脑有 3.5 斤左右，这是人类大脑极限的状态，因为这是我们心脏、肺所能承担的最大体量，从这个角度来讲，人的智力在一百年、一千年以后都不可能有大的发展。计算机则不一样，算力不够，加一块 CPU，再不够再加一块 CPU，所以计算机的算力是无限的。

第三，人类是二维动物。我们生活在平面上，所以我们对世界的理解顶多就是二维或者三维，这就是认知边界，我们永远无法直接感受四维、五维空间是什么样子，宇宙是什么样子，可能更复杂的宇宙只能凭想象，认知边界把我们束缚在这里。**但人工智能可以感知五维、六维或更高维的世界。人有先天短板，而计算机没有，所以 AI 是比人类更具有前途的一种智能体。**

俞敏洪：那人类创造了人工智能，最后人工智能比人类更强大，如果人工智能把人类给消灭了不是很悲惨吗？

刘嘉：我觉得这要看我们如何定义文明。

2. 能用钱解决的问题越来越少

俞敏洪：你在心理学和脑科学上已经取得了巨大的成就，但近几年你开始尝试向普通大众讲心理学，我觉得这挺能体现北大人的特征，喜欢把自己学到的深奥的东西，重新反哺社会。是经历了什么样的过程，让你有这样一个转变？

刘嘉： 我更多是做基础研究，比如脑科学、人工智能，等等。我做过两件和普及有关的事情，一件是大概在 2009 年、2010 年，我在美国做富布赖特访问学者，当时我处于事业最低谷，感觉研究也做不动了，心中有点小郁闷。当时积极心理学在美国刚刚兴起，我就找了一本积极心理学的书看，死马当作活马医，看完那本书对我影响很大，我开始意识到人不是一个杯子、一张桌子那样没有情感的物体，我们有内在的欲望、有内在的想法和情感，而这些东西被我们长期忽略掉了。我们更多地关注事业能不能成功，文章有没有发出去，能不能赚到钱，但我们忽略了自己是一个活生生的个体。所以，**从那一年开始，我对心理学的理解发生了一个根本性的改变，那就是心理学的定义从冷冰冰的关于感知记忆的客观科学变成了一门能给人带来幸福的主观科学**。迄今为止，我认为这是对心理学最好的定义。也是这时候，我才开始觉得自己真正入了心理学的门。

后来开始参加一些关于心理学的科普，是因为 2018 年跟一个朋友聊天时说到的一件趣事。那一年网络上有一个热语，说"今年是过去十年最差的一年，但会是将来十年最好的一年"。这个世界在不断走下坡路，会越来越差，我朋友就说，刘嘉你不是一直宣称心理学能给大家带来幸福吗？你能不能写点心理学的东西，让大家能够在走下坡路的时候，或者感觉不愉快的时候，给大家带来一些小确幸？基于这个讨论，我说可以，就写一点吧。后来在写的过程中才突然发现，写书是一件太痛苦的事。我原来觉得写科研论文很痛苦，后来发现写书才是真的痛苦。所以，我特别佩服俞老师，你居然写了那么多书。

俞敏洪： 我的书比较好写，就是每天记录而已，基本不需要动脑子，你写的是真正的学术巨著，而且你的《心理学通识》是用大众能理解的且有趣的语言来讲清楚科学知识、心理学知识，这个难度非常大。你想通过对心理学的研究，让人们找到走向幸福的道路，我觉得幸福是人类生存在这个世界上的重要意义之一，如果人生不幸福，或者找不到幸福，人生就过得很没有意义，但我也深刻认识到，人生的幸福是通过自己的努力找到的。**在你看来，一个普**

通人要通过对自己哪几方面的理解和改造，才能走向自己幸福的道路？

刘嘉：这是一个特别终极的问题。大家现在收入越来越好，日子过得越来越好，但我们的幸福感确实在不停下降，大家觉得越来越不爽。这是有数据支撑的，大家可能很难想象，**在过去20年中，与情感有关的心理疾病，比如焦虑症、抑郁症，上升了120倍**。我们身边的人很少抱怨吃不饱饭，吃不够肉，而是更多在表达，我现在不快乐，这就是俞老师提到的关于"幸福"的问题，在讲这个问题之前我先给大家分享一个家族的故事。

我父亲是60年代的大学生，我是90年代的大学生，当时我拿到北大通知书，我父亲问了一个问题——你毕业之后拿到的第一笔工资准备干什么？我当时想了想，说我毕业之后拿到第一笔工资，我要买一只鸡来啃，我要一个人从头吃到脚自己啃，不跟任何人分，实现我这辈子第一次吃一只完整鸡的愿望。我父亲说你小子比我有出息，他说如果是他大学毕业拿到第一笔工资，就要吃一碗白米饭，里面不能放红薯、放土豆，就是一碗完整的白米饭，要狠狠地吃饱。他说，你看我以前是要把白米饭吃饱，你现在是要把肉吃饱，这是一个进步。等我女儿考大学的时候，我就也问我女儿这个问题，我觉得她可能会说要买一个手机或者一个别的东西之类的，结果我女儿说，我想要一个自由的空间。我当时一下就愣住了，**一个人想吃一碗米饭没问题，想吃一只鸡也没问题，但如果是要一个自由空间，这个自由空间到底是什么？**

所以现在的问题是，**能用钱解决的问题越来越少，不能用钱解决的问题越来越多**。在70年代、80年代、90年代能够通过钱解决这些问题，而现在我们更多地要叩问自己的内心，什么东西是我真正想要的？什么是我的使命？我的努力方向到底是在追求什么东西？是追求我在北京三环、四环之内有一套房子，能买一辆豪华汽车，还是要去做一件有意义的事情？所以，**在我们现在追求幸福的时候，要先实现一个思想上的转变，大家应该去追求有意义的事情，而不再是积累财富，因为积累财富不能让我们更加快乐。我们应该转换思路，去做更有意义、更有价值的事情**，但这个思路的转变是一件很困难的事。

俞敏洪：大部分人原来都是为了能够吃饱穿暖而努力，这是一个简单的生存目标，这样的生存目标解决以后，人所面临的未来的生命状态反而变得更加复杂，人想要达到那些能使他满足的东西或状态就更困难了，比如你女儿说的"自由空间"，这比你要买一只鸡复杂得多。所以，**对于有些人来说，他们最后之所以得不到简单的快乐和幸福，只是因为追求的复杂性增加了，以及追求的高度提高了。可以这样理解吗？**

刘嘉：是的。国外有一个这样的研究，当我们穷的时候，每多收入一分钱，快乐就会增加一分，这之间基本是一个线性关系。但在家庭收入达到 4 万到 5 万美元，即家庭收入差不多 30 万人民币时，即使再增加一分钱，幸福感也不会再增加。这时候就没办法通过财富的累积来获得幸福感，就需要去追求其他东西，但越往这方面追求，就会发现越痛苦。比如，对我这样的穷教授而言，如果出差能坐头等舱，我就觉得，哇，太开心了。但对一个有钱人来说，坐头等舱就是常事，甚至有私人飞机也是常事。所以对有钱人来说，他们可能会更困惑，什么才能让我快乐起来？这个快乐或是幸福的难度变得越来越高。

人类在追求幸福感的道路上，就像升级打怪一样，因为我们会发现大 BOSS 一个比一个狠，以前吃饱饭就很快乐，到后来吃一只鸡就很快乐，再后来就发现很难被满足。这也是为什么现在很多年轻人有更多的心理问题。这代年轻人受的教育、能接触的机会比我们好很多，但他们面临的问题太难了。我们当年考虑的就是能不能考上大学、找到好工作，但对于他们来说，生活其实不是问题，父母给他们留下了房产，能让他们免受饥饿，他们现在要去追求的是一个更宏伟的目标，但是父母并不理解这一点。**现在的年轻人比我们那一代困惑很多，他们要有一个更远大的理想或目标，而这个目标不再是年薪多少，而是他们向内叩问自己，什么是我想要的？如何才能自我实现？什么才能让我的生命价值得到最大的展现？**

3. 抓住当下，克服焦虑

俞敏洪：现在大部分人衣食住行的基本问题已经得到了解决，即使大家想追求更高层次的幸福，需要付出更多的努力和思考，但原则上不至于会让人如此焦虑。现代社会中，中国各阶层的人不管收入多少都充满了焦虑，而且这种焦虑引发了大量精神问题。**你觉得现在成年人，尤其是职业者的焦虑，主要来自哪儿？**

刘嘉： 现在的确是一个焦虑的时代，包括我在内，或多或少都有点焦虑。先从心理学来看，如果简单描述一下，焦虑是我身在当下，但心在未来，比如我现在担心明天会不会下雨，明天股市会不会跌，后天会不会出现一个难以预料的事情，等等，**这种身在当下、心在未来的情况，造成了焦虑。**

那为什么现在更焦虑？是因为这个时代充满了太多不确定性。我们以前对明天要发生什么、后天要发生什么，或多或少有点预期，而现在是什么状况？我们不知道。很多问题很难用逻辑推理去解决，但就是发生了，没有任何理由和逻辑，所以这个时代碰到的第一大问题就是不确定性，这也是为什么我们会焦虑。

我们身在当下、心在未来，而未来又充满了更多不确定性，那我们应该怎么办？我觉得**我们应该抓住我们能控制的东西，那就是我们的当下。**我以前也是很焦虑的一个人，后来我看到了一个佛经里的故事，很受启发。它说，一个人得罪了国王，国王就派一头大象追杀这个人，这个人就跑，大象在后面追，大象越跑越快，马上就要把这个人踩成肉酱了，这人一看前面有一口枯井，他就奋不顾身地跳进枯井，躲过了大象的追捕，但他掉进枯井的过程中，发现枯井底下有一条喷火的恶龙，正张着血盆大口等着他掉下去——这就是**后有追兵，即我们不堪回首的过去；前有恶龙，即我们难以确定的、充满恶意的未来。**

在掉落的过程中，他发现有一根树枝，他就一把抓住树枝，悬在半空，正当他准备松一口气的时候，爬过来两只老鼠，一只黑色的老鼠和一只白色的老鼠。两只老鼠就啃树根，马上就要啃断了，他就要掉进恶龙口中了，正在他绝望之时，他发现树枝的末梢有一滴蜂蜜，这时候他就不顾一切去吮吸那滴蜂蜜。我们知道未来充满恶意，难以逃脱，但我们享受此时此刻的这滴蜂蜜，就能让我们焦虑的心安静下来。那两只黑色和白色的老鼠是什么？一个代表黑夜、一个代表白天，这是轮转。**我们始终被外在的东西所折磨，但只要活在当下，专注我们此时此刻做的每一件事情，把它做好，做到极致，则就是那滴蜂蜜，抓住这一点，我们就不再焦虑。**

俞敏洪： 但人不可能不思考未来，这是人的动物性本能，松鼠在冬天来临之前，也会提前储存松果，因为它知道冬天来了外面没有食物。对于人来说，对于未来的思考是不可避免的，如果一个人一天到晚只想当下，就变成了今朝有酒今朝醉。确实也有这样的人，领了这个月的工资，几天就花完了，觉得很开心，但后面的日子会变得很难过，这也不是我们要追求的常态。那么，**我们如何既能关注到未来，又能享受当下，使我们当下的愉悦和面向未来的焦虑和担忧能达到相对平衡的状态？**

刘嘉： 这个问题很厉害，我们怎么同时获得熊掌和鱼。我觉得这件事情还是有可能的，在心理学领域非常关注一个词：平衡。我以前是一个更多关注未来的人，那首先应该关注未来的什么？应该关注我们的大方向、使命，关注什么是我们这辈子想追求的东西，什么是我们想达到的目标。怎么来判断这个东西究竟是使命还是目标？在这里，我把目标和使命区分开了，但只要转换一下时间的尺度就能理解了。

心理学和物理学最大的区别就是对不同尺度的关注，物理学关注的是空间尺度，比如当尺度扩大到宇宙层面，牛顿力学就不适用了，而要用爱因斯坦的相对论。心理学关注的尺度不是空间尺度，而是时间尺度，关心的是当我们追求的事情超越了生命长度，它是否还有价值。如果有价值，它就是使命；如果没有价值，它就是目标。比如，我想在三环内买一个200平方米的豪宅，这是一个很好的目标，但它一定不是使命，为什么？因为这个目标不能超越我的生命而存在，当我死了之后，这200平方米的豪宅就没有意义。所以，**我们通过时间的尺度来追求未来的目标，当我们确定目标以后再回看应当如何把未来的目标拆成当下一点点需要做的事。**

俞老师刚才举的例子里，有一些我觉得并不是活在当下，因为他没有活，他是行尸走肉，有多少钱就吃多少东西，没有未来，相当于一个僵尸，在当下的环境里来回游荡。但我们不一样，我们是活在当下，是冲着使命不断往前走。所以，这时候**我们既有方向，也让时间来定义我们的使命，我们是在当下一点点沿着方向前进。我们不是行尸走肉，我们是活着的，我们是有目标、有追求、充满动力的，为了一个美好的东西在努力向前。**所以，我觉得在这件事上，鱼和熊掌，可以兼得。

俞敏洪：说得非常好。人有目标和有使命是很正常的状态，因为这也是把人生拔高的一种状态。当然有使命的人显得更有意义，但我们绝对不否认人生的具体目标，比如买个房子、买个汽车，希望自己的生活更加宽裕，这些都很好。

刚才有一个解释我觉得特别重要，**活在当下并不等于排除未来，而是当下做的事就是走向未来的一部分。**举个简单的例子，比如我今天在学英语，首先我喜欢学英语，但学英语这件事情跟未来并不矛盾，因为我学好了英语，就可以做莎士比亚作品的翻译，可以做同声传译，可以把国外先进的思想理念介绍到中国，这就把我未来的使命和当下结合起来了。同时，只要我的英语学得足够好，我找到更好的工作的机会会更大，这也会让我的生存状态变得更好。其实你的解释就是，我们活在当下的此时此刻，实际就是我们未来的一部分，如果我们活在当下并不能创造未来，或者当下做的任何事情跟未来没有任何关系，那就不成立。

所以，**人产生焦虑最有可能的原因是他没法掌控未来。**因为现在世界的变化充满了不确定性，和过去中国的农耕社会完全不是一个概念。中国的农耕社会中，一个人一辈子认识的人就那么上百个，你可以一辈子不变，你的生存环境也可以一辈子不变，每天除了大自然在变化，其他的一切都可以预料。今天世界的变化非常快，我们今天掌握的技能明天可能就过时了；我们今天在这个公司工作，明天这个公司可能就倒闭了；我们今天自以为是，拿到了一份主管的工资，但如果明天老板看不上我们，我们就会失去这个岗位。这就意味着，人对未来命运的掌控能力变弱了，一旦人不能掌控自己所做的事情的未来，或者确保自己做的事情是有价值的，人就一定会产生焦虑。像现在中国的孩子，费了九牛二虎之力，但成绩依然上不去，还被家长和老师否认，他们通过拼命的努力依然没有得到肯定或者掌控自己的未来，一定会产生心理上的焦虑，我觉得这是同样的状态。

4. 用稀缺性对抗不确定性

俞敏洪： 现在的世界充满了不确定性，比如战争，又比如我们的工作可能会被人工智能替代，等等。**我们没办法去改变或者干预这样的变化和不确定性，在这样的前提下，人如何才能更好地掌控自己、掌控未来？**

刘嘉： 的确，近几年这种失控的感觉特别明显。我们通常把这种失控的感觉和缺乏掌控称作"富贵病"，什么意思？经济欠佳的国家实际上不会有这种疾病，只有一个国家发展起来之后才会有，美国比我们更发达，所以他们在焦虑、抑郁方面的问题其实要比我们大得多。

现在的问题在于，现代社会越变越好，物质也越来越好，而随着科技的发展，人工智能会取代我们的工作，新的技术会出现，我们如何才能获得掌控感？我觉得获得方法只有一个，就是把一件现在做的事情、擅长做的事情，做成事业，做出它的稀缺性。比如，我现在是个外卖员，每天骑车送外卖，我是没有稀缺性的，因为我的工作随时都会被取代，这种不确定性会随时让我感到焦虑。但如果我在做外卖的时候开动脑筋，去想如何通过路径规划把这件事情做得更高效，怎么提升外卖速度，这时候就开始具备一点稀缺性了。如果再往上面想，我能不能学习一些关于计算机编程的知识，把外卖变成一种艺术，能够成量级地提升它，价值就更大了。

所以，我们做事情一定要有积累。最忌讳的就是今天干一件事情，明天干一件事，一看简历，这个人做过十种不同的行业，这时候虽然面铺得很宽，但这远远不如一个人在一个行业里深耕到底。比如，大家都知道苹果公司毛利非常高，超过40%，那为什么我们还要用它？因为他们把产品做到了极致，做到了稀缺性，这时候产品定价权就在公司手里，它愿意定多少钱就定多少钱，我们唯一要做的选择就是买还是不买。这就是做到了稀缺性，这是我们能够做到掌控的方式——当我们成为这个行业的大师，所有东西都会围着我们转。

我们如何才能做到稀缺性？有三点：

第一，我能。我做的这件事情一定是我能做的、擅长的事情，这一点要看天赋。比如，我1米76，我一定不会去打篮球，即使我每天都能看到洛杉矶5点钟的太阳，我一样上不了场，因为个子太矮了，弹跳力也不行，怎么努力都不行。所以，有一个不一定准确的判断标准，当我们做这件事情时，我们比别人快，别人需要一天的时间，我们两个小时就能做完，这就是"我能"。

第二，我喜不喜欢。"我能"决定了我们能不能迈过这个门槛，但人生是一场长跑，不是跑两步或者冲刺100米就能结束的，这是贯穿一辈子的。什么能支撑我们把一辈子投入到一件事情上？就是我喜欢。怎么知道我喜欢呢？非常简单，我做这件事越做越有趣。比如俞老师讲英语课，我以前蹭过俞老师的免费英语讲座，我看俞老师越讲越兴奋、越讲越嗨，我们都不给钱，但俞老师还是会不断地讲。为什么？因为快乐。但假设让俞老师去讲微积分，估计给你钱你也不会讲。

第三，我们做的这件事情很美好。我们做任何事情不仅是我能、我喜欢就可以，而是要回馈社会，这样会让我们得到内心的充盈感，觉得我在做有价值的事情。即使我在做一件免费的事情、亏本的事情，无望地付出，但它很美好，这就是实现人生价值很关键的东西。

只要我们找到一件事情，这件事情对我们而言具有这三个特质：我能干、我喜欢、很美好，那就持之以恒做下去，一旦做到了稀缺性，就不用焦虑，因为定价权在我们手里。社会永远需要这样的人，公司裁员不会裁到你，老板尽一切可能把你留到最后，因为缺了你，这公司就没法转了，或者缺了你，公司就会有很大的损失，甚至如果缺少你，这个社会就会稍微变得有点不美好。这件事就是有掌控的事情，是稀缺的事情，是能让我们不再焦虑的事情。

俞敏洪：我能干、我喜欢，还能给社会带来美好，这是特别理想的一种状态，要做到这三点真的很难。但对不少人来说，我能干、我喜欢、能对社会有意义，和能养活我自己、让我生活的物质条件变得越来越好的工作是有一定矛盾的。但我觉得这是一个努力的方向，**人一辈子有三分之一的时间在和工作打交道，如果一个人一辈子做的事情，尽管能给自己带来收入，但并不是自己喜欢做的，和一个人一辈子做着自己喜欢的事情也能带来一定的收入，这两者的人生完全是两个不同的境界和状态。**

我也对周围的员工和朋友说，不管多难，**一定要去定位自己这辈子想干什么，且要在适当意义上和经济收入有所挂钩，能帮我们带来生存所需要的经济资源。**现代社会变化很快，这样的变化也会给我们带来很多机会，比如现在很多网红，原本就会唱、会跳、会说，以前只能通过进剧团、进公司的方式赚钱，但现在他们可以通过互联网来赚钱。像我喜欢读书，原则上读书跟赚钱没什么关系。但举个简单的例子，假如新东方倒了以后，我依然可以一天到晚读书，为什么？因为我读过的好书只要放在平台上推荐一下，就会有人买，有人买我就能提取佣金，这个佣金就足够养活我，继续支撑我喜欢读书这件事。

所以，大家一定要尽快确定什么是自己真正喜欢做的，并且能符合刘嘉老师前面提到的三个要点：我能、我喜欢，并且还能给社会带来一定的价值。如果能达到这些，我觉得人这一辈子至少在工作和事业这条线上不算白过。中国人很喜欢忍耐，很多中国人都是忍到退休以后，拿着一份退休金才觉得自己的人生解放了。但那时候已经60岁了，指不定未来国家退休年龄还会往后推，推到65岁、70岁再退休，到了那时候，即使很喜欢做，也没有精力和时间去做了。所以大家一定要认真思考这个问题。

刘嘉：是的，有一个实验大家可以做一下，叫**"百万元拍卖实验"**。现在我们每个人手里有100万，大家想一想，你愿意花多少钱去买健康，去买事业的成功，去买和亲人的关系，去买和朋友的友情？大家可以把自己认为最重要的东西列上清单，看看自己这100万，你愿意如何分配。

我在很多地方做过这个实验，非常有趣，绝大多数人会花三四十万买自己的健康，会花三四十万买和亲人、朋友的关系，但只会花5～10万买事业上的成功。这个实验的背后其实是一个隐喻，我们把这100万比作我们每一天的时间，如果我们愿意花三四十万买健康，那么，你每天有没有为自己的健康花

30%～40% 的时间？大家可以想想，自己一天花多少时间在健康上面？一周去几次健身房？这时候大家会发现，**这其中存在一个分离，我想要的东西，我反而不愿意花时间，而我觉得不重要的东西，比如工作、事业，我只想花 5 万、10 万，但实际上我每天不仅朝九晚五，甚至还加班，"996""007"。这就是为什么我们不快乐，我们在重要的事情上不花时间，却在不重要的事情上花了太多时间。**

当然，我们不是生活在真空中，我们必须养家糊口，不能饿着肚子要幸福。根据马斯洛的需求理论，我们需要食物、需要住所、需要物质基础，这是我们构建更高层次需求的根基。但我们可以活得简单一点，我们可以过一个极简的生活，把那些不需要的东西扔掉，把背包里一些不重要的东西扔掉。当我们背包里有房子、车子、股票等各种各样的物欲，我们背着这样的背包还能走得动吗？走不动的。这时候应该把那些不重要的东西扔掉，把我们认为最重要的东西留在里面，才能轻装前进。

现在的社会非常好，物质已经非常丰富了，大多数人已经解决了吃饭和生存的基本要求，我们能不能过一个稍微简单的生活？把我们对生命的意义看得更重要一点、更有价值一点？不要等到 60 岁退休了才觉得自己终于有时间做自己的事情了，不要。以前我参加俞老师的一个讲座，当时有一句话对我启发很大，"种一棵树最好的时间是在十年前，其次就是现在"。既然我们对美好生活有向往，何不把我们对生活、对物欲的需求降低一点，把更多时间和精力放在我们自己想要的东西上。如果想追求一个更有价值的东西、梦想很久的东西，从现在开始就去追求它，**把物质欲望降低一些，把对未来理想追求的东西放高一些。**

俞敏洪：这不太容易做到，是一种理想化的状态，但这是大家要努力的一个方向。举个例子，当别人发现我周末开马自达出去，很多人会奇怪，觉得俞老师为什么就开一个十几万的马自达？但我觉得汽车就是一个代步的工具，如果它能代步，可以躲避风雨，我就不太会思考牌子的问题，反而是在思考，这个车比较省油、不太容易坏，等等。我会把钱用在更重要的地方，也会用更多的时间来阅读、锻炼身体，因为我知道对我来说，不管是身体的健康还是生命的充实，对我都是很重要的事情。当然现在很多人为了生存而奋斗，没房子也没汽车，甚至都不能确保下个月一定能领到薪水，我能充分理解这种焦虑，所以我也希望所有的人都能找到一份自己真正喜欢并且薪水高的工作。

5. 在绝望中寻找希望

俞敏洪：我们都知道，一个人的情绪，无论正负面，都会对自己的人生影响很大，我们当然都希望自己有正面情绪，但负面情绪是不可避免的。那么，我们应当如何消化日常的负面情绪？如何将负面情绪慢慢转化成正面情绪，并让正面情绪对我们的生命和工作起到主导作用？

刘嘉：我们都希望快乐一点、轻松一点，没有任何一个人想处于愤怒、悲伤之类的负面情绪中。但任何东西都有两面性，如果每个人都充满了正面情绪，很快乐、很放松、很满足，那我们不会愿意改变自己当前的状态，我们会愿意停在这儿不动，这样就很难达到更高的目标。

我们都不想要负面情绪，没有一个人想愤怒、悲伤，我们拼命想摆脱这种负面情绪，但从另一个角度来说，负面情绪是我们前进成长的动力。当我们为某一件事情感到羞耻时，我们会发誓不再让这件事情发生在自己身上，我们会去改变它。当我们愤怒、被人羞辱，我们就会做给对方看，我一定会干得更好。从这方面来说，负面情绪会成为我们前进的动力，但负面情绪也会毁了我们，比如我觉得被羞辱了，我自己充满羞辱感、内疚感，可能会觉得我原本就是这样一个很差的、无足轻重的、没价值的人，可能就会走向一个低自尊的状态。

所以，我们需要摆脱这种负面情绪，把负面情绪向正面情绪、向我们的价值及目标去引导，让它们成为一种向前推动的力量。就像勾践卧薪尝胆，越国当年被吴国欺负，这其实是负面情绪，但正是因为这种负面情绪使勾践把越国带向了高峰。吴国则不一样，该打的都打没了，周围的国家都臣服于我，满足了，这时候它打不动了，越国就把它灭了。

从这个角度来看，我们应该珍惜负面情绪，并把它作为我们前进的力量。有三个步骤可以参考：**第一，接纳**。负面情绪不是很糟糕的事情，是一个很正常的存在，学会接纳它。**第二，转变**。把负面情绪转变成为一种动力，它的动力是最强大的。**第三，导向目标**。我们用负面情绪做什么？并不是俞老师骂了我，我愤怒了，就去把俞老师打一顿，而是告诉俞老师，你今天骂了我，我明天要向你证明你骂错了，我是一个有价值的人。

俞敏洪： 特别好，我也分享下我如何处理自己的负面情绪。我觉得**负面情绪分为内负面情绪和外负面情绪**。内负面情绪是我们自己碰到的事情所产生的负面情绪，比如因为考试考得不好，或者因为觉得自己内心很受挫等，有时候还会有莫名的悲伤、自卑或者找不出原因的自我否认，这是我们自己直接产生的负面情绪。外部负面情绪则是来自外部，比如别人对我们的羞辱、无理的指责等，则会让我们产生愤怒或者屈辱的负面情绪。

我对这两种情绪的解决办法：**第一，绝对不做冲动性回应，给它足够的时间消化，因为冲动性的回应往往会产生更负面的影响。**

第二，要努力理性分析负面情绪产生的原因。 有时候分析出原因，解决掉原因，负面情绪就没有了。比如，有时候我们心情不愉快，可能是因为没吃饱，那吃饱不就行了。有时候情绪低落，可能是因为没睡好，那就把觉睡好了就行了。所以，要去寻找原因，找到负面情绪的来源。

第三，转化为动力。 在这点上我觉得我做得比较好，我读大学的时候大学同学看不起我，这是短期内我不能解决的问题，也不能天天和同学对抗，就尝试能否把这些东西转化成动力，如果能转化成动力，有的时候反而能取得更好的成就。比如，我之所以从上了北大以后一直拼命努力学习，就是希望有一天我的学问、能力能够超过我的大学同学，现在事实证明我至少在有些方面不比他们差了。我为什么做新东方？一个重要的原因就是我结婚后，我家里人觉得我没钱、太穷了，觉得再穷下去家都维持不住了，我就开始想办法赚钱，最后打开了我个人努力的一个平台。所以，我们如何利用这些负面情绪，把它们转化为正面动力，是人生特别重要的事情。

刘嘉：我以前碰到困难的时候，就会想起新东方那句口号："**在绝望中寻找希望。**"绝望就是一种负面情绪，希望则是一种正面情绪，但正因为这种绝望才会让我们拼命去寻找光明所在，去寻找希望。我觉得新东方一直把这个理念贯穿在企业文化中。

6. 青少年抑郁症频发，低势能或成关键因素

俞敏洪：近几年我们的青少年抑郁症比例越来越高，一方面来自他们学业的压力，另一方面也出于其他很多原因。你在这方面比较有研究，**面对青少年抑郁，现在有什么防范措施？家长和老师，包括教育系统应该做些什么？**

刘嘉：这是现在社会非常大的一个问题，我们发现，现在各种精神疾病，尤其是焦虑、抑郁的疾病，在逐渐低龄化，甚至在小学阶段都会大范围出现。大家觉得非常困惑的一点就是，现在孩子有了父母更多的关注，生活也比我们以前好很多，为什么他们的心理疾病反而更多了？在心理学里，有一个非常底层的逻辑，"学习仅仅能在期望和现实之间存在差距而发生"。什么意思呢？举个例子，如果我当年不努力学习，可能就只能读高中，上不了大学，意味着我所有的未来就是一片灰白，这时候我当下的状况和预期要读大学之间存在一个差距，我们把这个差距比作一种势能，就像水坝一样，有的水高，有的水低，势能会推动我去学习。

现在小朋友们面临的问题是，这个势能消失了，因为很多父母说，你不努力学习将来就找不到工作、吃不饱饭，但孩子知道父母有钱，至少吃饭不会有问题。有些父母手里有好几套房子，孩子知道这些将来都是他们的，还需要怕啥呢？这时候势能就消失了，学生就不再学习，不再学习的时候，他们的内心是空虚的。人最怕空虚，不知道要干什么，在这种情况下，他们会经常有一种感觉，我现在活着吗？我活着还有价值吗？这时候各种焦虑、抑郁就会乘虚而入。

怎么解决这个问题？家长需要做的，就是让孩子能够重新学习，要主动给

孩子扩大势能，这个势能就是他们的期望和未来之间一定要存在差距，父母就要转变方式，不再是告诉他们不努力学习就找不到工作，找不到工作就没饭吃，或者说隔壁的张三如何会学习，而是要**更多鼓励孩子的自驱力，帮助孩子找到他们擅长的、感兴趣的事，并且帮他们梳理出更清晰的未来——这是你将来的榜样，这是你将来要达到的目标。**我们帮助孩子创建自驱力，创造新的势差，这样孩子就会有满足感，然后向前走。

总的来说，现在的孩子各种心理疾病之所以普遍，是因为孩子失去了方向感，失去了我们当年要找碗饭吃的方向感，我们应该给他们更高的需求，告诉他们未来究竟应该是什么样子，什么是你们的未来，你们的未来和我们的未来有什么不一样，你们应该怎么根据你们的能力和兴趣去发挥。从这个角度来说，父母是孩子最好的老师，父母一定要帮孩子引上正道，一旦这个势能被创造出来，剩下的就看孩子发挥学习自主性了，他们的心理问题也会迎刃而解。

俞敏洪：能不能这样理解？我们这代人从小缺衣少食，处在贫困状态，比如我当初就是想离开农村，所以想通过上大学改变自己命运的动力是无比巨大的，足以推动我全力以赴，这是我们那一代人的状态。对现在的孩子来说，物质生活方面的改变对他们已经没有太大吸引力，所以继续用过去的方式来激起孩子对学习的热情、生命的热情就不太管用了。

此外，孩子现在面临最大的问题是，他们对学习本身缺乏兴趣。我个人分析主要原因之一是，**传统的知识灌输方式、老师的教育方式、孩子学习的目的是不对的。**很多老师对孩子采取的是压力性学习方式，要求孩子死记硬背然后考个好分数，这导致孩子本身的学习目的不是对知识的追求、对世界的了解、对千变万化的世界的好奇，而是变成了为分数而努力。而一旦有分数，就有名次之分，一个班四五十个同学，能让老师满意的就是前面五六个，剩下的就成了一般的，甚至是不好的学生。从这个意义来说，孩子本来对于世界的好奇、知识的追求就变成了学习压力，变成了考试成绩，变成了升学，而这些动力对于孩子没有任何意义。这些要求无法构成孩子未来生命辉煌时能自我说服的理由。

我最近读了两本书，讲科学家的故事，都是给少年儿童看的，我觉得这样的书就很让孩子从小立志。这种立志超越了功利，让孩子面向未来建立自己的人生目标和使命，而这种人生目标和使命甚至超越了考试。他就会明白为什么我考试要考好分数，为什么喜欢这门课，因此，激励孩子寻找内在的动力非常重要。如果孩子没有这样的激励，他的内心可能不会承认自己所有的奋斗都有价值和意义，再加上成绩不好、老师批评以及家长的压迫性敦促，孩子就会很容易出现精神问题。

所以，面向未来，既然要让孩子爆发出对未来追求的生命力，那么最重要的可能是需要对相关的教育体系、学生学习的知识以及学习方式进行巨大的变革，家长对孩子的培养和对孩子的激励体系也要改变，要激励孩子有更好的、更崇高的追求。过去那种学习好就能改变命运的故事已经不管用了。

刘嘉：你刚才提到一个非常好的词，"好奇心"。抑郁症患者最大的症状之一，就是他们对外界所有的东西都失去了兴趣，在外界所有的东西身上找不到快乐，换句话说，他们没有好奇心。你刚才特别强调要培养孩子的好奇心，一旦孩子有了好奇心，他对外面所有的东西都充满了兴趣，他就不可能抑郁。所以家长、教育体系要培养的，一定不是能做题、会做题的孩子，而是会对未来或者对某个知识、某个行业、某种技能充满了无穷无尽好奇的孩子。

俞敏洪：我们曾经有一个学生，从小就对昆虫感兴趣，我个人猜测可能父母中有一位是研究昆虫的，他就在家里养了很多昆虫。如果一个孩子能在家养毛毛虫，并从养毛毛虫开始，了解毛毛虫的习性，直到毛毛虫变成蝴蝶飞向天空，这个循环完成之后，孩子好奇心教育的循环也就完成了。但大部分父母都会要求孩子把毛毛虫扔掉，因为觉得很脏，或者怕孩子被毛毛虫咬伤。但这个孩子的父母居然鼓励他养毛毛虫，同时鼓励孩子研究毛毛虫的特性、发展周期，并且做文字记录，所以这个孩子从小学五六年级开始，就对昆虫进行记录，而且一直记录到高中。他的高中成绩就是中等水平，不太可能考上北大、清华，就想出国留学，后来联系了耶鲁大学的生物系，把他从小到大记录昆虫的报告复印了一份寄给耶鲁大学，结果耶鲁大学毫不犹豫就给他发了 offer（录用通知书）。

当然这是国外的教育体系，但他父母对他好奇心的保护，也许就会让这个世界多出一位伟大的昆虫学家。

刘嘉：的确是这样。我们的高考计分是有不足的，高考分数算总分，如果有分数短板就一定会花很多时间去补短板，即使这个学科是我们很不喜欢、很不擅长的。比如，我们擅长的已经考了 95 分，再往上提也就只有 5 分的空间，还很难，但如果我们不擅长的才考 60 分，花点时间在上面，把它从 60 分提到 90 分，就会很利于考分的提升。但这造成了一个问题，学生会在不擅长的科目上多花时间，反而在擅长的科目上少花时间，我们的学生每天都在做自己不喜欢、不擅长的事情，就是为了高考总分高一些，这个过程就扼杀了学生的好奇心和他们的兴趣。**但我们都知道，一个人一旦到了大学、进入社会，能让我们脱颖而出的一定不是我们的短板，而是长板。**这就是为什么那个孩子虽然成绩一般，但他在申请海外学校时拿出昆虫记录，人家大学看他有这个特长，或许他在未来有机会成为一个伟大的昆虫学家、动物学家，或者能在生物领域做出重大创造。

7. 如何提升专注力

俞敏洪：你提到专注力是一个人有所成就或者成功的重要条件，但现在不管是成年人还是孩子，注意力都太分散了，以至于孩子的学习能力下降，成年人取得成就的能力也在下降。从心理学来说，**如何敦促我们在专注力上不断提升，使自己走得更好？**

刘嘉：这是一个特别重要的问题。大家很容易把专注力理解成注意力，我们长期五个小时、八个小时做同一件事情，这种注意力相对而言还是好培养的，但专注力比较难培养。很多时候我们看孩子在这儿拿着笔不停地做作业，其实他身在当下，心早跑了，这时候学习效率非常低。工作也一样，你看我坐在这里敲键盘，但我的心早跑到其他地方了，干活也没有效率，这时候专注就会特别重要。

其实专注的一个核心点就是，要换个角度来看这个问题。过去我们在固定思路上做某一件事，做的时间久了，就不动脑筋了，只有肌肉反应，如果想要大脑动起来，就换一个角度思考。比如，我们问一个问题，残疾人能开车吗？显然残疾人不能开车，你第一反应就是不能。但如果我们换一个角度来问，怎样才能让残疾人开车？你突然发现，哇，有太多东西值得进一步挖掘了。这叫专注，专注这个问题从不同角度切入进去。

所以，很多时候我们不要问自己能不能做这件事情，而是要问自己怎么才能把这件事情给做了。**所谓的专注就是我们专注于当下，从不同的角度去看、去思考，发挥我们自己的主动性。**比如，学习的时候，就去想，俞老师告诉我这道题该怎么做了，那我还能不能举一反三，再找出两种解法，也许比俞老师的方法更好。又比如在工作上，一个前辈告诉我这件事情该怎么做，除了这种方法外，还有没有更高效、更完美的方法？当我们进入到这种状态，就会有非常高的幸福感体验，就像心流一样，感觉像水一样流淌的东西，没有任何阻碍地在心中流动，这时候所做的工作就不再是一种工作，而是一种享受、一种事业，就会越做越好。

俞敏洪：对于现代人来说，这种专注力以及你提到的心流，都很重要。现在分散我们生命精力的事情太多，然而我们生命中的资源是有限的，我们的时间、精力、资源都是有限的，在资源有限的情况下怎么让这些东西得到最大化利用，我觉得特别重要。

我个人认为，把这些资源专注地投入在一件事情上，比分散在五件事情上的效果要好。比如时间，我们的时间完全可以是随便分散的，但同样的时间如果能专注在一件事情上，就更容易有所积累。又比如，如果每天规定用两个小时在英语学习上，过一段时间以后，我的英语水平很明显就会得到比较好的提升，而这种提升又会对我的工作和未来发展有所促进。所以，**我个人体会的专注力就是我在规定的时间内心无旁骛地做自己想做的那件事并达到一定的目标。**

8.《心理学通识》

俞敏洪：我认真读了你的《心理学通识》，还认真做了笔记，圈了很多的要点。你当时写这本书的目的是什么？这本书的特色是什么？这本书适合什么样的人读？

刘嘉：我以前经常会和大家做一些类似于今天直播这样的心理学分享或者报告，大家就会问，刘老师你讲得挺好的，我们也很需要，你能给我们介绍一本书吗？这就真的难到我了。因为国外的一些书，比如《心理学与生活》更偏学术，学心理学专业的人去读更合适。另外一些通俗的书也写得特别好，比如《情商》《思考，快与慢》等，但这些书只介绍了心理学的某一个点。我写这本书的时候，国内还没有一本能让大家入门的心理学概貌介绍，我当时就想，我能不能写这样一本书，告诉大家心理学是什么，但不要涉及太多术语，不要一上来就谈"皮格马利翁效应""记忆三大理论"，而是让大家了解什么是心理学，当时就抱着这样简单的目的写这本书。

但写这本书的过程中，我觉得我的收获是最大的。因为当我想把心中的话写出来，才发现很多东西其实我并没有想清楚。我觉得自己想清楚了，但其实没想清楚。所以，在写的过程中，我开始认真反思我究竟是一个什么样的人，我用心理学的方法来理解我。这本书写完后，就已经达到我的目的了，不是说一定要卖成一本畅销书，而是我通过写这本书治疗了我自己，让我能够看到我内心究竟想要什么。也非常感谢俞老师的推荐，封面也有俞老师的推荐。这本书发行以后，有很多人在各种场合见到我，就会说，原来你是这本书的作者，这句话就让我觉得过去付出的所有努力都特别值得。

俞敏洪：这确实是我读过的，表述上比较简单明了，把心理学专业知识和人的日常行为以及人的日常心理状态，结合了案例和通俗的表达，让人一读就懂的一本书。这也是我近几年读过的心理学书中，和个人发展结合得比较密切的一本书。比如，我们应该如何认识自我？怎样能够了解自己，了解自己的人性，了解自己的爱恨欲望？我们的感性和理性到底是怎么回事？人如何能跟着感性走，又能进行良好的情绪控制？人的意识到底对我们起到什么作用？是意识决定了我们的存在，还是存在决定了我们的意识？人到底有没有自由意志？在自由意志支配下，我们到底怎样决策？我们的过去、现在和未来到底怎样分配？如何掌控自我，拥有一个不打折扣的人生？如何做自己人生的主人？等等。**我个人感觉这本书把个人的心理健康、个人发展、个人成长和心理学的科学、实验成果结合在一起做了一个非常通俗的表达。**

刘嘉： 对。对任何一个人而言，这世界上最重要的就是自己，我觉得这本书提供了一个认识自己的工具。它是一个工具，而不是讲一些道理，更多的是告诉我们怎么看待自己，看待内心的欲望，看待内心的呼唤。

每一个人都是心理学家，因为我们每时每刻都在琢磨自己心里在想什么。这时候就需要一本理论方面的书帮助我们变得更专业。同时，心理学是一门让人幸福的科学，我希望这本书能起到的最大作用，就是大家读了之后，不是说我懂了很多知识、很多术语，我可以和朋友聊天，而是我自己因为这本书变得更好了。这就是对我这个作者最大的奖励，也是对我这个作者来说最高的荣誉。我希望大家有这种感受，这是我写这本书真正的初衷，让我们变成更好的自己。

俞敏洪： 如果认真读这本书，你说的目的基本能达到。我自己原来读过不少心理学的书，包括彭凯平老师的《积极心理学》，我也读过、推荐过。我觉得你这本《心理学通识》实际是一本破除人对自己的执念，帮助人更好成长的书。因为人有很多执念，包括很多情绪的执念、对生命的执念、对自己看法的执念，如果不破除这些执念，实际上生命是没法迈出去的。就像蝴蝶的幼虫在茧里，它如果不咬破茧，就不可能变成蝴蝶。但很多人都在自己的茧房中出不来。如果能认真阅读这本书里的一些观点，说不定能帮助大家破除自己的一些执念，让自己面向未来的世界变得更明亮一些。

刘嘉： 谢谢俞老师，这是对我这本书最大的表扬。每个人都想打破认知边界，或者面对一些自己不敢面对的东西，比如自己的欲望、感性和理性之间的关系，以及如何追求幸福，什么是幸福，怎么追求幸福等，我都在这本书里有一些思考。我不敢说它们都是正确的，但是我的一些思考。

俞敏洪：好的，由于时间关系，师弟我们今天只能聊到这里了，回头我们找个时间线下深聊。

刘嘉：好的。再次感谢师兄的邀请，希望以后还有机会，向师兄继续请教。

俞敏洪：谢谢，我们互相学习。

——对谈结束——

俞敏洪：各位朋友，《心理学通识》这本书很值得买，真的是比较通俗地把心理学和一些生命中可以实操的东西，图文并茂地写了出来。祝大家新的一周在新的心情鼓励下能够更好地上班和生活。请记住，如果想让自己心情好，心情就一定能好。心情好了，后续的事情就会变得更顺，这不能说是一种迷信。当我们心情好了，充满微笑地做事，周围的人也会被感染，我们也会觉得更加开心。同时，我们遇到任何事情先让别人一步，先帮别人一步，在力所能及的情况下如果能把握好这点，我们的人生就会越来越好。

我个人相信，除了天定的智商和出身以外，剩下的部分是由我们自己掌控的。之所以说是部分，是因为我们掌控不了大环境，但小环境，比如我们怎么创造自己的气场等，肯定是能掌控的。所以我希望大家能创造出自己的气场，掌控自己的环境，让自己活得更开心，也让自己更容易被别人接受，创造一个良好的社会关系。

总而言之，活着不容易，但只要努力，只要活的方向对，活着就是一件美好的事情。

时间关系，今天就聊到这儿，谢谢大家，再见。

（对谈于 2022 年 3 月 20 日）

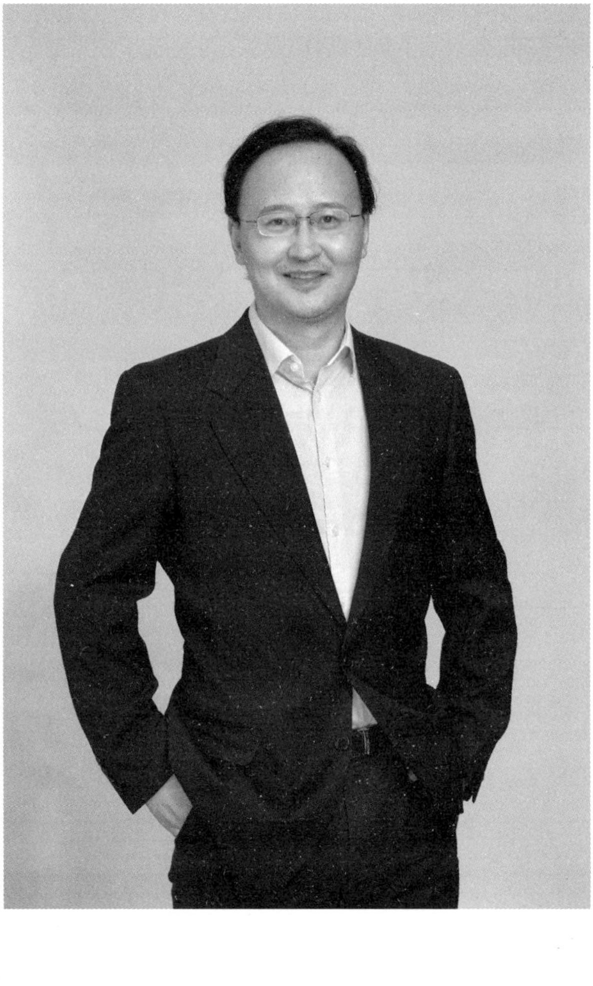

对话 **陈海贤**
给自己的人生写个好故事

人的一辈子是悲剧，
但每天的生活是喜剧。

答案不在头脑里，你得跟这个世界真实地碰撞。

陈海贤 /
著名心理咨询师、心理作家。浙江大学应用心理学博士毕业，代表作品有《幸福课》《了不起的我》《爱，需要学习》等。

俞敏洪： 大家好，今天和我对谈的是著名心理学家陈海贤老师。海贤老师是浙江大学毕业的中国著名心理学家，他做心理学有一个特点，能深入前来咨询的人的内心，帮助他们解惑答疑，让很多人从人生的迷茫、痛苦、焦虑、精神紧张中走出来，做的是造福人甚至是造福人类的事情。

海贤老师在心理咨询过程中，写了《了不起的我》和《爱，需要学习》两本书。《了不起的我》主要是讲个人如何自我发展、自我成长，副标题是"自我发展的心理学"。我一直比较关注心理学，尽管我不懂心理学，但我知道心理学可以对个人成长起到很好的指导作用。今天请海贤老师来跟我们聊一聊心理学。《爱，需要学习》则是一本讲述亲密关系的书，海贤老师对人与人之间的关系研究比较深刻，包括人和家庭的关系、社会的关系、同事的关系，以及两个人之间的亲密关系。今天我们会和大家聊一聊这两方面的话题，相信大家听完后一定会有非常好的感悟。

我个人感觉，一个人的发展过程就是不断自我成长，最后变成非常完善的独立个体的过程，而一个人的成长最重要的就是不断摆脱依附关系。我自己就有深刻的体会，我小时候依附于父母，依附于家乡，后来进了北大又依附于北大，最后我从北大出来，不再有任何明显的依附，不得不独立闯一片江湖。在这个过程中，我越来越体会到，一个人的成长有点像在荒野中无所依靠、不得不前行的感觉，但恰恰是这个感觉给我们带来了天地之宽、宇宙之广的体会。一个人走进风雨中会害怕风雨，有可能会被风雨摧残，但有时候我们也会体会到风雨所带来的好处。

——对谈环节——

1. 提供依靠，放手探索

俞敏洪： 海贤老师，您好。

陈海贤： 俞老师好。

俞敏洪： 海贤，当初你为什么选择心理学专业？而且做心理学一直做到今天？

陈海贤： 这件事说起来也挺有趣的，现在想想可以追溯到很早之前。在我上幼儿园的时候发生了一件事，大家知道幼儿园里经常有一些小朋友很会讲故事，会被拉去做表演。我是我们幼儿园里讲故事讲得比较出色的小朋友，就到一个镇上表演，结果表演的时候，因为第一次在舞台上面对这么多人讲，觉得很不好意思，所以讲到其中某一段时，我就哭出来了。下面的家长很高兴，他们觉得小朋友很可爱，可这对我来说是一个很大的打击，后来只要让我对着众人讲话就会有一些紧张，慢慢就变成了一种焦虑，我不能在很多人面前讲话、展现自己。后来这种焦虑的症状，加上不能讲的状态，就变成了一个心结，尤其在青春期，影响了我的自我概念。

上大学选专业的时候，我觉得这个问题好像一直困扰着我，让我觉得我是一个不够好的、很糟糕的人，我很想解决它，所以就想学心理学，后来我真的变成了一个心理咨询师，也做过一段时间的老师。于是情况就变成了，你有一个很想解决的问题，而最后解决它的方法变成了你的职业、你的特长、你的资源，甚至到现在，我也会对着很多人讲课，也越来越享受这个状态，这是因为我是为了解决我遭遇的问题而来的。

俞敏洪： 你认为童年时期什么样的经历会对孩子的一生产生比较正面或负面的影响？他们小时候最应该避免什么样的伤害？很多父母在孩子的成长过程中往往走错了方向，最后给孩子带来了比较大的影响。

陈海贤： 作为父母必须理解，孩子的成长过程中都会遇到或多或少的伤害，就像我遇到的事情，说伤害也算伤害。但我觉得**父母应该提供一个必要的支持**，孩子遇到了困难、挫折时，让他心里有底气，觉得爸爸妈妈会支持我，会帮我兜底，我有依靠，这很重要。同时，这个依靠**不能变成一种过度保护**，否则就会让孩子失去必要经历的挫折，以及从挫折中成长的能力。**孩子要有依靠，你要给他安全感，有了安全感，他就会去探索世界，如果你为了保护他不受挫折、不受伤害而做得太多，其实也是在让孩子慢慢失去锻炼的能力。**

俞敏洪： 是不是可以做这样一个比喻：我们小区有一个小池塘，里面有鸭子和天鹅，它们春天生完小鸭子、小天鹅后，第一天就会带着小鸭子、小天鹅在水里游泳。公鸭子和母鸭子从来不会离开小鸭子太远，但他们不会阻止小鸭子去游，而是带着小鸭子一起游。这是不是可以比喻成，当父母生了孩子后，既要给孩子提供一定的保护，让孩子产生安全感，但从孩子出生第一天起，就要让他面对世界，对世界进行探索，最后养成独立探索世界的勇气？

陈海贤： 某种程度上是，而且我们需要保护的程度要随着孩子的成长逐渐降低。**最开始孩子特别需要保护，那时候你能回应孩子的需要，其实有利于培养孩子的安全感，如果在这时候父母想方设法让孩子独立，反而对孩子不利，因为他还没有形成安全感，等孩子长大一点，才会慢慢发展出安全感的概念。**

心理学里有个概念叫安全型依恋，指的是什么呢？有安全感的孩子能够去探索世界，可当他觉得不安全的时候，他会回过头看一下，父母在，他又可以去探索世界。再发展发展，就会变成我看不见父母也没关系，因为他们在我心里，我可以无所顾忌地探索世界。所以，从提供很多的保护到慢慢撤下保护，再到青春期，孩子就变得越来越独立。而**前期过度的不回应和后期过度的保护，都会给孩子造成伤害。**

2.《了不起的我》

俞敏洪：我认真读了《了不起的我》，对我很有启发，当初为什么会写这本书？

陈海贤：这本书脱胎于我在"得到"的一门课，叫《自我发展心理学》。最开始，我们想讲一门关于自我的课，因为我们感觉，每个人在社会上都希望自己能够有效地改变、有效地成长，这是每个人心底的愿望，希望自己能成长得更好。可很多努力是没有效果的，我付出了一些努力，可是收效甚微，这时候我就想，我们也许可以写一本书，系统地介绍人是怎么慢慢成长起来的，他成长起来要符合什么样的心理规律，他可能会遇到哪些挫折和困境，怎么度过它。

最开始我们商量题目的时候，"得到"的朋友说，我们是不是在讲一门自我管理课？我有点不喜欢管理，管理的课好像是你要强迫自己做什么事，我觉得人的自我成长更像是一种本能，不是按照规范来的。大家听着觉得有道理，说那就叫自我发展。

自我发展的意思是什么？我觉得它跟管理有一个很核心的差异，管理好像是人不是很想发展，我们要强迫自己才能发展，而对于我来说，我觉得**自我就是要不停地发展，它是人的本能，**只是有时候出于各种原因，比如心理舒适区，或者太怕成长的疼痛，导致我们自己人为地阻碍了发展。这也是为什么起这个书名《了不起的我》，其实人本身就有了不起的性质，甚至都不需要太自律，只需要把妨碍自己的部分掰开就好，本性上我们都是了不起的，我们也希望自己了不起。

俞敏洪：如果大家在成长过程中，并不是百分之百地自信和自我了解，希望在某种意义上改变自己的现状，让自己变得更优秀、更自主和独立，这本书会是特别好的指导手册。希望大家通过阅读这本书，达到自我的发展，最后由小我走向大我，由依附的我走向独立的我。我想问海贤老师，你认为个人的自我发展主要体现在哪几个方面？有哪几个步骤？

陈海贤：我在书里介绍的自我发展分了好几个层次，它们都是平行的。第一章讲行为的改变。我们都希望有一些改变，比如我们都做过很多计划，希望培养一些新的习惯，希望自己在社交上能够更灵活，可为什么做不到？讲行为的改变，讲到底是什么在妨碍你建立新的行为。

第二章解释这些行为背后的一些思维基础，我们是怎么看待这个世界，怎么看待自我的？讲思维的改变，要破除保护我们自己的思维方式，无论是僵固型思维、应该思维，还是绝对化思维，慢慢建立起能够给我们提供动力的思维方式，比如创造性思维、成长型思维。

第三章关注的是关系的发展，我们要慢慢摆脱别人看我们的目光、对我们的期待，慢慢走向更独立的自己，独立之后又要反过来融入人群。人其实没办法真的离开人群生活，这也不是我们的目的，所以要反过来以一种更独立自主的方式加入人群，才会有更好的关系。

第四章是我比较喜欢的，讲人的转折期。有时候外界遇到一些变化，我们原来一些对的事就结束了，人就会陷入迷茫期，他不知道未来出路在哪儿，我做的事是什么，我有什么新的意义赋予自己。就像一个打碎重建再慢慢找到新的自我的过程，一个新的关系、新的身份认同和新的意义感。其实很多人甚至很多公司都会经历这些事，无论是我们主动选择还是被动变化，我们应该怎么去适应它，怎么慢慢从旧的自我里长出新的自我。

最后一章则讲了一些人生发展的阶段。

俞敏洪：你认为人在任何环境下都可以做出选择。很多人遇到的生命困境是什么呢？被卡在那儿了，英文叫 Stuck there。有人抱怨是外面的环境动不了，或者是父母对自己的限制，或者是经济问题，又或者是这样那样的麻烦。但我个人一直认为，一个人如果一直觉得陷在里面动不了，更大的问题是他自己，本质来说是他自己并不想动，如果他真想动，他是能动的。而且我一直认为，一个人不能先想好后路再去动，比如你婚姻关系不好，你已经决定离婚了，结果你说我离婚以后没有另一个人等着我结婚，尽管在婚姻关系中非常痛苦，但我现在还不能离。或者你在一个公司因为工作不愉快，和老板闹了矛盾，你想离开这个公司，但你还没找到下一个工作，你就不离开了。很多人认为我一定要有下一步安排，没有下一步安排，我就不动。

当一个人陷入类似这样的困境时，他的选择在什么地方？他应该用什么样的心态为自己新的人生做选择？对我来说，我一直认为人生就应该突破，不管花多长时间努力，都要去突破自己的环境。**你可以有耐心，但你不能没有突破的目标。**比如我当初高考三年，就是为了突破自己的农村身份，后来从北大出来做新东方，是为了突破在北大公有机制下的按部就班和一眼就能望到头的生命，这需要勇气，我从北大骑个三轮车拉着行李辞职的时候，也不知道后面的人生道路在什么地方。**一个人怎么培养这种内心的勇气，怎么判断现状是否应该被打破，如果不能打破，应该怎样改变现状？**

陈海贤：在我们遇到事情的时候，有一些事是能变的，有一些事是不能变的。你遇到不能变的事情，比如一个年轻人对工作报酬不满意，但又没有办法，如果让他去找新工作，又不一定能找到这么好的工作，这可能是一个现实。能变的是什么？有什么选择？是他应对这件事情的方式。事情本身也许没有选择，可怎么去应对它，你有选择。你可以选择简单的躺平，也可以选择去寻找新的机会来创造新的可能性，这都是你的选择。

所以，**人永远都有选择，你应对每件事的方式是有选择的，这谁也剥夺不了。**可为什么很多人不愿意承认这个选择？因为当我们要去面对"这就是我的选择"的时候，会有一种痛苦。原来他可以说，我的愤怒、我的怨恨、我的不满都是因为我没有选择，所以我是一个受害者。但现在说他有选择，就好像他要摆脱受害者的身份，要为自己的人生负责。这对有些人来说不容易，要自己为自己的人生负责，万一失败了呢？是不是意味着现在过得不如意都是自己的责任？但其实并非如此。**你面临一个困难，这无法改变，但怎么走出困难，是你自己的选择，很少有人能帮你。**所以，哪怕这是一个很大的困难，它不是你的错，你也还是要去处理，怎么处理就是你的选择。

3. "受害者心态"与不确定性

俞敏洪：有一个词叫**"受害者心态"**，我发现不少人或多或少都会有"受害者心态"。比如他们认为造成困境的通常是外界，而不是自己，当然不能说任何一件事情都百分之百是自己的责任，但如果你过不好一生，80% 是你自己的问题。河南一个女老师，觉得当小学老师有点无聊，人生总是不断地重复，结果留下一张字条——"世界那么大，我想去看看"，背着包就出去了。她的人生从此就改变了，不一定变得更好，但我相信这种走出去，一定会变得更精彩，会改变自己的生活方式、应对方式和思维方式。

陈海贤：我在《幸福课》中也引用了这个例子。当我们要改变时，比如当一个人说我要出去、我要辞职，他不一定会变得更好，他只是面对了未知。

俞敏洪：我觉得任何想要把自己变得更好的想法都可以有，但一定不要把它变成一个必须的行为。**改变不一定是变得更好，而是首先变得与现在的你不同，更好是下一步的事情**。我当初从北大出来，从没想到能把自己变得更好，因为北大是一个很安逸的地方，而且成为北大教授还是很荣耀的，我出来变成一个个体户，自己前途在哪里都不知道，所以并没有变得更好。但我觉得如果选择与现在不同，就已经是一个巨大的进步，不知道你同不同意这句话？

陈海贤：我完全同意。很多人说我为什么不能改变的时候，他们的思维是：这样能让我变得更好吗？这样我能有一个更好的未来吗？这样想其实就会很难。因为有一些改变在一开始是不一定能看清楚的，而是在你做了以后才开始有所改变的。所以**改变的本质不是说我有一个更好的选择，我选择了它，而是我们为自己创造了一些不确定性和新的可能性**。这也是为什么很多人不愿意改变，因为对另一些人来说，可能性就意味着不确定性，不确定性是让人焦虑的，所以这些人就觉得这让我太焦虑了，什么都不确定，万一失败了怎么办？这就关系到俞老师提到的"受害者心态"。

我们和环境之间一直有一种互动，要么觉得环境影响我们、决定我们，要么觉得我们也可以影响环境，有能力去塑造、创造环境。这个环境是广义的，无论是工作还是关系。所以，当你说我是一个受害者的时候，你其实选择的心态是，我所在的环境或者我遇到的事在完全地塑造我，在完全地决定我。而如果你要获得某种主动性，就要知道，对，这是一件不幸的事，你的愤怒、抱怨都合理，都有它的出口，可你不能在这里沉浸太多，因为你也能做一些改变，比如创造一些不确定性。

我们要理解，**环境对我们有限制，可它不是决定性的，最终做决定的还是我们自己**。如果所有的东西都是由环境来决定的，你就有理由把所有一切不幸的遭遇都归为环境和他人，这时候你就像把自己变成了环境的提线木偶，它决定你这样那样，人是没有力量的，你就变成了一个受害者。但你要想，环境就是这样的，确实有很多不幸，也许我遇到的事也不一定公平，可我想怎么做？我想怎么样？当你回到"我想怎么样"的时候，"受害者心态"就变得不那么重了，因为你变成了一个有选择的人。

4. 不确定性中的无限可能性

俞敏洪：你刚才说选择不是对这件事情本身的选择，而是对这件事情应对方式的选择。其实应对方式也有消极的和积极的，比如"受害者心态"是一种消极的应对方式，不做选择本身就是一个最大的选择。你决定站在原地不动，你自以为是不选择，实际上你选择了失去前进、面向未来的机会。所以，选择消极地应对，就是不主动做出选择，让别人、环境或者某个事件来决定自己的命运。而另一种选择就是勇敢地面对，就像你走进风雨中，也许会经受风雨的考验，但风雨过去后一定会有彩虹。那么，**一个人如何改变自己的"受害者心态"模式，更积极主动地应对和改变自己的现状？**

陈海贤：我想先问俞老师，您一直都很积极，特别愿意面对逆境，可您在面对这种不确定性的时候有过很大的感觉吗？您是怎么克服的？

俞敏洪：我原来挺怕不确定性的，比如我在北大当了五六年老师，离开北大是心存恐惧的。这是一个个人不断成长的经历，我小时候是有依赖行为，甚至是依附行为的。比如，我母亲会控制我，从小我就要看我母亲的脸色和眼色行事，稍微有一点点违反，我母亲就会比较凶。所以我从小个性比较软弱，以致我进了北大以后，完全没有那种要去争取学生会干部的想法，也没有想着提升一下独立思考的能力,这是一个挺漫长的过程。

但我从年轻时就有一个特点,如果定了一个人生目标,我会拼命努力去实现,并且不会太在意这件事情是不是失败了。不管是高考也好,还是后来遇到很多困难也好,我一般不会轻易放弃,我觉得在困难之中会有机会。我从小挺受孟子"故天将降大任于是人也,必先苦其心志,劳其筋骨"的影响,我认为遇到的痛苦也好、困难也好、失败也好、挫折也好,如果能把它转化为动力,就是你未来走向成功和成就的垫脚石。但如果你被痛苦和挫折所折磨、征服,你就会变成"受害者心态",把遇到的所有事情都归咎于社会不公平、环境不好、父母不放手、老板不公正,等等。如果是这种想法,就很容易放弃自己去摆脱困境和困惑的努力,我毕竟是在农村出生,在这方面的个性相对比较坚韧,面对困难的时候愿意用积极的心态应对。

虽然有不确定性,但我认为不确定性和可能性同时并举。这时候面对的可能是一个巨大的失败,也可能是一个未来成功的机会。我后来就学会了选择不确定性和可能性,这个变化起自我从北大出来。我从北大出来时面临着巨大的不确定性,我并不知道从北大出来后能不能赚到钱,也不知道从北大出来到底能不能出国。当时我一心一意想出国读书,所以非常困惑。出来当天晚上我没有住的地方,找到一个农民,他刚好有一个孩子读四年级,学习成绩很不好,我就跟这个农民说,我住在你这里,我给你孩子辅导到全班前十名,你就把我房租免了,房东答应了。我就真把那个孩子辅导到全班前十名,后来还和房东结下了非常深厚的友谊。

我觉得面临不确定性会有几个好处:**第一,当你面对不确定性时,身上的活力马上就会被激发出来**。哪怕你再没出息,把你丢在沙漠中,你也不会让自己在沙漠中活活等死,你一定会寻找方向,想办法从沙漠中走出来。当你面对不确定性的时候,能够激发你本能的韧性,把你的能力调动出来,这是一件了不起的事情。大家都知道,在古代,一个国家最有活力的阶段就是刚成立的几十年,为什么?因为百废待兴。唐朝、宋朝,甚至包括明朝、清朝前50年都是相对有活力的,就是因为人们面对百废待兴、充满不确定性的现状需要努力重建。人也是如此，**人进入安逸状态，进入舒适区，很容易失能。**所以我为什么一直鼓励我周围的朋友生活不能太确定，一旦太确定，你从思维到能量的调动都会进入静止状态，久而久之就会失去能力。

第二，不确定性必然会带来对于未来想做什么的思考。我们平时陷入习惯性的工作、生活，是不会思考的。就好像你有意无意地沿着既定的轨道往前走，但你不会思考这个轨道会带你去广阔天地还是把你带向悬崖峭壁，只有当你走到最后，才会突然反应过来，我怎么到了这种地步？但这时候你已经陷入了很大的困境。当我们面对不确定性的时候，意味着有很多机会在等着我们，因为不确定性意味着我们可以往四面八方走，可以充满活力地寻找活路，寻找自己未来的事业。

我在北大的时候从没想过要做培训班，从北大出来的第一个月我就决定要去承包一个培训机构来做培训。其实我根本不知道我能不能做成，当时培训也并不是我的事业，我的目标仅仅是加入培训、承包一个班，能赚更多钱，赚更多的钱能让我未来出国。

我到现在为止，也不愿意过确定性的生活，选择未来的人生方向一定会有某种意外之喜，哪怕是意外之困难，我也很愿意。所以，这次新东方遇到的情况，我内心反而产生了某种激情，我觉得我可以去做我原来从来没想过的事情，东方甄选就是这么来的。原来我会觉得我怎么可能去卖农产品？怎么可能建一个新东方的直播平台？但因为出现了这样一个契机，我觉得为什么不去试试呢？对我这个年龄的人来说，成功还是失败其实不重要，失败了不至于让我崩溃，成功了也不至于突然就天翻地覆，对我来说，从个人生活到新东方都是处于比较稳定的状态。

陈海贤：您有获得不确定性的自由。

俞敏洪：自由就是我们人生的方向，尽管你选择了一件事情后，你就被这件事情束缚住了，但在这件事情前进的过程中，你也在寻找新的自由的方向。这次东方甄选突然性的爆红，完全不在我的意料之中，但又在我的意料之中。不在我的意料之中是因为我并没有想过非要把这件事情做成功，尽管我知道它早晚有一天会成功，不管是大成功还是小成功。在意料之中是因为我觉得任何一件事情，即使不在你的意料之中，你也可以学会接受并且利用这样的事情继续开拓新的领域。现在我最开心的就是我们能跟很多农业公司和农产品公司进行合作，能够帮助他们实实在在地卖一些很好的货品。

陈海贤： 俞老师的这段经历很好地回答了您问我的问题。最开始的时候，其实人都会怕不确定性，面对不确定性的经验是慢慢学到的，慢慢学到后就觉得不确定性是好的，否则就太僵化了。但我们先要有一个目标，这个目标对我来说很重要，以至于即使有困难妨碍我去实现它，我也能想办法克服困难。如果我们只是面对困难而没有目标，我们也还是什么都做不了。

人有个特点，在想不确定性的时候会主要想到困难，但很少能想到自己应对困难的方式和能力，因为这是后面锻炼出来的，自己当时并没有想到，所以会觉得困难很大。可是在面对困难的时候，这种活力会被激发出来，慢慢就变成不确定性也挺好，我享受这种活力、创造的状态。在这时候，不确定性就不那么可怕了，即使有焦虑，也觉得还好，反正它是我生命活力的一部分。

俞敏洪： 我觉得有两个要素：**第一，不要害怕困难，如果实在没有办法解决，大不了就避开它。** 我不认为有什么困难能压死人，或者让人最后变得焦虑、抑郁，甚至产生精神问题，这都是自己给自己加的。很多人喜欢给自己加戏，把自己变成悲情人物、受害者，其实没必要。你可以有丰富的感情，可以有悲愤、悲壮，但不能给自己加戏到最后扮演一个受害者，以致自己出不来。

第二，在没有人身安全问题的前提下，大家尽管去探索不确定性。 人有一种本能，人从原始社会过来，会像动物一样寻找安全感，必须一群人在一起互相保护才能形成安全感。古时候任何一个人独立走在荒原上，都会充满危险，所以人本能地会逃避危险。但我觉得一个人在没有人身安全问题的前提下，比如你到另一个城市生活，从城市到农村，从中国到国外，从国外到中国，并不会涉及人身安全问题，所以只要是在不会把命丢掉的前提下，大家尽管去探索不确定性。

很多人为什么喜欢旅游？因为在路上的时候遇到的是不确定性，今天晚上在什么地方吃饭？住什么宾馆？会不会走到半路天就黑了？尤其是独立旅行的时候，你面临的是各种不确定性，但在不确定性中，你在迎接一种喜悦，这种喜悦就是你发现你的生命在慢慢开花，慢慢向太空、向大地张开你的灵魂。

某种意义上人是很贱的，城外的人想到城里去，城里的人想到城外去，其实表达的就是人的一种好奇和对现状不满后的追寻。这样的行为在本质上并不具备必然的人生意义，它的意义在于这种变化之中，你想走到城外去，城外走到城里来，哪怕走进来你失望也没事，你可以再次走出去，但你不能不走进来、不走出去，因为**人生的意义就是在来去之间产生的**。

陈海贤：俞老师现在能这样讲，是因为俞老师已经有很成熟的面对不确定性的经验，可在过程里，确实也有一些困难。

5. 在不舒服中走出"受害者心态"

陈海贤：俞老师，我特别想问您，刚才讲的面对不确定性，是您的人生经验，觉得理所当然应该这样。可当您从北大出来的时候，您是一个北大老师，只能住农民房，甚至连房租都没有，人家就看您说，您不是北大老师了，从一个很光荣的身份变成一个骑着三轮车到处贴广告的。包括现在做东方甄选，原来新东方是一个很高大上的、做知识的教育公司，忽然就转型去卖农产品了，您会有身份的失落感吗？

俞敏洪：我原来是一个很要面子的人，比如我刚进北大的时候，我们宿舍的人都有讽刺、自嘲的习惯，他们嘲笑我普通话不好，模仿我讲普通话的调子和样子、模仿我走路的样子，甚至模仿我拿着大饭碗蹲在地上吃饭的习惯。这种嘲笑刚开始让我挺愤怒的，但慢慢我就接受了，终于发现我这些同学对我的嘲笑其实本身不存在任何恶意，只是为了开心，开心以后，大家还是挺互相帮助的，他们在真正严肃的事情上还是尊重我的。

我大一、大二之所以拼命学习，就是因为自己成绩不好，觉得会被别人看不起，奋斗到大三，得了肺结核，在医院里住了一年。我就有一个感悟：**人生**

肯定不是靠拼命就能达到好的境界和目标的。我有过很放不下面子的时候，我从北大出来办培训班，去贴广告时会穿着棉大衣，戴着厚厚的帽子，甚至戴着口罩，因为不想让人认出来，我觉得我是北大老师，现在出来变成个体户，而且当时大学的同学、朋友都已经开始叫我个体户了，我想我一个北大老师怎么变成个体户了呢？这个感觉特别不好，所以我就拼命想掩盖自己。但有一天我豁然开朗了。我在北大贴广告的时候，一群我原来教过的学生突然过来了，他们把我认出来了，说，这不是俞老师吗？我说是啊。他们说，俞老师，你在贴广告啊？俞老师，你就不要贴了，我们来帮你贴吧。接着一帮学生就噼里啪啦把我带过去的上百张广告给贴完了，贴完了这些学生还站在广告下帮我吆喝、帮我招生，那一瞬间我突然就打开了。你自以为你在做一件别人瞧不起的事情，其实根本不是，人们并没有瞧不起你，很多时候你觉得别人瞧不起你，是你强加给自己的，别人并没有这样的感觉。

后来做新东方，徐小平、王强回来了，他们有时候会骂我老农民、农民思维、不开窍，我确实也自卑过，毕竟他们都是从国外回来的，我面对他们有内在的自卑。当一个人产生内在自卑的时候，他对别人说的话就会过分敏感，所以他们刚开始说我老农民、农民思维，我不太开心，他们还说过一个很形象的比喻，说一只土鳖带着一群海龟在中国干，由于土鳖太慢了，导致海龟也爬不快，大概就是这样的意思。但后来我也释然了，因为我发现，他们也许带有一点点看不起你的因素，甚至批判你，但他们并没有恶意。当你抱着全世界都在和你对抗的想法，这肯定是一种自我误解，是胸怀不够导致的，所以最重要的还是要打开自己。

我有过这样"受害者角色"的经历，后来我慢慢释然了。现在遇到任何事情，首先，我对自己更加自信，当一个人对自己充分自信、自尊时，你不会怕别人说三道四；其次，我也理解了世界就是如此。最近东方甄选火了后，那些赞扬我和东方甄选的自媒体作者，其中有一些三四个月以前反复讽刺、打击我们，觉得我们根本就没有希望，把我们说得一无是处。

陈海贤：那时候您有过自我怀疑吗？

俞敏洪：坦率地说，我只是怀疑自己做得不够好，会自我反省和反思哪些地方应该做得更好一点。但从很多年前开始，外界的评论和评价对我已经不会产生太多作用了，赞扬不会让我变得更加开心，批判也不会让我变得更加痛苦。但从批判和赞扬中，我会去寻找合理因素，接受批评和讽刺对我来说完全不是问题，但赞扬也好，奉承也好，都不会让我产生自满或者自傲。我已经基本做到一个平常人的心态，作为平常人，我的努力跟大家没有什么区别，努力做着自己认为对的事情，至于对的事情能不能做好，I don't care（我不在意）。**我在意的是这条路我曾经走过，至于在这条路上留下了什么痕迹，其实不重要。**

陈海贤：我们其实是在不舒服中逐渐学会放下"受害者心态"，如果不进入这个适应的过程，我们永远做不到豁达。也许俞老师一开始穿着棉大衣、戴着墨镜去贴广告的时候很怕被别人认出来，但后来慢慢发现学生的认同也让他找到了新的意义，所以俞老师是这样慢慢应对"受害者心态"的，而不是一开始就有能力应对的。实际上《了不起的我》也在讲这些，你得进入和世界的真实互动中，那些现在看起来只是你应该这样、应该那样的道理才会变成你经历中悟到的东西，变成你开阔的心态。

6. 用现实的痛苦对抗"心理舒适区"

俞敏洪：你在书中着重讲到人的心理舒适区，并且进行了不同的分析，很多人并没有意识到他在心理舒适区。我对心理舒适区有一种警惕，如果我已经处在不愿意改变的某种状态时，我会主动去改变。比如，如果我在家里待得比较久，我就会发现我怎么那么喜欢我的书房，我在书房里待着不想动，我认为这已经构成了舒适区，我就会背着帐篷出去住两天，或者出去旅游两天，到一个陌生的地方，调动自己的活力。你觉得**人能对自己是否在心理舒适区做出判断吗？我们如何摆脱心理舒适区并且走向更好的未来？**

陈海贤：其实大部分人可能并不理解我们常说的心理舒适区，很多人以为我们是要待在一个舒适的环境里，其实不是。所谓心理舒适区不是指你在一个熟悉的环境里，而是你会应用一种熟悉的应对方式去面对困境，以避免一种不确定性。

我觉得心理舒适区本质上可以理解为，为了防止自己有失控感，从而追求一种特定的确定性。你是用原有的心理机制、心理应对方式去面对所有问题，让你在心理上失去了一些新的体验和新的可能性。我在《了不起的我》里讲了一个例子，有一个女生，她来咨询我的问题是，我是去另一个城市还是留在这里？她问的时候觉得她好像想留在这里，各种职业机会都更好。我问她为什么会纠结？她说，因为我现在要结婚了。我问她为什么怕结婚？难道是和先生感情不好？她说他们感情很好。我就觉得很奇怪，她就慢慢讲了她的故事。

她在很小的时候就和妈妈分开了，妈妈要去外面做生意，偶尔能来见她一下。那时候对小孩子来说，离开是很痛苦的经历，她就慢慢发展出一个机制，让自己觉得妈妈离开也无所谓，她不能抱有期待，一抱有期待就很痛苦，因为得不到。所以这慢慢影响她，到她恋爱的时候，如果两个人待在一起，她就觉得不安全，觉得对方会离开，所以谈的所有恋爱都是异地恋。别人觉得异地恋不行，她觉得异地恋很好，好像她内心一直在为离开做准备，她不停地告诉自己，反正要结束，所以无所谓，这就是她的心理舒适区。

但她男朋友和她异地多年，现在从国外回来了，要跟她结婚了，她就很紧张。对她来说，她只有应对分离的经验，没有好好经营关系稳定下来的经验，所以，她觉得如果真有个人靠近她，万一对方要离开她，她就会受很大的伤害。这就是她的心理舒适区，为了应对可能的分开，宁可不投入一段关系，不享受这段稳定的关系。所以，**心理舒适区不是让我们舒适，而是我们以前为了应对某种焦虑、某种创伤、某种不确定性发展起来的一种应对方式，现在我们把它用来应对生活的各种难题。**导致的问题就是，我们没有办法创造新的经验和新的可能性，好像我们的生活不是新的，而是为了应对舒适区而创造的。

俞敏洪：其实所谓的心理舒适区并不是现在的生活很舒服、很幸福，我有一份美好的工作，所以我不想改变，而是你陷入了某种纠结和自我折磨中，但你从自我折磨和自我痛苦中，寻找到了自己不愿意改变的理由，或者无意识地认为要把自己放在这之间才会觉得有安全感。那些抱怨的人永远不愿意放弃抱怨，不愿意改变的人永远不愿意改变，不愿意跟人交流的人也不跟人交流，因为他们在躲避，而这种躲避是由于心理上的某种恐惧、害怕，某种不愿意突破导致的，这才叫心理舒适区。

陈海贤：没错。人在社会上永远都会受苦，可我们的苦有两种，一种是比如俞老师从北大辞职，人生有新的发展，因为你要面对、解决、处理很多困难，这是一个痛苦的过程。但这种痛苦能帮助你成长，因为它会调动你的适应能力。另一种苦是什么？是折磨。这种苦是明知道我现在这样不行，可我迈不出那一步，我只是在头脑中不停地纠结，左右互搏，这种左右互搏消耗了我的精力和创造性。所以前一种叫 pain，后一种叫 suffer，我们要去接受的是痛苦，而不是折磨，不然为了回避痛苦，就会用折磨来代替，而这种自我折磨是最不利于人生的。某种程度上，心理舒适区有点像在用自我折磨代替跟真实世界互动的痛苦。

俞敏洪：所谓的心理舒适区，即使自己过得很不舒服，也依然不愿意面对真实的世界，让自己做出改变吗？

陈海贤：对。但还有一些人经历过失控的焦虑，前面有一些经历里让他知道，要走出这些东西实在是一件很让人害怕的事。有些人自己也知道，如果能做出一些改变也许会变得不一样，可是没办法，他们只能在头脑中不停折磨自己，有些折磨就变成了自我否定，我不行、我不能、我太没用、我怎么这样，慢慢就变成了一种"受害者心态"，别人都这样对我，这个世界对我不公平等，这都是一种自我折磨。

真正的出路在于，你要承认，你既然不痛快，那能不能创造一些新的改变？也许还是会有痛苦，可这种痛苦是现实的痛苦，不是幻想中的痛苦。现实的痛苦对人是好的，因为它有利于调动你的适应能力，慢慢你就会发现，确实很痛苦，可是我好像能成长许多。就像俞老师从在乎别人的目光到不在乎，你会有一种适应机制让自己变得豁达，而自我折磨永远不会有这样的效果。所以大家要用现实的痛苦代替头脑中的自我折磨，这是走出心理舒适区最大的秘诀。

7. 心理舒适区带来的痛苦

俞敏洪：我个性比较随和，所以在个人关系、公司同事关系以及社会关系中，我宁可不断退让，习惯性地避免冲突，这带来的后果是，有时候我不敢表达自己的真实想法。说到底，主要的原因是怕伤害别人，一是在感情上怕伤害别人；二是怕别人产生对抗情绪，我没办法对抗回去。

我不太善于面对人际关系的冲突，这给我本人也带来了一些痛苦。如果我不能直截了当地表达，我会很郁闷，别人有时候还会误解我的意思。我觉得我让了一步，但别人也误解了我的意思。我看到新东方哪个人做错事情后，也不敢直截了当地提出批评，那好像不是我的个性。在新东方发展过程中，新东方的管理者，尤其是第一代管理者，跟我是平起平坐的大学同学和朋友，我们屡屡发生冲突，我就不断退让，但这个退让后来引发了更严重的冲突，还不如一开始就直截了当地表达我的想法。

人与人的关系是这样的，你让，对方就会进，包括很多夫妻关系、男女朋友关系，都是某一个人比较强势，另一个人就觉得算了，我往后退，逐渐就变成了一方被另一方控制住。我就在这个方面容易被别人控制，我不敢直截了当地表达自己的愤怒，不敢直截了当地表达自己的不满，到最后忍啊忍，最后忍不住了，背着人发泄一通，甚至跑到大雨里哭一场，回来以后依然觉得，算了，就这样吧。我这种人格和状态，是不敢走出心理舒适区的状态吧？还是说这是另一种状态？

陈海贤：我们过去的一些经验，好像会一直留在我们身上，比如俞老师之前提到，您很怕忤逆您的妈妈，您也很心疼她，不敢反对她，您现在害怕冲突也是和这个有关系的。有时候我们不一定是怕冲突，而是怕对方伤心，是因为我们爱那个人，所以更加觉得不能伤害那个人。但俞老师这个例子告诉我，有一些经验会慢慢改变我们，留在我们身上，变成了性格的一部分，要说这好还是不好？我觉得有好有不好。好的部分就是，我们都很喜欢俞老师，很喜欢您的和善，不好的就是您自己很痛苦。所以要不要改变？我觉得很简单，俞老师当初从北大出来的时候想要改变，是因为有另一个更重要的目标激励您。人格也是如此，我们如果要改变，是不是有一个更重要的目标在激励我们？如果没有那样的目标或者理由，就算了，反正一些地方我改了我很好，有一些地方我就选择接纳自己。

如果俞老师真的想改，《了不起的我》第一章就有一个工具，叫"心理的X光片"，是哈佛大学心理学家罗伯特·凯根发明的。他讲的是，当我们有一个目标，可我们又在做相反的行为，所有这些相反的行为背后都有一个目的，就是为了回避更大的痛苦。就像俞老师提到的例子，更大的痛苦是我说出来了，万一伤害到别人呢？万一我说出来引起更大的冲突，我又没法处理呢？所以，这是一个很大的冲突，而这个冲突背后代表的，是我们对事件和人际关系的一个假设，但这只是一个假设，别人也许不这么想。所以如果真想改，就要把这个假设找出来，然后找一些事去测验，看看如果自己真的这么做了，是不是真的会造成那么大的伤害？当你很勇敢地尝试后，也是在走出心理舒适区，慢慢发现这个世界不一定是你假设的那样，最终慢慢地就改变自己。

俞敏洪：我后来读过一些心理学的书，也读了弗洛伊德的精神分析。我一直认为弗洛伊德对恋父情结、恋母情结的描述是比较过分的，但我小时候确实比较依赖我母亲，我母亲比较权威，小时候我如果不听话或者做错什么事，我母亲会以比较凶猛的方式惩罚我或者训我，最后导致我尽可能忍气吞声，不管我母亲对或不对，我都忍着不反抗。这就慢慢养成一个习惯，我都40多岁了，徐小平、王强他们回来，我母亲当着那么多人的面指责我，我能跪下来向我母亲求饶。所以，我小时候的成长经历给我带来了一种避免冲突的个性。

后来随着新一代的管理者的加入，除了周成刚是我中学同学，比较元老级别，其他的管理者大部分是我的学生辈，相对来说我能更直截了当一点，比如他们身上有什么缺点、缺陷，我现在更加敢于指出来。但如果有些人事变动或者安排，我也不会去谈，都是新东方的人力资源老总或者总裁去谈，这实际就是我内心在回避冲突，如果我去谈，在面对他们时也许会给我带来更大的痛苦，为了避免这种更大的痛苦，我会尽可能避开我不擅长的事情。后来我也不太想改了，因为我知道改不了，我没法把一只羊的个性改成一头狼的个性，这种转变真的属于脱胎换骨，这种脱胎换骨的改变除非是遇到了人生重大的转折，否则是改变不了的。

陈海贤： 我觉得也不需要改。像家庭给我们带来的这些不好的影响，慢慢在某种程度上就变成了一种纪念和印记。俞老师一直在讲对于妈妈控制您的反抗，可这种控制和反抗其实是因为心疼她，因为您是她的孩子，不希望真的让她难过，但这个部分变成了您善良的一部分。

俞敏洪： 我后来形成了矛盾的个性，在人际关系上婆婆妈妈，在做事情上雷厉风行。我做事业的雷厉风行不涉及对人的伤害，所以我就能做得特别好，比如确定新东方大方向、某件事情往前的推进都很雷厉风行，但人际关系上我会特别婆婆妈妈，这已经改不了了。

8. 从僵固型思维到成长型思维

俞敏洪： 你在书中专门强调了僵固型思维和成长型思维的不同。僵固型思维主要体现在哪几个方面，这种思维怎么改变？

陈海贤： 我们前面讲的关于心理舒适区，关于确定性、不确定性，都已经涉及僵固型思维和成长型思维的内容。所谓僵固型思维和成长型思维，最初是斯坦福大学心理学家德伟克提出来的，指的是人类心里有一个内隐的观点，就是我的能力是固定的还是不断成长的？如果他觉得能力是固定的，人就倾向于不停地证明自己，如果发现不行，就赶紧收回来，这是很以自我为中心的，一直看着自己，如果遇到困难了，就会觉得我不行，就算了。遇到别人给他的反馈，他也自然会想到，这是不是在否定我？遇到一个困难，他自然就想到不能让别人看出来我的能力不够，他很自我保护。

而成长型思维不一样，他天生相信人的能力是在跟世界的不断互动中成长出来的，所以他不断地去跟这个世界碰撞，哪怕碰撞的过程中会遇到很多挫折、困难，可是他会有一种信念，这些挫折、困难是帮助我成长的，所以他就更愿意去面对它。德伟克原本是研究智力的时候讲到了僵固型思维和成长型思维，我自己延伸一下，最基本的是，自我是一个固定的东西还是一个不断运动、不断变化的东西？如果自我是不断变化的，你就知道这个变化需要用很多方式促成。

我是一个很容易想事情的人，遇到一件事我头脑中总会去想，这件事对不对？那个人怎么想我？这件事有没有可能之类的。我的咨询老师就经常告诫我，你不要想，因为答案在你的头脑里。我就一直琢磨这句话是什么意思？不要想，答案在你的头脑里，那不应该想吗？后来他就告诉我，我就慢慢有了一些领悟。其实很多事的答案不在头脑里，比如这件事能不能做成？答案不在你的头脑里，你想也没用的，你要有一个稳定的进步，你要有一个技能的练习，就像弹钢琴一样，你永远不能通过想来让自己把钢琴弹好，它是一个技能练习，不在你的头脑里。别人怎么想，也不在你的头脑里，除非你去问，或者真的和他有交往冲撞，问他怎么想的，他才告诉你。所以你就发现，大部分事情想是没有用的，答案不在头脑里，你得跟这个世界真实地碰撞，你得先做了，它才给你一个反馈，然后再慢慢调整。你也得跟人交往，才知道交往是怎么回事。这告诉我什么？人会不断陷入一种特定的自我中心，我们很关注自己，我怎么样，我不能让别人觉得我能力不行，我总是通过想来得到答案。**其实成长型思维本质上就是你承认答案不在你的头脑里，而是在和现实的互动中，在和他人真实的交往里，在不断地练习某种技能和熟能生巧里，而你的头脑是有限的。**

俞敏洪： 我总结一下。一个人如何判断自己是不成长的思维还是成长的思维，我有体会，我讲一个我个人的例子。

我最初在北大当老师的时候，特别不愿意承认自己不行，所以有过这样的经历。第一年当老师的时候，尽管我备课已经很认真了，但中间有一道题讲错了。我当时认为我讲对了，学生告诉我说，老师，你讲错了，我不承认，还跟学生吵起来了，到最后我说了这么一句话，到底你是老师还是我是老师？后来学生一生气，背着书包就走了。我又回去看那道题目，发现学生是对的，我错了，但我当时就特别不好意思向全班同学承认我错了，这件事情就这么过去了。后来就有学生慢慢不来上课了,我才发现,作为一个老师,你明明讲错了——我在课堂上并没有意识到自己错了——但我不承认,还跟学生吵起来了,学生就会认为你当老师不合格。学生并不在意你讲错了,如果你承认错误,学生反而觉得这个老师讲错了就能承认错误,挺好的。但当我死不认错的时候,学生认为这个老师不值得当我们的老师,我当时不管是因为要面子也好,还是因为内心不自信也好,完全符合刚才提到的僵固型思维,非要证明自己是对的,碰到问题的时候要进行强烈的自我保护,不愿意丢面子。我这个算不算僵固型思维?

陈海贤:我觉得那时候是,可是俞老师告诉我们一件很重要的事,哪怕是成长型思维,也是慢慢学来的,是我们在经历中学来的。在最开始的时候,人会保护自己,很正常,我们都要面子。可是你要知道,如果保护自己慢慢让你失去了对现实的敏感性,让你变得特别故步自封,一定要证明我是对的人,就有一定的危险,因为也许你的能力就不会再成长了,你的认知也不会再改变了。

俞敏洪:后来我当老师久了,也有讲错题的时候,但那时候现场承认也好,或者跟学生说声对不起也好,我觉得一点都没丢自己做老师的面子。慢慢就学会了接纳,任何一个人都不可能永远是完美的,任何时候的表达都不可能是完美的表达,也不可能都是你对、别人都不对。

孔子说"三人行,必有我师",我在北大当了六年老师,最大的感受就是学生中比我聪明的人多的是,在某个领域中,学生比我厉害的多的是。比如当我去背某个诗人的一首诗时,有的学生能把整本诗人的诗都背出来,那时候给我带来的是一种震撼。他是我的学生,我在上面讲这个人的诗歌,他告诉我,俞老师,这个诗人的诗我每一首都能背,你想想你还敢在他面前讲课吗?但我还得讲,因为别的学生说我们不会背,俞老师你讲你的,他会背是他的,他是你的老师,你当我们的老师不就行了?会遇到这样的情况。

我在北大得到的最大体会就是山外有山、天外有天、高人外面有高人,慢慢养成了谦卑的心态,愿意进取的心态。后来做了新东方,更加发现做企业是一个完全没有尽头的过程,你坐上了这条船,这条船的航向是星辰大海,你走上了这条路,这条路的远方永远都是地平线外的世界。

我慢慢开始不断调整自己，也愿意接纳别人对我的批评，愿意阅读新的书籍，包括做这样的对谈。上次我跟李开复谈人工智能，跟你谈心理学，上个星期我跟杜君立谈历史，跨界跨了很多。我不是因为我懂这些东西而对谈，恰恰是因为我不懂，我读了你们的书，通过对谈我能更加懂，所以我是抱着一种自我学习的心态来做这样的对谈。在对谈中，通过专家的解读，不光我能受益，大家也能受益。现在如果有人指出我什么东西做错了，或者我什么东西表达得不对，我不会死乞白赖、面红耳赤地跟人争论我对了，而是会认真思考自己到底对不对，如果我错了，我会跟对方进一步探讨如何改正。所以，我觉得现在还是比较好的，根据你对成长型思维的描述，我个人认为我还是有一定成长型思维的。

陈海贤： 一定是。我最大的感悟是什么？**第一，成长型思维是我们慢慢经历了很多事习得的；第二，成长型思维也是从接纳自己开始的。** 俞老师提到自己也可以很谦虚，可以有进取心，可以不断成长，能看到所谓的成长或者进取，是一个动态的不断往前发展的状态。而所谓的防御是要证明我是对的、完美的自己，这是一个静态的东西。接纳自己意味着什么？你也得接纳我一定有一些不懂的东西，因为不懂这些东西我才会犯错，这意味着一个成长空间，如果没有这个东西，我是完美的，其实已经让你趋于静止了。所谓的静止就是僵固的思维，这就是动和静的区别。

俞敏洪： 我们常常在现实生活中碰上一些死要面子的人，我觉得这种死要面子某种意义上也是僵固型思维，对于这些死要面子、受不了别人的讽刺打击、别人嘲笑他就会特别愤怒的人，你有什么样的建议？

陈海贤： 我觉得大家要接受，这是一个我们可以改变、可以慢慢变化的东西。**人有两种目标：一种是让自己真的能够成长；另一种是保护自己不受伤害。** 有时候这两种目标是相悖的，死要面子的人，他的目标不是让自己真的成长，他的目标是保护自己不受伤害，如果你的目标只在这儿，你就会发现这个世界越来越小，因为最不受伤害的方式，就是缩到一个角落不跟任何人接触，待在一个地方就好，可这样你就会失去一些成长的机会。如果你的目标是扩充自己，要去见更大的世界，你至少要知道我死要面子这件事是能改的。那怎么改？很多人都是从保护自己开始的，慢慢才开始学习、接受反馈，也许有些反馈会让我痛苦，可是能让我变得更好，这是我给他们的一些建议。

9. 如何避免"应该思维"

俞敏洪：你在书中反复提到"应该思维"，就是一个人觉得自己应该这样、应该那样，这种思维某种意义上也是一种负面思维、僵固型思维，你能解释一下，应该思维到底是怎样的状态？为什么人应该避免自己的应该思维？

陈海贤：这算不算一个悖论？我们教大家应该避免应该思维，这本身是不是一个应该思维？（笑）

我们头脑中有一个关于这个世界应该怎么运行的设想，比如这个世界应该善待我们，应该公平公正，所有的事应该善有善报、恶有恶报，我应该有一个顺利的发展，这个世界应该善待我，等等。我们每个人都会有这样的设想，可当你发现这个世界跟你想的不一样时，你怎么面对它？**有应该思维的人，坚持认为不是他原来头脑中的想法应该改、他的想法不对，他坚持认为是这个世界不对，是这个世界亏欠他，这是一个很奇怪的想法。**

我最近经常遇到一些来访者，他们受了一些挫折伤害，会说这个世界亏欠我了。我就会跟他们讲，这个世界也许没有亏欠你，因为这个世界根本不是你一个人的，世界是很客观的东西，它跟你是分离的，跟你的愿望和期待完全无关，所以它既不亏欠你，也不能赐予你。但那些有应该思维的人就觉得这个世界应该照我想象的来，如果不是，它就亏欠我了，它对不起我。这种拟人化的想法就是应该思维。应该思维的核心就是，当世界跟你的想法发生冲突时，你认为世界应该按你的想法来，并且为这个世界没有按你的想法来而生气、抱怨。

俞敏洪：比如两个人之间的关系，男人会设想，我娶的人就应该做饭、扫地，这是不是也是应该思维的表现？女人会设想，我嫁个男人就应该给我赚钱，就应该八面玲珑？家庭生活中很多男女之间互相抱怨，都是因为突然发现对方没有按照自己的想象在发展。这种应该的方式对不对？还是应该排除那么多的应该？

陈海贤：我们又陷入了悖论，没有应该不应该。其实很简单，最开始，我们头脑中都有一个关于关系的假设，比如我娶了一个老婆，她应该打扫卫生、做家务、看好孩子，这个假设本身没问题，因为每个人最开始都带着一个假设。可当你真的进入这段关系，你得看一下这个人，这个人告诉你，对不起，我是一个事业型女性，我喜欢我是我自己，喜欢发挥我自己的能力。那你就要想，我是一定要按照这个社会的规范套她，认为她不对？还是我尊重她，看见她的情感需要？我们怎么破除应该？**对他人的应该就是理解他人的情感需要，能够看见这个人，能够回应这个人，慢慢地让这个人来改变我们。**而不是我头脑中有一个判断是非的标准，一定要用这个标准去套他，然后告诉他你不对，你应该改。通常在这种应该下，你会发现对方不会改的，他会反抗你，因为这种应该思维变成了一种压迫和控制。

俞敏洪：就像你书中讲到的故事一样。

陈海贤：这是《了不起的我》中的一个故事。在《伊索寓言》里有一个大盗，他的杀人方式很奇怪，他把路上遇到的每一个受害之人拉来，让受害之人在他的一张床上躺一下，如果这个人比床短，他就把这个人拉到跟床一样长；如果这个人比床长，他就把这个人的头或者脚砍了，直到和床一样长。最开始我觉得这个大盗应该是想杀人，只是实在要找一个创意来杀人，后来我想了想，也许这个强盗是想结婚，只是他觉得我头脑中结婚的对象应该跟这个床一样长才足够理想，所以他就用这种方式来改造人了。所以这个床就代表了我们对世界、对他人的规则，如果你不能改变，不管世界怎么样、别人怎么样，你一定要让一切往你思维的床上、标准上一躺，当发现对方和你的思维不一样，就想改造对方，这时候你就会觉得很别扭。

10. 婚姻中的亲密关系

俞敏洪：在两个人的关系中，有意无意地一方都想改变另一方，总希望对方按照自己的期望能变得更好，但这种改变从来没有真正实现过，我认为也实现不了。比如我想改变自己，大部分情况下都是失败的，更何况是要改变别人。但如果两个人在一起根本就不可能互相改变，或者改变的维度非常小，你觉得这两个人的关系如何能处得更好？

原则上现在都是自由恋爱，两个人结婚之前都谈过很长时间的恋爱，结婚之前就已经深刻了解、互相了解了，但今天中国的离婚率依然在40%以上，甚至快接近50%。两个人之所以要离婚，一定是因为在一起深度生活后，依然有很多没办法解决的冲突，而离婚能带来的好处已经远远高过了两个人共同生活时带来的好处。两个人怎么才能尊重对方的不同，并且相濡以沫和谐地共处下去？

陈海贤：这个话题稍微复杂一点。其实两个人要结婚，一定意味着其中有一个人要有一定的改变，只是这个改变最好是自愿的，比如我爱他，我要和他经营一个家，所以我愿意改变。如果你告诉他，你应该这样改、应该那样改，通常就不奏效，因为他为你改变，这是他的付出、他的担当。他是一个好男人，这是人设、形象。你让他改，其实是在暗示他这个人不好，他有些缺点，他要改，这其实包含了一种否定。有时候夫妻关系里，为什么你要对方改，对方一般不会改，而且告诉你很多不应该改的理由，就是因为对方不喜欢这种否定的信息。如果你真想让对方改，你也要知道，原来我这种否定的信息让对方很不舒服。

"女为悦己者容，士为知己者死"，我为爱我的人改，让你觉得认同我、爱我，我当然愿意为你改。可是你否定我，不接纳我，我为什么要改？我一定告诉你，应该改的人是你，这时候就变成了夫妻之间的一种角力或者纠结。我一般会说，既然你没办法让伴侣改变，你只能用你的改变带动对方的改变。夫妻之间有一个坏消息和一个好消息：坏消息是，一般来说，你没办法改变他；好消息是，其实你可以影响他。所以，你可以用你的改变带动他的改变，你来影响他。

比如前段时间，有一个女生说，她的先生每次回家后，不好好看书，也不好好学习，经常刷视频、看娱乐节目浪费时间，她希望他上进一点。可是女生不停地告诉对方，你要这样，你要那样，男生就很烦，说我想休息一下怎么了？说得也对啊，我工作已经这么忙了，我回家想休息一下怎么了？后来我就告诉她，你可以尝试说，我们一起创造一个积极的家庭氛围好不好？如果是两个人一起，而不是单独的某个人要改，这样他就能参与，也能出主意，共同去营造更好的家庭氛围。所以，本质上是用女生的改变去影响对方，而她的改变就是包容。

俞敏洪：这讲出了很多家庭矛盾的焦点，也是两个人关系处得越来越差的原因。你从内心到语言都在指责对方，对对方表达不满，而这种指责和不满的表达，一定会让对方有意无意地产生抵抗情绪。如果我因为爱你，我用爱的方式、用鼓励的方式让你改变，或者我自己先改变，这样的方式更容易让人接受。

在养孩子的时候，也会遇到类似的问题。很多父母在培养孩子的时候，会有意无意地假设孩子未来的完美形象，比如希望孩子是第一名，希望孩子个性积极健康，希望孩子面对挫折的时候能够经受打击，当家长发现孩子不符合想象，很多父母会有意无意地用指责的方式教育孩子，而这种教育绝大部分是无效的，只会带来孩子更大的抵抗。即使孩子表面上服从了，他的内心也是不会服从的，所以这是无用的，因为**否定性的信息只会给人带来无效的要求。**

很多父母否定自己的孩子，主要是先假设我的孩子必须 100 分，学习成绩 100 分、人性 100 分、性格 100 分，而父母自己可能才刚刚及格，甚至有的父母自己都不及格，但望子成龙、望女成凤，希望自己的孩子是 100 分。结果只要孩子不符合 100 分的形象和愿望，他们就开始指责孩子、批评孩子，慢慢让孩子的负面情绪变得越来越多。所以，父母教育孩子的时候，也不应该用否定性信息，而应该用更多肯定和鼓励的信息让孩子做出改变，可能更有效。

陈海贤：对，而且也不应该有应该思维，比如一定要有一个标准。我有一个来访者，是一个妈妈，她和女儿的关系很紧张，女儿经常顶撞她，女儿觉得这件事我一定要这样，妈妈就说你不能这样，你不能每件事一定要证明自己对，于是这个妈妈就拼命告诉女儿，你错了。其实妈妈是不希望女儿太坚持己见，可妈妈教女儿的方式就是在示范什么叫坚持己见，她的语言和行动是相反的，这是很奇怪的。

对于父母来说，我们好像总想教孩子一些东西，纠正孩子你不应该这样，不应该那样，给孩子讲很多的道理。其实最有效的方式是用你的行为示范出来，是一种榜样的力量。如果你示范出来的做法没有灵活性，孩子对你的方式也一定如此，于是你又怪孩子，你为什么这么固执？其实是因为你固执了，孩子才固执。这是一个家长经常会有的误区。

11. 亲密关系需要的是平衡

俞敏洪：亲密关系会形成特别幸福快乐的场景，但当亲密关系出现问题，又容易造成互相之间最大的伤害。叔本华说过，人与人之间的关系不能太近，又不能太远，有点像冬天的刺猬，必须靠在一起才能互相温暖不至于被冻死，但如果靠得太近，双方的刺就会刺痛对方，把对方刺得鲜血淋漓。那在亲密关系中，怎样才能避免伤害太深的情况发生？

陈海贤：我觉得叔本华这段话揭示的就是人性的基本矛盾。有时候我们会觉得，我在关系里付出不行吗？付出就会有期待，这个期待得不到就会变成一种要求，要求没办法满足就会变成一种怨恨，所有的付出也会变成关系里的一种压力。如果不付出，那更不行，两个人之间就真的走远了，所以所有夫妻都是在亲密和保持自我的边界之间找一种平衡。

这种平衡怎么找到？我也不知道。人生要面对很多矛盾，这种矛盾需要每一对夫妻慢慢想办法去适应，有些夫妻就是我跟你稍微远一点，有些夫妻觉得可以更亲密一点，有些夫妻觉得他们是亲密的，可是最好有一个边界，而这个边界怎样才合适，大家都在摸索。亲密关系没有一个确定的答案，唯一的确定答案就是，人都有两个需要。

一个需要是我希望能跟你亲密一点，这样在我遇到挫折、困难的时候，我能感觉到支持、认同，这是我们找伴侣的意义；另一个需要是我希望能有一些空间发展自己，而不是有了这段关系就完全被束缚，我希望有一些事我自己能做主。这两个基本需要是不变的，接下来就是相互协调，怎么能够既满足你的需要又满足我的需要，就是要找一个这样的满足而已。所有成功的夫妻都是因为他们找到了办法，不成功的夫妻是因为他们没找到办法，而且他们认为问题在对方身上。

俞敏洪：我个人感觉不管怎样，两个人只要进入了亲密关系，一定会造成互相伤害，最终的问题是你如何解决这样的伤害。我觉得只有两个路径：一是在伤害中慢慢达成谅解，最后真的学会既亲密又保持距离，有意避开会互相伤害的一面；二是在伤害中亲密关系分崩离析。这是人类的宿命，没有别的路径可走，这是我的感觉。如果两个人能够达到萨特和波伏娃那样，两个独立的灵魂，这种伤害就会在更高层次上减少，因为它能达到一种人性透彻的互相理解。

他们俩每两年签一次契约，两个人保持关系，互相爱，互相尊重，但两年后如果觉得不应该在一起了，这个契约就过期了，他们就自由了。实际上他们一辈子不断签约，也有中间契约过期了各自去找对象的时候，后来发现不合适，两个人过了两年又回来签契约。他们俩到老死都没有结婚，每两年签一次契约，但两人的关系变成了大家津津乐道的关系。他们俩也有过互相的妒忌和伤害，但那种伤害不那么大，两人也有过亲密无间，毕竟在一起过了一辈子。避开伤害主要的方式是双方的灵魂或者思想都能上升到对人性有更加透彻了解的境界，以至于他们会将对方的伤害看成一种人性的必然，而不是对这个人进行无穷无尽的指责和谩骂。我觉得只有做到这种地步，才能真正避开那些伤害。

陈海贤：我想补充一下，哪怕是波伏娃和萨特，大家也不需要特别地美化他们，他们的过程一样是很痛苦的，一直到最后，两个人才好像达成了和谐的状态。所以俞老师提到的和谐、灵魂的共鸣很好，但这是作为一种结尾去追求的，而作为一种起点，我们无论现在如何，都要好好解决问题，然后慢慢磨合。

大家不要避免这个过程，如果没有这个过程，你永远到不了灵魂契合的地步。前面提到成长型思维，在关系中最大的应用是什么？是一对亲密关系，一个美好的关系，不是一蹴而就的，是两个人不断经营、不断调整的。我实在受不了，我要跟你离婚，想想又觉得舍不得，有一点怜惜，这样慢慢发展出来的，所有最美好的状态都是人家经历了很多痛苦慢慢摸索出来的。如果你想要这种美好的状态，就不要害怕磨合的痛苦。

俞敏洪： 我发现性是两个人之间重要的变量，当两个人还没有发生肉体关系，做任何事情互相之间都能够原谅，一旦发生肉体关系就会变得妒忌、褊狭，这是什么原因？

陈海贤： 很简单，所谓的性，会产生强烈的排他性依恋关系，导致我们会在某种程度上认为对方是我的人，对方不能做对不起我的事。

俞敏洪： 经济学上有一个原理，叫以物换物是双重偶然性。就是我有一只鸡，我想换一袋米，结果有米的人想换一只鸭，就没法换。恋爱其实也是一种双重偶然性，我爱你，你也爱我，两个人爱得死去活来的，在这个世界上是不太容易碰到的事情。两个人深深相爱，就是老天给予了很好的照顾，所以中国有红娘千里牵线一说。但有另外一种状况，一个人深爱着对方，但对方已经把他抛弃了，双重偶然性消失了。比如两个人在一起一段时间，一方仍然深深爱着对方，但另一方已经不爱对方了，那么那个还深爱着对方的人就受到了重大的伤害。在这种情况下，这个还在深深爱着的人，怎么样从痛苦中走出来？

陈海贤： 我觉得这是一个很重要的问题，不仅是关系到恋爱中的撕裂，也关系到我们重新找工作，从事业的变故或者其他变故中走出来。它们本质上都关系着一个过程，就是旧自我的打破和新自我的重建。拿分手这件事来举例，两个人在一起，这是两个人的事，要两个人来决定，可如果要离开，只要一个人决定就够了。他决定要离开，你没有办法，你只能承认这个事实，必须接受。可有些人不愿意接受，因为跟现在这种失落相比，过去会更美好一点，所以他愿意永远让自己困在过去、活在过去，无论是怨恨、后悔、回味，他都要把自己困在过去。有时候人是很奇怪的，我们的身体永远在此时此地的现在，可我们觉得过去或者未来更好，我们就会选择活在过去或者未来。你要怎么走出来？就是要知道这件事已经结束了，无论它多么美好，它已经结束了，无论你失去的东西让你多么心痛，你已经失去了，哪怕你大哭一场都可以。

俞敏洪： 就像古代最珍贵的瓷器打碎了就是打碎了，某种意义上它已经成了沉没成本。纠结于沉没成本，就不可能开始新的生活。

陈海贤： 没错，哀悼也好，痛哭也好，你可以给自己一定的时间痛苦。但痛苦后要告诉自己，我要开始新的生活了，否则永远都不会有新的生活。现在的生活和未来在等着你，你愿意为了这个人牺牲自己所有的人生吗？他究竟有没有重要到这种程度？

俞敏洪： 我觉得唯一的办法就是毅然决然地往前走。我曾经劝过有些遇到这种情况的人，我说你们背起包去旅行，在旅行中你可能就会碰上自己新的生活。你守在自己曾经生活过的、有过甜蜜的梦的房子和环境中，你很难摆脱自己走出去。你在书中反复讲到创造新的场，我觉得遇到这样的事情，比如工作遇到了困境、感情遇到了困境，一定要创造新的场，在新的场中产生新的事件，把注意力吸引过去，最后引向新的生活、新的发展。**不要和过去纠结，和过去纠结永远没有未来。**

陈海贤： 是的，所有人都会遇到很多伤痛、困难和挫折，这些挫折和困难要怎么走过去？我们不是回到过去疗愈它，而是往前走，让新的经历、新的经验、新的体会来疗愈它，**我们通过创造新的经验代替旧的创伤经验，人是这样不断成长的。**

关于如何创造新的经验，每个人可能都有不一样的办法。俞老师的建议大家也可以参考，他说背上包去旅游，我觉得换一个环境、换一个场地也是一个办法。但你不要想我这样做马上就可以把自己治好，核心还是做一些不一样的，创造一些新的可能性，这就意味着可能有变化，变化就意味着有机会。

俞敏洪： 就是在不确定性中，在面对旧经验已经没有办法时，毅然决然地走向未来的一个过程。只要你愿意走向不确定性，强迫自己走向新的朋友、新的环境、新的城市、新的公司，或多或少都能解决你所遇到的困境，包括最绝望的感情困境，也可以通过这种方式或多或少得到解决。

12. 对离异家庭的情感建议

俞敏洪： 现在离婚的夫妻比较多，如果他们有孩子，双方应该用什么方式对待离异，才能减少对孩子的伤害，并且让孩子在父母离异的环境中依然能健康成长？中国离异的父母常常会把孩子当作筹码，我就亲耳听到过母亲对孩子说，你爸爸就是个浑蛋，你爸爸就是个流氓，他把我们抛弃了。到了爸爸那边，爸爸就说，你妈妈特别不像话，你妈妈特别不懂事，从来不理解我们作为男人的辛苦。孩子被夹在中间，精神都快崩溃了，你作为这方面的专家，对离异的父母有什么样的建议？

陈海贤： 离异的父母怎么相处，是一个不太容易回答的问题，因为它很复杂，《爱，需要学习》也有一章专门讲离异的夫妻。对于一对离婚的夫妻来说，孩子也面临巨大的挑战，他会觉得这个家没了。这时候我觉得比较好的一种方法是，父母如果真是为了孩子好，就应该放下怨恨告诉孩子，不是你的家没了，是以前你只有一个家，现在你有两个家，这两个家都是你的，因为爸爸妈妈都爱你。如果他们能这样讲，孩子就会觉得还好，不是家没了，是我有了两个家，虽然爸爸妈妈不在一起了，可他们至少是平和的，他们都爱我，这样也不会让孩子变成矛盾的中心。

离婚有一个最大的问题是，三个人的家有什么事都可以跟我的老公/老婆商量，我有情感出口，离婚以后的单亲家庭最大的问题，是爸爸妈妈单独跟孩子生活，孩子变成了他或她唯一的情感出口，这时候孩子的负担非常大，他感觉到爸爸妈妈好不好、幸不幸福，都是我的责任，他就很难有机会发展自己，这是一个最大的风险。对于离婚家庭来说，你能过得好，就是为孩子创造的最好条件；你能过得好，你就有情感出口，你就不需要把所有的情感需要都放在孩子身上，孩子就不会有那么重的情感负担。

两点：**第一，要能处理好跟伴侣的矛盾**。无论你们有多大的爱恨情仇，离婚了就是一切都放下了，孩子也会感觉到一种平和。**第二，自己要能过得好**，让孩子觉得离婚也还好，反正我妈妈也还好，或者我爸爸也还好，我也可以去发展我自己。这是我对离婚家庭最大的建议，说起来好像就两句话，可要做到很难，至少这是一个方向。

俞敏洪：我个人的建议是两个：**第一，放下自己，放过对方**。既然已经离婚了，爱恨情仇变得没有任何意义，把爱和互相之间的理解继续下去才是有意义的，所以放下自己、放过对方这件事情特别重要。在离婚以后依然把对方当作人生中最好的朋友看，因为双方毕竟有孩子。**第二，建立更高层次的互相关系**。其实人与人之间关系相处得好与不好，并不是由环境决定的，而是完全由个人决定的。有一次我到巴西旅游，我巴西的朋友招待我，说今天我们全家请你吃饭，吃巴西烧烤，我说好啊好啊。我去了以后就发现四个大人、六个孩子，我说这是怎么回事？这四个大人在一起还嘻嘻哈哈，六个孩子在一起也是嘻嘻哈哈。后来他跟我解释说，这是我前妻和她老公，这个是我现在的老婆，我跟我前妻生了两个孩子，后来我们俩离婚了，各自重新结婚，又各自生了两个孩子，加起来总共六个孩子。他说，我们就是相亲相爱一家人，过节或者放假都会在一起玩，但我们平时实际上是两家人，我们前面生的两个孩子有时候住在我们这边，有时候住在他们那边，但从来没有什么隔阂。我觉得巴西人的心态特别值得我们学习，中国常常是离婚后就变成了一辈子的死对头，爱恨情仇变成一生的纠结，对孩子也不利，对自己也不利。我很感慨，人来到世界上，这一生，饶过对方、饶过自己，建立更高层次的互相关系，其实是一件很美好的事情。

陈海贤：我们不只是需要学习爱，离婚也需要学习。以前我还专门写过一篇文章，讲怎么处理好离婚。它确实不容易，最简单的是什么？离婚的目的是什么？是因为爱恨情仇让我们实在太痛苦了，所以我们要分开。可你如果继续爱恨情仇，就说明你没离婚成功。

13. 创造有意义感的人生故事

俞敏洪： 说到底，人生活在世界上，一辈子最大的希望还是想让自己过幸福快乐有意义的生活，而幸福快乐的前提是人生能够变得有意义。你说过一句话，一个人的意义来自人生故事，并且你提到两种人生故事：一种叫挽救式的人生故事；另一种叫污染式的人生故事。一个人如何才能创造有意义感的人生故事？

陈海贤： 首先要去经历事。所谓一个好故事是怎么样的？一定有很多情节，我们都不想看那种从小就顺顺利利慢慢长大了，然后老了、死了的故事。一个人生故事跟一个好的电视剧或者电影是一样的。主人公遇到了一些很大的困难，可他凭着自己的勇气战胜了困难，做成了一些他原来觉得做不成的事，从这个过程中，慢慢获得了他的成长和感悟，把成长和感悟带回来分享给大家。所有的英雄故事讲的都是类似的东西，可是这就有两个条件：**第一个条件是，你得让这些事发生。**这个故事要有情节和素材，如果没有事发生、没有情节和素材，这就不能成为一个故事，或者它只是一个很平淡的故事，也说不上有意义；**第二，这件事发生了，你有一个态度，有勇气、有抗争，这个抗争本身就变成了故事很重要的一部分。**你就发现主人公变了，他在不停地成长。**所谓的有意义的人生故事，就是我们在不停地面对困难、战胜困难、经历事情、产生感悟，然后不断成长的故事。**我觉得所有的故事都是这样的，它的前提就是你得让一些事发生。

俞敏洪： 我把它叫作英雄人格，任何一个人如果想取得有意义的人生，就必须有英雄人格。你去看一部电影，你对电影主角的期待就是一个英雄，不管是去看《勇敢的心》，还是看《拯救大兵瑞恩》，内心有一个期待，这些英雄一定会遇到困难、遇到绝境。但你内心也一定有一个期待，这些英雄不会崩溃，他一定能在绝境中想出办法，能够让自己打怪升级，走向更高的境界。你知道这些英雄一定会有某种崩溃的状态，再从崩溃中把自己挽救过来。这些英雄在过程中遇到的困难不止一个，他们就在跟困难的抗争中让个人成长起来。

当然日常生活并不像电影，我们可能需要用一辈子的时间去写故事，我们生活中发生的困难并不是那么有英雄气，比如你感到自卑了，被同事欺负了，领导看不起你了，创业失败了，或者婚姻不和谐了等，这些事情表面看上去就是人间烟火，甚至是一地鸡毛，但恰恰在这样的事情中，你能够把自己的英雄气放在人生中，哪怕是一地鸡毛的事情，你也给自己设想了我未来必须是生活的英雄，这样或多或少就能走出平庸、走出痛苦，走向一个更美好的未来。

陈海贤：大家看到银幕上的英雄，不是因为他们有超能力，而是他们在让一些事发生，在面对困难、应对困难。从这个角度来说，英雄其实就是你我，就是我们普通人，我觉得这是我们每个人都能做到的。看到这些英雄的时候，要知道他们是普通人，他们走了正确的路，而这是每个人自我成长都要走的路。

俞敏洪：每一个人都能走正确的路，除非你自己不想走。今天时间不早了，我最后再推荐一下海贤老师的两本书，第一本是《了不起的我》，如果你需要自我成长、发展，想要突破自己的种种瓶颈和障碍，请一定读这本书。海贤老师的语言简单明了，思想重点突出，读完后，在如何做出选择、如何改变自己、如何从僵固型思维走向成长型思维、如何改进自己的各层次人际关系，以及自己如何转型，抛弃旧经验走向新经验、走向新转变，把自己变成有英雄情结的人等方面，这本书会给大家提供很好的答案。

第二本是《爱，需要学习》，是海贤老师专门描写亲密关系以及人与人如何相处的书。尽管有些观点我跟海贤老师可能略有不同，但整体来说我非常接受这本书中的重要观点，也许这本书能让你相对紧张的亲密关系变得更加美好，或是让你在重建亲密关系时，明白应该怎么样对待亲密关系。

总而言之，海贤老师是我比较钦佩的、在心理学研究和传播方面受人尊敬的一位老师。今天时间不早了，我们就到此为止？

陈海贤：好，谢谢俞老师，谢谢大家，大家晚安。

俞敏洪：等这边疫情稍微缓解后，我到杭州去找你喝小酒、聊天。

陈海贤：太好了，期待您。

——对谈结束——

俞敏洪：我刚才和陈海贤对谈了三个小时，讲了一些有关个人发展和亲密关系的问题。为什么我要讲这两个主题？因为最近东方甄选火了后，有很多对我和新东方的报道，觉得我们好像是咸鱼翻身了，是坚韧不拔的代表，打不倒的小强。其实不是，从我和新东方的角度来说，从新东方成立那天起，我大概就是这样的。我这个人表面上随和、好说话，实际上内心一旦决定做一件事情，通常会坚韧不拔地做下去。

从新东方创业以来，我遇到了很多事情，大家最近觉得新东方遇到了致命打击，但新东方历史上遇到的致命打击其实挺多的。新东方刚成立的时候，稍微做出了一点成绩，新东方的广告员就被人捅到了医院，结果公安局还不愿意处理。我到公安局跟人喝酒，喝到最后晕过去，在医院抢救了五个小时才抢救过来。遇到这样的事情我内心无比悲苦，三番五次绝望得想放弃，但最后依然坚韧不拔地往前走。

我不在乎新东方做得多大或是多小，也不在乎新东方未来到底会不会存在，我在乎的只是这是否印证了我个人的一段人生历程。这段人生历程中留下了一些什么样的东西呢？**第一，我奋斗过，并且我的奋斗没有留下太多的污点。** 这也是为什么从一开始有新东方，我对新东方就有比较高的要求。当然它一定会有错误、一定会有缺点，但我不会去故意制造污点，比如坑蒙拐骗、官商勾结。对我来说，新东方可以没有，但这种事情不能发生。回过头来，在事业烟消云散以后，回顾你一生所做的事情，这件事情不管是成还是败，一定要值得骄傲，值得你拿出去说，值得你拿在阳光下晒。新东方本身的成败并不是我，并不是新东方人最关注的东西。我们关注的是，要为学生、家长做好服务，提供有价值的课程，做有价值的事情，而不是做让自己赚更多钱的事情，或者让新东方取得更大盈利的事情，这是一个底线。

第二，我和新东方人的关系在某种意义上是一个干干净净的关系，所谓干干净净的关系，不是没有利益的关系，也不是没有冲突、没有离散。你可以来可以走，但不至于让关系最后恶劣到反目为仇、互相厮杀，你死我活。在这个关系中，我要建立的，首先**是互相之间坦诚、真诚的情谊和友情**。一上来就把对方看作可以互相利用的利益关系，在我心目中是不存在的。我希望互相之间可以保持友好坦诚的关系，新东方同仁间的关系一直是坦诚友好的。其次**要培养一种互相之间独立、自由的关系**。所谓独立、自由的关系，是大家的思想是独立的，行动是独立的，来去是自由的、独立的。我最骄傲的一点是，到今天为止，新东方从来没有真正实现过竞业机制。所谓竞业机制就是，如果你在新东方工作了，你出去以后就不能去与新东方同类的公司工作，或者自己创业做同类型的工作，做了我就要对你进行这样那样的惩罚。我觉得你从我这儿出去了，去做竞争性的事情，甚至跟新东方直接竞争，但是 so what（那又怎样），如果你很厉害，就算你是从新东方出去的，把新东方打败了，那只是证明新东方无能，无关你用什么手段。如果你并不能打败新东方，多一家少一家对新东方又有什么样的伤害？所以我跟新东方人的关系，尽管也有打打闹闹，也有冲突矛盾，也有互相较劲，但整体来说，凡是在新东方待过的人离开新东方，对新东方都有一份感激，对我本人都有一份平等相待的尊重。

有人问我，像董宇辉老师这些人一下子变得很有名，一定会有外面的各个机构来挖他们，如果这些人出去了，你会感到很失落吗？我说不会。为什么？首先，尽管他们在新东方成长起来了，但他们现在为新东方做出了巨大贡献，如果新东方在利益上不给他们以承认，那就是新东方的不对。其次，不仅在利益上要承认，更重要的是给他们提供更大的发展平台，让他们在新东方的平台上得到更好的发展。再次，应该给他们提供更好的成长机会。我不希望把他们变成新东方赚钱的工具，用他们拼命赚钱，把他们榨干了再说。这不是我们对待新东方人的态度，我们对待新东方人的态度是，希望他们能够真正得到好的成长，如果他们觉得新东方平台不够，他们要离开新东方，没有关系。从新东方走出去的人太多了，现在或多或少都是我的朋友，常常在一起聚会。大家比较熟悉的，王强、徐小平是我大学的朋友，比特币的李笑来，出去做了自己的英语课程的，像夏鹏、艾力等，都是比较熟悉的人，这些熟悉的人曾经都在新东方工作，现在依然和我保持着良好的关系。

我想未来新东方应该为这些有才华的人提供更好的平台，如果满足不了他们的雄心壮志，他们真的出去独立干了，我也会兴高采烈地继续帮助他们。新东方曾经有一批出去的管理者，都是我投资的，投资他们去干跟新东方一样的事情，相当于竞业，但我依然很开心。这就是我对新东方人关系的界定，当然我希望我在学识上、见识上、能力上一直是老大哥，而不仅仅是在年龄上。他们有时候在见识、学识、胆识上比我还厉害，就变成了我要向他们学习。

新东方本身事业的成败不重要，重要的是我做新东方一直是干干净净的，新东方做的任何事情都有一定的价值和意义，可以拿到阳光下来晒。我跟新东方人的关系，是一种纯粹的、干净的、独立的、自由的、互相尊重的关系，而不是尔虞我诈、斤斤计较、互相利用的关系。**第三，最重要的还是我自己和新东方的关系，我和新东方一直是互为成长的关系，新东方这个平台我从零做起，到今天为止，我得到了很好的成长。**

如果我今天还在北大，我相信我也会是一个不错的教授，但就是以一个单纯的教授眼光研究着某一个单独的领域，每年带十几个或者三五个研究生。我通过新东方这个平台实现了两个能力，首先，是我个人能力的成长，包括管理能力、为人处事的能力、与社会打交道的能力、对事物的判断能力、行政管理能力，还有个人整体综合领导力。如果没有新东方平台的千锤百炼，我不可能有今天的成长，所以我打造了新东方这个平台，新东方平台又反过来塑造了我。

人都是这样的，**你创造了一件事情，这件事情倒过来要么限制你，要么塑造你。**成家立业，你和另一半成家，两人之间开始互相塑造，如果两人都是成长心态，就会塑造成一个不断成长的家庭；如果两人都是对抗心态或者封闭心态，慢慢就会变成封闭的家庭。当你走进一个事业，不仅是你在创造事业，倒过来事业或者公司也在反向塑造你。我非常庆幸打造了新东方，这个平台倒过来又对我进行了塑造，这是一个互相叠加交替的过程。我把我生命中遇到的每一次考验都当作一次成长的机会，把新东方发展过程中遇到的每一次考验当作是一次重新提升新东方的机会。我觉得我做新东方最大的收获就是我自己不断地成长。

其次，**我还有一个收获，我部分意义上终于弄懂了，一个人只有在能为别人服务或者能够帮助别人、能产生社会意义时，才会觉得自己的人生是有意义的。**人都会经过这样一个过程，从养不活自己，到挣钱只能养活自己，到慢慢有家可以养活家庭、养活孩子。慢慢地，挣钱可以向国家交税，感觉到为社会做了一点贡献，到能力更大以后，能直接为社会做贡献，比如有更多的慈善捐款，更愿意去帮助那些需要帮助的人。新东方每年都为十几万山区和农村孩子进行教学辅导。我刚刚工作的时候连自己都养不活，到最后可以做更多事情。在这个过程中，我对自我价值的认可也会越来越强，这种认可，既来自自己的认可，也来自社会的认可。像这次东方甄选的火爆，包括之前捐课桌椅，都得到了社会巨大的认可，反向强化你更愿意做好事的热情。这种个人的成长和社会意义的实现，是我特别愿意做新东方的原因。

我回望这三个层次的时候，既没有遗憾，也没有后悔。人只会因为自己想做而没有做的事情而遗憾后悔，如果你有太多事情想做但不敢去做，那最后回望人生的时候，就会觉得此生不值得。一个人哪怕犯了错误，但做了自己想做的事情，比如去追求了那个你想追求的人，去尝试了自己想尝试的创业，坚守了自己的内心，尽管不被别人理解……只要你去做了，人生就没有遗憾和后悔。但需要加个前提条件，一定要做对得起自己的内心，也对得起社会的事情。

人的一辈子是悲剧，但每天的生活是喜剧。之所以说人的一辈子是悲剧，是因为我们早晚会死，不留下任何痕迹，你从无有中来，到无有中去（Come from nowhere, go to nowhere），但这并不意味着我们的人生没有意义。尽管人生的总和是一个悲剧，但仍然可以把一生过得有意义，并且可以把每一天都过成喜剧。因为我们的每一天都是一次新生，每一天都是改变自己的一次机会，每一天都是让自己放下的一次机会，每一天都是告别过去、开辟未来的新机会。所谓"苟日新、日日新、又日新"，只要你愿意，就可以做到。也希望朋友们能够把自己的人生过成喜剧，尽管我们深刻地知道，人生是一个悲剧，但这并不妨碍我们在自己有限的生命中，尽可能追求无限的光彩和无限的生命乐趣。

时间关系，今天就聊到这里，明天九点还要上班。感谢大家对于新东方的支持，感谢大家对于东方甄选的支持！正是因为你们的温暖，让我们能够坚持下去，谢谢！

（对谈于 2022 年 6 月 19 日）

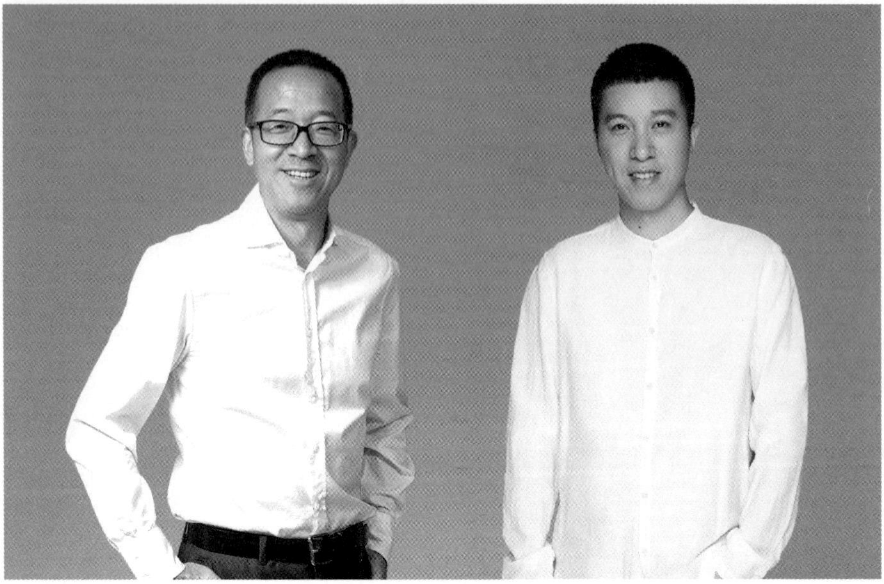

第三部分

预言家

老俞对谈录

对话 **郝景芳**
个人的成长来自内心强烈的意愿

技术本身具有所有可能性，它是中性的，在极大程度上取决于其中的实践者、从业者到底会把它推向什么方向。

郝景芳 /

1984 年生于天津，本科就读于清华大学物理系，硕士就读于清华大学天体物理专业，博士毕业于清华大学经管学院。小说《北京折叠》获得第 74 届世界科幻雨果奖。2018 年，获世界经济论坛"全球青年领袖"称号。

俞敏洪： 各位朋友好，今天我将和郝景芳老师对谈。郝景芳是中国著名的科幻作家，她的科幻小说《北京折叠》获得了第 74 届雨果奖，这是世界最高荣誉的科幻小说奖之一。郝景芳老师不仅是位科幻作家，还是个对社会理解非常深刻、对家庭教育有着很好理解的人。

百度上对她的介绍是，郝景芳，1984 年出生，小说作家、散文作家，2002 年荣获全国中学生第四届新概念作文大赛一等奖，2016 年 8 月，《北京折叠》获得第 74 届雨果奖，这是继刘慈欣的《三体》之后，我国作家第二次获得该奖项。2018 年 5 月，郝景芳老师凭借《长生塔》获得了第三届华语青年作家奖中篇小说提名。

郝景芳其实从小就喜欢阅读和写作，原则上明显应该进入文科，她也被北大免试录取了，但她后来居然到清华大学学了物理，研究生时期学了天体物理，所以对天文学也有所研究，她把所学到的物理、天文学和天体物理学的知识结合起来，运用在文学创作中。郝景芳对中国古代的历史也有自己的理解，她最近刚出了一本《宇宙跃迁者》，是一本把中国古代历史和现代科幻结合在一起的小说。

她曾经说："我写了好多非典型的、科幻边界非常模糊的小说。我自己其实还挺想干这种破圈的事。我们做的一个自媒体账号叫'折叠宇宙'，当时定义'折叠'这个概念，就是人都被分成了一个个小宇宙，每个人只在自己的小宇宙里生存，不同的小宇宙之间没有往来、没有交流，科幻圈的人跟文学圈的人没有一点交流。在这种情况下，我想干的事就是打破这种折叠宇宙，没有边界之分，能够真正穿越于不同的宇宙。"这样一名优秀的作家，她如何在自己的生命中不断进行突破和尝试，她在写作、创作和家庭教育中，又有些什么心得体会？

——对谈环节——

俞敏洪： 景芳，你好。

郝景芳： 俞老师好，非常开心今天能够和您对谈。我今天还看到一个有关您的报道，说现在您的团队在帮助更多农民售卖农产品，我觉得您非常有责任感，是一个有社会大爱的企业家，所以很多小伙伴听到我今天能跟您对谈，也都特别兴奋和开心，谢谢俞敏洪老师。

俞敏洪： 谢谢景芳，能和你这样一位有才华，还很努力、勤奋的教育实践家交流，一定能给大家带来很多收获。

1. 郝景芳的物理启蒙

俞敏洪： 你好像从小就是学霸型人物，但我后来看你对自己的描述，发现你小时候也并不一定那么学霸。你在小时候的学习过程中也遇到过一些挫折，但你后来考到了清华大学学习天体物理。我是一听到"物理""天体物理"这些词内心就会恐惧，我是永远学不会的。你觉得你后来的成就，是缘于你的努力，还是缘于你的先天智商？

郝景芳： 我觉得主要是缘于我的执着。我是一个目标感非常强，还挺执着的人。我大概在九岁、十岁的时候就想学天体物理，当时看课外书觉得天文、宇宙非常有意思，就立志想当宇航员。自从有了这个念头后，中间这么多年就基本没变过，非要干这件事不可，有点不撞南墙心不死的意思。后面其实基本上还是挺执着地朝着自己的梦想去努力，也一直在清华读完了物理的本科，读了天体物理的研究生，虽然读博士的时候转了经管学院，但我觉得能够在这些过程中一直朝着自己心中的梦想去尽我最大的努力，还是挺值得的。我到现在仍然觉得，当初选择去清华学天体物理，是我人生到目前为止做过最正确的决定之一。

俞敏洪：这和你小时候的阅读有关系吗？你小时候好像就比较喜欢阅读有关科幻、想象力特别丰富的作品。

郝景芳：是的。我刚开始看科普看得多，各种各样的少年科学画报，还有一些科普小漫画，像《十万个为什么》，我读了很多遍，所以当时对科学就有向往之情。小学四年级的时候，我也看过一些凡尔纳，上了中学，这些幻想类的文学也看了不少。但说实话，在后面的阅读中，对我影响最大的是上了高中以后看了一些有关量子力学的书，一些像薛定谔的猫这样的话题，就觉得非常奇妙，是难以想象的奇妙，就很想上大学把它解开，理解这件事情到底是怎么回事。所以我觉得阅读对一个人的影响真的很大。

我还特别喜欢看一些科学家写的科学哲学，像薛定谔、玻尔、爱因斯坦，甚至是更早一些时候的莱布尼茨，等等。他们写的那些科学哲学，讨论这个世界的本源是什么，这些问题会让我特别着迷，很想在大学好好学习学习，研究一下。我上了大学以后，因为功课实在太多了，也很难，有一些功课就没有学得很好。前两天我还和一个本科同学讨论，我现在的梦想是将来等我有钱有闲以后，再好好把数学分析学一遍。这些其实都缘于好奇心，我觉得阅读增加了我对这个世界的好奇心，这些好奇心推动着我一直想去学这些学科。

俞敏洪：对，是这样的。对于中学生来说，就算是对物理特别感兴趣，像量子力学、薛定谔的猫，包括莱布尼茨的数学定律等，这些东西是很难读懂的，你怎么能够读懂，并且还产生了兴趣？当然，你产生兴趣的前提一定是读懂了，或者是部分读懂了。你父母在这方面会对你有辅导？还是说你碰上了这方面特别厉害的老师？或者是你无师自通？

郝景芳： 我父母倒不是学这些学科的，所以他们也没有给我太多辅导，但我比较幸运的是，从小学到中学我一直是在理科实验班。当时是在天津市一个专门参加竞赛的理科实验班，班里很多同学之间可以相互做一些讨论，同学之间的互相学习对一个人的影响还是很大的。可能俞老师也知道，学英语等学科也是，如果你身边有一些同伴，大家能相互讨论，影响是蛮大的。我上高中以后，也喜欢和班里的同学一起看看科幻片，一起讨论一些关于宇宙、关于世界本源的问题，这些都能促进我对这些事情的理解。

俞敏洪： 这还是挺了不起的，实际上是有一群能力相对匹配的人在一起，才能互相探讨，说明你这些同学本身水平也相当不错，都是实验班的，高智商，而且对科学、物理等肯定都特别感兴趣。像我学英语，两个阶段都很孤独，第一个阶段是到北大之前，因为我是在农村学英语，所以周围没有一个人学英语，我完全是自学，是一个比较孤独的历程。后来到了北大，尽管可以跟同学们一起学英语，但我的英语水平要比他们差很多，尤其是口语、听力，所以又经历了很长一段孤独的学习历程。刚才你说，周围有一群人能共同探讨，互相砥砺，这件事情特别重要。

你当初高中毕业后其实可以去北大，而且据说当时北大都不需要你高考，你后来怎么就选了清华物理系？

郝景芳： 这个稍微有一点点不是特别准确，当时还是要高考的，但应该是只要高考了就能去北大。我高三时参加了第四届新概念作文大赛，拿了一等奖，当时正好是和郭敬明一届参赛。前几届新概念作文大赛对高考来说确实有一定的福利，但我参加新概念属于半路玩票性质。我一直是理科班，一直就想报物理系，到了高三，自己偷偷摸摸参加了一个作文比赛，但如果因为玩票参加的作文比赛，一下就把我这么多年的理科学习转到文科，我还是会觉得有点可惜，因为我真的想报物理系，所以想来想去，还是按照初心、本心报了物理系。这就好比男女朋友交往多年，中间突然出现一个诱惑，自己就突然经不住诱惑，这会让自己觉得之前多年的执着失去了意义，所以最终选择了初心，选择去读物理，现在觉得还是挺好的事情。

2. 阅读开启人生的窗户

俞敏洪：你很喜欢理工科，比如物理学、天文学，但你也喜欢文科，我觉得这个特别好。我后来发现我身边的朋友中有一个现象，如果在高中的时候或者从小到大学的都是理工科，但后来又走向了对文科的爱好，或是在学理工科的同时喜欢上了文科，这样的人往往容易做出很多交叉性的成就。比如你就是这样，你学物理，但你写了科幻小说，还写了游记，写了家庭教育，我觉得这个特别有意思。

我另一个朋友，吴军，也是清华大学的，他当时在清华大学学计算机，但他没事就泡在北大图书馆里，读北大文科的很多书籍，因为当时北大的文科书籍比清华多。比如许知远，北大计算机系，现在大家都知道他做的《十三邀》，还写了很多书，也读了很多人文书籍。我觉得特别有意思，**当理科思维和文科思维结合起来的时候，从理科走向文科往往能产生非常优秀的作品、文字和思想。**但我很少碰到朋友最后从文科走向理科，像我这样的文科生，碰到科学问题、技术问题的时候，我连个比喻都打不出来。所以我常常特别佩服你们这样理工科出身写作的人，常常能把科学和人文的想象打通，比喻也能打通，这特别了不起。

郝景芳：我确实从小就喜欢看书，虽然一直学的理科，但喜欢读书、喜欢文学是从小就养成的习惯。我觉得这两种思维其实不太一样，**一个是分析型的，会直觉性地在乎逻辑推理，在乎这件事情的自洽；但另一个是感受型的，更多的是自己发自内心的感受，眼前想象的画面。**这两种思维其实不太互斥，只不过在生活中，由于我们会比较早地区分文理，所以确实会使得其中一方面得到更多锻炼，而另一方面可能就接触得少，也锻炼得少。我自己从小大概比较不务正业，在学校学习之余会去看好多好多闲书，这使得自己文科思维的感受力还始终保持着，但我自己也知道这种程度跟历史上很多大师级的人物还是差得很远。

俞敏洪：说到大师级的人物，从理转文，最后变成真正大师的，比如陈寅恪先生，在中国乃至世界都很著名。他在欧洲学习的时候，其实不光学了物理和化学，他什么都学。后来他觉得，光技术和科学还不能全部说明中国人思想意识的提高，所以他后来就转为专门研究中国的历史，他真是一位特别了不起的大师。

郝景芳：您是不是从小也是比较爱读书的孩子？您当时读的那些书是从哪儿来的？

俞敏洪：我确实小时候就比较喜欢读书。我母亲确实是个好母亲，从小她就跟我说，让我长大了要当个先生，别当农民。当个先生就是当个老师，在我母亲心中，老师就是我们当地中小学的乡村老师、代课老师，为了实现这个目标，她就希望我喜欢读书。所以从我四五岁开始，我母亲从来就不给我买玩具，只给我买连环漫画，所以我就从连环漫画读起。因为我父母都不认字，所以他们并不知道我应该读什么书，而且当时我们在农村也找不到书，所以虽然我从小到大喜欢读书，但确实没读过一本好书。

我从小到大唯一读过的一本好书应该是一个老乡家里藏着的一本破烂的《水浒传》，所以我对《水浒传》的故事情节比对《三国演义》《红楼梦》要熟悉很多。我们这一代读过的书，你可能从来没听说过，都是什么《三探红鱼洞》《金光大道》《铁道游击队》《平原游击队》……好不容易到初中的时候读了一本《林海雪原》，结果因为里面描写了主角少剑波和白鸽恋爱的情节，被我姐打了一耳光，她说我在读黄色小说。但我确实养成了喜欢读书的习惯。

我真正开始读书是进了北大以后，我发现同学们的读书量都很大，而且他们读的书的质量都太高了，所以我在北大可以说是疯狂读书。从小说、诗歌、散文读起，然后开始读历史、人文、哲学，还有一些西方哲学、社会思想学家的书，包括罗素的《西方哲学史》，后来读《黑格尔哲学讲演录》，接着开始读尼采、叔本华。到最后读康德"三大批判"的时候，就把我给读崩溃了，后来我发现我还是读文学书比较轻松，于是又回到了文学书。读了巴尔扎克的，读了托尔斯泰的《复活》《战争与和平》《安娜·卡列尼娜》，等等。

郝景芳：看得出来俞老师现在真的是一个博览古今、读书量非常大的人。

我有一个和您类似的地方，就是小时候看书充满了偶然性。我当时是因为家里有一个《红楼梦》的台历，上面有漂亮的小姐姐，我就特别喜欢画那个漂亮小姐姐，小学三四年级的时候，每天不干别的，就画那个古装美女，把那个台历画了好几遍。最后我突然想，我画了那么久的漂亮小姐姐，我总得看看这些漂亮小姐姐是谁吧？我就把《红楼梦》找出来看了。因为看了《红楼梦》，一下子开启了我对读小说的热情，我看完《红楼梦》以后就非常失落，觉得没书可看了，还有什么书像《红楼梦》一样好看？于是我后面开始读其他的小说。

但不管怎么说，**阅读最大的好处就是开窗，开启人生中一扇扇的窗，每开了一扇窗，就觉得整个世界又亮了一大片**，所以我上了大学以后也在拼命读书。当时虽然是在物理系，但我从小很喜欢文学，就自己跑到别的系旁听他们的课，老师推荐的书也会拿来看，包括哲学、社会学、历史学，还有其他小说。

阅读真的给人开阔视野，所以我们现在正在干的一件事就是，通过给孩子提供一些游戏化学习，让孩子多多少少从小就了解到一些思想家。比如我们在游戏里设置，让这个小孩分玩具，因为分不均打起来了怎么办？去问问释迦牟尼，看释迦牟尼怎么说；然后去问问孟德斯鸠，看孟德斯鸠怎么分配；再去问问亚当·斯密，问问亚当·斯密怎么分配；又去问问马克思，说玩具分得不公，马克思怎么分……通过把一些文学家、思想家作为角色人物放进游戏的方式，希望给孩子多少种下一点点种子，让他们知道，原来这些思想家用他们的思想解决了我们这个世界的问题，等他们长大以后，也希望他们能够对这些阅读有一定的兴趣和喜好。

3. 目标感的形成：改变现状，走向未来

郝景芳：我从小在天津这样的大城市长大，后来到北京上学读书，我也承认在大城市上学读书，能够感受到好学校里有很好的学习氛围，身在这样的好学校、好的学习氛围中，考清华北大可能就没那么难。但我知道俞老师从外省市考到北大，比我们要更困难，所以也蛮想听听您当时很励志的成长经历，看

俞敏洪： 我的故事大家都比较了解了。我们当初考大学叫"自古华山一条路"，对于当时的农村孩子来说，离开农村的唯一一条路就只有参加高考，所以我当时的目标就是一心要考大学，至于上什么大学我不在意，上个大专也可以。这样的话，第一，我的农村户口就可以变成城市户口；第二，更重要的是，我喜欢在学校里学习的氛围。**所以实际上当一个人想做一件事情，只有靠一个办法才能解决的时候，你就会拼命在那个办法上付出努力。**所以，对于我们这些人来说，当初除了高考没别的出路，既然我一心一意想要改变自己的命运，我就只能拼命高考，所以连续考了三年。

回过来想想，其实当时没有别的选择。我常常想，如果中国改革开放早两三年，比如 1974、1975 年就改革开放，那么我高中毕业的时候，中国就已经有农民工进城打工了，如果是这个情况，我可能就不会高考三年，可能第二年考不上就直接出去打工了。当然，这并不是为我自己找什么借口，有时候当你被逼到一个路径上，你知道除了这个路径没别的路好走，你就会付出加倍的努力，而这个加倍的努力常常会给你带来更好的回报。

郝景芳： 这个非常强烈地想要改变自己命运，想要努力拼搏人生的目标感从何而来？因为现在，对于很多农村孩子来说，高考也是能改变他们命运的少数路径之一，但有些孩子最缺的就是目标感，他们早早就有一种"躺平"的状态，他们也知道只有高考才能够改变命运，但他们还是缺少学习动力，很容易就放弃掉了。您当时这种强烈的动力从哪儿来？

俞敏洪：一个人目标感的形成有两个方面：第一个是为了改变现状；第二个是为了走向未来。当初对我来说，这两者都有，但改变现状的愿望更加迫切。当被逼到了某种绝境，你是会希望逃离绝境的，尽管当时我农活干得很好，但我特别不喜欢农村生活，而且那时候我父母还老打架，我就特别想逃避这个家庭。我知道我不离开农村、不离开这个家庭，我就只能在这两种痛苦中挣扎。还有一个原因是想要逃避，我母亲是控制欲比较强的人，尽管我长大后意识到我母亲对我的成长起到了巨大的作用，但当你面对一个说一不二的母亲的时候，给你带来的痛苦和紧张感也非常强烈。这些比较现实的理由加起来，给我带来了最大的动力。所以摆脱现状的动力远远大于我奔向未来的动力。

当然我也很愿意奔向未来，我喜欢读书生活，喜欢学习，看到书就开心，尽管是很朦胧的开心，而且我知道读了大学，人生一定会从此不一样，这是面向未来的动力。所以这两个加起来，构成了我当时非要考上大学不可的那种坚韧。

现在的农村孩子出现了两个问题：第一，现在要说农村孩子很艰苦，他也不那么艰苦，他在农村其实并没有那么强烈的逃避感；第二，现在不少孩子的父母并不在身边，孩子日常能感受到的亲情和温暖的激励也比较少。所以农村孩子中，想逃离乡村或者逃离封闭环境的冲动真的不太多。

我对农村孩子比较了解，因为我老去那里。对农村孩子来说，要给他建立一种奔向未来的未来感，也需要家长和老师共同努力，加上孩子阅读和阅历的增加，才能逐渐达成，比如我小时候去过一趟上海，就给我带来了对大城市的向往。现在的孩子尽管有时候也能去大城市，但通常情况下还是封闭在农村和山里，所以几年前，中国一个著名的部长龙永图就专门成立了一个蓝图基金会，把山区和农村地区从没见过大海的学生，带到海边生活一个星期，激发他们更壮阔的想法，让这些孩子愿意为了自我奋斗和努力。

现在农村孩子要解决的问题有三个：**第一，不是说农村不好，而是说他们应该怎样追求一个更好的现状；第二，我们应该怎么样建立农村孩子对未来的理想，而不是让农村孩子觉得反正我们这些农村孩子在底层也没啥机会，从此自暴自弃；第三，我们长期要解决的问题就是，如何让农村的家长跟孩子更多地待在一起**，共同成长。城市的人体会不到，农村孩子的父母出去打工，孩子变成留守儿童，这种经历对孩子的伤害是很大的，城市孩子在这点上还是比较幸运的，因为大量城市孩子的父母都在身边。

郝景芳：谢谢俞老师这段讲解，非常切中时弊。我们也在做一些公益，也会看到这些地方的留守儿童，因为父母不在身边所带来的影响。我是一个科幻作家，就经常想用一些比较科幻的方式去解决这个问题。比如我们最近有个项目,是让敦煌那边乡村小学的孩子和北京清华附小的孩子组成小队,一起做科技文化产品。但实际上他们见不着面,也没法把敦煌的孩子带到北京来,就只是通过线上连线一起做一个产品。我觉得蛮遗憾的,真的挺想让那些敦煌乡村学校的孩子来北京看看,看看他们的那些作品真正展出的场景,但又做不到,怎么办呢?我就想给他们建一个虚拟的元宇宙线上展览厅,让他们在这样的元宇宙展览厅里相互碰面,去共同看展览。

我还是挺期待的,现状既然如此,如果能用一些好的科技手段,通过我们这些人的努力,能够让这些农村孩子开开眼界,增加视野,还是能让更多孩子对未来产生期望的。

4.《北京折叠》与《宇宙跃迁者》

俞敏洪: 你是什么时候决定开始写科幻小说?你当初到清华大学学物理学的时候,是不是心中已经有了要写科幻小说的念头?

郝景芳: 其实我从初一开始就一直在写小说,陆陆续续、断断续续地写。但真正地写科幻小说并且正式在杂志上发表,是到了大四之后,而且是在学校的学业都已经差不多告一段落,保送研究生之后,才开始正式花时间去写作。我是在大四的时候比较明晰我挺喜欢科幻这种形式,因为它能提供关于这个世界更多可能性的讨论,其他所有类型的小说里,这个世界本身是确定的,里面的一切历史、规则、整个世界的架构都是确定的,你只能编排里面的人物、故事,但科幻可以架构一个完全不一样的世界,这是我最感兴趣的。

俞敏洪:《北京折叠》其实是你把学过的科学知识、物理知识和社会学联系在一起,但我读《北京折叠》时给我的感觉是,其实你内心更关注的是社会问题,并不是科学问题。你试图通过《北京折叠》这样一个科幻小说的框架来描述不同层级的人类的生存状态,以及可能出现的改善方案。你觉得在面对社会问题的解决方面,科幻小说在未来能起到比较大的作用吗?

郝景芳:《北京折叠》是我博士毕业之前写的,我读博士时已经转到了经济学方向，所以《北京折叠》中会有比较多社会学的痕迹。在《北京折叠》中，我其实还是关心，**面对未来这个时代，技术化发展到底能让人越来越平等，还是会更大地拉开人与人之间的差距**。人类上万年的历史一直贯穿着不平等，在现在这种情况下，在未来这个时代里，科技的发展到底会使大家的生活更和平、更幸福，还是说有一些人的生活会变得很好，而有一些人会被这个技术时代所淘汰，这是我当时很感兴趣的话题。高科技、人工智能以及其他突飞猛进的技术，究竟会让所有人的生活都得到改善，还是会甩下一些人，让他们的生活得不到改善？这个问题哪怕到现在都没有答案，但我觉得可以保持探讨。

俞敏洪：其实任何一个科学技术一开始的研究和发展，需要考虑的最大的主题就应该是，是否能够让人类更加平等、更加友好地生活在同一个层次。每一次科学进步，整体上当然增加了人类的福祉，但有些科学技术的进步，实际上是拉大了人和人之间生活的差距。比如最近几年，信息科技的发展带来了大量财富，却只聚集在少数人身上，这在某种意义上带来了技术的发展，也带来了人类在生存问题上的不平等。再比如，由于现在人工智能的出现，未来大量劳动可能不再需要人去做了，那在某种意义上，这也剥夺了很多人通过自己的劳动和智力来谋取一份有尊严的生活的可能性。当然我不反对这些技术，但任何一个技术，当它进入人类的普遍使用阶段时，不管是政治、经济还是科学领域，都应该考虑到，如何让所有的老百姓分享这个技术所带来的好处，我觉得这个特别重要。

郝景芳：《北京折叠》讨论的就是人工智能会不会淘汰掉很多劳动力。如果这些劳动力没事做，只好把他们养起来，如果是在这样一个社会里，肯定是很不平等的，这就是科技，尤其是知识科技给这个社会带来的翻天覆地的变化，同时使得头部一些人变得越来越富有，而这个趋势在未来可能还会加剧，因为科学技术会产生马太效应。

我为什么现在会做很多科学普及，更多是希望达到普惠的效果，我们发自内心地希望，在这样一个科技快速发展的时代，能够让所有人都赶得上科技发展的速度和潮流，而这必须靠一些教育和培训才可能达到这样的目标。

俞敏洪： 你最近提出一个概念，叫"折叠宇宙"，这个概念和《北京折叠》里的概念有什么区别？从折叠这个意义上来说，是不是你自己对于折叠也有了一次跃迁式的思考？

郝景芳： 写《北京折叠》的时候，我最想写的就是一种彼此隔离的状态，一个空间的人完全不知道另一个空间的人是怎么生存的，我当时想把这种人与人之间的隔离写出来。到了"折叠宇宙"系列，我会写多重宇宙，有很多个不同的宇宙，宇宙参数不一样，发展历程也不一样，这造就了很多文明，而这些文明之间的差异巨大。地球人最开始一直认为自己是非常了不起的文明，也一直在探索自己这个宇宙，但没想到其实还有另外的宇宙，而且整个宇宙联盟是很不一样的，所以最后这个跃迁确实是打通每一个宇宙的一种沟通（注：此处的"跃迁"是指科幻语境下的空间跃迁方式，例如，在漫威宇宙中，有空间虫洞点跃迁、光速推进跃迁、曲速跃迁等方式，郝景芳提出的则是多重宇宙式跃迁）。

我自己觉得，**能够打破折叠，最核心的还是需要沟通、需要跃迁**。这是一个新的太空科幻的尝试，但它的核心里，**折叠代表着一个相互隔离、无法沟通的状态，而跃迁代表着一种连通，代表真正的打通和沟通**。这算是一种抽象意义上的联系。

俞敏洪： 最近你刚好出了新书《宇宙跃迁者》，你是什么时候开始构思这本小说的？我知道你有一个写作习惯，会先在脑袋中构思一段时间，然后用比较快的速度写出来。而且我听说这本《宇宙跃迁者》只是这个系列中的第一本，能不能给大家透露一下这本小说的故事梗概和主题内涵？

郝景芳： 谢谢俞老师推荐。《宇宙跃迁者》我其实已经构思了很多年，在2016年就写了大纲，但一直到今年才完稿。今年写作的过程相对比较快，两个月就写完了，但前提条件是我在前几年花了很多时间去学习相关知识，补充一些细节，把一些不完善的设定给完善好，所以今年写的时候会快一点。之所以这样操作，是因为在科幻小说的写作中，有一些知识性的设定，如果从一开始没有想好就直接写情节，到后面有可能会面临从头到尾的大改，因此前期还是需要蛮多的时间来做准备。

关于《宇宙跃迁者》这套书，我是希望探索出一种中国风的中式科幻，把一些中国的历史、文化、思想、典籍等真正经典的元素放到未来的太空科幻中，我自己觉得，哪怕到了未来的太空时代，也不应该是没有思想文化传统的太空探索环境。当然在故事情节设定上，我会设定中国的历史文化、历史传统和外星人发生过一些接触，所以在我们的古迹、古籍中都有一些外星人存在的蛛丝马迹，这是内容上的设定。但主要的核心设定是，在2080年，地球面临纷争，几个中国自认为具有士人风骨精神的年轻人，真正地带领整个地球文明去探索宇宙太空，并且能够带领地球文明进行文明升级。

我一直很想写这种比较宏大的宇宙科幻，我也知道刘慈欣老师的《三体》其实已经立了一个非常高的、难以超越的丰碑，但我仍然希望能够写出具有我自己特色的宇宙太空科幻，更偏向有一些人文思想在其中的类型。所以我把自己比较喜欢的诸子百家中的一些思辨，还有我非常喜欢的中国古典武侠、士人风骨的精神放到了小说中，希望它能够有中国古代的风韵，这也是在文学风格上的一个探索，希望能够把中国的美学文化带到未来的太空探索中。

5.《中国前沿》与科学伦理

俞敏洪：《中国前沿》是你的一份采访录，你在里面采访了很多科学家，谈了大量各种领域的问题——人工智能、脑机接口、太空探索、基因编辑、粪菌移植，还包括机械骨骼、人机一体、细胞治疗、大脑探秘、混合现实，等等。你当初为什么会想起来要跟这么多不同领域的前沿科学家进行对话？

郝景芳：现在大部分中国网友都认识埃隆·马斯克，知道他发射火箭、做脑机接口、做人工智能，还有网友认识扎克伯格，知道他在做虚拟现实。大家对这些国外的科技创新者熟得不得了，但很少有网友知道我们中国有非常优秀的、顶尖的做类脑智能的科学家。中国有很多创新者在做脑机接口，而且已经达成了很多突破，也能够达到世界前沿水平。中国现在也有自己的航天公司，正在非常努力地探索商业火箭、未来的太空旅行。中国现在做虚拟现实的公司，虽然到不了 Meta、微软那么强的实力，但在一些技术领域已经能达到世界前沿的水平。所以我当时觉得，中国也有这么多的创新力量，中国也有很多科学家在兢兢业业地做着科技创新，我就有一种想把这些中国科学家介绍给更多中国人的使命感。

之所以能认识这么多前沿的科学家，跟我以前学物理很有关系。我原来那些同学、朋友，有挺多人在自己的领域做着非常踏实的科研。我在科幻小说的写作过程中，也一直在学习、了解这些科研领域，就会发现，原来我们国家的人在这些前沿领域的科技创新活跃度，其实并不比马斯克、扎克伯格弱，所以我还是蛮希望让更多人认识、知道这些前沿科技创新者。

在做完《中国前沿》后，我又认识了更多新的创新者，《中国前沿 2》其实可能很快就能攒出来了，我也希望能一个系列一个系列地做下去，让大家认识这些中国的前沿创新者。

俞敏洪：在你采访的这些科学家中，你认为哪个人研究的哪一个前沿领域对未来人类的日常生活产生的影响最大？

郝景芳：我个人认为，可能是曾毅老师做的类脑智能。我们今天其实已经相对了解人工智能、大数据深度学习了，从 Alpha Go 开始，这种深度学习算法给整个世界带来了很多改变，但在主流的人工智能界，超过 90% 的精力都集中在深度学习算法上，但深度学习其实有蛮多局限性和天花板。

曾毅老师做的类脑智能，从原理上不同于深度学习，他是对人类的脑神经元进行全面扫描，生成数字大脑，再由数字大脑对人类进行学习，这样的数字大脑能够学到的综合性和偏人性的地方会更接近人类，所以它也能生成数字人格。如果以后脑机接口都能扫描人类自己的大脑从而生成数字大脑，再由数字大脑学习我们的思维、行为方式，这个数字大脑就很可能可以模拟我们的数字人格，可以生成一个虚拟的我们，去代替我们做事。我觉得像这样的技术，今天已经研究到了这个程度，我还是蛮惊讶的，它可能会改变我们未来二十到五十年这个时间尺度间的人类社会。

俞敏洪：我作为一个文科生，对人工智能、机器人的发展有很多担忧，当然它可能会给人类带来非常大的好处，但如果真的有一天，智能机器人的智商，甚至包括情商、对是非价值观的判断力超越了人类，甚至有可能倒过来控制人类，或者被一些坏人所利用，借助人工智能做出毁灭人类的行为，我内心是蛮恐惧的。我们作为人类生活在世界上，相对而言更愿意过一个能够自己控制、主导的或是更加安宁、更加平静的，甚至追求平凡的生活，但当我们发现，未来由于人工智能的发展，我们的大脑甚至可能会不知不觉地就被别人控制，或者说是某些完全非人类生命体的机器人最后倒过来控制并指挥人类，毫无疑问是人类的一大悲哀。你作为科学家、科幻小说作家，会有这方面的担心吗？

郝景芳：在科学探索或者技术发展的过程中，只要是和真正实际在做科研的人去聊，就会发现，他们做出来的所有科研成果，包括他们做科技的方式都会带着非常强烈的研发人自身的人格和意愿，以及主观的一些情绪和情感，我们可以看出他们希望这个技术能干什么。虽然说科学探索是无方向的，但所有科学探索真正到底如何落地成一项技术，和这个开发者、实践者有着极大的、密切的相关性，哪怕是今天，人工智能的技术发展也绝对没有完全脱离开发者、程序员和产品经理，所以未来我们开发出来的技术，到底是独立于人去残害人类，还是跟人融为一体去帮助其他人，这真的取决于其中的实践者。这也是为什么我现在越来越多地去做实践，因为我发现，如果带着善意目标的人不去影响技术发展的方向，最后就可能会导致这个领域里都是一些唯利是图的人，如果真是这样一些疯狂的人在推动技术的发展方向，这个技术的发展就不一定朝着有利于大家的方向去发展。

技术本身具有所有可能性，它是中性的，在极大程度上会取决于其中的实践者、从业者到底会把它推向什么方向。我现在在做人工智能、虚拟人这方面的探索，我就会希望是朝着一种善的方向发展，是真的训练这个人工智能，让它能够学会所有善意的沟通和表达。

俞敏洪：说到人工智能、元宇宙，我作为文科生，对于元宇宙是怎么生成的不太理解，但我至少知道它大概会是什么样子。你讲到希望孩子们能云参观博物馆等，其实我内心也有一个想法，就是希望通过元宇宙这样的虚拟现实打造一个场景，能够带着山区和农村的孩子去探索世界，比如去看大海。刚才我提到龙永图的公益项目，需要带着孩子们坐飞机、火车，跑到大海边吃、住、玩，这要花很多钱，那未来是否可以通过元宇宙来实现？在这个元宇宙里，我们可以带着农村和山区的孩子游遍全世界，看全世界各种各样的博物馆，带他们在天安门广场行走，但实际上除了流量费以外，几乎一分钱不花，如果这个真的能够实现，对于孩子，尤其是农村和山区的孩子来说，毫无疑问立刻就能大大提升他们的教育水平。你觉得这件事情实现的可能性大吗？

郝景芳：很大很大，这也是我在尝试着做的事，虽然还没有完完整整地做出来，但我就是在朝这个方向努力。两年前我在招募技术团队的时候，就给他们看了一个计划，我想建线上的虚拟世界，让所有的孩子平等地进入虚拟世界，里面有虚拟学校、虚拟科学馆、虚拟艺术殿堂，能让所有孩子开放地进入，带着他们去看、去学习。

其实最近这两年开发的时空之旅、经典之旅，虽然还没有太逼真，能够带着孩子周游全世界的程度，但我们在线上 App 里已经能够做到让所有的小朋友没有什么门槛地去看西斯廷教堂，去逛故宫，去到一些科学实验室里，和哈勃一起观测太空，或是带他们去一些好的博物馆……在我们现在做的 App 里，已经在营造这种场景和氛围，但我们现在做得还不是太逼真，只是能在手机或者平板上让小朋友免费进去体验。但我还是非常相信，我们的技术发展可能在五到十年这个尺度上，可以做到让孩子们都能到这样一个虚拟的元宇宙里面去体验，去开阔视野。

今年我们会做一个小测试，我的虚拟人樱桃舰长、童行书院老师的虚拟人、小朋友的虚拟人，会在元宇宙里进行一些碰面，在这个过程中，我们会尝试让自己现在的一些用户，比如北京的用户和一些乡村的小朋友在同一个场景中体验。这就是我很想努力做的方向，希望能够真正带来教育平等。

俞敏洪：太好了，未来在这方面我们可以多多探讨。

6. 家庭教育中重要的三件事

俞敏洪：讲了那么多科幻、元宇宙，回到现实中，你作为妈妈也挺成功的，还写了一本家庭教育的书——《孩子，愿你一生勇敢心中有光》。你现在有两个孩子吗？

郝景芳：对，两个孩子，姐姐和弟弟。

俞敏洪：那你作为妈妈的经验就越来越丰富了，你还出了这么一本书。你作为妈妈，如果让你挑三件一个妈妈必须要做而且必然要做的、有利于孩子一生成长的事情，你会挑哪三件？

郝景芳：第一是相信。第二是陪伴。第三是支持。这三件事情几乎是能够让孩子生成自我内驱力并且不断积极向上、抗挫折最核心的必要条件。

第一，家长得发自内心地相信孩子，相信他们有能力，能够成为一个自我发展得很好的人。在孩子小时候，他们的自我认知是不太明确的，也会经常怀疑自己，对自己不会特别有信心，但如果家长能够发自内心地表达我觉得你非常好，你很棒，这种家长对于孩子无条件的信任，其实会成为孩子自我认知的一个最基础的机理，将来他不管遇到什么问题，都会有一个目标，也敢于相信自己。

第二，父母的陪伴特别重要。我最近稍微有一点点歉疚，因为我女儿最近面临一个体操比赛，但刚好我前一个星期都没陪她做复习，今天她比赛的时候就有一些地方忘了动作。我当时就觉得，哎呀，如果我在她身边陪着她，帮助她回顾、复习，给她一个支持的态度，她就能够把这件事准备得更好。实际上很多时候家长在孩子遇到一个个挑战、一个个坎儿的时候，一直陪伴在孩子身边，能够让孩子有比较强的动力继续往前。

第三，家长要给予支持。孩子会遇到很多困难和挫折，他可能非常容易放弃，或者他有时候想要去大胆尝试一些事情，但他也不知道自己能不能尝试。这时候家长就需要以一种比较积极、鼓励性的态度，让孩子往前走一步，再不断地前进。

有了这三个基本态度，当孩子在学校里学习没学好，或者被老师批评了，或者不爱学习，家长都可以表示，我陪在你身边，我帮你看看你有什么困难，你这个地方没有学好，没关系，我支持你，再试一试，以这样的态度，能够让孩子愿意一点点地前进。**人生是一个很长的马拉松，偶尔遇上一点小挫折很正常，起跑的时候一时半会儿比人家慢、比人家晚也很正常，但支持和陪伴能让孩子最终跑到终点。**这是我觉得对于所有父母来说最重要的三件事。

俞敏洪：特别好，总结一下，**第一，相信孩子，给孩子勇气。**孩子在最需要去闯荡世界，或者在他失败了需要站起来的时候，如果父母都不相信他，孩子就不会再有勇气跟这个世界对话，所以不管孩子成绩不好还是脾气不好，父母最重要的是要相信孩子。相信孩子不是纵容孩子，而是给孩子一种勇气，让他们知道自己背后总有人认为他们会成长，认为他们会有出息。如果连父母都对孩子失望了，孩子也会对这个世界彻底失望。

第二，陪伴给孩子温暖。像农村留守儿童，他们在心理上或多或少有各种各样的缺失，就是因为父母不在身边，姥姥姥爷的陪伴大部分也做不到父母那样亲近和平等。对于城市孩子来说，有时候爸爸妈妈也只是和他们生活在一个屋檐下，并不是真正的陪伴，**真正的陪伴是一种心灵上的理解和抚慰。**所以父母的陪伴可以给孩子带来某种温暖，觉得这个世界背后是可靠的，如果他在外面遇到风雨，有一个角落依然有温暖在等着他。

第三，支持给孩子力量。到最后，孩子要学会的就是互相支持。父母和孩子的支持、兄弟姐妹的支持、朋友之间的支持，最后是和社会人之间的支持。所以，相信给孩子勇气，陪伴给孩子温暖，支持给孩子力量，如果孩子的一生拥有了勇气、温暖和力量，这个孩子怎么走都至少会是比较正常的人生，或者有可能活出很好的人生，这是我对你的话语的一个小总结。

郝景芳：总结得真好。前几天还有一个妈妈问我，她的孩子现在小学二年级，成绩不太好，学校老师想把他劝退了，说他是问题儿童，等等。但实际上我通过每周一次和这个孩子的交流，还是能够让孩子产生一种很愿意去改善的动力。而且这个孩子说了一句话让我蛮感动的，他说他长大以后也希望能够让更多的小朋友变好，这说明他不但自己愿意变好，他其实也想要，也理解所有的小朋友都想变好，他们只是缺少一些帮助。所以在这种情况下，希望家长多相信自己的孩子，要相信他们想要变好。

7. 尾声

俞敏洪： 由于时间关系，今天的对话快要结束了，景芳最后还有什么问题吗？

郝景芳： 我还有最后一个好奇点，您现在也活得比较潇洒，尤其看到您写的那些书，那俞老师在接下来的阶段中，人生的主要目标或者一些未来的发展规划，可能会主要集中在哪些方向上？

俞敏洪： 我现在确实觉得个人还算比较通透，我说的通透倒不是那种特别高的哲学意义上的通透，而是说对于成功、失败，或者人生中遇到的遗憾等，我能想得通，能够达到某种意义上的退一步海阔天空，看天上云舒云卷的状态。我对于在事业和生命中所遇到的事情，现在基本上能抱有一个比较心平气和接纳的态度，当然接纳并不是放弃或屈服，而是说可以冷静地分析现状，并且认真想一下未来我到底该怎么干、干什么。对于我现在这个年龄的人来说，我未来干的事情一定不会是一些功利的事情，也就是说，我绝不会为了名声、个人利益、社会地位而做事。当然我并不排斥这些东西，但我不会为了这些东西去拼命奋斗。

我要做的基本就两到三件事情：**第一，新东方的教育**。在国家教育许可的范围之内，我依然会为需要新东方教育的家长和学生尽可能提供更好的服务，不管是以什么形式，比如以图书的形式、以人工智能学习设备的形式，还有包括像大学生要出国、孩子们要出国，我们也能提供很多的帮助和咨询。我们现在还在帮助大量农村、山区的孩子学习，新东方的课桌椅和拆下来的电子仪器设备等，也都捐给了农村地区的孩子。但我们做得最长久的，还是每学期都在为大量农村孩子提供一些教学资源和教学服务，这对农村孩子的帮助还挺了不起的，比如我们为农村高中提供的服务，能使高考录取率从百分之二十几提高到百分之四十几，意味着每一百个农村孩子参加高考，我们能帮助他们增加二三十个进入大学的机会，这是一件挺好的事情。所以关于新东方的教育，未来我们会循序渐进、不急不缓地寻找机会，在国家许可的范围内，认真做好每一个教育内容和产品。

第二，帮助农民。我觉得中国的农民是中国最辛苦的一群人，而且最辛苦的还不是当农民，而是他们现在就算种了农产品也卖不出去。个体的农产品没人买，同时他们本身也不知道应该种什么。有一年我到陕西，发现陕西的农民在锯苹果园里的树，我说这个苹果园的树长得那么好，为什么要锯掉？他们就给我看路边堆的苹果，那么好的苹果只能烂在地里，他们说他们没办法，他们卖不出去，卖不出去就等于白种了，所以还不如把树锯掉，种点蔬菜自己吃算了。所以现在的情况是，城市里的消费者找不到好的农产品，农民的农产品又卖不出去，我就特别希望做这么一件事情，比如通过某种努力，把农民组织起来，种有经济价值的或者销量比较好的农产品，同时在消费者和农产品中有一个嫁接的桥梁，我觉得我来做这个桥梁也许能起到一定的作用。

坦率地说，我并不知道这件事情能不能做成功，但我还是很想去做。一是我本身就是农民出身，对农业本身有着一种发自内心的尊重和情怀。二是我觉得我现在拥有的资源，也许能够帮助农业和中国的消费者做点事情。这是我第二个想做的事。

第三，对于我个人，我希望能游历和写作。当然读书这件事情就不用说，我还得把读到的好书推荐给大家，这是我一定会坚持做下去的事情。未来就我个人来说，一是阅读，二是行走，三是写作。走走、吃吃、喝喝、玩玩、写写，至于说这些东西对别人有没有用，是其次要考虑的，有用最好，没有的话我自娱自乐也挺开心。这些大概就是我对未来的规划，已经没有那么大的雄心壮志，就是想做点自己能做的事情，做点自己内心里喜欢做的事情。

郝景芳：谢谢俞老师的解答，今天非常有收获，也谢谢大家今天的陪伴。

俞敏洪：谢谢景芳，那今天我们就到这儿了，再见。

（对谈于 2021 年 12 月 19 日）

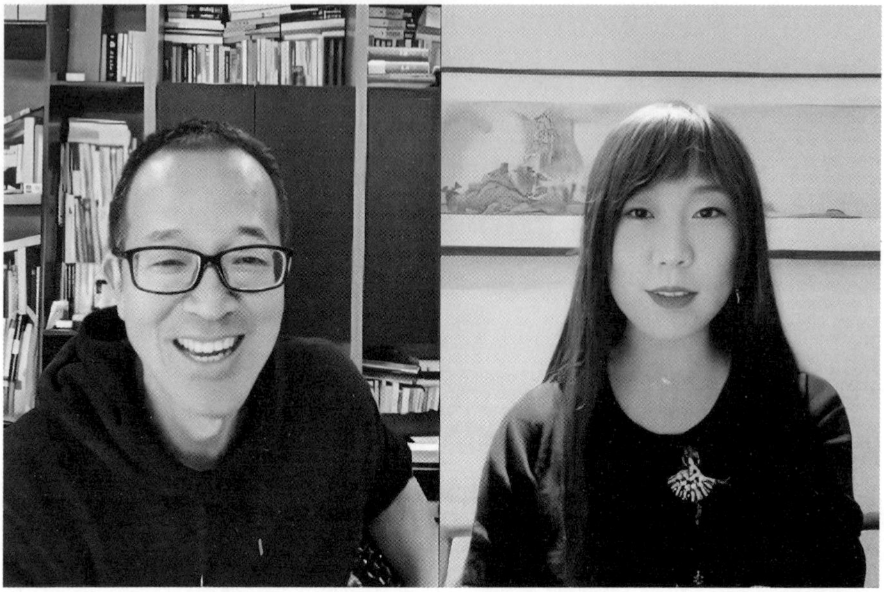

对话 尹烨

不要在死的时候，才发现自己没活过

人类进步的本质是什么？就是下一代不怎么听上一代的话。

没有科技的人文可能是愚昧的，但没有人文的科技一定是危险的。

尹烨 /
1979年生于辽宁丹东，哥本哈根大学生物工程博士。现任华大集团CEO，基因组学研究员，是"非典"和"新冠"科研攻关主要参与者。已出版"生命密码"系列和"趣解生命密码"系列作品。

俞敏洪： 大家好！我今天邀请了华大基因 CEO 尹烨一起聊聊生命科学的那些事。

尹烨小兄弟 43 岁，比我年轻 17 岁，但他已经是非常著名的生命科普专家，也是年轻有为的生物学家。相信大家对他不算陌生，因为经常有他的演讲视频流传。他说话一针见血，通俗易懂，比如他说："人类进步的本质是什么？就是下一代不怎么听上一代的话。每一代都在颠覆上一代，这就是基因的传承。"他还说："很多权威已经忘了他怎么当上权威的，是因为他颠覆了之前的权威。"

他有个节目《天方烨谈》，还写了三本《生命密码》，一本比一本写得好。最近刚出的第三本，主要写了历史上对人类有重要影响的 12 种瘟疫，以及人类与瘟疫、疾病对抗的历史。

我也有很多疑问想问他，比如我睡眠不好、肠胃功能失调怎么调节等。此外，因为他学习特别好，从小在知识环境中成长，我也会和他交流关于家庭教育的话题。

——对谈环节——

1.《生命密码》

俞敏洪：尹烨老弟好。

尹烨：俞老师好。

俞敏洪：上个星期我读了《生命密码3》，主要讲人类和疾病、瘟疫、传染病的斗争。人类面对一场又一场瘟疫、传染病，在几千年不断抗争中发展了自己的抵抗基因，产生了免疫力和抗体。比如我3岁的时候得过肝炎，现在我还有相应的抗体。在20岁时我又得了肺结核，在医院里住了差不多一年，你书中提到的链霉素，是我用了整整一年的药。如果没有现代医学的发展，我可能早就命归黄泉了。现代医学拯救了我的生命，也拯救了千千万万的生命。

你写了那么多有关传染病的前世今生，包括历史上的西班牙大流感，以及今天我们正在面临的新冠。**你写这本书的目的是什么？为什么要写这么一本关于人类与传染病的书？**

尹烨：我觉得人类太狂妄了。很久之前人类对传染病的认识还是"瘴气""上帝降罪"，后来我们知道传染病的病因是病原体，比如病毒、细菌等微生物。**随着科学技术的发展，我们对传染病的认知越来越准确，但人类的一般特点是，手里拿着锤子，看什么都是钉子。**

20世纪40年代后期，我们掌握了抗生素的使用方法，从青霉素开始，链霉素、土霉素、金霉素慢慢出现，大家突然觉得我们对感染可以毫无畏惧了，我们又变成地球之王了。隔一段时间后才发现，地球之王还是微生物，因为微生物在地球上已经待了几十亿年，而从农业社会开始算起，人类也才"统治"地球一万年。在这个过程中，人类所能制造出来的各种办法，微生物早已尝试过。但人类太自大，就像马克·吐温讲的，"我们总是踩着相同的韵脚，前人犯过的错误，后面继续犯错，不断地自大"。书中的SARS（非典型肺炎）和新冠都是我亲历的。我写这本书最大的感受在于，**人类必须要敬畏，必须**

和地球上的众生，尤其是微生物，更好地和平相处，不然人类没有未来。比如现在的多重耐药结核菌，长期来看，它的影响要比冠状病毒厉害得多，但现在很多人并没有意识到这个问题。

俞敏洪：人类需要进步。面向未来，是不是每过几年，**不管科技、生物学如何发达，人类都必然经历或大或小的和微生物共存或战斗的考验？**

尹烨：是的，而且频次会越来越密、越来越剧烈。出于人口密度原因，以及交通工具的使用与发展，人和人之间的连接只会越来越紧密。我们每个人浑身上下都携带了各种各样的微生物，从这个意义上来说，人类不可能逃开微生物，所以还是尽可能地友好相处，共同分享蓝色星球，才是最合适之路。

俞敏洪：我读你写的三本《生命密码》时，还做了笔记，能给我们分别介绍一下这三本书吗？

尹烨：最开始我是在喜马拉雅上做了很多的音频节目，后来写了很多文章，于是很多人建议能不能写本书？于是我就选了一些自己认为有趣的话题，写了《生命密码》。

生命科普的书有很多，但能把"基因"写进去的并不多，不仅是中国没有，全世界都没有。我把每一个完成测序物种的基因组都列了出来，叫生命周期表。像以前大家背元素周期表，以后一定会背基因组多大、多少条染色体、基因的作用等，就像您当年教英文一样，您教的是一种人类的语言，我教的是生命的语言。《生命密码》更多是入门书，里面有动物、植物、疾病，还有一些黑科技，比较适合对生命科学感兴趣且没有太多基础的人。

俞敏洪：我读了第一本之后，一下就沉浸进去了，解答了很多我作为一个文科生完全不理解的问题，给我的感觉就是生命很奇妙。

尹烨：是的。10岁的孩子，只要识字量在3000字左右，就可以读《生命密码》。《生命密码2》比《生命密码》又进一步，因为在《生命密码》之后很多人给了很多意见，我就把《生命密码》当中大家愿意听的再加强。本来《生命密码3》也想继续这样写，但在写《生命密码3》的时候，新冠来了，就写成了"瘟疫传"。这里面有两次我亲历的事情，有非常多我个人的照片，比如

SARS 期间、新冠期间的照片都在里面。

《生命密码》和《生命密码 2》都是短篇，充其量是中篇，但《生命密码 3》每一篇都很长，在《生命密码 3》里，我加入了很多中国元素，包括古往今来中国先贤是如何对抗瘟疫的。

俞敏洪：我发现你写的每一场人类瘟疫都带有中国元素，中国古代人怎么做，中国抗击各种瘟疫和疾病的过程是怎样的，看完之后，我也对我们目前面临的疫情状态有了更深刻的理解。

我有个很好奇的问题想问问。我小时候，农村孩子一般都比较不在意卫生，父母也常常说"不干不净吃了没病"，这句话你觉得有一定的道理吗？

尹烨：有一个公共卫生假说认为，很多疾病就是因为太干净才产生的，比如脊髓灰质炎，即小儿麻痹症，就是因为孩子没有机会接触到微生物产生免疫，到后来病毒来了，就会引起一次不可逆转的、严重的，甚至终身永久性的损伤。还有，一个人到了国外，如果七年左右出现了哮喘症状，很大的原因就是环境太干净导致的。另一个说法是菌群失调，就像我们说的水土不服，本质就是菌群问题。山西有一种特产叫炒祺，就是把面粉加鸡蛋、加油等配料，在白土中炒熟来吃，其实有点像吃土。

俞敏洪：这有用吗？我们小时候不只吃土，我记得当时有一种病，小孩得了之后会变得特别瘦，找不出病因的时候，村民就会把用了比较久的马桶里的马桶垢铲下来，煮汤给小孩喝。

尹烨：是的。现在有一种医疗技术叫粪菌移植，就是这个原理。粪菌移植现在是非常成熟的技术，北京 301 医院、南京军区总院都可以做。相当于肠道菌群失调之后，拿点健康的肠道菌群给补上，现在的技术已经可以直接用药。

俞敏洪：我肠道失调十几年了，动不动就拉肚子，以前拼命吃抗生素，后来知道吃抗生素对身体有坏处，就改吃益生菌胶囊，吃了以后有所好转，但也没真的好，像我这种持续比较久的肠道菌群失调，还有调整的可能性吗？

尹烨：当然可以。人肚子里的细菌是我们的好伙伴，但如果我们不好好对它，它就会找事，要么便秘，要么腹泻，甚至会造成睡眠不良，现在这些都可以通过益生菌来协调。很多时候，我们吃的食物并不是为了我们自己，而是为了肚子里的细菌，给它们提供培养基诱导益生菌。未来大健康产业很重要的领域就是膳食补充剂，可以帮助我们调整很多状态，包括营养吸收，甚至是情绪状态。

俞敏洪：是不是每个人的治疗方法不太一样？表面上看是同样症状的病，但从微生物的角度来说，治疗方法可能完全不同？

尹烨：血有血型，肠道根据微生物的分布也有肠型，不同的肠型调节方法是不一样的。比如2型糖尿病、痛风，就可以通过特殊的益生菌来调节，效果还是不错的。

俞敏洪：还有网友问鼻炎怎么治？这跟微生物有关系吗？

尹烨：有关系，但要看他的年纪。很多孩子得鼻炎，是家长传染的，还有一部分原因可能是卫生没做好。我觉得如果不是一年四季都有过敏性鼻炎，用淡盐水或者冲洗鼻孔的清洁剂适当清洁即可，因为一般病毒会在鼻内的鼻毛或者鼻涕中贮存。

俞敏洪：我原来也有鼻炎，后来早上起来用凉水冲洗鼻子，慢慢就好了。但我说话还是有点鼻音，这跟鼻炎有一定的关系。人是不能生病的，一旦有病，会影响人的生活状态、生活质量，甚至影响大脑。我一直认为这几年我的大脑开始变笨，记忆能力、思考问题的敏锐性和速度也不如从前，我觉得和几种病有关系，一是肠道紊乱，二是睡眠不好，最近又查出来血糖比较高。我得过六七年鼻炎，确实给我的人生带来了很多苦恼。**如何保持舒适的身体状态，让自己的事业和生活变得更加舒适和顺心，你有什么建议吗？**

尹烨：提升免疫力最好的方式不是吃保健品，而是三件事：规律睡眠、适当运动、保持快乐。这三件事说起来简单，其实挺难的。第一，睡眠要有规律，不能因为今天高兴就晚睡，明天不高兴就早睡。第二，运动要成为习惯，人要对抗自己的懒惰。第三，即使遇到任何问题，都应该保持正面、积极的心态，最近我有句话传得很火：**远离渣人，远离破事。**

俞敏洪：据说人情绪的好坏还能影响人基因的改变，是这样吗？

尹烨：是的，甚至瞬时就能改变。一般我不建议大家去看恐怖片，因为绝大部分人都会留下印记，我们当下追求了短期刺激，但长期来看会给我们带来潜意识中的干扰因素。**人应该活在相对平和的世界里，不为五色而目盲，不为五味而口盲，也不应该被七情六欲所左右，这非常关键。**

俞敏洪：我最近打算开始学数学。我学数学的目的，第一是我现在读很多书，或多或少会涉及一些数学知识，如果不懂一些就会读不下去；第二是我觉得我的数理逻辑思维能力不够，文科思维用得太多；更重要的是第三点，我妈妈在 85 岁时得了老年痴呆症，在接近 90 岁的时候去世了。她到最后完全不认识我，是一个无思无欲的状态。我不希望自己年纪大了也出现这种情况，但据说老年痴呆或多或少会有遗传性。我想**如果从现在开始学数学，这种对脑子的训练，是不是对延缓脑子的衰老或者迟钝有好处？**

尹烨：是的。一般来说，人类寿命到了 70 岁，就有很大的可能开始得肿瘤了；过了 80 岁，就开始得老年痴呆，这叫中枢神经系统退行性疾病。这没办法，人总会死，没有 A 病就有 B 病，我们的寿命可以延长，但病一直都在。想延缓老年痴呆，或者如果真的得了老年痴呆该怎么办？**学音乐是一个很好的方法。一定要学一种乐器，因为乐器会运用远缘的人类脑区。**弹琴也行、弹吉他也行、吹笛子也行、弹古琴也可以，总之，学一种乐器。我奶奶活了 106 岁，在 105 岁的时候还能弹琴，她那时候可能已经不太认识我了，时清醒时不清醒，但给她一把琴，她还是能弹《中国人民志愿军战歌》，"雄赳赳，气昂昂，跨过鸭绿江"。

再者，确实可以学学数学，因为万物皆数。坦率地讲，理工科也有鄙视链，最聪明的人不是学物理就是学数学或者计算机的。今天为什么高考结束后，大家都讨论作文？因为讨论不了数学或物理，太难了，只能讨论作文了。我也一直在看数学，因为真正牛的数学大师，实际是通过直觉驱动的，他感觉的就是对的。像我们看黎曼几何、欧拉公式，心里真的会产生一种特别强烈的哲学感。我尤其推荐大家看哥德尔的不完备定理，讲了一个特别简单的道理——自己不能拽着自己的头发把自己拉起来，这是用数学方法证明的，这个象限领域里所看到的公理实际是无法自证的，必须用第三视角来看。这就告诉我们"吾生也有涯，而知也无涯。以有涯随无涯，殆已"。中国顶多是算术能力比较强，真正的数学思维逻辑，万事可以分解成数的逻辑，我们还比较欠缺。

2. 人如何释放压力

俞敏洪：现在大家似乎都面临很大的压力，疫情、国际上的紧张局势，再到工作、生活、孩子上学，**一个人需要面对那么多压力，而且没法释放，面对这样的状况，从调节身体状况的角度，你有什么建议？**

尹烨：首先，人是群居动物，除了一部分哲学家、科学家可以在自然科学或者自己的心流中找到平和，从而选择离群索居的生活方式，绝大多数人还是需要有人排解压力。如果大家特别想独自生活，也请拥有一个宠物。我讲过亲生命性，人需要有一个对象，一个可以陪伴生命、影射生命的对象，这本身是美好的，能在照顾别人的过程中感受到社会的美好。一般情况下，我比较推荐大家生活在大家庭中，即使大家物理上没有在一起，但当你和姥姥、姥爷讲一讲开心的事，你能在这个过程中让对方感受到你的情谊，感受到你跨越空间的感触。

同时，即使在很艰难的时候，也依然要心存希望。很多人不怕死，而是怕活着。一方面我们要一直向正能量靠近；另一方面我们要给自己找到一些志存高远的事情来做，比如看书。我想我们俩都从书中得到了太多力量，尤其看传记，相当于"偷窥"了一个人的一生，然后会发现，哇，原来这么牛的人也有这么惨的时候。霍金二十几岁几乎就不能动了，但这不会限制他的思想，他依然帮我们看清楚了时间，依然在思考宇宙和黑洞的关系。所以，人不应该被束缚，我们是灵长目中最智慧的物种，我们应该把智慧用好，而不要活在一个总给别人找事、不如意的世界里。

俞敏洪：对。我觉得我们在这一点上是共通的，我们说的话、写的文字，都比较正能量，让人看完觉得对生命增加了一点热情。人对生命增加热情特别重要，能够抵抗一百个、一千个负面情绪，只要我们对未来心存念想，只要对眼前做的事情还抱有热情，只要对周围的人还怀有信心和信任，再艰难的人生都能度过。

我在读书的时候，就感觉在跟人进行交流，尽管书不是活的，但实际上它们在对我说话，同时我也在跟它们对话。而且，如果读的内容是原来不了解的，比如我读《生命密码》，就感觉是良师益友在给我讲课，我的大脑和其他人的大脑是一种连接的状态。我完全同意你说的，阅读是能给心灵带来健康正向影响的一件事。但现在很多人不阅读，他们跟世界连接的方式是虚拟的，比如看短视频，或者进入网络虚拟社群交流，甚至很多人的交流方式跟现实中是相反的，比如一个现实中非常胆怯的人，在网上却敢发表各种大胆的，甚至是谩骂性的言论。这当然也算一种交流，但我总觉得沉浸在这种虚拟交流久了之后，对心灵健康很不好。现在元宇宙又开始出现了，**人会越来越多地陷入虚拟世界，跟现实世界脱节，在这种情况下，你觉得人到底应该怎么自处呢？**

尹烨：现在，一方面大家感觉连接的圈子大了很多，但另一方面能让我们敞开心扉聊一聊的人生知己却很少。根据序列法则，人这一生可以维持的亲密关系，绝大部分是在150人左右，在职场上大概是10人以内，一般高校差不多是7人。我们可能管理着很大的公司，然而真正在我们身边的就那么几个人，包括家人。

在这个过程中，我们如何能够在一个虚拟世界里，提升现实世界的共情能力？像我们都会在书中寻找一种心流的状态，从生物学角度来看，就是让我们原来不擅长的很多神经元产生连接，有一些新的树突产生新的突触，让我们领悟到新的领域和内容。阿基米德在浴缸里发现浮力定律的时候，说的是"尤里卡"，就是"哇，我知道了！"。我们在看很多书的时候，也会拍大腿，"哇，原来是这么回事！"在这个过程中就会明白：**我们确实不一定非要通过跟现实世界产生交互来提升共情能力，但我们接触的东西档次一定要够高。**

读书人都知道，有时候我们不怎么读"活人"的书，更愿意看已经去世的先贤们的传世作品，可能一个人一辈子就一本书，但这本书非常透彻，如果我们真读进去了，对我们理解今天的现实世界会有很多不一样的感触。

科技永远在进步，我们今天的科技相比 30 年前已经不可想象，我坚信 20 年以后的人看我们俩今天跟"二货"似的，都不能在虚拟世界里跳舞握手，还是这种 face to face（面对面）的连接。

俞敏洪： 我估计再过两三年就能发生了，未来所有人看我们直播，就好像是坐在我们面前，是立体的，是虚拟空间中无缝对接的。

尹烨： 对，在判断自然科学的过程中，一定需要用大量的人文科学去浇灌。**没有科技的人文可能是愚昧的，但没有人文的科技一定是危险的。** 为了那天到来的时候，我们不是见面互掴对方，而是握手传递正能量，越是在这种难的时候，我们越要让大家心存希望。

3. 关于阅读，知识圈越大，未知圈更大

俞敏洪： 你是一个特别积极、乐观向上、正能量的人，在生物领域中取得了非常好的成就，现在还在传播生命科学的常识，让从来走不到人们视野中的知识和常识，终于被人们听见和理解。**你是如何保持这种积极、乐观、向上的姿态的？** 我相信你生命中也会遇到各种苦恼、迷茫、失落，你是通过什么方法调节自己的？

尹烨： 我还真是靠看书来调节的，高兴了看书，悲伤了也看书。我会在不同的时间看不同的书，如果给我三四个小时的时间，泡一杯茶，点一炷香，让我看三五本书，那应该是让我非常幸福的时刻，不管书里的内容是什么，我都能从中找到非常多力量。

理性是极致的感性，把自己心中最想做的事情做到极致，就变成了理性。 如果我前面有阴影，我知道这是因为后面有光，我只要回头看，就一定能看到光。也许这件事情我今天处理不了，这个客户我搞不定，我可能被老板骂，或者让我周围的人感到伤心，又或者因为某一个重要的事情爽约，但这些都不能阻挡我追求开心。这就需要进入每个人的"通灵"状态，我就在书中寻找这个状态。

俞敏洪： 我也有同样的感觉，当我遇到麻烦或者问题，也知道暂时解决不

了的时候，我就读书，读进去了，心就静了。但你看上去是一个挺活跃的人，你怎么能读书几个小时完全不受干扰呢？

尹烨：我一心二用的能力还是很强的，基本上我看书的时候，也要处理工作，脑子里可以挂几十件事情，也许我从小就这样，习惯了同时干好几件事。我很少会把一本书分成几次看，再厚的书都一次看完，这样思维才会连续，效率也最高。今天这本书只要翻开了，我就要看完，要在确定的时间完成确定的动作，就会使我看书的效率和精力特别集中，一旦进入看书的"通灵"状态，我跟作者或者文字产生相互触动的关系，看书就会非常快。当然要特别强调一点，我基本是看我这个专业的书，如果是看别的书，我就没有这个本事，但当我去看专业领域的书时，由于我的知识结构，所有的闲棋冷子会瞬间变成星罗棋布，会不断在里面推陈出新，所以就会在这个领域越走越远，变成这个领域里别人看来有很多积淀的高手。

俞敏洪：在任何领域中，如果你感兴趣，读任何一本书，都会牵引你继续往前深挖，就像挖一口井，直到最后能够挖到真正的泉水冒出来为止，是这种感觉吗？

尹烨：是的，很多人给我讲他们看书的习惯，我就说你们先提升看书的速度，如果一天就看两页书，那就求求你别看了，别浪费时间。一定要好读书而不求甚解，这个"不求甚解"是指先读完它，把读书的速度提起来，让自己读书有成就感，把每天的读书变成正能量反馈，加强神经回路，以后每天读书就有一个内啡肽奖励的刺激，看书就会越来越快。以色列人每周能读一本书，中国人一年都读不了一本书，这太丢人了，我们还谈什么科技创新呢？

俞敏洪：是的。我有写周记的习惯，在周记中我一般会推荐两到三本书，反复强调这是我读过的，大家就不太相信我能读那么多本书。实际上就像你提到的，如果能够以比较快的速度把一本书读完，就会产生成就感，内心对这本书既有比较完整的看法，接受一些新思想、新观念，同时会产生内心的舒适感。反过来说，任何人谈到这本书的时候，因为我读过，所以我至少知道这本书在讲什么，就会感觉这是一种正向回报。我读完以后向大家推荐，大家又会对我读的书和对书中表达的观点进行评点和赞扬，通常也比较正向，会推动我向大家介绍更多的书。阅读是自我成就的一件事。

我读书和你有个差不多的习惯，就是拿到一本书，比较愿意一两次读完。我看书前会先翻一下看看值不值得读，如果觉得值得我详细阅读，会为这本书留下至少三个小时，如果确实读得很入味，是一行一行地读过去，我一定还会再留下两三个小时把这本书继续读完，一本书读完了，就会有完整的体会。

我发现你读书量确实很大，你的演讲和书籍里，不光有理科、生物、生命科学的内容，物理、化学你也能随便引用，还有很多人文，包括中国古代的诗歌、散文。你在《生命密码》中还用《诗经》里的诗歌来分类病毒的种类，这很有创意。你如何把泛读和精读区分开？又是怎样把该背的东西和不背的东西区分开？你现在能随口背出来的东西是不是小时候的童子功？

尹烨： 我觉得知识没有文理。我们俩没有交流过读书，但我们的读书习惯高度趋同，这在生物上叫作趋同演化。关于古文，一般民族最重要的文化自信就是对本民族文字的喜爱，不管我们英文多好，但前提是母语一定要配得上，因为母语本身就是文化。从这个意义上，我要感谢我的父母从小对我的训练，我后来也有意识地在古文上提升自己的眼界，可能我小时候背的是一个段落，但我今天会看完全篇，再从文字当中寻找力量，说来说去最后验证一件事，"太阳底下没有新鲜事"，我们现在能看到的问题古人都已经看过了。比如《兰亭集序》里"后之视今，亦犹今之视昔，悲夫"，后面的人看我们的今天，就像我们今天去看前人一样，这句话放到马克·吐温那里就是"历史不会简单地重复，但总是压着相同的韵脚"。包括"人类从历史中学到的唯一的教训，就是没有从历史中吸取到任何教训"，这是黑格尔的话。这几个不同的人没有沟通交流过，但他们面对每个时代的无奈，都产生了同样的感触。我在38岁以前，更多地看我专业的书，但38岁以后，我确实看哲学、文学书多一些，因为我觉得这些确实是先贤们在过去走过的路，甚至是他们已经嚼碎的东西，虽然我不是那个领域的人，但我读这些书的时候，能让我再去思考生命科学的问题时，得到更多的感悟和触动。

俞敏洪： 这是不是意味着你的思维高度或者思维模式切入到了另一个层面？阅读这件事情很有意思的是，如果一生只坚持读专业书籍，在专业上最后能挖到的深度和广度反而是有限的。当人在专业水平中达到一定境界后，再到哲学高度、历史高度回过来看自己从事的专业，反而能得到一些新的感悟或感受，或者对人生的境界、对生命的看法已经进入另外一个层次。比如佛陀看到生老病死、领悟生老病死，到最后传播自己的开悟，让大家尽可能摆脱生老病死对人生的困扰，这是三个连续跳的境界。**有些物理学家，比如牛顿，最终开始研究宗教，前一阵据说杨振宁老师也开始研究宗教，这是不是对人终极命运的一种关怀？**

尹烨： 知识圈越大，未知圈更大，知道得越多，反过来不知道的更多。读书不会让我们变成全知全能，读书的唯一作用是让我们不害怕未知，在面对未知的时候有能力去弥补未知。最近有一本书叫《大脑传》，我刚看完，里面有一句关键的话，"我对大脑一无所知"。我前不久想给另外一本书命名，周围的人说叫《基因全传》，我说算了吧，我写一个《没弄懂的基因》。我现在发现我对基因好像什么都不懂了，这不是装的，而是真的太复杂，或者人之所限，我只能把边界小小地往前推一点，想让我全部搞清楚，我先已经凌乱了。这就是为什么学理科不能光看专业书，否则就看成一个书柜了。

在逻辑上或者在数学上有一个很重要的词叫"正交信息"，比如南北向、东西向就叫正交信息，因为这两个方向完全没有在一个方向上，可以分解成同样的矢量，于是正交信息越多，我们对那件事的笃定性越强。我们有时候尝试一个全新的领域，我们的三观——世界观、价值观、人生观，都能产生一种更深的笃定，这个笃定本身并不是我们什么都会了，而是反过来我承认我渺小、我承认我卑微，要跟众生万物去获得一种平等，来解决我这一生的困惑。

从这个意义上讲，人类具有宗教性，不是宗教，而是宗教性，相信举头三尺有规律。这件事是一定的，因为我们都研究不下去，不管是爱因斯坦还是牛顿，还是杨振宁，我们都一样，我们再怎么聪明，边界之外就是不知道的东西。在这个过程中就会明白，知道得越多，反噬就越厉害，怎么办？我们要跟自己重新谈判，我们也许不需要都知道，但是只要进一寸就有进一寸的惊喜，我多讲一段，就有多讲一段的自信，在这个过程中就变成了自己跟自己比，我只跟昨天的我来比，这样一个很好的自洽的状态。

4. 人如何自我调节

俞敏洪：生命科学日新月异，全世界生物学家对人体奥秘的研究不断深入，现在到了基因层面、DNA 层面也还在不断解破，包括《生命密码》中提到的对各种瘟疫、细菌、病毒、基因序列，对人的基因密码的破解也越来越迅速。第一个建立自己基因组序列的人，花了几十万美元，现在好像一个人要去测序，只要一两千美元即可？

尹烨：第一个人的基因组测序花了 38 亿美金，13 年，现在大概只需要 2000 人民币，1 天。

俞敏洪：随着生命科学的发展，**人的寿命确实变得越来越长，很多疾病也变得可以治疗，但我总觉得这件事本身并没有解决很多人有关生命本质的问题**，否则就没有那么多人会得抑郁症，没有那么多人会自杀，也没有那么多人活得不开心。**这件事从生命科学角度和人的社会生命状态来说，你觉得应该做一种什么样的调和？**

尹烨：我一般会建议从两个角度来思考这个问题：**第一，医学的本质不是治愈，而是安慰**。美国有一位非常著名的医生叫特鲁德，他的墓志铭上就写了三句话，算是道破了医学的本质，第一句话"很少被治愈"，医学能治愈的病其实少之又少。第二句话"有时是帮助"，卡了鱼刺，我帮你取出来，长了一个早期肿瘤，我帮你切掉。最后一句话最关键，"总是去安慰"，医学的本质是安慰，所以一定要学会安慰自己，如果有能力就去安慰别人，抱一抱、拍拍头、拍拍肩、发个微笑、点个赞。这是第一个，医学的本质。

第二，我们怎么能够与外界相洽？ 我常说要探索天地的宏伟，才能感受到人类的卑微。一个人真正到大山里看看几十米高的树，在山海之间体验自然天地有大美而不言的感觉，就会明白众生平等，进而就会有超脱生死的达观。有时候感觉人类很搞笑，你很郁闷，为了解除郁闷就选择蒸四只螃蟹，那四只螃蟹是不是比你还郁闷？人家活得好好的，就因为你郁闷，想吃螃蟹，就把它们四个蒸了，还是活蒸，如果都从一条"命"去讲，人的命和螃蟹的命是否有区别？这可能是个哲学问题。如果有一天来了一个外星人，他也能吃人，我们又怎么去判断和理解？从某种程度来说，人要学会自嘲，在天地宏伟当中，找到与众生的平等，就像我们，很大程度上都一样，我们不能做的事比我们能做的事多太多了，自嘲一下，放下，开开心心就挺好。

俞敏洪：一个人要能够把自己放得心平气和，既不傲然于世，凌驾于一切之上，也不自卑到尘土，把自己看得一无是处。 我觉得人与人之间首先是平等关系，其次是互相之间的谦让关系、帮助关系、和平相处的关系。你刚才说的观点更深刻，除了人与人之间的关系，人与生物界、人与大自然、人与植物对于生命的尊重和互相之间的平等关系，对我们也是一种开悟的根本。当我们走向大自然，发现植物和动物都能给我们带来心灵抚慰的时候，我们知道这个世界不是为我们而存在，但又是为我们而存在，因为老天准备好了可以治愈一切心灵的东西，关键看我们愿不愿意接受。

尹烨：同意。很多人问如何把握未来？但我觉得把握现在就是把握未来。 未来不可预测，但未来是今天的积分，我们怎么过今天，就会怎么过今生，这个自由是掌握在我们自己手中的。如果今天吃一顿饭就好好体会这一顿饭，如果今天去打球就好好打球，用力活在当下，把握了今天就是把握了今生。

俞敏洪： 现在很多人总是把自己生命的不顺利归到某个外部原因，总觉得是别的人、事、物导致他过得不好，但实际上大部分情况下都是自己和自己过不去。一个人不高兴久了、抱怨久了，这种基因会传给后代吧？**从生物学角度，需要通过什么样的努力来调节不高兴的基因？从科学角度，一个人如何摆脱自己内心抱怨不平、愤然的感觉？**

尹烨： 是的。女孩从出生开始，她的卵子、卵母细胞的数量就已经确定了，虽然每个月排一次卵子，但这几百个卵子就在那儿，很稳定的。我以前开玩笑，男的最有问题,"老男人们"如果抑郁了,精子就会甲基化,会基因突变,这个劣质的精子会传下去,甚至传给下一代、下下一代,所以我们一定要开心。

第一,我们要养成正面的习惯。 这几年我周围的人包括家人都觉得我脾气比以前好,我二十几岁的时候有些年少轻狂。现在可能是激素不行了,没那么大火了,只要一生气我就深呼吸,做一些特定的动作努力让自己恢复到正常状态,这是可以养成习惯的。

第二,可以从一些确定的行动中寻找快乐。 比如跑步就可以产生大量的内啡肽、多巴胺、血清素,这四舍五入就是给自己吃了抗抑郁的药物,跑步是可以自己做的。很多人说来不及跑步,没那么多时间,那就做做无氧运动,只需要一分钟立刻就不一样了。我们还可以选一段特别喜欢的音乐,把声音放到很大,这也能很快帮助我们进入一个好状态,因为音乐会把我们的脑波从紊乱调成正常。还有一个方法,面对镜子,咧嘴笑,然后看三秒。总之,一定要有自己解脱的办法,让自己远离小情绪。

俞敏洪: 我各种各样的压力还是比较大的,但很多人都觉得我"双减"之后的情绪、姿态都保持得不错,我就完全暗合了你提到的 tips(技巧)。比如运动,我每天都要求自己的步数原则上不能少于 15000 步。像昨天开了 8 个小时工作会议,晚上又和朋友喝酒聊天,回家后发现手机上只有 2000 步,我就立刻用一个小时出去跑了 8000 步,感觉浑身特别舒服,这就给了自己一种正向回馈,同时产生了愉悦感。

我也常在办公室做无氧运动,有时候特别劳累或者坐得太久,我会起来原地猛跑 800 到 1000 步,像以百米冲刺的速度在跑,跑得气喘吁吁的。我做俯卧撑一次性可以做 60 个。

还有唱歌。我唱歌属于跑调一塌糊涂的,但我不用对别人唱,我只对自己唱。我喜欢唱草原歌曲,高昂、宏大,有时候会一边洗澡,一边高声吼草原歌曲,每次都会带来一点快乐,抵抗现实中遇到的麻烦和苦恼,这让我保持一种心态平衡,保持心灵上相对的愉悦感,从生理角度来说,完全符合你提到的在行动中寻找快乐。

实际上，我们会发现那些平时保持乐观情绪或者正能量的人，包括你我，大部分情况下都是靠自己调节的，并不是天生的。

尹烨：是的，因为不好的事遇得太多，就逼得我们把任何事都看成了好事，把不开心的事说出来。俞老师唱草原歌曲的习惯一定要保持，很练肺活量。

俞敏洪：对。尽管声嘶力竭，但确实会带来一种舒展和不要命的感觉。我表面上看像个读书人，但运动起来挺狂野。我夏天骑马在草原上飞奔，冬天滑雪，原来年轻的时候玩单板、双板，总去挑战自己，这会带来一种正向回馈，还会影响到内分泌、基因、大脑，因为尝到了正向回馈的甜头，我们就会不断主动地寻找正反馈。我觉得如果人有能力寻找正向回馈，基本就算走在了成功的道路上。

尹烨：我们只有两种选择：第一是多巴胺刺激，刺激性的反馈，比如赌博，先赌一元，然后赌五元、十元，最后陷入其中，因为这个奖励是刺激，刺激是一定要有更大的奖励来诱导产生多巴胺的。所以多巴胺适量就行，多了是毒药，一种能勾魂的毒药，这个要不得。第二是内啡肽奖励，是更好的选择。内啡肽奖励的是成就，和剂量无关，是因为完成了某件事情后所感受到的内心平和。**尽管这两种激素都属于神经递质，但我们要怎么用？是活在多巴胺的世界里，还是活在内啡肽奖励的世界里？在这个过程中，高手都学会了活在自己给自己成就奖励的世界里，是有物质基础在的。**

俞敏洪：多巴胺是寻找刺激，但不一定是有成就感的东西，而内啡肽是付出努力后能带来某种成就感和愉悦感的东西，是吗？

尹烨：没错。多巴胺低了会抑郁，多巴胺高了则会进入一种痴迷状态。比如在热恋中，天天都想见到那个女孩，这时候这个神经就是进入了一种病态，多巴胺太高。很多抗抑郁药物，都是在围着多巴胺来回调节，但人的大脑或者肠道本身就具备大量分泌这种神经递质的能力，我们只要找到一个适用自己的状态，就可以事半功倍地解决很多身心问题。

脑科学在过去叫神经生物学，就是这样一步步将自我感受和状态连在一起，以前有心理图表，现在有物理或化学的诊断手段，我们才明白，尽管先贤们在还原论上没有我们强，但在系统论上早就超越了我们的高度。

5. 从生物科学看如何培养孩子

俞敏洪： 一个人阅读多，能够增加见识、开阔视野；一个人口才比较好，则可以赢得更好的资源和支持，这两个是成功很重要的要素。我在你的书中看到，在孩子小时候培养语言能力是非常关键的，好像 2～6 岁是最关键的时期。你现在也是两个女儿的爸爸，对孩子阅读、语言能力的培养，你对家长们有什么建议吗？

尹烨： 第一，孩子教育的第一责任人是家庭、家长，不是学校、老师。对家长来说，己所不欲，勿施于人，己所欲者，慎施于人。换言之，要反求诸己，想让孩子看书，自己先看，想让孩子背古诗，自己先背。现在很多家长，考古诗，他自己开卷，让孩子闭卷答，孩子没背出来还骂孩子，但他自己一首都背不下来，这很搞笑。我会和我女儿一起背很多诗，这是我父母小时候教我的方式，尽管孩子可能还不能理解古诗中深层的含义，但在这个过程中，孩子对唐诗宋词的韵律、感觉就培养出来了。

第二，**培养孩子的复述能力，让他们尽量用简单的方法把一件事说出来，读出来**。我会经常鼓励孩子们，换各种各样的说法进行表达，我们就比谁的说法多，这实际就是锻炼了他们打比方、作比喻的能力，比喻再高级点就是隐喻，他们对语言的应用就会得心应手。我觉得让孩子加强复述是很重要的环节。

第三，关于多语言的问题。现在可以通过功能核磁看到我们做事时具体是哪个脑区在活跃。像我们初中以后才开始学英语，我们的母语和英语是在两个脑区。我在复旦大学专门测过核磁，给我看中文时，是这边的脑区亮，给我看英文的时候，是另一边的脑区亮，证明我面对两种语言的时候，是在两个不同的脑区活动，但如果是一个小孩子来做这个测试，这两个脑区就会非常接近。很多欧洲小国，比如卢森堡或者比利时，那里的人可能会德语、法语、英语，因为他们在很小的时候就接触了这些语言。我们也会发现很多南方人，比如广州的朋友，既会讲粤语也会讲普通话，会讲潮汕话、闽南话，还会讲英语。这就是刚才提到的，**学习双语最好的时期是孩子 2～6 岁的时候。**

仔细想想，不管多难的语言，人类哪一个婴儿学不会？两岁的时候都学会说话了，反倒长大以后 20 年还学不好英文。家长们可以让孩子更早接触多语言环境，当然前提是母语要学好再去学，不局限于英语、法语、德语、意大利语、日语、韩语，只要想学都可以尝试。语言只是一个工具，孩子越早接受就越不会抗拒，自然而然地顺利听下去了，尤其是听力。听力是随着年龄增长一直在减损的，孩子越小听力的连接能力越强。

俞敏洪：我以前做过一个小小的非科学研究，是一个关于中国语言学家的背景调查。结果发现，在以前普通话不流行的年代，当他们当地有自己的语言，比如上海人讲上海话，广东人讲广东话，福建人讲福州话，江苏人讲吴语，在长大过程中，他们要学普通话，相当于也是在学两种语言，因为发音、表达不一样，结果在这种环境中长大的人，比在纯普通话环境下长大的人学英语更容易，也更有可能变成语言学家。这是不是就像你说的，这些人的大脑在接收不同发音、不同语言的时候，驱动了大脑中的连接，并且使大脑对语言的反应变得更加敏锐？

尹烨：是的，非常有实证的证据。语言学习是很难的，语言能力是人类非常了不起的能力。像我们能在这么短的时间内交流这么庞大的信息，就是因为语言，这是脑科学外延非常重要的能力，对内是思维、记忆，对外就是语言能力。如果想要在世界上有更多机会获得共情，语言能力不能太差，我们应该更早鼓励孩子拥有很好的表达能力。

从古希腊开始，人们就会鼓励公众演讲、鼓励辩论，按照逻辑的方式归纳、演绎。但在中国或者整个东亚民族中，不太鼓励个性，这会让孩子顾虑太多，把很多事憋在心里，不善于表达，这其实是不好的，我们应该更多给孩子营造创新的环境，花式鼓励他们去表达。比如 1+1 可不可能等于 10？有时候我家丫头问我这问题，我就说当然可以等于 10，二进制的时候，1+1 就等于 10。比如问企鹅会不会飞？当然会飞，把海水当成空气，企鹅就是在海里飞，海水只不过是密度更高的空气。这就是鼓励创新，告诉孩子所有的事情都有例外。

俞敏洪：两个孩子有你这样的父亲，真是太幸运了。**鼓励和批判、指责，**

从生命科学的角度来看，会对孩子大脑的发育产生什么不同的影响？

尹烨： 不幸的童年要用一生治愈，幸福的童年能够治愈一生。家长是孩子最重要的导师，家长要成为孩子的出口，家要成为孩子的堡垒，要让孩子意识到这个地方是安全的，即使犯了错误也可以道歉。绝不能让孩子对家庭、家长感到恐惧，这会向下携带不好的表观遗传印记。从这个意义上讲，我是被夸大的孩子，虽然我妈妈也打过我两次，就两次，但我都记住了。反过来讲，这种夸给了我非常多自信，被夸多了，就不怕被骂了。

现在大家总说挫折教育，我觉得挫折教育不用教，长大以后到处都是挫折，哪有没挫折的时候。尤其当 CEO，哪天不挫折。我们真的要学会花式鼓励孩子，花式鼓励伴侣，花式鼓励父母，花式鼓励同事。高手在一起都想互相结交，把圈子做大，只有不是高手的见面了才会挖苦，那没啥意思。

俞敏洪： 有的家长会问，当然要夸孩子，但孩子总不守规矩，怎样才能让孩子守规矩，心灵还不受伤害？

尹烨： 第一，我想了解家长是不是自己也守规矩？比如最简单的道理，大人为什么不挑食？因为食材都是大人自己买的，当然不会买自己不喜欢吃的，怎么会挑食呢？如果家长自己领着孩子闯红灯，回家以后让孩子不要敲地板，他凭什么会听话呢？家长要先自省。

第二，家长要求孩子做到的事情，自己是不是能严格做到？如果做不到，会不会也有对等的惩罚？或者做到了有对应的奖励？这种家里的契约精神，即使是小事也很关键。

第三，孩子当然会犯错，这是客观条件，是一定会发生的，但处理孩子犯错的态度是家长的主观选择，不要本末倒置。

俞敏洪： 是的。我还有一个好奇点，现在教育中常常说不要死记硬背，但我一直认为孩子从小背一些东西是有用的，比如小时候背乘法口诀，使我们现在的运算速度比外国人要快好几倍。**从生命科学的角度来说，背诵这件事对大脑的发育有好处吗？**

尹烨： 背诵实际上是人的一种基本能力，这种能力是需要练习的。人脑只开发了百分之几，脑子是不会用坏的。我确实同意您的观念，要鼓励孩子背一些名篇，并且要和孩子一起背。我 5 岁的时候就已经被我父亲拉到台上讲相声了，从小让我背很多东西，专门跟他演《蛤蟆鼓》，一个抬杠相声。后来他 80 岁的时候，我俩又演了一遍，我说，爸，这是你教我的第一个相声。那时候他会鼓励我，让我背大量杂七杂八的东西，比如讲评书的各种贯口，一百单八将一般人能背十个二十个就够了，但我能从头到尾背完。

现在我就和我家丫头练这个，我讲一句，她讲一句，我们背《木兰辞》，我会带着她一起在深圳书城做演出，她演花木兰，我演花木兰她爸，我们就把《木兰辞》从头到尾完整背一遍，甚至唱一遍。这个过程不在于背了什么东西，而在于怎么让孩子学以致用，以及家长如何参与到这个过程中。现在很多家长总在抱怨"我很难，我很忙"，但他们没有想过孩子可能更难，孩子正处在一个还不能从外界得到更多正能量的时候，家长这时候应该降维，平视孩子，把孩子当朋友。这个世界没有谁是容易的，但真正牛的人从来不会说自己难的，只有不行的人才觉得自己好难。

6. 一定要志存高远

俞敏洪：你在演讲的时候说，如果**一个大学生毕业后选公司，一定要选志存高远的公司**，这背后的逻辑是什么？你当时选华大基因是不是也是出于这样的考虑？

尹烨：我经常会问我的同事或者朋友，做小事容易还是做大事容易？很多人说做小事容易，我说错了，做大事容易。把事做到足够大，这个事就容易了，因为做大事收获大、成就大，高人、牛人自然都来了。咱俩商业上肯定都算不错的，但如果咱俩去摆摊，开个拉面馆，弄个包子铺，我们能干过更努力的人吗？不能。现在有人一说创业，要开个咖啡店、奶茶店，我心里就突突。

一个人最幸运的事情莫过于在年富力强的时候找到了自己的人生使命。就像您觉得要去帮助更多人留学，而不是自己去留学，就像我们想要让更多人知道生命科学。**做大事容易，一定要志存高远，20 岁的时候跟对人，才有机会在 30 岁的时候做对事。**

俞敏洪： 做小事、做大事都难，但做大事至少体现了两个能力：第一，对自己的期许拉高之后，不自觉地会付出更多努力，这样哪怕只达成了一半的期许，也算是一种结果。就像爬山的时候，如果爬香山，你知道它就 500 多米高，我们不会提前准备太多，但如果要去爬泰山，1500 多米高，我们就一定会预先准备好干粮和力气。

第二，当我们想做大事的时候，周围遇到的合作者、战友、领导一定都是做大事的人，不自觉地就会从别人身上学到东西。韩信、张良只有跟了刘邦，才能发挥他们的长处，他们在项羽手下是没有长处的，有长处也发挥不出来。

所以，并不是做大事容易，而是因为我们有了志存高远的心，让我们感觉这件事值得。你选择华大基因，可能跟我当初选择留在北大有点相似。当初我可以回到家乡的大学或者中学教书，那时候回家乡各方面都更方便，但如果我回了家乡，就不可能有今天，也不可能有新东方。这就是因为选择了一个更大的舞台，一起在这个舞台上玩的人本身的水平和水准都很高，就不得不向他们看齐。

你当初刚进华大基因，就在 2003 年参与了非典的早期诊断科研攻关项目，这件事对你后来研究病毒、细菌、瘟疫、基因有什么影响？

尹烨： 在我当时所有的 offer 中，华大的工资是最低的，并不是因为今天我们成功了，我们说什么都对，恰恰是在所有人都不敢选择的时候，我们坚持下来了。行百里者半九十，求其上者得其中，而求其中者得其下，这很清楚。我人生中最大的幸运就是刚入职 10 个月，就遇到华大要做 SARS。我们的董事长汪健专门把病毒拿回来，不顾个人安危。我们玩命测序、做蛋白、做试剂盒，最后把试剂盒都捐掉了，这个捐的过程对我的人生触动非常大。我也特别感谢您在 2020 年年初捐了 2000 万给湖北红十字会，专门帮助华大为当地抗疫。

俞敏洪： 我不懂这个，当时只是觉得你可靠，华大可靠，才把那个钱交到你们手里。

尹烨： 我觉得今天孩子们的物质条件比我们那个时代好太多了，但我依然希望他们明白一个道理，就是**难的事和对的事往往是一个事**。

7."星空和内心同样重要"

俞敏洪：你说"人类进步的本质是下一代不怎么听上一代的话，每一代都在颠覆上一代，这是基因的传承，也是人类创新的本质"，这也可以用在中国现代教育上。中国教育讲究听话、顺从，老师也希望教室里的学生听话、顺从，你觉得**原则上人类基因本身就希望能对上一代进行优化和迭代，对吧？**对于孩子们的不听话或者各种稀奇古怪的想法、创新的想法，家长和老师是不是应该有更包容的态度？

尹烨：我们今天呼唤科技创新，然而科学的创新就是要否定之前的科学，科学不只会和愚昧斗争，科学也会和科学斗争，**一个新的科学理论一定是对过去科学的总结、归纳甚至是颠覆**。听话的孩子做不了科学创新。我们不能一边提倡创新，一边在教育上否定大家不一样的思想。

很多不听话的观点最终使科技前进了一大步，比如"人猿相揖别"，也是因为我们和猿类共同的祖先确实发生了几个不一样的突变，使我们这一支的大脑越来越大，最后生而为人。从这个意义上讲，**人类是通过一代又一代不断持续地不怎么听上一代的话，慢慢进步的。**

俞敏洪：科学家要有创新、要有不听话的基因，但中国的科学研究资源或者研究资金常常掌握在领导手里，中国科学家的独立精神、独立环境是不充分的。如果他们完全独立了，可能就不能调动那么多资源。**对于中国的科学研究来说，应该怎样创造一个更好的研究环境？**

尹烨：我觉得自古以来，中国的创新能力是很强的，但创新不等于科技创新，创新可以是低技术创新，可以是组合创新。四大发明是技术创新，八大菜系是组合创新，但中国的创新绝大部分停留在商业模式上，现在才慢慢开始有技术上的创新。

中国历史上曾经有一段特别辉煌的时期，就是唐宋。唐诗宋词是中国文化创新的巅峰。但遗憾的是，自文艺复兴尤其是科学革命以来，维萨里、哥白尼、伽利略、牛顿的年代之后，中国的科技贡献就越来越少了。中国在这方面一直领先到宋朝，为什么后来越来越不行？这当中的原因我有两个看法：**第一，中国过去比较崇拜或者说独尊儒术，会把大量的精力放到从古书典籍中寻找答案，不会创造自己新的流派；第二，因为隋朝的科举制度，人们都在想办法当官，以获得更高的社会地位，对自然科学越来越没有兴趣。**今天，我们大部分人衣食无忧，有机会、有能力鼓励更多人做一些科技创新。

我很幸运，这要感谢华大基因的几位创始人，他们具有很强的独立自主的创新精神。我很高兴看到最近中国在科技创新方面的三个重要信号，如果这些信号能落到实处，中国的创新是非常值得期待的。

第一，破"四唯"。原来的"四唯"，唯职称、唯论文、唯学历、唯奖项。现在不看这四个，否则大家就会像从前专攻八股文一样只想着往上努力，当了副教授要当正教授，念完硕士念博士，然后报奖。我有个朋友在北京某著名医院，最近突然告诉我因为他看病看得最多，评上了高级职称。这就是因为破"四唯"后，不像以前那样看论文、看资质了，我认为这很好。

第二，要大量鼓励和起用年轻人，给年轻人更多机会。华大内部就会"尊幼爱老"，真正最宝贵的科研产出是我们25～40岁的人产出的，而不是成名成家以后的人产出的。是因为有了之前的产出，才使得我们成名成家，所以要尊幼爱老，尊重年轻人的想法。

第三，去年颁布了《科学技术进步法》，里面有条特别写到科普，科技创新和科学普及要两翼齐飞。做科普也很重要，要让更多孩子在幼年时期就对科学产生向往，种子种多了，就一定能长出庄稼。这三点是我看到的希望。

俞敏洪：你当时写《你一定想不到：趣解生命密码系列》，是不是就抱着普及生命科学知识的使命感写的？

尹烨：是的，这个科普课是从幼儿园开始讲的。我专门给华大幼儿园开发过一套孩子的生命科学课，就是因为在写《生命密码》的时候，有七八岁的孩子也很想看，但看不懂，就问能不能出一个科普版，我就和其他几个编辑朋友一起出了这套书。

俞敏洪：这套书很棒，一是语言上的棒；二是里面配了很多漫画、图片，让孩子们看起来没有枯燥感。中国的教育一开始都是往宇宙走，让孩子看星星、看月亮，但是像这种往内看，把生命分解到很细致的教育是缺乏的，一般要到初中、高中，学了生物学才会了解一点点。但对孩子来说，了解生命本身跟了解宇宙是同样重要的。

尹烨：没错，我一直引用康德的"星空和内心同样重要"。1543 年是科学革命的元年，一是有哥白尼的《天球运行论》问世，即"日心说"的复兴，这是向外看太空的；二是有维萨里的《人体构造论》，这是向内看人体的。这两件事情都做到了，科学革命才开始了。**既要关心星空，人类是不是能成为多行星的物种，也要关心人类的内心，人类能不能把人性的恶牢牢地用人性的爱给控制住。我想这不仅仅是孩子，可能是每个成人都要进行的终身必修课。**

俞敏洪：这正是哲学家的伟大之处，康德在 200 年前说出这样的话，同时关注星空和内心世界。但人类今天连星空都没有认真关注到，更不用说关注内心，大家更多在关注物质世界的不断满足，而这反而让自己的内心变得更加空虚。

尹烨：这就是多巴胺的刺激。奢侈品为什么越卖越贵？就是因为只有卖得跟别人不一样，才能显示出不一样，越卖越贵，最后就内卷。永远不要和别人比，那是内卷，我们应该自卷，自己跟自己比。

8. 生命的意义与自由意识

俞敏洪：是的，这涉及另一个大问题。当人类过多关注物质世界，并且更多关注物欲或者内在欲望——贪、嗔、痴——的时候，内心是一直在被掏空的。但有些人没有关注到，一个人真正活在这个世界上的终极问题，就是不管生命科学怎么发展，至少在我们这一代人身上，永生仍然是一件不可能的事，我们必然要面临生老病死。当我们面对这些，就会不自觉地思考，我这一辈子活着到底是为了什么？我有没有意义？我到底有没有内心的满足？**当人类面临生老病死，应该以什么样的姿态与自己和解、与这个世界和解，并且让自己过得更充实、更值得？**

尹烨：《死亡诗社》里有一句台词让我很震撼，"我不要在我死的时候才觉得自己没活过"。最近马斯克也说了一段很深刻的话，"宇宙最终会归于死寂，会消耗完所有的能量，然后自己就停止了"。

从某种程度上讲，每个人都是向死而生的。生命科学有一个基本观点——死亡是一种程序。如果没有死亡，每个出生都是悲剧，因为有了死亡，才使得人类在生死之间、七情六欲之间体会到生的意义。对我来说，生命的长度固然重要，但我更在意生命的广度、丰度、深度、温度。换言之，"太上有立德，其次有立功，其次有立言"，我们到今天应该给世界留下什么？我们只能留下一点点东西，也许过了500年，还有人提俞敏洪一个字，提尹烨半个字，只要这个地球上还有人记住你，那你就没有真正地逝去。

真正的死亡不是离开世界，而是再也没有人记住你。反过来想，孔子、苏轼、李白这些人死了吗？没有，他们活着的时候，哪有今天的江湖地位。他们是用自己的文脉永生了。从这个意义上讲，我们有义务在这个世界上留下一些正能量，要相信如果这个宇宙是真实的，我们今天讲的每一段话，都已经用信息的方式永久驻留在此刻的时空之内了。

俞敏洪：有人认为，宇宙早晚都会爆炸，地球就没了，人类文明最后也会烟消云散，那如果是这样一些终将消失的、虚的东西支撑我们活着，感觉这个意义不够充分。

尹烨：这就像在说吃饭是为了活着，活着是为了吃饭。有时候也有人说，既然吃饭是为了大便，为什么不直接吃大便，遇到这种挑事的就没意思了。这个本质是什么？虽然宇宙会归于虚无，会走向死寂，但依然不耽误我此生为人的目的，因为人生唯一的目的就是旅途中的风景，你体验过的一切就是你的一生，即使宇宙没有能量，但俞老师的信息还在。信息的承载是不需要能量的，我们还不知道物质和能量之间的信息，会以什么方式永久驻留在今天所谓的时代空间内，但我相信应该有，因为人生总要心存美好。

俞敏洪： 这就涉及永生的问题，我觉得人类肉体上的永生还是蛮难的，**但随着生命科学的发展，我们的大脑会有可能永生吗？**

尹烨： 很有可能，基本上是确定的事。

俞敏洪： 比如100年以后，我们俩的肉体可能不存在了，但我们依然在进行对话？

尹烨： 非常有可能，即使那时候我们只是两段程序，但它们可以互相聊，甚至有可能聊出火花。

俞敏洪： 现在两个人工智能音响说不定也能聊起来。

尹烨： 它们俩之间是能聊的，甚至可能聊着聊着还会聊出感情。如果我们对语言、语义学足够了解，对察言观色也有足够的评判，我相信这个会越来越准。

俞敏洪： 最近我读了一些心理学书籍，书中讨论了自由意志或者自由意识，心理学的实验曾经说，所谓的自由意志也不是我们自己决定的。从生物学的角度来看，**人的自由意志是否存在？这种自由意志对我们命运的把控到底在一个什么度上？**

尹烨： 我最近也在反复思考这个问题。**首先，我倾向于人类有自由意识。** 之所以说"倾向"，是因为我无法证伪，我宁愿选一个让我觉得更美好的答案。**其次，我能确定的事情是，人类有自我否决权**，我今天一定不想干什么，打死我，我也不干。既然我有否定自由权，那我在肯定这个事情的时候，应该也有很多选择。但在这个过程中，我们要避免自己骗自己，要让自己活得更加笃定，我想这是每个人修行的态度。归根结底还是在于，我们都不想成为命运的奴隶，我们依然相信命运应该在我们自己手里。

俞敏洪： 当人做出对自己生命比较重要的决定时，怎样避免自己骗自己？

尹烨： 我想这需要看这个决定是什么，有些问题的确可以三思而后行，但有些问题只能问自己的内心。在我的理解中，每个人一生中会遇到几种人：第一是高人，他能给我们指一条路；第二是贵人，能相助我们；第三是敌人，能帮我们进步，包括小人，很大程度上讲，我们都是被小人成就的。"用师者王，用友者霸，用徒者亡"，我们在生命中遇到特别难的事情，应该有可以请教的老师或者高人，这非常关键。我们为了避免遇到一些自己看不懂、看不透的问题，平时应该储备一些可以当成老师的人，让他们给一些中肯的建议，这个人未必是亲人，有时候甚至关系会更远一点，所谓旁观者清，可能他们给的建议会让我们耳目一新。

俞敏洪：延伸一下，如果作为一个企业领导者，周围都是奉承拍马的部下或者小人，没有任何人能提出真正冷静的忠告甚至批评的话，这个企业可能就会陷入某种危险。

尹烨：是的，很多人就活在自己营造的信息茧房中，听的都是好听的话，那就成了皇帝的新衣。

俞敏洪：但大家都有普遍的弱点，比如喜欢听好话，喜欢别人顺从。如果我们活在一个信息充分的环境中，该怎样做一个自我判断，让我做出的任何决策不至于被自己骗了？

尹烨：挺难的，孔子到了70岁才随心所欲不逾矩，我们离孔子的境界还差得远。从某种程度上讲，我们今天做的任何选择一定有错的成分。关键在于，不论对错，既然做了就不要后悔。**人从来不会因为做了什么而后悔，只会因为没做什么而遗憾**，当然不包括为非作歹的事。年轻的时候，不管自己做了什么样的选择，只要没有伤天害理，做了就做了。**在这个过程中吃一堑，长一智，失败得越早，成功得越早。失败不是成功之母，成功才是成功之母**，看着别人的失败和教训，从而避免自己的失败，这就是"上士闻道，勤而行之；中士闻道，若存若无；下士闻道，大笑之，不笑不足以为道"。

俞敏洪：你刚才的说法对年轻人来说有启示，对像我这种年龄的人来说，做任何决定都要更加谨慎小心，甚至需要给自己比较长的冷却期，尤其是重大的、有关生命方向的决定。对年轻人来说，没必要像我们这样老于世故，而是对想要追求的东西，不管是人还是事业，先去追，只要不把命丢了，追总比不追好，因为不追会留下遗憾，但是追了，最多是带来失败，而失败本身对于我们未来的生命其实没有太多的负面影响，对吧？

尹烨： 我非常同意这个观点。我们在没有掌握特别多权力和资源的时候，可以大胆去犯错，反而资源多了，比如手里掌握了核武器，我们倒真的要小心。

9. 尾声

俞敏洪： 最后一个问题，中国抗疫已经坚持了两年多，现在我们还在继续跟当前的疫情进行斗争。不管是工作还是日常生活，常常会受到疫情的影响。我们作为普通老百姓，**应该采取一种什么样的态度跟疫情斗争？或者说在这个特殊阶段，怎样才能把自己的生活打理得更好？**

尹烨： 第一，要乐观。像我们抗疫两年多，我的很多小伙伴在海外，海外阳性率一直处于较高位，在这种状态下，心理安慰很重要，大家一定要彼此相互守望，不要散布负面情绪。自杀往往可以传染，正能量也可以传染，人是有映射的，我们需要在整个疫情期间，在力所能及的范围内尽量别添乱、别添堵，守望相助，营造一个乐观的心态。

第二，从行为上，条件允许打疫苗的，一定要打满三针疫苗。

第三，做好个人防护。不仅仅是戴口罩，尤其是不要揉眼睛。最近有个文献很有意思，它说戴眼镜的人得新冠的概率低很多，虽然这可能只是一个相关关系，不是因果关系，但揉眼睛可能是一个新冠病毒感染的通道。正确洗手、戴口罩、不要揉眼睛、保持安全距离，这些都会大幅减少呼吸道感染。

俞敏洪： 这三个建议特别好，很多人可能不太关注第一个建议，但当大家在特殊情况下，尤其一些人身处疫情比较严重的地区，他们特别需要大家的呵护和关心，需要人情上的温暖，这对人心灵的抚慰作用是无比巨大的。

由于时间关系，我们今天就只能聊到这里了，希望我们互相守望、互相支持，尽管人生不容易，但我觉得只要有朋友在，我们的人生就是一场盛宴，谢谢大家！

尹烨： 谢谢俞老师，谢谢大家！

（对谈于 2022 年 4 月 19 日）

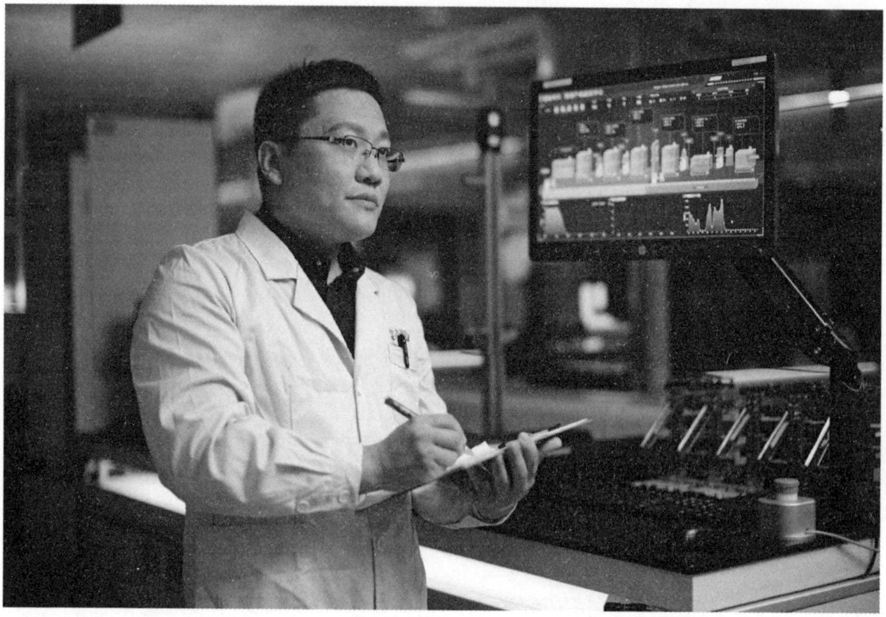

对话 李开复
人工智能，才刚刚开始

技术最大的阻碍
是人们的悲观和贪婪。

每种科技都会取代一些工作，但历史告诉我们，每一种科技最终也会带来很多新的工作。

李开复 /

全球著名人工智能专家、投资人。1961年生于台湾，卡内基梅隆大学计算机科学博士。曾担任谷歌全球副总裁兼大中华区总裁，并曾在微软、苹果等公司担任要职。2009年创立创新工场，致力帮助创业者成长与发展。出版作品有《AI·未来》《AI未来进行式》等。

俞敏洪： 大家好！开复老师跟大家打个招呼吧。

李开复： 大家好！感谢大家来观看我和俞敏洪老师的对谈。

——对谈环节——

1.《AI 未来进行式》

俞敏洪： 开复老师的新书《AI 未来进行式》已经出版了，您来给大家介绍一下这本书吧。

李开复： 这本书是我和著名科幻作家陈楸帆一起写的。之所以写这样一本书，是因为 AI 是一个非常重要的科技，很多人会认为它遥不可及，晦涩难懂。我过去也写过两本有关 AI 的书，有人觉得科普做得还可以，但也有人觉得技术含量过高，我就想，怎么才能让更多人了解这项技术，不论是理工科还是文科都能看懂。这样一想，讲故事是最好的方式，我自己不是写故事的专家，就找了陈楸帆合作。

书中一共有十个短篇故事，描述 20 年后，2042 年的世界。在这个世界里，我描绘了一个 AI 的发展蓝图——在那时，AI 已经在各个领域普及。根据这个蓝图，楸帆写了十个故事，发生在十个不同的国家，里面涉及的科技大概率都是会在 20 年之内发生的，写得非常有意思。在故事之后，我对科技做点评，描述这些科技是如何工作的，给人类带来什么样的好处、什么样的挑战和烦恼，这些挑战和烦恼是否能化解，可以怎么化解，以及未来的社会将会因为 AI 和其他高科技产生什么样的改变。所以这是"科学＋科幻"的一本书。

我觉得，90% 的人都能从头到尾读完、读懂这本书，从而真正了解 AI，可能还有 10% 的人觉得李开复写的东西太玄了。没关系，你们可以当小说来看，只读陈楸帆写的故事，跳过李开复的部分，这样也能对 AI 有一定程度的理解。此外，如果想做 AI、想做计算机方面的专家，这本书可以帮助大家增加想象力。我记得当年我学计算机、学 AI 的时候，对算法、应用对社会的影响一窍不通，但看完这本书，你们就会知道今天已学或者想学的技术在什么领域有用、在什么领域有危险，应该做什么事去弥补这些危险和麻烦，怎样加强自己的能力，让自己进入 AI 最有希望的领域，产生自己的最大价值。

俞敏洪：《AI 未来进行式》场景设置在 2042 年，我读的时候一下就傻了，我心想那时候我都已经不在了，后来认真一算，可能还会在，因为 2042 年，我是 80 岁。如果李开复老师的预测准确，这意味着我在偷窥 20 年后，这个世界在人工智能的主导下到底会是一个怎样的世界，我自己还能不能参与其中。

书中有十篇短篇小说，但这本书的亮点在于故事可读性比较强，还镶嵌了人工智能会给人类带来的十个场景。在这些场景中，人类采取了什么态度，给人类带来了什么好处，以及可能带来什么挑战。更大的亮点是，李开复老师作为人工智能顶级专家，会对技术在人类中的应用有所评价，还会对底层逻辑和底层技术来源进行分析。

通常读者会觉得人工智能的书是科技书，读起来会很枯燥，读不懂。开复老师是我的朋友，他写的每一本书我都会读，到目前为止，他出了三本与人工智能有关的书——《人工智能》《AI 未来》和《AI 未来进行式》。当我看到《人工智能》的时候，我就有点害怕读不懂，实际上那是我第一次看与人工智能相关的普及读物，让我这么一个连数学一元一次方程都搞不清楚的人也读懂了。

还有《AI 未来》，涉及中国人工智能在日常生活中应用的各种场景，包括对这些场景背后一些互联网公司的看法，包括小米、美团，等等。当时我就感觉人工智能离我太近了，不知不觉我们的生活已经被人工智能包围了。

李开复： 谢谢俞老师。《人工智能》是一本针对人工智能写的科普书，关于人工智能的技术和历史，都写得很详细。《AI 未来》是在描述为什么中国在 AI 发展方面有很大的潜力，有哪些创业者做了很棒的工作，推动了中国的 AI 发展，另外也谈了 AI 可能带来的一些问题，有关 AI 取代工作该如何解决，以及一些我个人的故事。最后一本《AI 未来进行式》则是一个真正的小说家讲解的结合体，很特殊、很有创意，会让大部分人感到比较惊讶甚至惊喜的一本书。

俞敏洪： 你在书中讲了人工智能和医疗的关系，我就更加坚定了 2042 年我应该还在，应该能享受到你书中所讲的人工智能所带来的便利，也可能还会面临人工智能带来的、不可预料的挑战。我看了以后还挺兴奋的，我还在参与一个时代，而且可能能够比较完整地参与这个时代。

2. 人工智能发展小史

俞敏洪： 你在世界人工智能方面的研究是比较领先的，你在哥伦比亚大学读本科的时候就开始学计算机，后来偏向人工智能相关领域。你当初青春年少，作为哥伦比亚大学的高才生，为什么要选择计算机？后来为什么又偏向人工智能？你当初所学的人工智能和现在的有什么不同？你曾经预料到人工智能会对今天的人类产生如此巨大的影响吗？

李开复： 我 1979 年读的大学，上大学的时候我选了法律和数学，因为数学我比较擅长，选法律则是因为我以后想当律师。读了一段时间，我发现法律不适合我，或者我不适合法律，因为书那么厚，读到最后我都想睡觉了。至于数学，可能我在我们那儿的小城市里，数学算比较厉害的，但在纽约，和那些真正厉害的人相比，就真的不觉得自己是数学天才了。正在比较迷茫的时候，我接触到了电脑，接触的计算机课程里有几门是与人工智能相关的。

在1979年、1980年的时候，人工智能才刚刚萌芽，非常幸运遇到了三个教授，分别来自斯坦福大学、卡内基梅隆大学和耶鲁大学。他们三个做的正是人工智能的视觉、自然语言和算力，我就师从这三个老师，非常幸运地接触到了这个领域。当时数据不够，计算机也不够快，所以做出来的各种演示、功课都非常粗浅，在今天看起来都微不足道。可是这让我充满了热情，觉得这真是人类最重要的一项技术，让我们能了解自己，了解自己的大脑是如何运作的，用什么样的算法能够达到人的智慧，没有比这更有意思的事情了。我义无反顾地决定把我的两个专业换成了计算机科学，并且在计算机科学里做人工智能，后来又到卡内基梅隆大学读博士，也是人工智能领域。特别巧的是，我在人工智能里做的是机器学习，所以跟今天的主流方向完全一致。

如果在40年前，也就是我还在读大学的时候问我，2022年会不会有今天AI的发展，或者2042年会不会有书中AI的发展，我当时的回答绝对是肯定的。因为我那时比较天真，也比较无知、乐观，觉得现在AI已经能做点事情了，再给我40～60年，肯定会改变和颠覆世界，要不然我这书不就白读了吗？可是，等我博士毕业之后才发现，AI，写写论文不错，做做演示也不错，但想要在真实世界里运行，是行不通的。偶尔碰到一个小小的能用的，也有人会说那不是AI，它已经Work了，那就是软件、产品，不Work的才叫AI。当时我们沮丧到连"AI"这个词都不敢用，因为只要一讲，那就是在做不Work的东西，或者觉得我们是唬人的科学家。所以如果你在20年前问我，比如20年前我在微软的时候，或者再早一点我在苹果的时候，你问我对未来还这么乐观吗，我可能就不会那么乐观。但是，**近年来，因为深度学习的发明，让我又变得乐观了，而且比过去任何一个时候都要更乐观。这个技术已经开始进入主流，还远远没有影响和辐射到各行各业。**

俞敏洪：从今天的角度去看，你在大学甚至博士期间所学的人工智能的内容和方向，可能都是错误的，比如神经网络系统，**你会觉得当时这些研究方向白学了吗？还是说是为未来的深度学习和大数据结合的方向奠定了基础？或者**

过去的失败其实并没有对今天人工智能的方向奠定意义？今天的深度学习和大数据在未来也还有可能被再次推翻吗？

李开复：我非常幸运，当时我读本科和读博士的时候，最主流的人工智能叫作专家系统，那和所有的机器学习都不一样，甚至它本身并不能算是机器学习，而是人用人类的规则去教 AI 怎么做，这个方法后来被证明是不成功的，当然今天还有人用这个方法在做，认为它们会为未来带来希望。

我做的是基于类似神经网络的隐马尔可夫模型。我也有很多同事在做神经网络，包括发明深度学习的杰弗里·辛顿（Geoffrey Hinton），他就是我在卡内基梅隆大学的老师，因为算力和数据不够，他当时还没有用深度学习，用的是比较简单的神经网络。我们的工作，尤其是他的工作，都是非常重要的，是在奠定基础。神经网络和深度学习的差别主要在于，神经网络非常简单，而深度学习也是一种神经网络，我们把数据输入进来，它会有一到两层神经网络，通过数据推算出一个结果。差别在于，我读书的时候数据量太少，而且计算力太慢，只能做到一到两层很浅的神经网络，现在计算量大了，可以做到几千层。当网络做不到深度的时候，它的学习就不够强大，不能够超过人类。但如果我们有海量的数据、足够的算力，能做出一个深度模型，人工智能运用深度学习，它就能在某一个领域里大大超过人类。其实当年可以暂时称为浅度学习，它绝对是深度学习非常重要的基础，就像小朋友要先学描红，再学毛笔字，先学加减乘除才能学微积分，是一样的道理。

俞敏洪：很多科学家、技术人员都是在为以后的科研人员奠定基础，到最后真正能长期适用的技术却并不是来自这些最初的科学家。**最初研究神经网络系统人工智能的这批科学家和工程师，或是技术人员，是后来深度学习的推动者、发明者吗？还是说深度学习的人工智能其实是另一批技术人员开发出来的？**

李开复：这个问题非常有趣。其实深度学习可以说是三十年如一日，有三个科学家被打入冷宫，被主流抛弃。因为在早期，比如大约 1988 年我读完博士的时候，大家认为神经网络是不太 Work 的，在所有能评比的问题里，它们未必能打败其他模型，当时就觉得这套技术不行，很多期刊、论文或者重要的学术会议都不再接受做神经网络的这批人。这些人大部分就慢慢流失了，他们觉得既然我这个不是主流，那我就来做主流的，所以他们进入了各种不同的其他模式识别的方法，用不同的 SBM 技术来做。只有少数人坚持了下来。他们认为这个东西可以 Work，之所以过去不能 work，主要是因为数据不够，模型不够大，算力不够，所以要不断地增加、强化这些方面。这三位科学家不断地坚持，包括当时在卡内基梅隆大学的杰弗里·辛顿，后来去了多伦多大学；还有当时在贝尔实验室（Bell-Labs）的燕乐存（Yann LeCun），后来去了纽约大学和 Facebook（脸书）；以及约书亚·本吉奥（Yoshua Bengio），他一直在蒙特利尔大学。

这三位大师当年并没有进所谓的前 10 名的计算机系，因为前 10 名的计算机系都很自以为是，认为神经网络不 Work，还想来我这里做教授，想都不用想，更不用说经费。后来他们在美国拿不到经费，两个人就搬去了加拿大，加拿大会给更多国家经费。他们三个人基本上是卧薪尝胆，用了接近 30 年的时间证明，有几个他们当年发明的算法，在之前只是理论，后来数据多了，算力多了，就真的 Work 了。

今天大家如果想做科研，想读博士，想做科学家，可能需要了解，**这其实是一个比较孤独的方向，而且你也不确定自己该从众还是要坚持**。在这个例子上，他们三位真的证明了自己的坚持是对的，他们三位在两年前得了图灵奖，也就是计算机领域的诺贝尔奖，这是蛮难得的故事，也比较励志。

俞敏洪：这特别了不起，当别人都在怀疑你做的方向出错的时候，自己能继续坚持下去，并且坚信自己有一天能做出来。其实他们算是幸运的，有太多科学家和技术人员坚持了一辈子自己的想法，到最后都不一定能有成果，有的甚至还要经过好几代的努力才能有成果。就像你刚才的说法，也是因为大数据的出现，某种意义上推动了深度学习和人工智能的飞跃。

李开复：是的。

3. 人工智能可预见的发展

俞敏洪：中国是一个比较容易产生大数据的国家，可能随便做一个面向大众的 App，哪怕做得再差都有几十万人、上百万人在用。从这个意义上来说，**面向未来，中国在人工智能方面领先世界的可能性会比较大吗？因为深度学习的基础是大数据。**

李开复：中国之所以能够崛起，成为世界 AI 两大大国之一，确实就是靠你说的这个理由。中国的人口多，中国的 App 让我们一用就停不下来，每个人每天都会花很多时间在这些所谓的 Super App 上，无论是微信、抖音还是淘宝。人口众多，App 又做得好，就不断地滚动起来，这确实是 AI 的催化剂。

中国最早期的一大批 AI 专家就是百度、阿里、腾讯、字节等培养出来的。要成为一个好的 AI 工程师、科学家，需要真的能做应用，而不只是会写论文，这就需要在一个有超级大数据的环境里工作过，而这些大公司起到了催化剂的作用。

到了今天，AI 已经不只是互联网的应用，未来可能会看到，在工业方面、医疗方面、交通方面等都会有所发展，没有哪个行业会没有 AI。中国 AI 在哪些行业会比较强，就要看行业的老板是否能足够早识别，未来的企业是不是有足够多、足够好的数据，有没有数据要收集，收集数据要花多少代价，等等。

总体来看，除互联网领域以外，**AI 应该会在中国制造方面有很大机会。**中国是制造大国，在这个领域，我们比别的国家机会更多。**医疗领域**也是如此，因为海量数据正在医疗领域产生。**交通领域**也会不错，我们的无人驾驶公司都做得非常务实，而且政府政策也愿意推动科技的落地。比如我们投资的一家公司，已经在七个城市有 Robo-Bus（无人驾驶巴士）、Robo-Taxi（无人驾驶出租车）运行。**其他领域包括金融都应该还有机会，**不一定哪个国家会走在最前面。但是在有些领域，中国会有一些挑战，比如大企业的应用软件，中国没有那么多像 Oracle（甲骨文）、Salesforce（软营）、Microsoft（微软）这样的公司，整个工作的流程还没有足够好的数据化，这样做 AI 就会有比较大的困难。

总体来说，中国在大部分领域里还是很有机会的，**企业级应用是唯一一个现在有点看到瓶颈的领域，其他领域要么已经领先，要么还有机会能够成为第一或第二的领跑者。**

俞敏洪： 中国未来的经济发展或者社会变革跟人工智能是密切相关的，应该让民间或者政府想办法利用这样一个千载难逢的机会，千万不要再落后于世界。深度学习和大数据是人工智能的底层逻辑，面向未来，**人工智能还会有别的技术出现吗？会有推翻深度学习的可能性吗？如果有，大概会在什么时候？**

李开复： 可能在五年之内，深度学习依然会是人工智能最重要的基础，在这个基础上会有很多新技术出现，比如卷积神经网络，就是让深度学习能够学会"看"，让计算机视觉至少在物体识别方面能超过人类。最近的自监督学习，也在深度学习的基础上把自然语言做得非常好，在很多重要问题上，比如阅读理解方面超过了人类。所以会不断地有重要的技术，每一两年一次，在深度学习的架构基础上再发出更多的光芒，扩张到更多的领域。

再往后，有一些科学家，比如杰弗里·辛顿基于海量数据提出了比深度学习更好的理论和想法，这是一个方向。也有一些科学家，比如吴恩达，认为大数据限制了 AI 的发展，能不能用小数据来做？还有一些科学家认为，深度学习需要人类智慧的辅助，当年被证明不 Work、被抛弃的专家系统，可能还是要把里面的一些精髓捡回来用作补充，比如在一些分析、预测、推测、常识、对事物的理解方面，AI 毕竟还只是在靠海量数据来蒙对答案，它并没有真正理解，这也是一个方向。还有一些人认为，今天的计算机架构还是慢，要做一个更类似人脑的、真的是基于神经网络一类的人脑来推动的计算机架构，这又是一个方向。这些都各有机会，但它们可能被验证能超过深度学习的概率不是很高，也不会在五年之内发生。

但在书中，我们提到了量子计算。**量子计算能够真正超级推动算力。** AI 在过去六七年、七八年的成长，很大程度是因为英伟达的 GPU，也有很多中国、英国以及别的国家的类似 GPU、IPU、TPU 等算法，专门用来加速深度学习。他们虽然提升了很多计算量，让我们能处理更多数据，但是与未来的量子计算相比，GPU又差太多了。当量子计算出来的时候，我们就需要发明一整套新的AI算法，那时候能做的事情就不知道会比今天多出多少数量级了。

总体来说，如果未来有一个超级突破性的技术会把今天的AI都推翻掉，要做一整套新的更强大的AI，那就是量子技术。但量子计算可能离我们还有10～20年的时间，需要一点耐心来等待。

俞敏洪：量子实际上是非常不稳定、非常活跃的一个状态，现在好像有了一点点初步的研究成果。**假如量子计算最后成功普及，对人类的生活和命运会带来什么样的影响？**你书中的短篇故事中，由于量子计算的诞生和应用，把游离在外的保密不那么好的比特币全部转到了自己账上，引起了世界金融的动荡，甚至还提到，由于量子计算的出现，武器的精密度和效率都变得极高。**我们这一代人能真正看到量子计算的实现吗？**

李开复：20年之内，普通人家里不会买一台量子计算机，因为太大、太不稳定，但是国家、大实验室、大公司肯定都会有。当然不能说这百分之百会发生，因为技术还在不断推进，但大部分专家认为10～20年应该可以做足够大的、有用的量子计算机。今天其实已经有量子计算机了，只是他们目前能解决的问题都是没用的问题，一旦开始解决有用的问题，就会让所有人跌破眼镜。

量子计算机需要重新写算法，我们可能会看到量子计算机的第一个应用就是破掉我们今天所有的解密、加密。书中讲的偷比特币是一件事，同样的技术也可以被用来偷我们的密码、盗我们的账户、把银行的钱取出来，等等。现在的一部分加密算法是现在的计算机算一千年也破解不了的，但是量子计算机可能几分钟，甚至几秒钟就可以破解掉。当然，量子计算机并不是一个破坏型的东西，它只是一个计算平台，还是会带来非常多的好处。它可能会把过去的加密、解密破坏掉，但是用量子来做加密、解密，就能成为一个永远都不会被破解的方法。也就是说，现在银行账号、比特币会被偷，但量子计算机出现后，就不会了，因为它是绝对不能被破解的加密方法，即便是量子计算机，也破不了另一个量子计算机的加密方法。

另外，有了量子计算机之后，人工智能的算法可以同时计算很多指数级增长，因为它可以平行用很多 q-bit 来模拟 0 到 1 的和平性，速度会非常快，不像现在的人工智能还需要一步一步计算。量子本来就是世界上的一个物理基础，用量子计算来模拟人的身体、气候变化，或是任何一个物理现象，对科学方面的推进都会是非常巨大的。我们可以更深地了解气候变化到底是什么因素造成的，或者我们吃了一颗药，这颗药对我们身体的影响，都是可以被模拟出来的。我们可以用量子的方法把药物成分和人的身体成分做一个模拟和计算，就可以确保在我们吃药之前，这个药物对我们个人来说是安全的。这些应用都是特别巨大的。

4. 人工智能带来的困境

（a）Deep fake（深度造假）

俞敏洪： 你大学毕业后的工作都和人工智能、自然语言相关，当时你的研究和现在对于自然语言的研究，有什么不同？**今天对自然语言研究的方向和方法，确实能在未来使机器人、人工智能完美地和人进行同等智商的对话吗？**

李开复： 我毕业后第一份工作在苹果，后来到了微软，无论是在苹果还是在微软，我确实都做了一些自然语言方面的工作。

在微软做的比较有意思，2000 年的时候我接管了自然语言部门，大概有 120 个人，我需要去说服比尔·盖茨进行团队改造，让所有专家系统、语言学的人离开，然后重新招一批机器学习的人进来。这件事后来也慢慢地在微软扩散到更多的产品部门，用机器学习做出了很多自然语言的工作，可以看到整个社会在做技术升级，我也参与了微软这样的升级。当然，升级的过程还是蛮痛苦的，因为很多人失去了工作。

俞敏洪： 当初做升级这件事情，其实对人工智能自然语言的研究起到了比较大的推动作用。

李开复： 可以这么说。如果不做这件事情，今天微软平台里可能还会存在一些瓶颈。近年来，自然语言的进步非常快，前面提到的自监督学习就是现在最火的一套自然语言技术。我们把全世界的语料用来训练一个超级大的模型，有点类似一个人学中文，学会了中文之后，用这个结构就可以相对快速地理解中文，再去学历史、学化学，速度很快。如果一个人不懂语言，他是学不会历史、化学的。

今天自然语言基本上是突飞猛进的状态，因为我们用自监督学习，可以用超级海量的数据训练出模型，这特别重要，因为机器学习需要的就是超级海量的数据，比如几万亿数据。当有几万亿数据的时候，就不太可能人工标注数据，而自监督学习不用标注，把数据丢进来，它自己不断地看，看很多遍以后它自己就搞懂了语言是怎么回事，在这个基础上再做机器翻译、人机对话、语音识别、问答，再来做搜索引擎，就会跟过去有完全不一样的效果。我们的创新工场也在预测，自然语言是特别重要的领域，所以在过去一年我们投资了四家我们认为非常强的自然语言公司。如果今天有年轻人想创业，我认为 AI 领域里的自然语言是一个非常好的方向。

所以我对未来 AI 能有强大的对话能力是抱有乐观态度的，同时这个对话还要很小心地设计，如果是去模拟一个人，只要犯一个错误，别人就再也不相信你了。如果让对方知道我是一个机器人，我尽量做好我该做的事，我偶尔犯错的话请原谅我，如果有这样的前提和假设，它应该能够在很短的时间内在各个领域有所应用。比如，我们现在在电商网站买东西，找机器人客服时常常碰到答非所问的情况，但以后它就会变得非常聪明、非常贴心、非常精准。又如，以后找电话客服也不一定是真人接电话，因为机器接电话跟真人接电话是一样的效果。再如，日后在元宇宙或者游戏里，我们和游戏中的虚拟人物用语音沟通也会变得相对顺畅。当然，对话只是自然语言的应用之一，以后的语音识别还会非常精准，比如我们今天的对话完全可以做一个几乎没有错误的笔录，这会有很大的作用。以后公司开的所有会议都有笔录，我们就可以搜索，在什么会议上谁说了什么，答应了什么。而且我认为，机器翻译会做得非常精准，这意味着可能五年之内，我们就可以在耳朵里放一个小耳机，去国外旅行的时候，我们可以无障碍地跟他们交流，对方讲西班牙语，我们听到的是中文。今天也有这种技术，但在未来可以做得非常实时、非常精准。搜索引擎方面，快速问一个问题将会得到一个精准的答案。这些都是五年之内我们可以看到的自然语言技术的应用。

俞敏洪：我已经碰到这样的困境了，当然还不是机器，而是用人工的方式模仿我的声音，说出我从未说过的话，还配上视频，对上我的口型，放在短视频平台上发表，挺混淆视听的。我也访问过一些公司，他们能通过人工智能合成我的声音，用我的声音读一段话，当然现在读得还没有那么像，**但如果未来人工智能的技术更精确，就像你书中写到的那样，能伪造出我这个人，而且让人无法分辨真假俞敏洪**，老百姓看到我在那儿讲话，但那其实并不是我，他们看到我在这儿充满表情地说话，这也并不是我，他们都无法用肉眼、耳朵分辨出来。**如果发生这种情况，将会是一个怎样的状态？那时候会不会乱套？**

李开复：很不幸，这个未来必然会来临，而且不会很久，今天用足够多的时间和计算已经可以做出你刚才描述的情景了。我们也看到有很多假新闻，或者一些明星的脸被贴到一些不堪的画面上，这已经在不同的国家发生了。

从短期来看，这是一个不断对抗的过程，好的网站可以不断抓 Deep fake，大部分时候可以抓到，能否抓到还要看谁的计算机更快，只要好人的计算机比坏人的更快，基本上可以抓到。问题是，如果有很多坏人不断把这种东西放到各个网站上，我们可能就会抓不完，甚至有时候也会犯错，会有一些漏网之鱼。这是十年之内我们确实可能会面临的一个巨大挑战。怎么办呢？一方面还是要有更好的监管，如果做了坏事，冒充别人，骗了钱，或者做了假新闻，被抓到后得有比较严重的惩罚。另一方面，大家的眼光也要更亮一些，不要看到什么就马上相信，假如今天在某个社交平台上看到一段感觉不可思议的话，第一个就要想，这会不会是假的？同样地，以后大家看到俞敏洪老师讲了一段不可思议的话，首先就要想想，这是不是假的？这可能需要大家把思考提升上来。

如果看得更长远一些，比如二三十年后，会有比如区块链技术，可以嵌入各个不同的设备，相当于加上水印来验证这个视频。这个照片是我这个手机拍的，它没有被篡改，这样就可以杜绝 Deep fake，但这需要升级所有手机、电脑、摄像头等，不是短时间内能做到的，计算量也会比较大。

最后我想补充一下，Deep fake 的技术不完全是坏的，这是一个可能容易被坏人使用的技术，但**每一种技术都有好的应用和坏的应用**，比如以后要拍电影，是不是可以不用演员了？就用 Deep fake 的方法，低成本、非常快速地做出一部电影、一个游戏，这还是相当有价值的。包括现在谈的元宇宙里，或许也需要用类似的技术才能渲染出更多人，更逼真的脸、手势、表情等，所以技术有好的应用，不全是坏的。

(b) 反向控制

俞敏洪：有一个问题，**现在的人已经不知不觉地被技术控制了**，比如大量的人在手机上花大量时间，刷屏也好，打游戏也好，几个小时甚至十几个小时。这就产生了一个问题，人或多或少被机器所控制，比如我会根据我手机上显示的行走步数来确定今天我要锻炼的时间，有的时候很忙，到了晚上打开手机一看才走了 5000 步，就会跑到外面再走 5000 步或者 1 万步，这算是一种良好的控制，但其实有很多不甚良好的控制。在你的书中，第一个故事叫《一叶知秋》，讲述了因为人工智能的发展，人反而更加分层、更加有偏见、更加不能掌控自己命运。你觉得在这方面，**技术的发展会把人类引向什么地方？人应该以什么样的态度来面对和防范？**

我现在会在自己工作和阅读的时候，把手机放在我不能随手拿到的地方。另外，我会强制性地要求自己刷视频、刷信息的时间最长不超过 20 分钟。我是比较自律的，但现在的孩子，甚至很多家长完全做不到。关于这些你怎么看？**机器会从哪些方面控制人类？人类应该做出什么样的应对措施？**

李开复：今天所谓机器控制人，其中一个重要的理由就是，**AI 太强大，所以很多公司第一个想到的就是用 AI 来赚钱**。AI 怎么为一个互联网公司赚钱？其实就是让人多用它的 App，人们用得越多，看的广告越多，就越赚钱。在这样一个 AI 优化的过程中，并没有充分考虑到给用户看的信息对用户有害还是有益，会不会上瘾，有没有不适合的、暴力倾向的内容等，它们只是比较单一地让用户多看这个网站或者 App，所以我们需要**鼓励、帮助这些大公司修改它**

们的 App，让他们用 AI 的时候不要那么单一地为了赚钱而进行优化。

当然这还是有蛮多挑战的。因为一个公司要赚钱也是天经地义的，但我在书中也提到了很多方法，比如可能有一些监督网站能够监督每个 App 内有多少虚假内容，或是打分、公布给社会看，太多虚假内容就会失去信誉，甚至可以把它当作 ESG（环境、社会和公司治理）评估标准之一，虚假内容太多的公司，基金就不能买它的股票。可能要靠这些方法，如果只靠法律法规严惩是不够的，要让这些公司能有动机自律，俞敏洪老师能够自律地把手机放下来，但并没有很多公司能够自律地说，我要为用户好，我可以不赚钱，这还是比较困难的。

在《AI 未来进行式》的第一篇故事里，AI 还产生了偏见，大数据里拥有的偏见。第一个故事里描述的是种族歧视，做 App 的公司本身并没有歧视某一种民族，但是因为过去很多数据的收集，当某一个民族的人嫁给了另一个不那么发达的民族的人时，对前者未来的发展，甚至健康、保险都会有一些量化的伤害，于是 AI 就自作聪明地阻碍这样的恋情发生。其实整个故事里并没有坏人，保险公司、App 公司也是为了用户好，却发生了这种不人道的事情。所以未来做 AI 的工作者，需要明白，当一个人、一种技术或者一个公司的权力越大，责任也越大。**AI 的能力这么强大，每一个做 AI 的人必须顾及自己技术中可能会产生的偏见、误导，所以我们要用各种方法来平衡数据，用自动的方法也好，或者小心翼翼用人工的方法也好，做到能够预警不良情况的发生。**要解决这类技术问题，主要还是靠技术方法，所以希望更多的技术人员能够更加保持警惕，让自己进步，发明更多的方法降低这些不好的事情发生的概率。

（c）数据隐私

俞敏洪：现在还有个隐私保护的问题。我们下载任何一个 App 都有可能把自己直接交给了这个 App，包括我们的行程、手机内的信息。因为它总会问你要权限，你不小心就点了同意，甚至有时候是不知不觉地就让它拥有了权限。现在我们带着手机出门，我们的行程、到达的地方、购买的东西都被暴露得一清二楚，但又不能把手机放在家里，因为手机是通信工具、支付工具，手机不能离身。这样的状态下，人好像变成了电子的、无形的、透明的，就这样被曝光到社会面前，我们甚至不知道自己到底暴露了什么，别人知道的反而比我们自己知道的更多，这种情况下，人是会缺乏安全感的。国家也制定了很多保护隐私的措施，但在现实中，因为某种意义上是群雄混战，所以其实给个人带来了不少影响。从这个意义上来看，**对像我们这样已经手机不能离身的普通人有什么建议？**

李开复：的确会有这样的困境，在今天的技术框架下，如果我们不提供我们的数据，就会突然发现，我们手机里的淘宝、抖音、美团，都无法像过去那样聪明、精准地工作了，我们的生活会面临麻烦，所以一定程度上，我们是拿个人数据去交换了一些好用的 App。目前的一些方法，比如现在 Web3.0 技术或是欧洲的《通用数据保护条例》（General Data Protection Regulation，简称 GDPR），都在试着把数据还给用户，但如果做得极端，没有了数据，AI 就不工作了。所以**这是我们面临的两难问题，数据给了它怕它作恶，不给它 AI 又不工作。**

所以可能比较好的解决方案还是用技术解决技术问题。有没有可能鱼与熊掌兼得，有没有可能把我的数据放在我信赖的机器上，也许是我的手机或者电脑，然后由一个很聪明的助理进行管理，它知道什么情况下能用我的数据去达到我想达到的目标，而且能确保我的数据不会离开我信任的环境，不会被不够信任的公司拿到。

举个例子，如果我们觉得病例是非常重要的隐私，不能乱给别人，但是你的病例必须得给到医院，同时我们又想用 1000 家医院的数据来训练一个特别强大的癌症诊断系统，那怎么办？如果把这 1000 家医院各有的 1000 个用户病例，就是 100 万个病例，汇集起来，其实可能就会造成被人滥用的风险。那有没有可能这 1000 家医院各有一套系统，自算自己的 1000 个病人，算完后再上传已训练好的模型，模型和模型就可以再结合了。这样操作，我的数据就没有离开我的医院，但我也贡献了数据，帮助了癌症的诊断。这样一套技术被称为**联邦学习，我们希望这类技术能够逐渐解决隐私被滥用的问题。**

俞敏洪：不管是如何产生的数据，其实都是有所有权的。我认为数据是因为我产生的，原则上这个所有权是在我。很多大公司用了我们的数据，产生了很多经济收入，相当于在我们不知不觉、没有被告知的情况下，这些数据被无偿使用了。这就产生了一个问题，**数据的所有权到底属于谁？商业利益中的一部分用户是不是应该也有分享的权利？**

李开复：对，有不少人提出这样的看法。然而过去这些互联网公司都不给我们钱，今天让他们把钱吐给我们，可能比登天还要难。也许这对未来新的应用是可行的，但是对过去的应用是很困难的。

我们思考这个问题的时候，建议不要太纠结拥有权，因为拥有权是可以授权的，授权了以后是不是就能让他用了？我们现在也常常在各个网站上授权这个，授权那个，最后都授权出去了，我们自己也不知道结果如何，这是个很大的挑战。所以我们可以跳出这个框架，想想有没有别的模式可行。

比如今天大部分互联网公司都是广告的商业模式，会很想让我们看各种东西，看得越多广告就越多。这样会有两个坏处：一是这些广告对我没什么好处，我并不想看它；二是它为了让我在 App 里花费的时长更多，就给我看很多也许不适当的内容。**我们可以思考一下另一个商业模式——订阅模式**，比如我们订阅某一个公司的音乐或视频，在这个过程中，我们和公司的利益相对比较一致，因为公司要尽量做好内容和服务，让每个用户都满意，一旦用户不满意就不再订购，这个公司就不敢乱用个人隐私，也不敢打太多广告，因为用户已经每个月付费了，还要打一堆广告让用户看，用户就会不爽，这样的方式会降低广告行为。而且公司也不需要让用户一定要花费足够的时长在 App 上，因为如果是广告的商业模式，看得越多就越赚钱，但如果是订阅模式，用户每个月已经付了 100 元钱，App 就没有必要再让你在上面花几百上千个小时。所以，我们希望未来有更多订阅式的，而非广告式的商业模式，这样就会使公司很自然地去做对用户好的事情，而且也不敢做对用户坏的事情。如此一来，用户也相当于有了一个武器。因为如果是用广告支持的商业模式，公司可能会想，你不用我的网站行吗？反正你不付钱给我，我为什么要满足你？但如果是订阅模式，用户的武器就很简单了，你给我看太多广告和垃圾内容，把我的数据拿去滥用了，我可以马上停止付费，公司就赚不到钱了。

所以解决的方法不完全只是把用户的数据还给用户，当然如果能做到也是一件好事，我们还可以思考一些别的模式，因为我们最终想做的事情是让公司的利益和个人的利益能够越来越近，这样就不会有利益冲突。

俞敏洪：但这还是一个用钱买自由的模式。

李开复：也是。

（d）信息茧房

俞敏洪：现在大部分老百姓不知道算法是什么，但大家都深受算法的影响。比如我在某个新闻 App 上总看某个方面的内容，新闻 App 后续就会总推送类似的内容，甚至当用户赞赏了某个观点后，后面推送的所有文章、讯息、视频都是用户喜欢的那个观点的内容。这就形成了新闻传播界讨论的"信息茧房"，反而用户接触不到多元化的信息。原来没有这样的算法时，所有的信息都能被我看到，我可以自己进行筛选，现在我自己不用筛选，机器已经筛完了，结果反而让我看不到反面的信息，甚至是更有参考意义的信息。所以**一个人如何避免因人工智能算法使自己进入"信息茧房"，让思维反而变得狭隘的情况?**

李开复：其实书中有几个故事跟这个问题相关，这确实是一个问题，但**主要问题还是因为目前 AI 算法太单一**。一个公司想要我们花更多的时长看它的视频或者商品，就会不断秀这些东西，让我们观看的时长不断增加，而且它可能会发现我们喜欢某一个明星，就不断地让我们看这个明星，我们认可某一个观点，就不断给我们看这个观点，使我们接触不到多元化的信息。所以**多元化AI 目标函数是一个重要技术，App 并不只是为了一个目的而给用户看内容，它的目的可能有很多个**。

如果看得更远一点，从用户角度来说，一个用户希望自己得到成长，变得更有知识、更聪明，或者更被别人喜欢、更被别人尊敬，如果我们有方法能够衡量这些东西，我们推送的内容就能满足这些需求，达到多元的目的。所以如果我们能够想一些比较复杂的优化目标函数，根据每一个用户真正想做的事情推送内容，把这些目标做得复杂一些、多元化一些，我们看到的内容可能就会有所不同。这些目标中还包括一些别的事情，比如教育系统认为每一个年轻人应该多看点什么内容，有没有什么是通俗的，是全世界每个人都应该多了解的东西，偶尔秀一秀，有些东西可能是这个用户从来没看过的，但我们是否可以试一试，如果他喜欢了，再推给他，不喜欢，那就不好意思，浪费了你一次的时间。这些都是在把 AI 的目标函数做得更复杂，这不是纯粹地只做某些方面的优化，而是需要优化很多事情。有些可能因人而异，有些可能是社会教育体系或者经验告诉我们的，有些单纯就是内容很好应该推一推，所以要综合考量各个因素，才不会造成你刚才讲的"信息茧房"的状态。

俞敏洪：有没有可能现在用户可以自己选择，比如有一键按钮，按下去之后，它就不再自动推送这种算法推荐，我想看什么东西就看什么。如果有了这样的选择就有了主动权，到现在为止我没有发现有这个主动权，从技术上这个事情应该是可行的吧？

李开复：是可行的，而且非常简单。很多视频网站也有搜索功能，只要有搜索功能或是浏览功能，一旦浏览了就会有 AI 来优化。

俞敏洪：比如我搜索了几部讲抗日战争的电视剧，结果后面推送的很多都是抗日战争电视剧。

李开复：对。我觉得可以把更多选择权放在用户手里，让用户知道自己有几个可选项，可以用搜索的，可以用推荐的，也可以用 AI 排序的，用时间流排序，或者用浏览量排序，这肯定是可以做到的，我们可以给用户更多的选择。

俞敏洪：现在各个网站有热搜功能，是根据搜索人的多少来排列的。

5. 人工智能可能对人类的影响

（a）元宇宙

俞敏洪：人工智能和机器对人的影响其实才刚刚开始，面向未来，这个影响会不断深化，尤其针对青少年，因为未来 AR、VR、MR 等会把人带到元宇宙。这本书中也写了很多有关元宇宙和"3R"的故事，它们其实会给我们的生命和生活带来影响，我不太懂这方面，但我了解的基础概念是，一个人进入元宇宙的时候，是完整地把自己放入了一个虚拟世界，甚至会忘掉这是一个虚拟世界。这种情况下，人可以根据自己的感觉来创造一个自己喜欢的世界，这个世界有可能跟现实世界格格不入。当人回到现实的时候，他在现实中反而就变得没有生存能力。像现在，虽然我们也受人工智能和机器的影响，但我们毕竟还是在现实世界中跟大家进行交互，如果是在元宇宙中，我们很有可能就感觉不到现实世界的存在了。**这对未来的孩子，包括对成年人的影响是什么？元宇宙等东西会给我们的生活和工作带来什么样的好处？能解决人类什么问题？又会给人类带来什么样的麻烦？**

李开复： 这套元宇宙可以是纯虚拟的，也可以是虚拟和真实世界结合的，这是 AR、VR、MR 的差别。你提到的是一个非常真实的问题，它所提供给我们的是一个沉浸式体验，当我们戴上眼镜或者头盔，就真的跳入了一个平行宇宙，一个不同的世界，而且非常逼真、非常有意思，会非常吸引我们。从正面来说，我们可以做特别好玩的游戏，让大家玩得开心；未来的电影我们也可以参与；未来的教育可以让我们学历史的时候就回到秦始皇的时代，看他建长城、焚书坑儒，看当时罗马的基督徒碰到了什么样的问题，被狮子吃掉等各种非常逼真的场景，这可以让我们更好地学习，比看课本、看视频震撼力更大，也更有趣；从培训的角度来看，要培训什么技能，可以直接进行虚拟训练，提前做好我们想学的工作，这些都是正面的应用。

就负面而言，它最大的应用还是娱乐，而且会被证明让人特别喜欢的也仍然是娱乐。今天的手机游戏已经让很多人欲罢不能，而元宇宙则是手机游戏加强 1000 倍的版本，所以以后父母对孩子、个人对自己的自律都会变成很大的问题。而且书中还提到一个场景，未来 AI 会取代很多工作，有一批人的工作会被 AI 取代，他们自己的人生追求是通过工作得到满足的，但自己所能做的所有工作都被 AI 取代了，这时候就应该接受新的培训，去做更长的培训，做 AI 不能做的工作。如果元宇宙里面又有游戏，很多人因为觉得这个世界已经没有工作可做，培训又太麻烦，索性就拿着政府的救济金和补贴或者失业金，戴着眼镜直接飞到另一个世界，沉溺在游戏中，这两件事情加起来又会让问题更严重。

（b）人工智能取代工作

俞敏洪： 这刚好也是我想问的，**人工智能取代人的工作这件事情几乎是不可逆的**，和当初工业革命时，机器对工人工作的取代是一样的概念，所以当时也有很多革命，很多工人把机器砸掉。但没有任何人能砸掉人工智能，而且它是在无形中取代我们的工作。现在因为社会的发展和进步，不少国家对失业者进行补助，包括疫情期间有各种各样的补助，很多人拿了补助以后就打游戏。从长远来说，这对人的发展和心理会造成重大的负面影响，因为任何一个人的心理健康和幸福感都来自自己具体参与或者主宰了某件事情以后所得到的成就感。尽管打游戏会有成就感，但在现实中是虚幻的，也就是说游戏中的成就感没法替代我们在工作中取得的成就感。那么，**人工智能取代人的工作这件事是否必然会发生？**

李开复： 每种科技都会取代一些工作，但历史告诉我们，**每一种科技最终也会带来很多新的工作，但需要一个缓冲期让这些新的工作产生**。就像刚刚有互联网的时候，我们可能无法预测现在滴滴司机或者美团小哥这样被互联网创造出来的工作，但是他们会在一段时间的发展后衍生出来。长期来看，AI 还是会带来很多工作的，我们可能只知道一些，还不知道全貌，如果给予足够的时间，这个问题可能会被部分化解。麻烦的是，AI 本身是有智慧的，所以它能马上做我们在做的事情，在还没有帮助我们创造很多工作的时候，我们的工作已经被取代了。所以 **AI 的工作取代速度和力度也会超过过去的科技，这是我们面临的一个很大的挑战。**

我们可以考虑的是，到底什么工作不会被取代，一方面是很有创意的、有关分析能力的、跨领域的、跳跃式思维的，这些是年轻朋友应该去努力发展的方向。

那如果一个 50 岁的工人这辈子只做过某一种工种，他被 AI 取代之后，还有 15 年工龄，这时候让他去做科学家、艺术家、CEO 是很困难，也不符合常理的，那还有什么工作是可以做的呢？有几种：**一种是可以在已有的工种上做 AI 还达不到的事情，**比如现在 AI 虽然可以搬运，但是 AI 还不像人的手这么灵活，也没有人类手眼协调得这么精确；另一种，AI 是无法处理陌生环境的，这种情况下有些工种 AI 就处理不了，比如水管工，因为水管工要分析理解水管的情况，要大胆地敲破墙壁，AI 不见得适合做这样的事，所以可以找这类的工作。

再有一种，未来服务业会大大增加。一方面是因为世界创造了这么多价值和财产，会出现更多的中产或者有钱的家庭，很多事情可以交给机器人做，但有些工作还是需要人来做，比如一个好导游，可以告诉我们去周围哪里游玩，好的餐厅在哪里，或者未来可能有新的工作产生，也许有大厨可以到家里来做菜，也许每年换季的时候整理师可以帮我们把衣橱里的衣服换了。这些都是一些过去不会想要找人来做的事情，但这些都不是 AI 能做的，因为这需要一定的创意，来家里做菜的大厨至少要知道你的口味，要做前所未有的菜；整理师帮你清理衣橱的时候要把它弄得香香的，知道你喜欢什么样的环境。

此外，人与人之间会有交流，所以我们需要有温度的工作。比如护士，或是老人院和孤儿院的看护，这类工作是有温度的，能让大家心中感到温暖。这些工作 AI 一方面不会做，即便会做，至少在未来的三五十年内，人们是不会接受一个机器人来做老人看护的。当然，这些工作在今天可能并不是社会里最受追捧或者收入最高的工作，但随着供需的改变，我相信这些工作以后会有更大的市场需求，他们的工资也会得到更好的提升，人们也会更愿意做这类工作。

俞敏洪：提到不可被替代的工作，我脑子里想到的是幼儿园老师、小学老师，包括家庭辅导老师，因为他们有温度，有温度的事情是不太容易被取代的。我也一直认为孩子的成长必须在父母温暖的怀抱中、在老师为人师表的引导下、在跟小朋友一起的相处中，才能真正成长为一个健全的孩子。你在书中也反复提到 AI 在定制化教育中对孩子的陪伴问题，那么在未来，**人工智能会在一个孩子的成长过程中带来什么帮助？**

李开复：未来老师的工作可能也会有一些调整，老师的部分工作 AI 可以做得更好，可以让老师有更多时间去做 AI 做不了的事情。如果是一个 AI 虚拟老师，它可以在孩子的手机、电脑中或者元宇宙里每天陪伴孩子，这是老师做不到的。有了陪伴就有了数据，可以了解每个孩子喜欢什么，用孩子喜欢的方法来辅导和帮助孩子，它可以知道每个孩子学到了什么程度，哪些东西没学好，可以先帮孩子打好基础。这些事情老师当然也能做，但一个老师教 30 个学生，不可能按照每一个孩子合适的方式和速度来教学，老师也不可能保证清楚地知道有没有某个学生落后了，或者超前了，或者感到枯燥了。但 AI 可以，AI 会知道这个学生乘法还没学好，要赶快学好，不然接下来要教除法了；或者这个学生喜欢篮球，AI 能不能把一部分数学题改成与篮球相关的题目给他做；AI 老师还可以变容貌，可以是正常的老师，也可以是小朋友们喜欢的卡通人物，还可以是一个机器人，或者动物，而且可以有非常有趣的教学，我们可以把它称作 **AI 助教**，它可以用更长的时间、更深的千人千面的针对性，做到更贴合孩子的兴趣和需求，打造专属的助教、补助课程。

随着 AI 助教越做越好，老师就可以把更多的时间用在跟孩子的情感接触上，彼此建立信任，教一些有关情商、创造力、沟通能力、团队合作的软知识，或者做需要跟其他小朋友一起做的事，同时可以为人师表，在孩子的人格、个性、人品的发展中做更多工作。至于练习加减乘除，或者要学会该怎么用毛笔写字等，恐怕 AI 助教可以教得更好。

(c) 无人驾驶

俞敏洪： 最近几年，自动驾驶、智能汽车已经成为全世界的热点，并且很早就开始研发了，包括各个大公司，比如 Google（谷歌）、微软、特斯拉。中国也有大量公司在研发，比如百度在智能驾驶、智能交通上投入了巨大的精力。未来智能驾驶也一定是个方向，因为人类对技术的追求是无止境的，一旦无止境就会有突破口。

目前为止，自动驾驶中的局部精密计算是没问题的，比如这次冬奥会就用了大量自动无人驾驶汽车接送运动员，从一个地方到另外一个地方。但**真正全**

天候的、在什么路上都能开的自动驾驶汽车到今天也没有真正上路，就怕一上路出问题。那么，关于真正的自动驾驶，像我这样的人年纪大了之后，自己不能开车，也没钱雇用司机，就得需要一辆自动驾驶汽车，我说请带我去黄山，然后我就在车里睡一觉，这个车就自动开到黄山。**这种情况大概什么时候会发生？智能驾驶最重要的突破点在哪里？**

李开复：我认为你描述的场景，在先进的国家，比如中国、美国，可能需要 10～15 年，一些比较落后的国家可能需要 20～30 年。自动驾驶的发展路径和 AI 的发展路径是一样的，要看能不能快速产生海量的数据让它快速进步。但这会产生一个悖论，无人驾驶在路上可能会撞到人，所以我们也不敢太早地推广它，但不早点把它推出来就没办法产生数据，这样一个怪圈怎么解决？一种解决方法是先落地一些比较简单的、有限制的场景，比如先把无人小巴、无人叉车、无人机场接驳、无人机场行李搬运、旅游区接驳车、矿区矿车等先做好，累计数据，有了数据后再做更难的应用，最终希望能够达到货车、轿车的水准，先由人接管，之后就不需要人接管了。它一定是一步一步地迭代，随着迭代，我们能够提早落地，收集数据，做更难的场景。

我们投资了很多无人驾驶公司，前面提到的每一个应用都是我们投资的公司在做的，这些中国公司相对美国公司来说更务实，更希望能够尽早落地，收集数据，推进项目。在美国我们会看到 Waymo 在不断地精进技术，但不愿意去约束这个技术，他们希望一推出就是比人开得更好的技术，这可能会比较困难，因为数据的累积需要有安全员的车来不断累积。所以在两三年内，我们可能会看到无人驾驶在很多有限制的场景中越来越多，价钱也会越来越便宜，然后在 5～7 年内开始在这些领域普及。如果希望汽车能够完全自己开，而且开得比人好且足够安全，可能需要在不断练习、不断累积数据之后，经过 10～15 年才能实现。

数据是非常重要的。特斯拉在美国推出了一个功能叫"过来接我"，它不是让这个车开到任何地方，只是如果这是我的特斯拉，我把它开到了停车场然后去购物，出来之前我就可以下指令让它到某一个出口来接我，当我走出去的时候车子就已经自己开过来了。一方面我不用走更多的路去找它，另一方面有些人停了车也找不到，如果车子可以来找我，这两个问题就都解决了。这个功能刚推出的时候一片混乱，因为它的技术做得不够好，很多人就会在视频网站上说，你看这个傻车子，开到哪里去了，你看速度这么慢，等等。但两三个星期以后，因为收集了一些数据，重新训练了一套模型，再来试用这个功能时，大家的留言就变了，"哇，好神奇，我的车居然能够来接我，像科幻小说一样"，这就是数据的力量。第一个版本数据不够所以开得不好，但不足够好的技术依然可以收集数据，到了第二个版本就可以完全解决这些问题，所以以后的发展也是跟着这样的原则走的。

(d) 军事应用及智能威胁

俞敏洪：人工智能也会对人类命运产生重大影响，比如现代战争中，就有很多人工智能技术。从某种意义上说，未来的战争可能都不需要人打仗，而是人工智能之间的战争，如果哪个国家人工智能技术不到位，有可能被拥有人工智能武器的其他国家欺负，或者根本占不到优势。这样下去，其实人类的命运并不一定掌握在人类自己手里，因为人工智能有弱人工智能、强人工智能，强人工智能就能像人类一样可以思考、分辨等，**那未来会不会出现这样的情况，人类反而变成了人工智能的奴隶？**

李开复：首先讲一下人工智能在军事方面的应用。**一个比较重要，也有一定危险性的技术就是自主武器**，比如一个无人机能做得足够小，小到苍蝇那么小，它能够靠人脸识别找到一个人，然后射一点毒药或者炸药就能杀死这个人。这个技术其实离应用不远了，但这个技术面临好几个挑战：第一，它是机器在人的指使下去主动地杀人；第二，它可能会被一个邪恶的国家或者恐怖组织利用，然后有组织性地去杀人。**人类能够控制得住生化武器，核武器虽然用过几次，但也基本可控，所以我们也应该花点时间去了解 AI 武器、自主武器，怎样让它不对人类造成特别大的伤害，甚至灭绝的可能性，这是其一。**

第二个问题是，AI 到底有多聪明，会不会把我们当奴隶？我觉得 20 年之内是不会的，我们看到的AI之所以会越来越聪明，主要还是因为它们是我们的工具，是听我们使唤的。人类有一个很大的特点，是我们有自我意识，这个自我意识到底是什么，其实并没有被了解。但只有有了自我意识，人才会想活下去，才会有七情六欲，才会有感情。我们在很多科幻小说和电影里看到的机器人和AI，跟我们一样有自我意识，有欲望，是想要控制别人的，所以才会有《终结者》这样的电影，但这是怎么产生的，我们现在完全不了解，我们也不了解人的自我意识来自哪里，更不知道怎么赋予AI自我意识。AI今天是一个工具，20年以后还是一个工具，作为工具，它的特性就是人告诉它做什么，它就做什么，它不会因为做得好而高兴，也不会因为做得不好而伤心，它不会有什么生存欲望，人把机器关了就关了，它不会希望能控制人类。现在我们既不懂人类是如何拥有这些能力或者意识这种特性，我们更不懂怎么将其赋予AI，这被称为奇点（Singularity）或是超级智能（Super-intelligence），所以这些在20年之内是看不到的。

那到底要多久才能看到？这其实是一个突破性的科学发展。未来我们会逐渐了解人的大脑构造，我们的自我意识、感情和创造力来自哪里，了解这些以后，我们又该怎么把它赋予AI。这里面至少有10个诺贝尔奖，当这10个诺贝尔奖都颁发了，相应的东西也都被发明了，那天可能就会来临。但究竟要多少年，20年、50年，还是100年、1000年，还是永远不会？这我们没办法预测。

所以我这本书之所以写的是20年以后的技术，是因为到那时，我们能做的事情是相对清楚的，哪怕最难的一个预测，即量子计算，也有80%～90%的可能做出来。但是在20年之内做出来奇点、超级智能的概率应该很低，可能1%都不到，100年之内能否做出来也很难说。

俞敏洪： 按照这个说法，**霍金和马斯克他们到底在担忧什么？他们都比较担忧人工智能会给人类带来负面影响。**

李开复： 对。他们毕竟不是人工智能专家，他们比较简化地认为，人工智能今年比五年前强了一千倍，五年前比十年前强了一万倍，按照这个速度，人工智能迟早要超过我们，或者今天AI的算力是人脑的十分之一，再推进10年就会超过人了，一超过人就比人厉害多了，等等。但这些都是非常简化的思维，他们没有考虑到其实很多重大的科学题目并没有被解决。

虽然今天我们谈的算力、数据都很重要，但算法的突破还是非常核心的，也就是说在深度学习之上，我们可能还需要 10 个诺贝尔奖、10 个图灵奖才能达到那个地步，他们忽略了这一点，以为算力真的是一切。相信今天人工智能顶级专家中，应该有 60%、70% 以上会同意我的观点，所以这还是一个相对比较主流的观点。当然也有少数人认为奇点和超级智能会在 20 年之内到来，所以我们也不一定对，只是不同人有不同的观点，但大部分 AI 专家认为还是需要比较长的时间。

我们发现那些最担心灾难发生的人，可能都是相对比较外行的，包括牛津大学有一位教授写了一本很有名的书就叫 *Super Intelligence*（《超级智能》），他的研究有一定的价值，但其实他是一个文科生。从我的角度来说，超级智能还很远，但是有一天可能发生，到快要发生的时候，如何做一些研究来尽可能规避、减少它对人类的毁灭性作用，是我们今天需要去研究的。牛津大学有一个实验室在专门研究超级智能到来之前，人类应该做什么事情来降低它对人类的毁灭性，一些大学做这种科研没什么问题，但如果把它说成必然会来，10 年以后会来，20 年以后一定会来，这样的话就不负责任了。

俞敏洪：马斯克做了脑机接口，这和人工智能应该没有特别大的关系，他做脑机接口的目的是什么？如果未来人脑的信息能通过脑机接口百分之百地储存起来，到最后我们的肉体被消灭了，但我们的脑子还在，是这样吗？

李开复：这是一个书中没有预测的现象，因为今天没有足够多的证据证明这件事有 80% 的概率在 20 年内发生。它有可能发生，但大概率还是很难。

它研究的是在人脑与外部设备间，建立的直接连接通路，以实时翻译意识，最终做到人类与人类之间、人类与机器之间自由传输思想、下载思维。这个理念本身没有问题，只是里面有太多未被解决的问题，**我们大脑里的信号下载出来到底是什么？怎么去理解？下载出的信号怎么能转译为语言？怎么转译成为知识？** 这些都是未知的。

很多脑科学专家也认为，这个技术不是 10～20 年之内能真正做到的。当然还有很多医学上的问题，比如每次接入大脑的时候都会伤害到脑细胞，就会有一些脑细胞死掉，常常插管的话，可能还没有增强大脑，大脑就已经死掉了。相对来说，这个领域比奇点和超级智能更加可触及，也更值得做科研，但还是没有比较高的信心来预测它会在 20 年之内发生。

6. 尾声

俞敏洪： 谢谢开复，我最后还有三个问题。在《AI 未来进行式》的最后两篇《幸福岛》和《丰饶之梦》中，讲述了人工智能可能跟人的幸福的关系，以及通过现代技术的发展，人工智能实现人类的丰饶之梦，让大家丰衣足食，人们则去做创造性的工作，各取所需，甚至货币都变得不太重要了，因为想要有的东西就能有，世界整体处于一个丰饶的状态。坦率地说，我个人认为这是一个乌托邦的思想，我也认为这很难发生。我想问的是，**技术真的能给人类带来幸福吗？技术真的能解决人类的贫穷、不公平，以及差距吗？我在这方面抱不太乐观的态度。**

李开复： 这两篇故事里客观的事实是，**技术会让未来所有需要买的东西变得越来越便宜**，因为任何一个产品，手机也好，杯子也好，都有三个成本：一是材料；二是制造过程和人工；三是能源。这三个成本在未来 10～20 年可能会降低 10 倍左右，所以理论上来说，科技会给我们带来一个丰衣足食的机会。

AI 帮我们做了很多工作后，我们的 GDP 是一样的，那人类就可以做更多更高级的事情，可能会创造更多价值，这个看来也是可实现的，但是不是一定会带来丰衣足食，还不能确定。因为有些公司可能很自私，还是想赚钱，即使成本下降了 10 倍，还是想卖得更贵来赚钱，创造一个虚假的奢侈品，这也是不可控的、可能会发生的事情。

整个股票市场等都有很多历史原因，也许我们会觉得当大家都丰衣足食了，也许货币就没有那么重要了。过去货币让我们得到安全、得到温饱，现在我们有了安全，有了温饱，我们应该用一些货币的概念去追求更重要的事情，比如获得尊重、给人帮助，或是自我实现。有没有可能用货币作为一个方法来推动改变马斯洛的金字塔？这可能是一个比较大胆的臆测，未必会那么容易发生。

如果大家都把自己当作地球人，都理性地去帮助人类做得更好，在这样的前提下，这些未来的梦是很可能被技术推动的。当然，今天我们可以看到，世界并没有达到那个前提，这可能正是俞敏洪老师所说的乌托邦的部分。如果我们最后达不到这些状态，也只能怪自己。

俞敏洪：当下很多人都说，我们现在还不如古代人幸福，当然在我看来古代人并不一定比现代人幸福，因为古代大部分人都是在生死存亡线上挣扎的。现代人生活得不幸福也是可以看到的，比如现在年轻人不敢生孩子，工资用在支付房租，吃饭以后就已经所剩无几，而且每天差不多是"996"的工作状态，也就是说技术的进步到今天为止并没有给人带来更加轻松的生活。尽管我们的生命变长了，医疗条件变好了，饮食变好了，但其实睡眠变坏了，心态变坏了，心灵不再宁静了，而且事实证明现在年轻人得抑郁症的情况越来越多。**面对未来竞争的加剧，所有科技包括人工智能也推动了人类竞争的加剧，这种情况下，作为一个技术专家和人文专家，你对现在的年轻人有什么建议？**

李开复：我们看这杯水，如果认为它是半满的而不去看它是半空的，我们就会觉得人工智能会带来特别巨大的价值，因为它可以降低所有产品未来的生产成本，创造更好的时间利用，可以取代重复性的、我们不想做的劳动，让我们做我们擅长的、想做的事。所以如果我们把一杯水当作半满，作为年轻人首先应该尽快去掌握人工智能作为工具的使用方法，比如做记者的可以学会用 AI 工具来工作，律师也是一样的。我们要更了解 AI 能做得很好的事情，不要再在那上面花那么多时间学习，我们更需要做的是 AI 不能做的事，这样在未来的世界里才有竞争力。未来我们也会有更多时间去做我们爱做的事，这其实还是一个很美好的世界。

我在书中的最后几段提到，如果我们放弃自己，觉得这个社会很糟糕，觉得 AI 要取代我们的工作，觉得奇点和超级智能要来临了，要把我们控制了，我们肯定就颓废了。最后无论这些不好的担忧是否成真，我们的未来都完蛋了。如果我们要掌握未来，就要把握每个机会往前推进自己，要看到一杯水是半满的，这样一定会有机会让自己变得更好。

这些技术最大的阻碍是人们的悲观，人们的不相信，人们的不合作，人们的贪婪，人们的自私。我们如果能够在这么好的技术来临的今天，控制住这些不好的习惯和欲望，变得更积极主动向上，未来一定会是充满希望的。

俞敏洪：到今天为止，你的一生算是比较有承接的丰富的一生，经历了大风大浪，你还生过病，这反而使你更珍惜时间、更珍惜生命、更愿意去奋斗坚持。你会正向地给予自己鼓励，也给予其他人鼓励，还在不断地创作像《AI未来进行式》这样普及科学技术知识、人工智能知识的书籍，让人类为未来社会做好准备。

那么，**面向这样一个竞争社会，中国的年轻人如果想拥有跟你一样丰富的生活，或者生命体验，对他们来说最重要的两到三点应该是什么？**

李开复：每一个人都要活出适合自己的未来，而不是去重复别人的方向。但我可以谈谈几个我认为比较好的优点：

第一，我总是乐观，选择相信的力量、相信技术、相信朋友、相信员工、相信人类。

第二，积极主动，看到好的机会、好的事情就应该去做，无论是一个工作、一个技术、一次跳槽，还是创立一个公司、一个学习新科技的机会，我都会非常积极主动地推动自己，不会让自己缠缚在一个从众的心态里面。

第三，永远充满好奇心，特别喜欢学习新的事物。从当年选择计算机作为我的专业，到创办微软亚洲研究院，再到建立创新工场，这些选择都是好奇心的力量。我建议年轻人要保持对世界的好奇，有好奇心才有思考、才有探索的欲望、才会产生创新。

俞敏洪：特别感谢开复老师今天和我们畅谈AI人工智能，深入浅出地讲述了人工智能在未来的岁月里对我们每一个人可能带来的影响。不管我们愿不愿意，我们的未来一定离不开技术对我们的影响。也许，我们要思考的不是如何阻挡技术进入我们的日常，而是技术如何让人类的生活以及我们个人的生活更加美好！

（对谈于 2022 年 5 月 6 日）

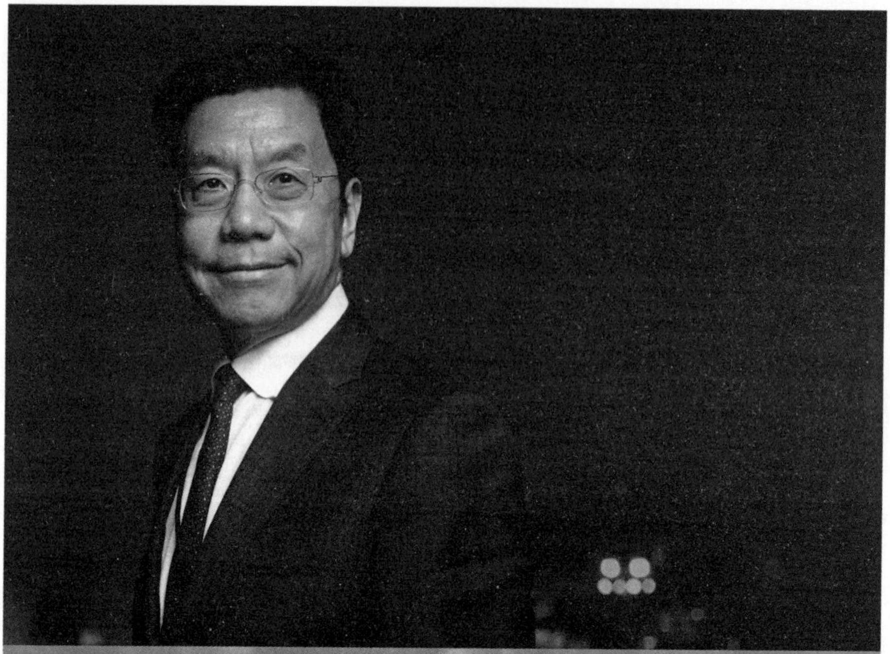

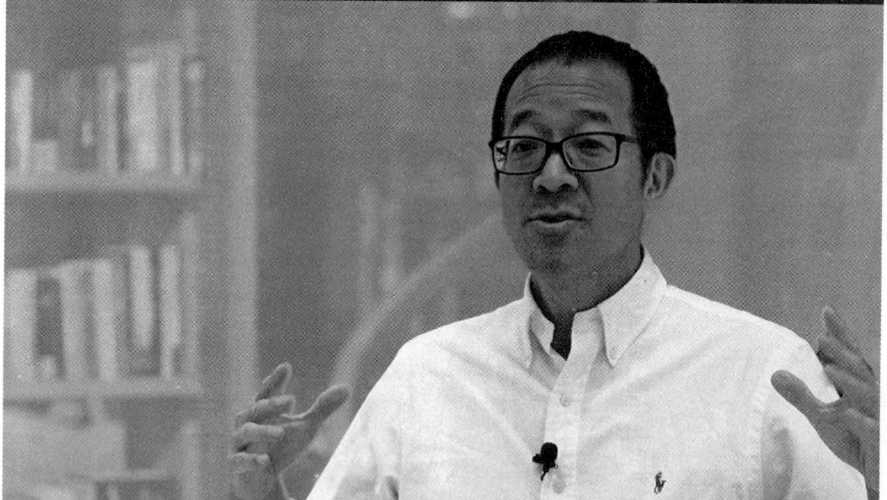

对话 施展

换个视角看中国

野蛮从来战胜不了文明。

作为一个大国，你越成就他人，就越能成就自己。

施展 /

政治学学者，1977 年生于辽宁阜新，北京大学史学博士。曾任外交学院世界政治研究中心主任，现任上海外国语大学全球文明史研究所教授。出版作品《枢纽》《溢出》《破茧》等。

俞敏洪： 朋友们好，今天我和青年学者施展老师一起谈论有关中国历史、中国在国际政治中的地位以及中国制造业发展方向相关的话题，这些也是施展老师研究的课题。

施展本科是工科，毕业后转向了人文，在北大学习了国际政治，并将中国历史作为博士研究课题。从工科转向文科中的人文方向，他的视野和视角就不太一样了，所以他能用新的逻辑来解释中国历史的发展，对中国今天在世界所处的地位进行分析，我相信大家今天一定会很有收获。

——对谈环节——

1. 寻找中国问题的起点

俞敏洪： 施展老师好，非常高兴今天能跟你进行对话，你的书我已经读了好几遍，太厉害了。

施展： 不敢不敢，谢谢俞老师。

俞敏洪： 你本科是工科，后来转向了国际政治、文明文化、中国历史的研究，是什么样的缘由让你从比较好找工作的工科转到了一个不太好找工作、研究起来又让大家觉得离生活比较远的国际政治和中国历史研究呢？

施展：我本科在北京航空航天大学就读，学系统工程专业。这个专业可能像你说的一样，从找工作的角度来说，很不错，但我对这个不是特别有兴趣。我高考的时候本来也没想去北航学工科，但我当时没考好，差了几分，就没去成想去的学校。但不管考什么学校、学什么专业，我内心一直都想搞清楚一个问题——**中国到底如何变成今天的状态？**

俞敏洪：这个问题是什么时候进入你脑袋的？这是一个超大的问题。常常有一个说法，我们有辉煌灿烂的文化和文明，中华民族到今天一直还在辉煌之中，所以很少会有人去想，中国怎么会变成今天这样的话题。你当时作为一个大学生，怎么会在脑袋中产生这样一个问题？

施展：这个问题也是我读研之后提炼出来的。我读大学的时候，看过一些西方的东西、一些世界史，觉得中国似乎和别的国家有些不一样的地方。可到底不一样在哪儿，怎么变成了今天的样子，以及总觉得有可能变得更好，怎样才能变得更好，我就一直想搞明白。

我上大学的时候确实一直对这个问题感兴趣，而我原来就读的系统工程专业并不能给我这方面的答案，所以我自己开始到处乱找书读。北航是一个纯工程学校，人文方面的内容非常少，当时我在北航学习，除了听老师讲课，还会自己找一些书来读。

我当时的感觉是，中国近代以来经常挨打，包括 21 世纪所经历的过程，大概是因为中国没有出现资本主义。我的思维习惯喜欢一下子找到它的起点，这能够帮助我直接厘清它的底层逻辑，所以我想搞清楚资本主义到底是怎么回事，以及它到底怎么发展起来的。

以前学历史的时候会讲，资本主义的起点在英国，所以我读硕士的时候，就去学了英国史。当然，我从工科纯靠自学硬跨专业，这个过程很艰难，当时考了两次折了两次，第三次终于成功了。学了三年英国史，我感觉用没有发生资本主义来解释中国，尤其是解释 20 世纪的中国，似乎远远不够，我之前把这个问题想简单了。对于 20 世纪的中国史来说，有可能它的核心关键词是"革命"，所以我又想搞清楚革命到底是怎么回事，革命到底怎么来的等一系列问题。所以，按照我的思维方式，我又习惯一下子找到事件的起点，而现代革命的起点、开端就是法国大革命，所以我读博的时候学了法国革命史，我想搞明白法国革命到底是怎么回事，现代革命是怎么回事，就这么一步一步地转过来。

我的思维习惯一方面是习惯直接找到开端、起点，还有一个思维习惯，就是喜欢跟人反着来。 我在北大读法国革命史的时候，我的同门师兄弟、师姐妹都是研究某个革命者、某种革命思想，研究革命中某段历史或者某件事，我们师门里大概只有我研究反革命。我想，反革命是革命的边界，如果我能把反革命搞清楚，我就能知道革命的边界和极限到底在哪儿，一定能更好地帮助我理解革命。如果我仅仅研究革命，可能就不知道它的边界在哪儿，有可能导致我对革命的理解有所局限，我反倒不如先从反革命入手来研究。

俞敏洪： 你的逻辑推理习惯是从一个点走向另一个点，不断深入下去，这实际上和你学理工科是有关系的，你不自觉地在用系统工程的方法来分解历史逻辑，是不是有这样的因素在里面？因为你寻根究源的思路和一般学文科的人似乎不是同一种思路类型。

施展： 很多人都这样问我，我自己倒没这个感觉，问多了，我觉得也许有点影响吧。

2.《枢纽》中的中国史

俞敏洪： 从你读博士到今年，已经 18 年了，你探究了这么久，也出书了，你觉得部分意义上，你寻找到你所寻求的答案了吗？

施展： 部分意义上寻找到了。我后来出了《枢纽》这本书，写的是中国史，很多人以为我是学中国史出身的，后来他们一听我是学法国革命史出身的，都很意外，怎么学法国革命史的人会往这个方向转型？对我来说，学英国史、法国史，最终都是为了理解中国，我希望获得一个理解中国的好的方法论。对我来说，我需要的工具差不多够用了，我大概就会把对法国史、英国史的研究告一段落，继续回过头来解决我最想回答的问题，关于中国的问题。

我在《枢纽》里也谈到，这本书连酝酿带写作带思考，有 8 年时间，写了 50 万字，对我而言，我找到了一个能够自圆其说的答案。**在这本书里，我想从几个角度对"何谓中国"这个问题，给出和过去不一样的解释。**首先，这几个角度分别用几个历史时段来标签，古代史部分、近代史部分和现代史部分，这几个部分我都分别尝试给出一种新的解释框架。

古代史部分，我的解释框架实际是想为我们今天在边疆的很多困境找到一个理论上的解，找到一个突破口。我们现在对于中国历史的叙事，就古代史而言，往往中国史被等同于中原史，边疆、少数民族在我们的叙事里很少出现，而且出现的时候，往往都是负面形象，这种情况下的叙事是很糟糕的。

现在有一个说法已经被说滥了——"什么是一个国家？什么是一个民族？它就是一个想象的共同体"。但这个想象要基于大家对一个共同故事的认同，大家都认同同一个故事，我们才会认同我们彼此应该是一家人。基于这个故事的认同，大家能形成想象共同体的前提是什么？是这个故事里所有人都得有份。如果这个故事里只有一部分人有份，另一部分人没份，另一部分人就很难被说服去认同这个故事。**古代史的部分如果仅仅把中国史等同于中原史，而消减边疆、少数民族在这个故事里面的分量，这个故事肯定是残缺的，是需要完善的。**

所以我在古代史的部分完善了这个内容，**我要把边疆、少数民族的故事糅到作为大中国史的故事中，在这里面，边疆史、中原史都只是中国史的一部分，它们不断互相构造、互相生成。脱离开边疆就解释不了中原，反过来脱离开中原，也根本解释不了边疆，它们构成了一个共生演化的体系。**在这个背景下，再看中国史是什么？**中国史就是一个共生演化的体系演化史，这才是完整的中国史。**我在《枢纽》的古代史部分，尝试构建了这样一个解释框架。

在近代史部分，我尝试把更多的面呈现出来。**中国在近代史上遭受了很多屈辱，这毫无疑问，但我们的近代史上不仅有屈辱，还有比屈辱更多的东西。**近代史实际是中国从古代到现代转型过程中的一个非常重要的历史阶段，如果没有近代史的转型，今天我们可能仍然是裹小脚、梳辫子的状态。问题在于，**近代的转型光靠中国自己的力量是转不动的，如果能转早就转了，中国实际是在西方的冲突和冲击之下，才带来了转型的动力。**

这个冲击带来了很多屈辱，这毋庸讳言。但一个有着伟大历史记忆的民族，越是屈辱就越有奋起的动力，如果是没有伟大历史记忆的民族，遭受了那种屈辱，有可能就彻底颓了，这种在历史上也很常见。所以，西方的冲击给中国带来了转型动力，想要奋起，而后西方又带来了一系列新技术、新经济、新资源、新观念等，让中国获得了转型所需要的工具。通过这些就能看到，**近代史的核心是中国的现代化转型史。**

如果我们把"现代化转型史"这样的视角放进来，就会发现，近代史毫无疑问有很多屈辱，但我们有比屈辱更多的东西，如果能把这些东西考虑进来，就会发现**中国和西方之间不应该是一个单纯的相互敌对的关系，而是既有对抗性，又有中国和西方相互塑造、相互生成、共生演化的过程。**中国的现代转型从来都是在这个世界中完成的，一直到今天。中国的现代转型如果脱离世界体系、世界秩序，这个现代转型就无法完成。我在近代史的部分做了这样的阐述。

俞敏洪：可不可以这样理解，在古代史的部分，如果没有草原民族、高原民族和中原文化的互动，中国就不能称其为中国。在近代，如果没有西方强加给中国的屈辱，让中国不得不打开大门跟世界交流，中国也不会走向现代的中国。之所以到今天为止，中国还在延续这样的繁荣或者民族的坚韧和发展，是不是因为过去通过跟外来力量，不论是草原、高原还是西方互相之间的融合，锻炼了中国的容纳能力、转变能力和坚韧能力，并且在这个过程中孵化出了中国新的发展方向？

施展：对，俞老师总结得很经典。从古代开始，中国就一直内在于整个欧亚大陆，内在于世界体系当中，每逢她向世界体系充分敞开，从全世界吸纳好东西，中国就能自己产生一段非常繁荣昌盛、让人血脉偾张的历史。每逢中国逐渐闭关自守，我们就可能陷入内卷的困境，比如东汉末年、两晋时期或者晚清时期，中国就跌到了比较糟糕的状态。

有时候我们因为内卷而彻底崩溃，崩溃之后又没有能力阻挡外部的东西进来，外部的东西只要进来，就会和中国本土的东西发生各种各样的化学反应，重新激活中国，中国就会重新站起来给我们带来足够伟大的历史记忆。比如魏晋时期，内卷过分了，彻底崩溃后"五胡乱华"等都来了，而"五胡乱华"的时候，从外部带来了大量新鲜的东西重新激活了中国，"五胡乱华"最后的结果是什么？是隋唐盛世。没有"五胡乱华"，就不会有大量外部的东西进来，就不会有我们为之骄傲的隋唐盛世。

3. 野蛮从来无法战胜文明

俞敏洪："五胡乱华"是当时中原地区不得不接受的、带有屈辱性的现状。"五胡乱华"到最后为什么没有消灭掉当时的中原文明？中原文明有什么力量倒过来把"五胡乱华"的胡人最后转化成了汉文化的接受者？甚至到魏孝文帝的时候还要整个汉化？

施展：为什么五胡进来以后没有把中原变成草原？没有把中原胡化？在讨论这个问题前，需要先回应另一个话题。讨论中国史、外国史的时候经常有一个说法，历史上往往是野蛮战胜文明，比如日耳曼蛮族摧毁了罗马，"五胡乱华"也是其中一例，西晋很文明，五胡很野蛮，包括女真战胜了大宋，蒙古战胜了大金，大清又战胜了大明等，都说是野蛮战胜了文明。但在我看来这是一个巨大的误解，**野蛮从来战胜不了文明**。那类似于清战胜明、金战胜宋等这些历史，怎么解释呢？

这些历史根本不是野蛮战胜了文明，这些历史是有组织战胜了无组织，真正的力量来自组织能力。当然，并不是说文明无组织，如果一开始完全没组织，肯定无法建立文明，但文明发展到一定程度之后是可能腐坏掉的。

俞敏洪：比如中国古代的定居文明、农耕文明，都是以皇帝为核心的，时间久了就会自我腐败，导致效率极度下降，结果就是无法对抗草原文明，或者和草原文明交集的时候，没有力量进行对抗？

施展：对，我们说宋被金战胜或者明被清战胜的时候，其实是文明输了。以明朝为例，当时的《四书》《五经》、四大才子、晚明小说、戏曲、艺术等，从审美来说，这些水准都非常之高，但这仅仅是文明的外壳。如果文明只是外壳，是无法保护自己的，**文明必须能自我组织起来才行，自我组织起来的前提是什么？就是想象共同体的故事，一个大家都认同的故事。**基于这个故事，大家能找到一种方式把自我组织起来，大家也都认同这个组织方式。

在明朝初期，大家全都认同，但到了明朝后期，由于宦官、党争等，导致上下交杂争利的状况，从上到下离心离德。在这种情况下，虽然有文明的外壳，但已经欠缺了文明的实质，组织能力已经完全丧失，仅仅在靠着历史的惯性苟延残喘，这时候如果有别的有组织力的力量冲击过来，就扛不住。当时的大清就是一个有组织力的力量，他们冲了过来，明朝扛不住就输了，但这不是野蛮战胜了文明，是有组织战胜了无组织。

反过来说，**对于真正有活力的文明，野蛮从来不是对手，真正意义上有活力的文明可以碾压野蛮。**野蛮和文明有一个很大的区别，野蛮能够自我组织起来，但它的自我组织往往是基于部落认同、血统等，基于这些能够形成的组织规模就比较小。文明是基于更高级的理念以及更高级的治理技术，只要仍然有上下姻亲的状况，文明所能凝聚起来的力量就会远远大于野蛮，因为它能组织起来的资源多得多，差着几个数量级。所以只要文明真的有凝聚力，野蛮根本不是对手，而野蛮能够战胜文明的时候，意味着这文明实际已经自我衰朽，只剩下一个外壳了。

为什么"五胡乱华"的时候没有胡化中原，而是他们本身被汉化？原因就在于胡人的那些组织方式、观念系统等，只适用于小规模共同体，无法适用于大规模共同体。中原，是一个庞大的汉族人群，必须把这些人组织起来，可在西晋末年，这些人的自我组织能力已经丧失了。所以"五胡乱华"的起点根本不是胡人进来，而是中原汉人自相残杀。西晋末年的"八王之乱"，那些姓司马的王爷彼此杀得一塌糊涂，最后杀红了眼，把自己手下的兵都杀没了，他们仍想着仇杀，可他们自己没兵了，怎么办？只能找一些胡人做雇佣兵打仗，于是两边对掐的司马王爷各找了一拨胡人帮自己打仗，打到最后司马王爷都打死了，胡人却被他们引进来了。

这时候中原汉人的自我组织能力已经彻底丧失掉了，胡人需要把这些汉人重新组织起来，但这是一个大规模群体，没办法用草原上小共同体的方式去组织，想要组织这些大共同体，仍然要用这些汉人能接受的方式。所以，他们进来之后，没有胡化汉人。

胡人汉化也有问题。魏孝文帝到后来努力完全汉化，但他的努力汉化有一点问题，他迁都到了洛阳。在这之前，北魏定都大同，大同就在长城沿线，是农耕和游牧、中原和草原之间的过渡地带。定都于此，可以同时兼顾农耕力量和游牧力量，两边的资源都可以动员起来，迁都洛阳后，他只能动员中原力量，不能动员草原力量。此外，他开始改汉姓、说汉语、着汉服、跟汉族通婚，他不认草原了，你不认草原就不能指望草原还认你。这对魏孝文帝来说有一个很大的风险，因为整个北魏的军事基础在草原，如果草原不认他，有可能这个帝国就会崩溃。所以魏孝文帝去世后过了十几年，整个北魏就发生了严重内乱，之后就崩溃了。

4. 二元帝国中的文化交融

俞敏洪： 你提出过二元帝国的概念，当草原上的民族走向中原，并且变成统治者，他们就拥有了二元的身份，既是草原霸主，又是中原皇帝，这样的身份通常会统治比较长的时间，国运也会变得比较好。

中国从秦始皇开始就造了长城，意在彻底隔开草原文明和中原文明，互相之间不再侵扰。但长城在中国历史中起到的作用其实非常有限，从来没有一个草原民族因为长城而被挡在关外。但当草原民族入主中原，如果他们能同时接受中原文明又能安抚好草原各民族间的关系，通常就会带来一个较长的繁荣时期，还会带来中国国土上的疆域扩展。今天中国这么大的国土范围，不论是元朝还是清朝，都做出了很大的贡献。**二元帝国为什么会产生这样的状态？为什**

么有的朝代，比如明朝就做不到？

施展：我在《枢纽》里很仔细地讨论了这个问题。古代讨论中国历史的时候，因为我们这边有文化，掌握话语权，所以我们都是站在中原的本位去书写历史，往往就会觉得中国历史是不是就是汉人扩张的过程？中原会直接理解成汉人，中国史就是汉人扩张或者汉人不断存续的过程。但我们看古代中国时要先回应一个很大的问题，**我们在古代怎么定义汉人？**

古代不是用今天的户口本、身份证来定义汉人的，而是用文化，即儒家文化。要想展开儒家文化的"三从四德""三纲五常"等，需要一个前提，人们得是一种定居的生活方式才行。孔子说："父母在，不远游，游必有方。"如果父母还在，你跑得很远，也不知道你去了哪儿，万一父母出点什么事，你就没办法回来尽孝，这在儒家看来是大忌。

所以，要在一种定居的生活方式的基础上，儒家的"三从四德""三纲五常"才能够展开，而这种定居的生活方式则是农耕。农耕有一个最硬的约束条件，一个纯自然性的约束条件，就是降水量。如果一个地区年降水量少于 400 毫米，几乎无法靠农耕作为主要生活方式活下去，这就带来了一个效果，400 毫米等降雨线构成了农耕的分布基线，也构成了儒家思想传播或者儒家生活方式的传播分布基线。

古代文化用儒家来定义汉人，意味着 400 毫米等降雨线构成了汉人的分布基线，而 400 毫米等降雨线就分布在长城。这并不是说皇帝量了一下哪里是 400 毫米，就在哪里修长城，而是在农耕帝国能够推进的最北端修建了长城，他们能推进的最北端就是 400 毫米等降雨线的位置。

这会带来一个什么结果？就古代的技术条件而言，长城以北不可能将农耕作为主要的生活方式，也就意味着长城以北不可能按照儒家方式来生活，也就不可能成为汉人。甚至长城以南的人本来是汉人，如果他们想到长城以北定居，只要还想活下去，就必须游牧化，一旦游牧化，就意味着从文化上他们就不是汉人了。这是我们过去很少关注的一个现象。

也就是说，在古代，中国长城以北和长城以南是两种完全不同的生活方式，对应的也是两种完全不同的观念。这边是农耕的，那边是游牧的。这边是用儒家的方式来自我认知，那边是用萨满教或者别的什么方式自我认知。两种完全不同的生活方式，完全不同的社会组织方式，完全不同的军事和财政逻辑，完全不同的观念系统，这些都是没有办法用一方来化掉另一方的，用胡化汉或者汉化胡，都做不到。

俞敏洪：可不可以解释为气候对历史的影响？因为中国历史上遭遇过一些小冰期，草原地区变得特别寒冷，游牧民族就开始往南迁，影响了中国的历史。

古代的丝绸之路和河西走廊，为中国带来了古代文化的发展，比如佛教的传入以及其他西方食品、物品的传入，也给中国带来了比较大的影响。**你在《枢纽》中写到，草原、高原、西域、走廊地带给整个中国文化带来了某种影响，这种影响具体体现在什么地方？**

施展：这个影响非常有意思，和汉化、胡化的话题非常相关联。今天中国有这么大的疆域，横跨长城南北，一定是有一个朝代的统治能够横跨长城南北，然后留下了这个疆域。如果以前的朝代仅仅是在长城以南，我们不可能有今天的领土。能够同时横跨长城南北的朝代，一定得有二元统治的手法和技巧，中原的地方按照中原儒家的方式来统治，草原按草原的方式来统治。

中原和草原的玩法完全不同，意味着这个帝国的统治者必须懂这两种玩法。只懂其中一种就无法统治另一方，纯中原、没见过草原的，搞不懂草原；纯草原、没见过中原的，也搞不懂中原。只有来自中原和草原过渡地带的人群，才会都见过中原和草原，才能建立起二元统治的帝国，北魏、辽、金、元、清都是这样。二元统治的帝国主导者只能来自过渡地带，从中原的视角来看，过渡地带的人就是胡人，但正是这些胡人建立起了一个横跨长城南北的大帝国。所以，**中原提出了"天下大同""大一统"的伟大理念，但是，是胡人把这个理念彻底变成了现实。**

那佛教起到了什么作用？从"五胡乱华"时期就可以看到一个特别有意思的现象。很多人都知道，佛教最初是在东汉来到中国的，传说东汉的第二个皇帝汉明帝做了一个梦，梦见西方有仙人，用白马驮着经书过来，于是他在洛阳建了一个白马寺,这就是佛教最初进入中国的样子。但其实从东汉一直到魏晋时期,佛教虽然已经进来了,但它对中国的影响非常之小,原因在于**佛教跟中国的传统文化相比,是完全异质性的,所以排斥反应特别强。**

在那个时候,基本只有胡僧以及过来做生意的胡商信佛教,中原人被劝信佛教的也有,但数量非常小,完全不成气候。**佛教什么时候才开始大规模、成体系地进入中国呢?恰恰是在"五胡乱华"的时候。**在胡人君主统治中原之后,必须得用儒教的方式才能统治汉人,但一旦用了儒教,胡人君主的血统就成了问题,于是胡人君主面临了两难的困境:如果不用儒教就没办法统治汉人,如果用了儒教,血统又不纯正了。这些胡人君主就想到,也许可以找另一个文化,多一层正当性的背书,有一个正当性的加持,就可以解决这些问题,自己就能当皇帝了。另一个文化从哪儿来?在当时只能从西域传过来。所以对于"五胡乱华"时期的胡人君主来说,他们有充分的动力举朝廷之力把佛教引进来。

俞敏洪:实际是为统治寻找一个理论基础,并且这个理论基础要和中国传统儒家文化基础相融合,至少要不相矛盾,能对当时中原的老百姓有一个交代,让大家认可胡人君主对于这块土地的统治。

施展:是的,这就关系到河西走廊的重要性。胡人君主举朝廷之力引入佛教,但如果直接引入会存在一个问题。佛教在东汉时期就传进了河西,但它和本土儒家的排斥性太强。但在"五胡乱华"时期,有大量水准非常高的汉人知识分子受不了中原的混乱逃到了河西,于是河西就有了儒教。当时的河西仍然由胡人君主统治,当地的汉人在人数上也不占压倒性优势,于是**河西就有一个特征,既有高水平的儒教,同时儒教又不占统治地位。这种情况下,儒教愿意和佛教平等对话,有了平等对话的基础,佛教就知道怎么和儒教相融合了,**胡人君主也就可以把佛教引入中原了。

翻译《金刚经》的高僧鸠摩罗什,正是因为在河西待了17年,才懂得怎么和儒教相融合,之后他作为高僧被带到长安,佛教才真正开始进入中原。

5. "大一统"的两大条件

俞敏洪：在春秋时期，各个分封国很像欧洲中世纪的分封国，为什么欧洲后来一直保持各个小国家之间的状态，即使后来有一些国家进行了合并，欧洲依然还有十几个、几十个国家，中国却从秦朝开始，就变成了一个大帝国。**为什么中国没有延续春秋战国时期的几十个国家或者七八个大国家的传统，而是作为一个大帝国延续了下来？**

施展：这是一个很有意思的问题，以前有人解释说，因为中国文化追求大一统，所以我们能统一起来，但这个解释是不够的。很多其他的文化也追求大一统，比如基督教文化，直到18世纪，仍然可以看到很多人在讨论应该建立一个大一统的基督教世界。同样，在伊斯兰世界，也有很多学者在说，应该建立一个大一统的伊斯兰世界。他们都在追求大一统，但只有中国做到了，他们没做到，这就意味着，光是文化上追求大一统是不够的，一定还有其他的必要条件。

我在《枢纽》里面解释道，这大概和一些特定的军事、财政条件有关。**一个地方是否有足够庞大的财富池子，朝廷能低成本地从中汲取资源，并超过一个门槛，即中央政权的力量对于任何地方性反抗力量都具备碾压性优势，一旦达到了这一点，大一统就不可逆**。如果朝廷对地方的反抗力量没有碾压性优势，地方想反抗，朝廷压不住，就分离了。欧洲一直没有拥有一个足够大的池子可以低成本地积蓄资源，所以欧洲后来的历史上曾经有两次接近统一，但很快都分离了，一次是拿破仑，一次是希特勒。他们都接近了统一，但还是分离了，因为他们没办法碾压掉所有的反抗力量。

中国也不是一开始就有，中国在春秋战国时期肯定不行，但后来秦始皇找到了办法统一天下，然而统一之后仍然不行，**虽然中国的财富池子足够大，但汲取成本还得足够低，这就要看社会的自我组织能力**。如果社会自我组织能力比较强，社会反抗朝廷的能力相对也强，朝廷汲取的成本就高，对反抗力量就没有压倒性优势，印度就是如此。**世界上有两个地方财富池子足够大，一个是中国，另一个是印度。古代的财富池子实际就是看农耕人口规模，因为古代经济生产方式主要就是农耕，拼土地、拼人口规模，世界上只有中国和印度这两个地方有大规模的土地和人口聚集。印度基于种姓社会，高度自我结构化，中央政权汲取社会资源的能力很差，所以印度在英国人来之前，一直没有长期的大一统历史，总是统一一段时间就分离了。

在中国，秦统一天下之后，在历史上还有一个重要的结构性转型，**唐宋之变，带来了中国社会重要的结构性变化**。唐宋之变前，从汉到唐这段历史中，中原的社会结构是豪族社会。社会中有很多土豪，土豪对社会有自我组织能力，朝廷汲取资源的能力相对就差，社会自我组织的能力相对就强。在这种情况下，朝廷对地方性的反抗力量没有形成碾压性优势，大一统就是可逆的。所以从秦到宋之间，我们的历史是长期大一统，然后长期大分裂，再长期大一统，然后再长期大分裂，来回烙饼。但**宋以后，整个社会结构变成了平民社会，社会开始散沙化**，意味着社会的自我组织能力急剧下降，而朝廷的汲取能力大幅上升，一进一出就超过了门槛，朝廷对地方的反抗力量具备了碾压性优势。一个直观的结果就是，从宋一直到现在，再也没有长期的大分裂，一个大一统结束后，取代它的，是另一个大一统。所以，大一统仅仅依靠文化是不够的，**文化只是为大一统提供了一个正当性，大一统与否还是由财政和军事结构来决定的**。

俞敏洪：大一统以后，原则上政府的财政能力应该越来越强，组织能力也应该越来越强，但中国却出现了一种周期性过程：一个王朝建立，开始变强大，紧接着开始衰退，衰退到最后只能消亡，再重复新的一轮。有时候财富能力强也不等于王朝能够持续，比如北宋的财富能力其实很强，但最后依然不能统一辽。

施展：朝廷能具备相对地方的碾压性优势，首先是要有财政汲取能力，有多大的财政能力才能养得起多大的兵，然后才谈对地方是否碾压。**足够大的汲取能力意味着得有汲取机器，这个机器就是官僚系统**。帝国越大，汲取能力越强，官僚系统本身就得越有效率，才能完成汲取过程。我们常说明朝的皇帝不靠谱，滥用太监，是因为明朝的官僚系统太强大，导致对皇上的掣肘非常多。当皇上不得不跟官僚系统博弈，就搞各种盘外招。那些盘外招通常都是由太监来执行的，于是显得明朝太监特别横行。实际上，太监是作为皇帝的"白手套"，帮皇帝实现他想在官僚之外搞的事。

朝廷想汲取大规模资源，就得有一个特别有效率的官僚系统，而且规模很大、很复杂，才能完成足够大规模的积蓄。但官僚系统本身有它的利益，官员是会腐败的，会在里面搞自己的利益，这就要求皇帝要有能力去约束、制衡官僚体系，否则官僚体系腐败起来，就没皇帝什么事了，天下就坏掉了。问题是，皇帝要想有能力制衡官僚体系，前提是皇帝对世事人心的洞察能力得特别强。

开国的一两代君主能力都足够强，能够制衡官僚体系。但从第三代开始，皇帝就长在深宫里，一辈子也没怎么出过宫，也没见过民间的模式，对人性等很多东西根本摸不着门。在这种情况下，皇帝制衡官僚的能力就会大幅下降，一旦这个能力下降，就意味着社会、文明的衰朽。但毕竟它的财富规模总量足够大，靠惯性还能维持一百多年，但一百多年之后，就维持不住了。于是**在中国历史上就有一个特定的时间周期，600年一个冰期，600年一个暖期。**大致上，到了两三百年的时候，北方的游牧者会南下，如果南方上下一心，碾压游牧者没有任何问题，一旦南方已经离心离德，游牧者就能打过来，朝代就崩溃了。我们会看到这样的过程。

北宋也是一样的，北宋末年官僚系统非常衰败。朱熹的《朱子语类》记录的是朱子和他的学生在上课时的各种各样的谈话，其中有一段朱子专门和学生议论古代政事的内容。朱子是南宋人，他说北宋末年徽、钦二帝，但凡要做重大决策，就没有不出错、不出昏招的时候。这一系列决策之中，出一两个昏招，都有可能导致亡国之难，更何况接连出了那么多昏招，想不亡国也不可能。为什么会出如此之多的昏招？因为没有人肯负责了，而且也到了王朝末年，那个周期到了。

6. 中国近代史的另一面

俞敏洪：一个王朝的末年，会有两种力量，一种是北方民族南下灭掉王朝；另一种是由内部力量推翻王朝，比如陈胜吴广起义、朱元璋推翻元朝。但中国历史上，在清朝已经破败不堪的情况下，大型如太平天国这样的起义，为什么会被曾国藩平息了？

施展：关于农民起义，中国历史上一直有这样的历史周期。朝代建立之初，君臣一体，上下一心，在这种情况下朝代会比较顺利地往前走，是一个上升曲线。但有可能过了一百多年，就逐渐进入下降曲线。再过一百多年，就会出现天灾人祸叠加在一起的情况，内部就会出现农民起义，最后颠覆朝代。

历史上任何时候的农民起义，实际上都是因为灾民没饭可吃，但凡有饭吃，没有人会出来玩命。没饭吃意味着什么？**农民起义后，首先会涌向有饭吃的地方**。有饭吃的地方一定是这个帝国的财政核心区，也肯定是这个帝国最富庶的地方。起义军冲过去占领财政核心区之后，对朝廷来说，麻烦就来了，财政核心区彻底脱离了控制，也没钱剿灭农民军，朝廷就崩溃了。历史上几乎都是这样，没有出现过例外，唯一的例外就是清朝。

太平天国起来以后，也冲到了帝国最富庶的江南地区，占领了财政核心区。按照以往的历史规律，这个朝代就会灭亡，但大清居然没有灭亡，还中兴了一下，原因是什么？是因为清朝在江南之外找到了其他的财政来源。当时最重要的财政来源是海关关税，以及曾国藩他们征收的厘金，即各省之间的过境税。能够靠过境税、关税养活如此大规模的军队，意味着对外贸易的规模足够大，如果对外贸易规模很小，关税是不足以养活如此大的军队的，也不足以拉动内地的跨省贸易。

当时对外贸易的茶叶、瓷器、丝绸等都是在江西、湖南、福建、云南等地生产，在上海、宁波、厦门等地卖出去，这会有一个漫长的商品运输过程。这些商品跨省运输的过程，就给曾国藩他们带来了征收厘金的机会。**只有足够大规模的外贸，才能带来足够大规模的关税和厘金，从而才能让晚清的曾、**

左、李、胡这中兴四名臣有机会剿灭太平天国。

左宗棠提收复新疆时，大清刚刚消灭太平天国，左宗棠跟太后反复陈说一定要收回新疆，最后说动了太后。但太后明确告诉他，要收复新疆，这场战争肯定特别花钱，我们刚灭了太平天国，国库没钱，这军费得另想辙。太后就说，我没钱，但我给政策，你可以贷款。于是左宗棠就到英国汇丰银行贷了一大笔款。贷款用什么做抵押？用海关的关税做抵押。汇丰银行给左宗棠发放的这笔贷款从哪儿来？是汇丰银行在伦敦的金融市场上发行了6个点的债券，把融到的钱拿到了中国，给了胡雪岩8个点的利，胡雪岩又给了太后12个点的利，太后再把这笔钱拨给左宗棠。

这里面最赚钱的当然是胡雪岩，但左宗棠毕竟拿到了军费，拿到了军费才能收复新疆。在这种情况下，我们看到，**大清不仅靠着关税获得了自我保全的手段，大清还通过汇丰银行间接地和伦敦金融市场完成对接，从资本主义世界发行债券，融到资，然后发放军费收复新疆。**今天中国之所以能保有新疆，也和当年远在伦敦的金融市场有着直接关联。

所以，中国近代史也有另一面。**我们不能只站在二维的角度看问题，也要纳入别的要素，进到一个更高的维度，这样才能看到一个更完整、立体的中国史，我们面对世界的时候也会有更平和的心态。**

7. 中国的超大规模性

俞敏洪：如果中国近代打开大门某种意义上是被迫的，甚至是屈辱地被敲开大门，那后来的改革开放可以说是主动地向世界打开大门，主动地迎接改变，而且极其希望跟世界进行对接。这个对接毫无疑问是成功的，因为它带来了中国的繁荣昌盛。

清朝的五口通商也好、八口通商也好，是被撬开了大门被迫通商，但在现代，我们毫无疑问是在主动寻求外贸，主动加入世界贸易组织（WTO），也主动寻求和世界各种关系的连接。**今天的中国和清末的中国，区别是什么？面向未来，**

中国应该用什么样的态度来对待我们和世界的关系？

施展： 今天跟清末有一个最大的区别，就是**我们在政治上完成了一种新的自我整合**。晚清时期，我们被动加入了世界经济秩序，但只要是被动加入，很多东西肯定都没准备好。当时中国人口非常之多，劳动力成本也非常低，但如此便宜的劳动力却很难真正转化为自己的竞争优势，原因在于中国规模太大。中国作为一个超大规模的国家，里面一系列的东西都可以通过超大规模性来解释。首先，**我们有足够大规模的池子，有足够低的成本可以汲取，能够维持大一统，这是超大规模性带来的一个特征**。

超大规模性又带来一个特征就是大规模人口，尤其在大清进来之后。明朝时期，中原和草原仍然处于对抗状态，天天打仗就没办法减税。大清进来后，中原、草原都成为一家，战争的规模和频度也急剧下降，大清皇帝就可以减税，所以康熙说"此后人口繁衍永不加赋"。交税少了，老百姓就能多养几个孩子，所以在大清时期出现过一次人口爆炸，导致中国出现了大量人口。

从中原的角度看，多子多福肯定是好事，但人口过多带来一个问题，就是劳动力太多。有很多剩余劳动力，无论是什么活儿，给点钱他们就肯干，这就导致了极其低廉的劳动力成本。**劳动力成本极其低廉的代价就是，我们很难出现内生性的技术跃迁**。任何好的技术跃迁都会节省劳动力，但对于当时的中国来说，最不缺的就是劳动力，所以那些能节省劳动力的技术无用武之地，也就不会出现那些技术，就没办法内生性地出现技术跃迁，进而没办法内生性地出现工业革命。工业革命是以技术跃迁为前提，不能出现工业革命就意味着已经经历过工业革命的国家过来打你的时候，具备碾压性优势，因为你是冷兵器，人家是热兵器。所以**超大规模性可以解释两件事：第一，中国为什么能维系大一统；第二，中国为什么在近代落后了**。

紧接着第三件事来了，中国被西方打了之后，被动地加入世界秩序，但这种加入给中国带来了新的风险。如果中国的规模比较小，被动加入世界秩序后，有可能西方靠世界资本主义经济能整体性地拉动你的经济，比如韩国这样小规模的国家，首都人口就占了全国人口的一半，外部世界拉动一个城市，拉动它的首都，是很容易做到的，把首都拉动起来了，首都向外渗透一点，整个国家就被拉动了。这对小规模国家而言是可以的。

但对中国这种规模的国家来说，就不可行，因为规模太大了，大到没有任何力量能够把它作为整体拉动起来，只能拉动局部，比如一些口岸地区，上海、广州、武汉、天津等，其他地区根本拉不动，仍然处在传统社会状态之下。这会带来什么结果？会导致那些口岸地区比如上海，它和纽约、伦敦的联系有可能远远大于和300里地之外的乡村的联系，整个社会就会高度撕裂，完全二元化。

在这种情况下，外部世界越拉动，内部越撕裂。这种撕裂也不可持续，迟早会引爆内战，引爆内战之后有可能把之前发展的成果一把清零，这在近代发生过很多次。所以**我们必须先完成政治上的自我整合，用政治力量确保整个国家能作为一个整体加入世界经济体系，这样我们人口众多、劳动力便宜的优势才能释放出来。**所以，中国20世纪的革命就非常重要，我们通过革命完成了政治上的自我整合，自我整合得差不多之后，再让这个国家作为一个整体加入世界经济体系。

8. 世界工厂的供应链网络

俞敏洪：改革开放以后，我们和世界的合作和融合极大地拉动了中国经济的发展，并且一直拉动到今天，但这一次的开放，中国有十几亿人口，劳动力刚开始也足够便宜，原则上这样的融合应该也拉动不了这么大一个国家，最多能拉动上海、深圳、广州这几个城市，类似于以前的五口通商，**但为什么这一次，整个中国都被拉动了？**

施展：刚改革开放时，我们劳动力成本低，有政治力量确保中国作为一个整体加入进去，不会再出现近代那样越被拉动越撕裂、越二元化的状况。但如果仅仅靠劳动力成本低，发展到一定程度之后，人们肯定会变富裕，劳动力成本一定会变高，按理说到了那会儿就没有机会了，也发展不下去了，可中国仍然继续发展下来了，这里就有意思了，**这还是跟中国的超大规模性有关。**

在20世纪末期21世纪初期，世界进入一个对创新效率要求前所未有之高的阶段。在冷战结束之前，各个国家多半处在经济匮乏的状态，任何产品有得用就不错了，但冷战结束之后，没几年就开始进入经济过剩的状态，人们就开始挑三拣四了。这种情况下，如果还想继续卖产品，就必须有足够多的创新，和别人差异化竞争才有机会继续占领市场。所以在冷战结束之后，发达经济体对创新效率的要求变得越来越大。要做足够好的创新，有一个前提，得把生产流程都交出去，不能放在自己手上，一旦放在自己手上，如果有一个新创意出现，整条生产线都得重改，创新的成本就会非常之高。所以在那个时候，**发达国家为了确保创新效率，就必须把生产环节外包出去，大规模外包需求就出现了，中国正是赶上了大规模需求外包的时间窗口，迅速崛起。**

大规模外包的时间窗口大致在20世纪90年代末、21世纪初，发达体在外包，对应的得有人能承包，对承包来说，必须同时满足两个条件：**第一，干活得足够有效率**。干活没效率就拿不到订单，要有效率，就必须足够专业化，但一旦特别专业化，就会产生一个巨大的风险，自己被锁死在上游特定的创意上了。

第二，要有足够的弹性。上游之所以要外包，是因为要把转型风险甩出去。上游的创意随时会变，锁死在上游特定的创意上面，当创意一变，外包就活不下去了。为了能活下去，不至于风险都背在自己身上，就要确保自己足够有弹性：不能太专业化，一旦太专业化，一定会丧失弹性。

但是，不专业化就没有效率，没有效率就拿不到订单，想死都没有机会。在这种情况下，作为承包方，效率和弹性必须同时满足，但这两个条件又彼此矛盾，怎么才能同时满足？**中国就逐渐演化出一套玩法，把效率和弹性放在不同的位阶上同时实现。**

在单个工厂层面，在东南沿海可以看到大量中小民营企业极度专业化。我调研的时候看到很多案例，专业化到匪夷所思的程度，他生产的东西一旦特别专业化，他的产品有可能被还原为一个极为基础的生产要素。还原到这么基础的生产要素之后，反倒会带来一个结果，他跟别的产品通配性特别好，能和各种各样别的产品互为配套关系。就像搭乐高，单个企业只生产特定形状的乐高积木，每个企业生产的乐高积木形状都不一样，所有的企业加在一起构成一个庞大的供应链网络，他们生产的东西拼在一起，可以拼出千奇百怪的东西来。

所以，在单个企业层面上确保了专业化和效率，这些企业彼此之间互为配套关系，在供应链网络上可以不断动态重组配套关系，确保了弹性，效率和弹性就被放在不同的位阶上同时实现了，同时他们加在一起构成庞大的供应链网络。也就是说，**供应链网络的存在是能承接大规模外包的基本前提。**

一旦考虑到供应链网络要素，网络规模就成为一个新的重要变量。当网络规模超过某个门槛到一定程度之后，有可能会实质性地改变某些成本构成结构。过去考虑成本时，经济学层面的基本分析方法就是成本三要素：劳动成本、土地成本和资本成本。可是在供应链网络中，在制度经济学里，加入了第四个成本——交易成本，即彼此之间交易时，是否有各种各样的因素导致彼此之间难以信任，以至于需要加上额外的信用手段才能完成交易。这会带来很多交易成本。

供应链网络一旦大到一定的规模，会带来一个质变，即交易成本在总成本中的占比大幅上升，而劳动、土地、资本这三个要素在总成本中的占比大幅下降。一旦到了这一步，劳动力价格即使上涨，也不会对综合成本控制能力构成挑战。由于中国的超大规模性，中国的供应链网络早就突破了那个门槛，所以我们改革开放后的崛起、制造业往中国的转移、中国向世界开放所带来的成长，确实跟历史上很不一样。

9. 用信任留住制造业、供应链

俞敏洪：为了回应中国制造业和供应链会转移到东南亚等地的一种担忧，你专门考察了越南等地，写了《溢出》一书，可以介绍一下这本书考察的缘由和核心内容吗？

施展： 2018年特朗普上台后，发动了中美贸易战，而后很多中国企业在往越南转移。当时网上有各种各样的文章，都在说中国有可能会被越南替代掉，越南即将成为下一个世界工厂，中国的世界工厂地位会不保。当时我就想看看这个转移到底是怎样的逻辑，是否会对中国世界工厂的地位构成实质性的挑战。

2019年，我到越南做了比较深入的调研，在越南调研以后，顺着他们的供应链网络脉络、线索，我又从越南回溯到中国珠三角、长三角做了一系列调研，通过这一系列调研，我得出几个结论：**首先，至少在当时而言，所谓从中国往越南的转移其实并不是转移，而是中国供应链溢出到越南。**如果是溢出，中国并不需要对这种转移有过多的紧张或者担忧。

其次，为什么会有这种溢出？这与中国的崛起以及世界经济的一系列结构性变化有关。有一个很有意思的数据，在1990年全球的经贸结构中，各国贸易中70%以上是制成品贸易，只有不到30%是中间品贸易、半成品贸易，这意味着绝大多数产品是在单个国家内部完成生产的。我写《溢出》的时候是2019年，我拿到的数据是2018年的数据。到了2018年，这个数据正好反过来，各国贸易当中，70%以上是中间品贸易、半成品贸易，只有不到30%是制成品贸易。这意味着差不多30年前，绝大多数产品是在单个国家内部完成生产，而30年后，绝大多数产品都是横跨多个国家完成生产。

如果把一个产品从最初的原材料、零配件到最终的成品所发生的物理空间称为经济空间，**经济空间和国家主导的政治空间在30年前大致是重合的，但在30年后，已经完全不重合了。**完全不重合就意味着贸易战在30年前能起到的作用，并不能在30年后实现。这就是为什么当时特朗普的贸易战并没有达到预期效果的一个原因。

此外，管理空间由国家主导，当经济空间和管理空间不一致时，**经济空间则无法再由国家主导，而是由商人主导。**商人主导经济空间就面临一个问题，它是另一个空间逻辑，国家实际上没有办法有效地管理这个空间，但在这个空间中仍然需要一系列的管理规则，因此我在《溢出》中提了一个假说：**有可能需要出现一种新的商人秩序。**

国家没有办法针对经济空间制定规则、主导管理，因为国家要主导、控制规则可适用的范围，只能以本国国界为限。但经济循环已经完全超越了国界，所以经济空间没有办法以国家为主导，但又需要有对应的规则和治理，这些规则和治理从哪儿来？只能由主导这些经济空间的商人生成出来。我在《溢出》中提到商人秩序，目前还没有出现，但未来早晚会出现。如果它不出现，这种经济空间会遇到很多问题，相对而言，付出一定成本来建立秩序会更划算，否则损失会超过商人为此付出的成本。

俞敏洪： 你当年考察越南时，毕竟是在疫情之前，那是一个常态状态，现在三年疫情对中国制造业、供应链一定带来了比较重大的影响。此外，国际关系、中美关系也进入了一个新阶段。这两个背景其实有可能影响到你当初考察中国制造业和供应链的状况。作为普通人，我们担忧的就是中国供应链和制造业不知不觉地就被转移或者削弱了，这会给中国经济带来比较大的影响，也会影响老百姓的生计、中小企业的生存。像现在，我就知道一些中小企业因为订单减少，正面临着生存问题。**面向未来，中国的制造业和供应链怎样能保留并且进一步发展？**

施展： 第一，一些制造业、中小企业、厂家的确在对外转移，但可能没有网上那些文章里说的那么快。如果中国的制造业会转移，也会是一种果冻式转移，至少得三五年的时间。

那么，它是否真的会转出去？尤其在中美现在的状况之下？我觉得可以这样来解释，在国际上，中国现在看上去经济力量很强大，但我们要区分清楚，这个强大主要表现在制造业层面。**中国制造业的优势主要在中低端制造业，少数发达经济体的优势是创新产业、知识产权、高技术以及一些高端制造业，那么中国主要比拼的就是成本优势，他们则主要比拼技术优势。**

技术优势很难被替代，但成本优势并不是不可替代，除非你的成本一直比别人低，但即使你的成本一直比别人低，对方也需要去考虑其他的因素。人们在什么情况下可以只从成本角度考虑问题？当不会有安全问题的时候，即不需要考虑是否需要信任你的时候，我就只需要从成本角度考虑问题。但**一旦这件**

事与安全问题相关，我就不会只考虑成本了。

中国的优势集中在中低端制造业，主要比拼的就是成本优势，如果对方不再在乎成本，你的优势就会遭遇挑战。在双方信任关系牢固的情况下，过去曾经的安全问题，今天也可以不再是安全问题，如果双方信任关系变差，过去不是安全问题的问题，今天也会变成安全问题。**一旦有了安全问题，成本就不再是考虑要素了，我们在成本上的优势也不能再称为优势。**

在这种情况下，中国的制造中心位置能否保得住，**怎样才能让产业资本尽量不要流出去，就取决于双方的信任关系。**如果信任关系持续遭到破坏，人家不再考虑成本问题，即使流得慢，也会带来影响。

10. 成就他人，才能成就自己

俞敏洪：信任确实是一个大问题。信任成本其实非常高，两个人如果从心底里互相信任，他们的交往成本以及两人之间的交易成本就会非常低，但如果两人互不信任，就不可能有交易和交往，更谈不上成本。从这个意义上来说，成本是双方决定的，信任也是双方决定的。

美国近几年在左右为难中国，对中国表示了各种不信任，信任不是只靠中国单方面就能做到的，但中国应该摆出一个姿态。你觉得**中国的商人或者企业家、中国的商业和制造业，应该摆出一种什么样的态度，才能尽可能保留这种信任，并且尽可能保留和世界的良好合作？**

施展：对商人来说，要意识到，中国之所以能这么快地成长起来，是因为中国加入了世界秩序，**中国是加入世界秩序最大的受益者。**中国这些年发展得非常快，我们觉得自己很强大，因为我们是世界工厂，但也意味着必须有世界商场，这工厂里的东西才卖得出去，没有世界商场，这个世界工厂本身也是死的。这个商场不可能是我们自身，中国的产能太大了，自身完全消耗不掉，我们的产能必须靠世界消耗掉，必须和世界保持足够良好的关系，世界工厂和世界商场之间才能对接上。

要和世界保持良好关系，**一方面不能以咄咄逼人的民族主义姿态**，毕竟这是一个相互依赖的世界，一方脱离另一方都很难独自玩下去；**另一方面我们也要意识到，能力越大责任越大**。在特定的意义上，中国作为世界工厂的能力是非常大的，责任也就非常大。你用这些能力为世界提供了足够多的公共商品，世界自然就会信任你，因为公共商品是对所有人都有价值的，**你为别人提供更多的价值，越成就别人，你就能越好地成就自身**。成功的企业家一定都会有这种经历、这种感受，那在中国和世界的关系上也是如此。

俞敏洪：你刚才说，当今世界经济空间和管理空间是日益分离的，但其实也能看到，现实世界中，管理对经济空间的干扰，比如美国对中国的各种限制、贸易壁垒，随着中美关系的紧张，也导致了现在的隔阂。**目前这种隔阂还有消除的可能吗？中国可以做些什么来赢取更好的结果？**

施展：我在《破茧》里也谈了这样一个话题。任何一个好的企业家、管理者遇到困境、麻烦的时候，如果他是一个好企业家，他的第一反应肯定不是觉得敌人太狡猾导致我吃亏，而是会首先反思自己是否能做得更好。所以，**现在美国对中国有各种各样的挑战，美国有他的问题，但我们仍然可以反思我们自己是否可以做得更好，对手怎么挑战，才不会真的伤及我们自己，如果对手一挑战，我们就会受伤，那我们肯定有很多值得改进的地方**。今天中国实际上在这方面做了很多相应的反思，我们也确实还有很多可以反思的空间，包括内部如何让大家对未来有更稳定的预期，对于自身和世界的关系，我们如何能有一个更恰当的理解，能理解到我们和世界不是一种对抗性关系，而是相互成就的关系。

往前说，晚清时期如果不加入世界秩序，大清甚至无法保全自身；如果后来我们没有改革开放，没有加入世界秩序，中国也不可能发展这么快，有今日的成就，所以不加入世界秩序，中国无法成就自身。**对于世界秩序而言，中国这么大一个国家加入世界秩序之后，世界秩序不可能还是老样子，这又是由中国超大规模决定的**。一个游泳池，我们跳进去还是一个游泳池，但如果是一条鲸鱼被扔进去，游泳池就变成了鱼缸，因为鲸鱼的规模会重新定义这个游泳池。

中国也是一样，中国的规模也会重新定义世界秩序。

但重新定义并不是我们想怎样就怎样，鲸鱼会重新定义游泳池，也并不是鲸鱼想怎样就能怎样的，鲸鱼和游泳池也需要相互适应的过程。对应今天的中国和世界，世界不可能再是原来的样子，但也不可能中国想怎样就怎样，大家都需要一个互相适应的过程，**中国和世界需要共同往前成长**。共同成长的最终结果是什么？那些最后能成功的大企业家，或者在国际上能够真的成就自身世界地位的大国，都有一个特征，就是通过成就别人来成就自己。**你越成就别人，你成就自己的机会就越多，你的利益实现得就越多，如果你不肯成就别人，你自己的利益也无法获得实现。**

我在《破茧》里举过一个例子，"二战"之前或者"二战"中的德国一直有一个想法，他们认为德意志是世界上最伟大的民族、是最高等的民族，因此世界都应该听从德意志，都应该绕着德意志旋转，如果你们不肯给德意志这种优越地位，我就打你，打到你承认德意志的优越地位为止。**所以，在那时候，德国的力量非常强，他们不是去成就别人，而是想着怎么样让别人服我**，结果尽管德国一度几乎把欧洲全打下来，最后却一败涂地，所有的"收获"都吐出去了。

"二战"之后，当时的德国被东西方分割占领，西德首相阿登纳意识到德国必须同时完成两个任务：第一个任务，德国必须完成经济重建，如果不能完成经济重建，有可能西德也会爆发共产主义革命，整个德国都会被纳入苏联的势力范围，这对西方来说是一个特别可怕的现象，德国不重建就有可能爆发革命，因此必须重建。要重建就有一个问题，在德国的邻居看来，一个死的德国才是好的德国，如果德国完成了重建，力量变强了，邻国是不可能信任你的。如果无法获得邻居信任，德国重建就不可能成功，如果不能重建，德国又有可能爆发革命。所以，第二个任务，要获得邻居的信任。

一要完成重建，二要获得邻居信任，这两个任务彼此矛盾，怎么才能同时实现？阿登纳意识到，除非我放弃德国是德国人的德国这个想法，否则这两个任务一个都实现不了。如果我放弃这个想法，德国不再是德国人的德国，德国是欧洲人的德国，德国的重建就等于是欧洲的重建，如果能到那一步，德国就有机会同时完成两个任务，重建的同时还能获得邻居的信任。

但问题是，什么叫德国是欧洲人的德国？怎么样才能让邻居信任你，接受你的新观点？你得有一个具体的办法，所以阿登纳联手法国、意大利、荷兰、比利时、卢森堡几个国家成立了欧洲煤钢联营。在当时的技术条件下，发动战争最重要的原材料就是煤和钢，煤钢联营里所有的成员国把煤和钢的生产都放在煤钢联营里管理，在这种情况下，德国生产了多少煤和钢对于其他成员国都是透明的，其他成员国觉得不对劲，随时可以叫停。同样，其他成员国生产了多少煤和钢，对德国也是透明的，德国觉得不对劲，也可以在联盟层面上叫停。

双方都可以叫停，都能够透明，相互之间的信任就可以达成了。因为我相信你的发展，你经济的恢复对我不会构成威胁，我一旦觉得可能有威胁，我可以随时叫停，我就不会那么担心了。在这种情况下，德国放弃了自己是德国人的德国的想法，让德国成为欧洲人的德国，德国的复兴以及德国获得邻居信任这两个彼此矛盾的任务就同时实现了。

今天的德国对欧洲的影响力比历史上任何时候都大，远远超过当时希特勒的时候，但不再有任何人害怕德国，相反都渴望、要求德国应该承担更多责任，因为你是一个大国，你有这样的义务。在这种情况下，**作为一个大国，你越成就他人，就越能成就自己，这些历史经验对今天的中国都很有必要。**

俞敏洪：你在书中专门提到了超大规模国家，以及超大规模国家的底层秩序和底层逻辑的建设对于维护世界秩序的重要性，在这个过程中，你提到超大规模国家主要是美国、中国和俄罗斯。但是几个月前发生了俄乌战争，**你认为在俄乌战争之后，世界的秩序是不是会有比较大的改变？会给中国的日常生活带来什么样的影响？**

施展：肯定会发生改变。这确实是一个巨大的挑战，利用不好有可能构成很大的威胁，利用好了就会是一个巨大的机遇。

俞敏洪：希望我们能更好地应对这一系列的挑战。中国这几年真是非常不容易，疫情、中美关系、贸易战，现在又是本来跟中国八竿子打不着的俄乌战争，间接、直接地给我们带来了比较大的影响，还搞不清楚未来会出现什么事情。但我相信你说的，凭着中国的智慧，凭着中国老百姓的勤奋，我相信我们的祖国包括我们人民的生活，未来一定会越来越好的。

11. "信息茧房"亟需新的伦理

俞敏洪： 你在《破茧》中专门提到"信息茧房"的概念，随着一些民粹、民族主义的兴起，反而互相之间有了一种隔阂，**这种"信息茧房"到底是什么概念？是否也涉及个人？** 现在通过算法推送，大家天天看的新闻都是我们喜欢看的，我不喜欢看的新闻都不会推送到我面前，观点的碰撞和争论反而没有了，观点的单一化会导致容纳、接受不同观点的能力下降，世界上也出现了这样的情况。**有什么更好的办法可以破解国家与国家之间的"信息茧房"，让国家之间达到更好的信任和理解的状态吗？**

施展： "信息茧房"不在国家层面，而在社会层面。社交媒体的出现，在观念传播上带来了两个层面的结构性变化。**其一是推送算法**，会让你只看到你愿意看的东西，你不感兴趣的东西，几乎看不到。这就带来一个结果，你得到的信息似乎非常之多，但实际上营养非常单一，你只能把自己闭锁在一个非常单向度的信息流中。在这个意义上，构成了"信息茧房"。

其二是社交媒体带来的。 在社交媒体发展起来之前，人和人之间是一种重社交关系，大家有相当大比例的社交必须在线下完成，线下人和人之间的身份关系是多元的、多重属性的，因为线下完成社交意味着我必须跟我身边的人打交道。这是多元的，因为我和他既有观念上的共识或冲突，同时我们还有可能都是 AC 米兰的球迷，同时我喜欢钓鱼，他喜欢游泳，我们可能还都有父亲的身份、工程师的身份、客户经理的身份……意味着你我之间即便在某件事上对立，但在另一件事上我们仍然有合作的需求，这就是重社交关系。**在重社交关系之下**，因为彼此的关系特别交错，所以即便在某些事上跟别人观点对立，你

也会节制自己释放情绪的冲动，因为你不可能撕破脸以后再也不见，你还有很多事要跟他抬头不见低头见。

社交媒体出现之后，进入轻社交时代。轻社交时代人们基本上都是在网上社交，这种网上社交使人们彼此之间的身份关系变得非常单一，有可能我和你天天聊得很热乎，但实际在线下没有机会见到，到了某一天发现三观不合，和你破口大骂也不会有任何顾虑，因为我此生可以跟你再不联系，对我来说没有任何损失。这种情况下，人们就不会节制自己释放情绪的冲动。

在重社交时代，你会节制自己释放情绪的冲动，会愿意跟人进行理性的讨论。但在轻社交时代，毕竟理性讨论很累，远不如破口大骂释放情绪轻松。所以在轻社交时代，人们理性讨论的习惯变得越来越少，网络上理性的声音越来越少，纯粹情绪宣泄的声音越来越多。这种情绪宣泄到一定程度，人都会有一种本能要捍卫自己的观点，哪怕自己意识到这个观点可能有问题，但一旦和别人吵起来，也要努力捍卫这个观点。这种捍卫观点的过程，再叠加上推荐算法的"信息茧房"，你就会越发地把自己封闭在"信息茧房"里，世界在你眼中变得越发不可理喻。同样，在世界眼中，你也变得越发不可理喻。这种状况不只在中国存在，在世界各个地方差不多都是这样，我们可以普遍感受到这样的现象。

俞敏洪：这实际是一个回不去的现象，人们现在已经非常习惯了虚拟社交媒体，比如通过各种各样的平台发表自己的观点，而且不需要负责任，甚至可以隐姓埋名地发表观点。未来随着元宇宙等的兴起，甚至会创造出一个更加虚拟的现实，让自己身临其境地表达自己的情绪或极端想法。一个社会要正常理性地维持下去，才能变成一个不断正向发展的社会。**在这种回不去的情况之下，我们应该做什么？**

施展：我倒觉得不一定回不去，新的技术出来之后，引发了一些问题，**之后会有一些新的伦理出现**。推荐算法的平台公司导致了社会理性化状态越来越少，但这对那些公司而言也会有巨大的伤害，如果这种高度不理性、高度情绪化的声音不断发酵，没有任何公司能够担保自己永远不会因为某件事进入风口浪尖。所以对于那些公司来说，一旦进入风口浪尖，它会瞬间众口铄金、万夫所指，这对这个公司来说也是巨大的伤害。所以对于这些运用推荐算法的平台公司而言，即便是为了自保，他们也需要某种算法伦理的迭代。

我曾经假想过一个可能性，比如为了防止用户因为推荐算法彻底进入"信息茧房"，我要在算法里调参数，确保用户看到的东西里，永远有40%是用户不感兴趣的，甚至是和他观点相反的，用这种方式让用户意识到有和他不一样的世界存在，而后当他再碰到那种世界的时候，才不会暴跳如雷。这就意味着一种算法伦理的迭代，我相信这用不了太久就会演化出来，因为这些公司也会有这样的现实需求，如果不迭代，他们自己也会受伤。这是一个会有所突破的可能性。

还有一个可能性，刚才您提到了元宇宙，元宇宙里的支付手段天然就是数字货币，数字货币要用区块链技术驱动。区块链技术有一个很有意思的特征，你的一举一动都会在区块链上分布式记账，会一直被记录下来，也会因为自己的一些活动产生数据，利用你活动产生的那些数据可以获得分红。比如现在很火的一个NFT（非同质化通证）应用STEP IN，你在里面买一双鞋，每天跑步积累里程数、打卡就可以挣钱，获得分红，实际所谓的挣钱，就是挣NFT发给你的币。在这种环境里，也会演化出一些新的网络伦理，如果你在这里面特别挑事，你会破坏社区氛围，这个社区一定会逐渐演化出自治的规则，你一旦挑事就扣你的币，扣的币大家分，这种规则演化出来以后，挑事的就会受到抑制。那些爱挑事的实质上就是只宣泄情绪、只问立场，不问道理。

俞敏洪：实际上人类或者社会有自我纠错机制，当一件事情达到一个临界点，可能会把社会或者商业带到某个不可控状态的时候，就会引发纠错机制的产生。大家会往更理性的方向或者更中间的方向去走，使大家能维护一个互相之间的关系、社会的正常发展，对吗？

施展：对，类似。历史上有不少因为无法达成共识、无法达成理性，于是整个秩序彻底崩溃的例子。但也有不同的例子，一个新技术诞生之后，使得过去的秩序被颠覆，引发了一系列问题，接着一系列新的伦理规则出现了，重建了秩序，重建起来的秩序具有更大的扩展性，带来了更多的可能性，人类进入一个更好的状态。问题就是，我们当下的状况是更可能往崩溃的方向走，还是更可能往迭代的方向走？

现在网络上有一种流行的说法，叫知识的诅咒，如果你知道了一件事，你很难想象你不知道这件事的时候的情况。这也是为什么当一个好老师特别难，因为你已经知道那些知识了，你很难想象你不知道那个知识的状况，你就不知道学生到底卡在哪儿，就很难讲清楚这个知识点，这就是知识的诅咒。

但把这个事反过来一看，又可以称为知识的祝福。如果你完全想象不到未来的场景到底如何，你就不知道该怎么去规划它。一旦你想象出了一个足够理想的未来场景，而且你把这个路线图大致画了出来，未来场景就真的有可能出现。刚才所谈的新的伦理迭代，那个理想场景应该是什么以及路线图大概是什么，我们其实可以大致画出来。我在《破茧》第三部分大致画了一个路线图，如果这种路线图能画出来，为什么不能成为知识的祝福？我们共同想出一个美好的未来，我们去推动这个未来的实现。

12. 荐书时刻

俞敏洪： 时间关系，你再给大家介绍一下你的三本书吧。

施展：《枢纽》的核心是想阐释何谓中国，我从古代史到近代史再到现代史，给出了对于何谓中国的一个新的解释框架。这在我看来很重要，原因在于，只有能说得清楚你是谁，你才知道你想要什么，你才能知道你的国家利益是什么，你才能知道你的目标、你的方向，以及你具体的政策是好是坏，是对是错，才能获得一个统一连贯的判断标准。所以，《枢纽》想尝试回答这个问题。

第三本书《破茧》是 2020 年写出来的，因为 2020 年疫情到来，导致世界各国之间的信任关系遭遇了巨大挑战。一旦信任关系遭遇挑战，会导致一个问题，中国之所以制造业很厉害，我们的比较优势是在中低端制造业，主要依靠的是成本优势，而西方的比较优势在高端制造业，以及高端服务业和创新能力，那些是技术优势。技术优势很难被替代，但成本优势并不是不可替代的。今天之所以很难被替代，是因为我们的成本控制能力太强，但如果失去了信任关系，人家不再从成本的角度出发考虑问题，挑战就真的来了。所以我在《破茧》中讨论了信任的重要性，如何重建信任，以及重建信任在今天面对互联网这样的数字时代时，应当有什么样的方案、什么样的路线图。

我现在正在写新书，书名初定为《河山》，以中国的大江大河、大山大水，以这种山水关系为脉络、线索，把中国的历史串起来，重构起对中国历史的解释框架。然后把中国历史放在整个欧亚大陆的背景之下，我们依托山水关系看到中国怎样通过向世界的开放来成就自身。每当中国向世界开放，即使是在古代，也成就了比我们想象的还要壮阔的历史，如果中国向世界封闭，有可能陷入某种困顿，待重新向世界开放，我们又能够创造极其辉煌的历史，而这一切都是在亚欧大陆的山水天地之间展开的。

俞敏洪： 特别好，希望这本书尽快出来，到时候再来谈一下《河山》。中国有一句成语"带河厉山"，讲的就是河山构成了中国的全貌。中国人民就是在"大漠孤烟直，长河落日圆"的一种广阔中，整合出了多元的中国文化，并且一直繁荣到今天。面向未来，相信中国作为一个枢纽地带，日后依然会在中国自身的发展和世界的发展中起到重大的枢纽作用。

最后也给大家推荐一下施展老师在各个平台上的个人账号，叫"施展世界"，大家能在这里看到施展老师最新的观点表达。施展老师还有一个"大观学术团队"，这个团队中包含了很多中国青年学者，他们的使命和情怀就是希望为中国的繁荣和发展提供建设性意见，是一帮有情怀的青年学者。希望大家更多关注他们的观点，我相信他们都抱着一颗赤诚的、希望能够为中国发展提供想法的心情。也感谢你们的努力，谢谢！由于时间关系，我们今天就到这里了。

施展： 好的，谢谢俞老师，再见。

——对谈结束——

俞敏洪：各位朋友好，刚才我和施展做了两个多小时的对谈，尽管对谈内容有点严肃，但确实包含了很多思想。我们所说的观点并不一定都是对的，也有一些观点值得商榷，但不管怎样，我们聆听各种不同的观点、表达，尤其是能感受他们的内心，像施展老师这样希望中国进一步发展、进一步强大、进一步繁荣的真性情。

以后我们还会请到更多像施展老师这样有思想的人一起对谈，由于时间关系，今天就到此为止，谢谢大家！

（对谈于 2022 年 5 月 29 日）

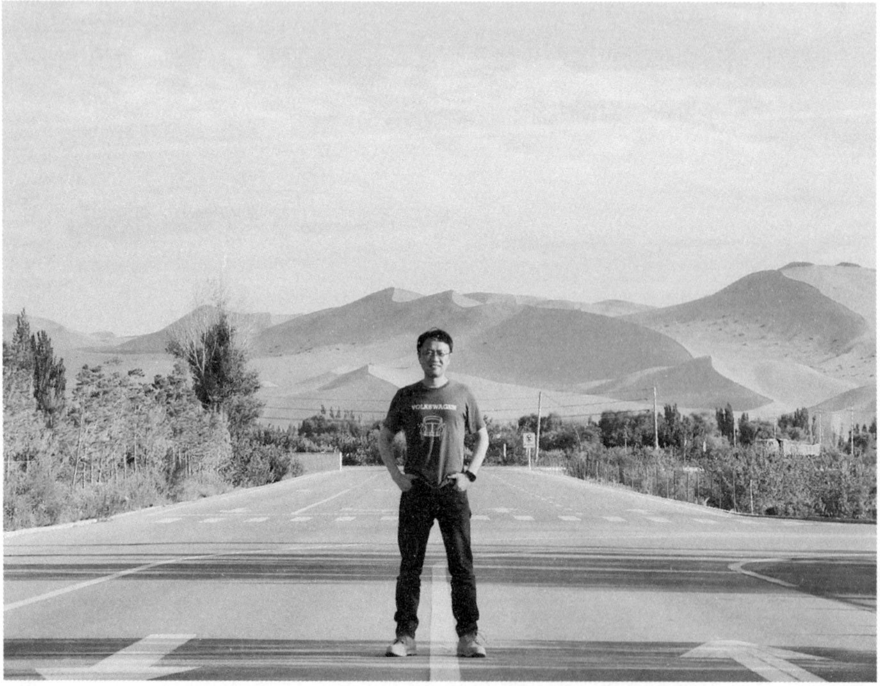

后 记

一个人的转变，影响了一群人，甚至带火了一个产业，这是多么值得记录的一件事情。

得知"老俞闲话"系列直播中的部分内容马上要汇集成书，我鼓足勇气跟俞老师说，我想给这本书写个后记。俞老师回复："哈哈哈，你先写过来吧。"

作为一个全程无死角的旁观者和受益者，我有一万个理由，把这本书推荐给身边的朋友。

"老俞闲话"系列直播即将满 2 年，不知不觉间，老俞已经在手机屏幕上陪伴大家超过了 1.7 万多分钟，超过 1 亿人走进过直播间，几百万人在直播间参与了讨论。其间一不小心，带火了一个文化电商——东方甄选，还带红了一个文化主播代表董宇辉。

这一年身边发生的真事儿：

一本书，两个小时卖出去了 10 万册，一口气完成了"一辈子"才能完成的使命；

张朝阳、周鸿祎、冯唐、杨澜、余世存、史国良……各个领域的名人纷纷加入知识传播阵营；

用户们突然变得主动，喊着要为知识付费；

在直播间买书阅读正在成为一种文化时尚……

这些，多少都与老俞有关。

2021年3月28日，"老俞闲话"系列直播首场开播，自家书房，一个支架，一台手机，几页自己写的提纲。

当时在抖音，知识内容开播极少，数据也普遍不好。清晰地记得那天在书房外，眼看着同时在线人数从几千到1万，又涨到了3万，后来索性超过了7万，直播1个半小时，进到直播间的人数（多次进出算1人）就超过了160万，反响出乎意料地好。

从那天开始，老俞每周日晚9点多打开手机，跟网友面对面。于是，他经常在车上看书做提纲，出差飞机刚落地，就飞奔回家"履约"上线。

老俞很喜欢和用户互动，学会了上福袋；在网友们要求上书链接后，学会了自己上小黄车；当有作者想交流，又学会了自己操作连线PK……少年一般求知若渴。

老俞曾表示过他最喜欢的称呼是"洪哥"，我猜因为"哥"听着年轻。当直播间评论区刷屏喊着"老头，你好"时，老俞却欣然接受了。碰到有正义的网友打抱不平，老俞索性主动介绍"老头"的来由，是董宇辉觉得老俞跟《老人与海》里的主人公精神一致，喊着喊着就变成了一个昵称。

陪伴他直播的团队小伙伴，则给他起了另一个昵称："勤奋鱼鱼"。

一场2小时的直播，至少准备2小时。确认对谈后，了解嘉宾至少需要几十个小时，看嘉宾写过的书、录制过的视频，然后写提纲，直播完还要自己梳理改文字发公众号。

如果你是"老俞闲话"的忠粉，就会明白，东方甄选为何能火，为什么一个知识主播能飞速"偶像般"地崛起，因为有种劲儿，臭味相投。

数据时代，无须标榜。老俞已经成为抖音乃至全网的知识传播"顶流"，流量和好口碑经常不可双得，老俞却都占上了。真诚加善意真是必杀技。

2021年世界残疾人日，我们邀请老俞给励志青年刘大铭发条短视频推荐一本书。看完刘大铭的书，老俞备受触动，主动联系他做对谈嘉宾，帮他卖书，后来还安排他上东方甄选。很多人因此认识了这个出生就饱受磨难却无比乐观的年轻人，刘大铭也因此开启了自己的直播之旅，在治愈自己和别人的道路上越走越宽。

成功人士自然充满精神力量，老俞的对谈嘉宾也不乏生活中的"微光"，他们中有矿工诗人陈年喜，有备受争议的诗人余秀华，还有不少默默发光却鲜为人知的有才华的作家。

不管对谈嘉宾是谁，"老俞闲话"直播都无比真实，没有预演，没有脚本，很多嘉宾都是首次见面，直播前拉个家常，就开始了。

老俞很会提问，洞悉人性，张弛有度，看似简单，却大有学问。

因为老俞的引领，越来越多的名人加入知识直播中，这些文化名人都是"985""211"学校里难得请上的嘉宾，喊了这么多年打破高校的"围墙"，突然有一天就这么破了。后来，我们给名人知识开播整个项目起了"大有学问"这个名字。

"从无字句处读书"是直播中嘉宾说的一句话，我一直记着呢。

可能是我们这代"独生子女"比较寂寥，小时候不愿跟孩子玩耍，却总喜欢跟着大人听他们聊天，"求知"是一种本能。工作后，很珍惜每一次听前辈们闲聊的机会，老俞给了我学习成长的机会。

"道可道，非常道"，当我们成长到某一天，可以输出的时候，就会变得少言，因为开始明白很多道理从嘴里说出来的瞬间，就可能已经失去了本真。而在闲谈中，作为旁观者，就能找到一些答案。这样的直播对谈，真的很珍贵。

一个在人间修行60年的智者，叩开了一扇扇常人不曾有的，或睿智或坚定或从容的大门，杯来盏去间，开启了一个叫作"境界"的神域，有缘经过的人，收获多少，自有机缘。

真的很开心，一场场流动的盛宴，最后能落地成书。

我找出了10年前写的一篇稿子，当时是这么形容老俞的：

"个子不算高，帅得也不太明显，可只要一站那儿，一张嘴，总能吸引所有人的眼球，因为他会金刚拳，也会绵柔掌。"

"一路炮轰，拿捏到位，只有笑声，没有火药味。"

10年后，如果再让我概括一下我对老俞在直播间的印象，如上。

2023年开春

张妍婷

特 别 鸣 谢 吴 月 整 理

图书在版编目（CIP）数据

向光而行 / 俞敏洪著.—北京：北京联合出版公司，2023.4
ISBN 978-7-5596-6799-1

Ⅰ.①向… Ⅱ.①俞… Ⅲ.①人物－访问记－中国－现代 Ⅳ.① K820.7

中国国家版本馆 CIP 数据核字（2023）第 059194 号

向光而行

作　　者：俞敏洪
出 品 人：赵红仕
责任编辑：龚　将

北京联合出版公司出版
（北京市西城区德外大街 83 号楼 9 层　100088）
三河市中晟雅豪印务有限公司印刷　新华书店经销
字数 399 千字　700 毫米 ×980 毫米　1/16　28 印张
2023 年 4 月第 1 版　2023 年 4 月第 1 次印刷
ISBN 978-7-5596-6799-1
定价：68.00 元

版权所有，侵权必究
未经许可，不得以任何方式复制或抄袭本书部分或全部内容
本书若有质量问题，请与本公司图书销售中心联系调换。电话:(010) 82069336